宁波市江北区史志中心（档案馆）
编

从句章港
到老外滩

宁波城区港口
演进文献辑录

COMPILATION OF DOCUMENTS ON
THE EVOLUTION OF NINGBO URBAN PORTS

社会科学文献出版社
SOCIAL SCIENCES ACADEMIC PRESS (CHINA)

编辑委员会

主　　编：姚　英
副 主 编：童荣辉
执行主编：戴光中
成　　员：刘效壮　胡军民　韩　波　徐　琼
　　　　　徐　翎　余凌云

前　言

宁波是一座历久而弥新弥强的滨海港口城市。

春秋战国时期的越王勾践，卧薪尝胆，报仇雪耻，灭了吴国。公元前473年，他在今宁波市江北区的姚江北岸建立了句章城，以章（彰）霸功而示子孙。这是宁波有城之始，也是宁波拥有通海港口之始。若从句章溯姚江西去3公里，就是著名的河姆渡遗址，其中出土的木桨证明，在距今六七千年，河姆渡人已经能"以棹为马"，出海渔猎。这意味着，中国最早的航海活动也是出现在宁波境域。

公元前110年，汉武帝派遣横海将军韩说率领水师从句章出发，经甬江，出东海，南下平叛。于是，句章港首次出现在司马迁的不朽名著《史记》中，这表明宁波是中国最古老的港城之一。从那年至20世纪90年代，宁波港的演进大致可以分为三个时期。

首先是句章港时期（公元前110～820年）。除了《史记》，陈寿《三国志》、沈约《宋书》等史籍中关于句章港的记载，主要涉及军事政治活动。有人据此断定，"句章古港只能称为中国最早的军港之一"；并认为公元400年孙恩之乱后，随着句章县治的搬迁而废弃了。但是，史籍无记载并不等于句章港没有经济活动、运输事业，因为古代史学家对此往往是忽略的。近年来国内外遗址发掘、考古研究的成果证明，东汉后期越窑青瓷兴起后，作为浙东唯一的通海口岸，句章成了越窑青瓷的始发港，产品甚至远销朝鲜半岛，而且在句章遗址，发现了从东汉到唐宋的窑址和码头遗存，证明港口始终存在并运营着，直至公元821年唐代明州城正式建立、明州港崛起而取代了句章港的功能地位。

其次是明州（南宋、元代称庆元，明清称宁波）港时期（821～1860年）。明州城位于姚江、甬江和奉化江交汇之三江口南侧（今属宁波市海曙区），距离句章22公里。自从中日之间开辟了南路航线，日本第十九次亦即最后一次遣唐使团抵达明州港，就出现了"海外杂国，贾舶交至"的局面，明州和广州、泉州合称中国三大贸易港，为海上丝瓷之路始发港与目的地港之一。北宋朝廷更明确规定：凡是来往于日本、高丽的船只，必须从明州港进出。同时，明州与东南亚、南亚、中东诸国的交往贸易也已展开，且在元代达到鼎盛："是邦控岛夷，走集聚商舸。珠香杂犀象，税入何其多。"特别是外销瓷器的数量和质量，或许可从在印度尼西亚爪哇发现的晚唐、五代两条沉船和在韩国出土的元代商船窥见一斑。而明州造船业也随之兴盛，造船技术在宋代达到世界领先水平。可惜明代发生了中日"争贡事件"，宁波港遭到海禁，"片板不准下海"，直至清康熙中期才恢复对外贸易运输。

最后是宁波港老外滩时期（1861～1990年）。鸦片战争后宁波被迫开埠，1861年，完全由洋人控制的新浙海关在三江口北岸（今属宁波市江北区）建立，洋货（尤其是鸦片）大肆倾销，土产出口少得可怜。不久，上海港飞速崛起，一苇可航的宁波优势顿失，风光不再，逐渐变成转口卫星港。宁波解放后，军管会接管海关和港口，近百年来"洋人管海关，海关管港口"的半殖民地化管理体制宣告终结。衰败的宁波港涅槃重生，货运量与日俱增，但1959年建造姚江大闸导致甬江航道严重淤塞。幸而国家高瞻远瞩、英明决策，于20世纪70年代建成镇海港，80年代又有北仑港方兴未艾。于是，宁波港在城区的演进就此结束，由内河港发展到河口港，继而为海港，扼南北水路之要冲，成天然深水之良港，初展世界大港磅礴气势。

2005年，宁波港与舟山港合并，成立宁波舟山港。如今，这个东方大港的货物吞吐量连续14年居全球第一，集装箱吞吐稳居全球前三，成为世界首个"十亿吨"超级大港。全港300多条航线，联通200多个国家和地区的600多个港口，正朝着世界一流强港的目标而勇立潮头、劈波斩浪。

目 录

句章港时期
（公元前 110～820 年）

关于句章文献三则 / 3

句章故城与句章古港 / 4

句章港：被遗忘的越窑青瓷始发港 / 12

明州（庆元、宁波）港时期
（821～1860 年）

港口码头文献辑录 / 19

    浙江宁波和义路遗址发掘报告 / 19

    宁波东门口码头遗址发掘报告 / 21

    全盛时期的"江厦码头" / 31

造船业文献辑录 / 33

    唐代龙舟 / 33

    北宋神舟与客舟 / 34

    宋代明州造船场 / 36

    南宋明州海船 / 36

    元代庆元海船 / 38

宁波象山的两条沉船 / 39

清代宁波帆船 / 42

海上航线文献辑录 / 44

唐宋时期明州港中日航线 / 44

奉使高丽之海道 / 47

元代庆元港海上航线 / 55

明代中日勘合贸易之船队与航路 / 56

对外交往与贸易文献辑录 / 58

唐宋时期明州港对日交往贸易 / 58

唐宋元时期明州港的瓷器外销及地位 / 67

明州港与高丽的交往贸易 / 72

高句丽国 / 73

收养送还飘泛高丽人二则 / 75

《通商略史》之高丽 / 76

奉使高丽朝廷仪式 / 77

明州港与东南亚的商贸活动 / 84

印度尼西亚爪哇的两条沉船 / 86

宁波港中日勘合贸易的兴衰 / 87

宋元明时期天童寺与日本禅宗的交往 / 95

市舶司文献辑录 / 111

宋元时期的市舶司 / 111

蔡范市舶司记（残碑）/ 118

来安亭记 / 118

四明甬江楼记 / 119

送黄中玉之庆元市舶 / 119

庆绍海运千户所记 / 120

明代《宁波府志》二则 / 121

宋元明时期明州（庆元、宁波）市舶司（务）名录 / 122

浙海关（常关）文献辑录 / 126

海关行署 / 126

新建浙海大关记 / 126

浙海关（常关） / 128

宁波口华洋贸易情形论略 / 135

妈祖文化文献辑录 / 143

海上遇险祈求妈祖 / 143

关于天妃庙（天后宫）方志三则 / 143

天妃庙记 / 145

甬东天后宫碑铭 / 145

浙江宁波天后宫遗址发掘 / 147

宁波港老外滩时期
（1861～1990年）

进出口贸易文献辑录 / 153

鸦片（洋药）进口贸易 / 153

洋布进口贸易 / 174

五金和洋杂货进口贸易 / 189

粮食和食糖进口贸易 / 217

茶叶出口贸易 / 231

棉花、棉纱和丝绸出口贸易 / 250

草制品出口贸易 / 264

墨鱼和土杂货出口贸易 / 274

药材进出口贸易 / 282

1861～1948年浙海关验放进出口货物总值统计 / 289

新中国成立以来货物吞吐量 / 292

航运业文献辑录 / 300

浙海关轮船往来宁沪专章 / 300

宁波口引水专条 / 300

"老外滩"来往船只管理 / 302

"老外滩"出入境旅客管理 / 344

宁波港客运站（客运大楼）/ 357

港埠设施 / 358

姚江大闸文献辑录 / 369

姚江治理 / 369

姚江闸与甬江航道 / 371

关于姚江大闸的存废 / 377

管理机构文献辑录 / 379

新浙海关（洋关）/ 379

宁波解放前航政纪实 / 384

宁波港务体制沿革 / 390

中国大运河·宁波三江口 / 396

参考文献 / 397

句章港时期

(公元前 110~820 年)

关于句章文献三则

句章：宁波第一城

周元王三年（公元前473），越灭吴，越王勾践于姚江北岸今江北区慈城镇王家坝村建句章城（乃宁波境内有城之始）。北魏阚骃《十三州志》载："越王勾践之地，南至句余，其后并吴，因大城句余，章（彰）霸功以示子孙，故曰句章。"

——辑录自《宁波市江北区志》第一编第一章

句章港：首次载入史册

（汉武帝）元鼎六年（公元前111）秋，馀善闻楼船请诛之，汉兵临境，且往，乃遂反，发兵距汉道。号将军驺力等为"吞汉将军"，入白沙、武林、梅岭，杀汉三校尉。……馀善刻"武帝"玺自立，诈其民，为妄言。天子遣横海将军韩说出句章，浮海从东方往（伐东越）。

——辑录自（汉）司马迁《史记·东越列传》

孙恩之乱

（隆安）四年（400）五月，（孙）恩复入会稽，杀卫将军谢琰。十一月，刘牢之复率众东征，恩退走。牢之屯上虞，使高祖戍句章城。句章城既卑小，战士不盈数百人，高祖常被坚执锐，为士卒先，每战辄摧锋陷阵，贼乃退还浃口。……五年（401）春，孙恩频攻句章，高祖屡摧破之，恩复走入海。（《本纪第一》）

（隆安）五年，孙恩又入浃口，高祖戍句章，贼频攻不能拔，（刘）敬宣请往为援，贼恩于是退远入海。（《刘敬宣传》）

隆安中，（虞丘进）从高祖征孙恩，戍句章城，被围数十日，无日不战，身被数创。（《虞丘进传》）

——辑录自（南朝梁）沈约《宋书》

句章故城与句章古港

关于句章故城

作为今天宁波地域历史上出现过的最早城邑，句章故城的具体方位在后世文献中的记载却是并不明晰甚至自相矛盾的。我们目前能够见到的唐代以前的文献资料，在记录句章故城的地理方位时，多是以自然山水为参照泛泛而言，概念相对比较模糊。仅能推断句章故城濒水、依山、通海而已，参考价值甚微，并不能为我们寻找句章故城提供多少真正有价值的线索。

唐代学者关于句章故城城址方位的记载虽然仍旧采用了相对坐标的方式，但较之以前无疑已经具体了许多，并已有了里数的界定。如唐章怀太子李贤等注刘宋范晔撰《后汉书·孝顺孝冲孝质帝纪》云："句章故城在今鄞县西。"李贤注《后汉书·臧洪传》亦云："句章县故城在今越州鄞县西。"唐张守节撰《史记正义》卷一一四："句章故城在越州鄞县西一百里，汉县。"唐李吉甫撰《元和郡县图志》卷二六《江南道二》："句章故城在（明）州西一里。"又，唐房玄龄等撰《晋书·孔愉传》："句章县有汉时旧陂，毁废数百年。愉自巡行，修复故堰，溉田二百余顷，皆成良业。"清杨泰亨纂修光绪《慈溪县志》卷一〇《舆地五》对此做了引申："汉陂，（慈溪）县东南二十里，相传为汉时所筑。《晋书》句章有汉旧陂，孔愉修复之。俗称汉塘，亦曰洪家塘，洪氏居焉，故名。"所谓洪家塘，或即今之宁波市江北区慈城古镇（唐代至民国时期慈溪县治）东南的洪塘镇，与考古证实的句章故城所在之慈溪城镇毗邻接壤，可相依凭。

考古发现的句章故城具体位置，在今宁波市江北区慈城镇王家坝村与乍山翻水站一带，以乍山翻水站围墙内之癞头山为中心，战国—西汉时期的城址堆积主要在癞头山东南，即翻水站东、南围墙内外，当地人称"堂墩"处；东汉—东晋时期城址堆积主要在癞头山西北，介于癞头山与大湾山之间，当地人称"西高地"处。这两块区域原始地势本来较高，遗憾的是均在20世纪五六十年代被平整为农田而原貌难觅，即便如此，堂墩区域地势最高点现今海拔约3.6米，仍较周围稻田高出约1.2米；西高地区域内现仍残留的一处小土墩海拔约有3.4米，亦较周边高出1米左右。在各方面条件并不好的古代和濒水潮湿的江南地区，选择在这样地势较高又相对平坦的地点建城是合乎情理的，勘探发现的战国—西汉时期城址堆积和东汉—东晋时期城址堆积皆主要分布在这两个区域范围内，这也从一个侧面说明这里很有可能就是当年句章故城的生活中心所在。

若将考察的范围再扩大一些，从句章故城卫片和遥感图上不难发现，在今王家坝村西南有余姚江，自句章故城西北逶迤而来，从城址东南蜿蜒流过；村南有赶水河，原通连余姚江，现尾端已淤塞；村东有横河，自方家山方向汇入后河和村前河；西北有后河，原亦通余姚江，并设有水闸（即原谢浪闸），其尾段经考古勘探发现存在古河道；村中有村前河横穿而过，经乍山翻水站通连余姚江，为现在主要的灌溉河道，但此前该河并不直接通往余姚江，而是北向连通后河，惜现已被填埋成农田。余姚江、赶水河、横河、后河相互通连构成了一个相对封闭的梯形水网，水网之外，又有大湾山、方家山、焦家山、癞头山诸山环绕，共为屏障。考古发现的句章故城，即坐落在由余姚江—赶水河—横河—后河相连构成的梯形水网之内，其城址范围经测算约27万平方米，中心区域面积近5万平方米。

海域水文与陆域水系

境内陆域河流纵横交错，湖泊星罗棋布，水体资源比较丰富，为浙江省八大水系之一。主要有浙江省最大的天然湖泊东钱湖和牟山湖、四明湖、上林湖、杜湖、白洋湖、九龙湖、月湖等众多湖泊和人工水库，有余姚江、奉化江、甬江等主要内河及其支流。奉化江，发源于四明山东麓的秀尖山，干流长98千米，流域面积2223平方千米，沿线分布着剡江、县江、东江和鄞江四大支流。余姚江，简称姚江，又称舜江、舜水，发源于余姚市大岚镇夏家岭村东的米岗头东坡，北流经四明湖，在绍兴上虞永和镇新江口接通明江汇成姚江干流，向东流至马渚镇上陈村入余姚境内，先后接纳十八里河、贺墅江、马洛中河等，在余姚城区以西分为南流的兰墅江（最良江）、中流的姚江干流、北流的候青江。兰墅江集新丰河、中山河、东山河及南庙大溪、三溪口大溪等水，其一支过最良桥东北折，经竹山节制闸与姚江干流汇合，另一支流经白山东出郁浪浦闸与姚江干流汇合；候青江过舜水桥、武胜门桥、候青门桥、三官桥，接纳西江、中江、东江，向东南至皇山节制闸于余姚三江口与姚江干流汇合。姚江干流全长106千米，流域面积2440平方千米，在余姚城区经姚江桥、新建桥、通济桥、念慈桥，过中舜江节制闸，汇集最良江、候青江向东南曲折前行，过姜家渡后蜿蜒东流，在丈亭镇东北有后江（慈江）汇入，再往东又有车厩、大隐、江中、罗江的溪流汇入，在余姚市大隐镇城山渡出境，仍向东南，过姚江大闸，在今宁波市区三江口与源于四明山东麓的奉化江汇合成甬江。甬江，由奉化江和余姚江两江汇集而成，干流全长26千米，流域面积361平方千米，在镇海口注入东海。

城址方位与周边环境

在流经宁波境内的三大内河水系余姚江、奉化江和甬江中，余姚江不仅干流长度最长、流域面积最广，同时在其两岸分布的早期人类活动的遗迹也最为丰富，历来号称宁波文明的摇篮之地、母亲之河。著名的河姆渡遗址即坐落于姚江干流北岸、今余姚市河姆渡镇芦山寺村境内。宁波地域历史上出现的第一座城邑句章故城，也同样选择建造在姚江干流北岸，今城山渡东南不足1千米处之宁波市江北区慈城镇王家坝村与乍山翻水站一带。

关于句章古港

港城相依、以港兴城乃是濒江沿海城市的主要特征之一，古今中外莫非如此。地处我国大陆海岸线中段，濒临东海之滨的宁波城的兴起与发展，同样与港口的兴起与发展密不可分。历史上，宁波的港口曾经有五次大的变迁：句章港的出现，距离河姆渡时代已有4500多年；从句章港到三江口江厦一带，花了约1200年时间，港址东进了19千米；从三江口的江厦到江北仅仅前进了0.5千米，却花了1100年的时间，是一个相对缓慢的发展过程；从江北岸到镇海新港区，只用了不到110年的时间，却前进了19千米；最后从镇海口到北仑港区，仅仅5年时间又向前推进了14千米，是空前高速的发展时期。而在句章古港开始形成之前，在今天的宁波地域范围内还谈不上有真正的港口存在，有的至多只是一些如河姆渡那样的水上交通寄泊点罢了。

春秋战国时期，随着经济的开发、人口的增长和技术的进步，擅长"水行山处，以舟为车，以楫为马，往若飘风，去则难从"。有着悠久水上交通历史与丰富航海经验的越人在今余姚江畔建立了宁波地域历史上最早的城邑——句章故城，这也同样被认为是"句章古港之始"，是"甬江流域出现的最早的港口"、"越国的通海门户"和"中国最古老的海港之一"。虽然在历史文献中，我们极少能够见到关于这一时期句章古港的明确记载，但在其后秦汉至东晋的600余年中，句章作为当时海上交通和军事行动的出入港口却屡见于史册：西汉元鼎六年（前111），"天子遣横海将军韩说出句章，浮海从东方往"（《资治通鉴》卷二〇《汉纪一二》）击东越，是为自句章出海之最早记录。东汉阳嘉元年（132），"二月，海贼曾旌等寇会稽，杀句章、鄞、鄮三县长，攻会稽东部都尉"，"诏缘海县各屯兵戍"（《通志》卷六下《汉纪第六下》）。东吴永安七年（264），"夏四月，魏将新附督王稚浮海入句章，略长吏（赏林）（赀财）及男女二百余口。将军孙越徼得一船，获三十人"（《三国志》卷四八《吴书三》）。东晋隆安四年（400），"五月，（孙）恩复入会稽，杀卫将军谢琰。十一月，刘牢之复率众东征，恩退走。牢之屯上虞，使高祖戍句章城。句章城既卑小，战士不盈数百人，高祖常被坚执锐，为士卒先，每战辄摧锋陷阵，贼乃退还浃口"（《宋书》卷一《本纪第一》）。东晋隆安五年（401），"春，孙恩频攻句章，高祖屡摧破之，恩复走入海"（《宋书》卷一《本纪第一》）。从这些记载来看，汉晋时期的句章与处于同一历史阶段、同属会稽辖下、相距不过百里的鄞县在港口功能上是有所区分的，后者主要是作为海上贸易的港口，前者则主要是作为军事交通的港口而存在。

句章古港的形成，与其地纵横交错、四通八达的水系也是密不可分的。唐颜师古注《汉书·地理志上》云："句章，渠水东入海。"南宋罗濬等撰《宝庆四明志》卷一七《慈溪县志卷第二·叙遗》："所谓城山渡即其渠也。"清杨泰亨纂修光绪《慈溪县志》卷八《舆地三·江》："汉渠，县南十五里。《汉书·地理志》：句章，渠水东入海。自属今丈亭前江一带，西连姚江，东接鄞桃花渡是也。"又，北魏郦道元撰《水经注》卷四〇："江边有查浦，浦东行二百余里，与句章接界。浦里有六里，有五百家，并夹浦居列，门向水，甚有良田，有青溪、余洪溪、大发溪、小发溪，江上有六溪，溪列溉散入江。"清赵一清撰《水经注释》卷四〇："一清按：《汉志》会稽郡勾章县，渠水东入海。全氏曰：即六溪之水也。凡言渠水，必皆以人力为之，勾章之渠水亦是。居民苦江潮之斥卤而引山溪之水为渠，以利田溉，是即谓之渠水者矣。盖六溪皆箪溪之支流，箪溪入浦阳，而此六溪者，潴而为渠，遂独擅勾章之望。"由此可以看出，古时的句章一带水系是相当发达的。即使在今天，在句章故城旧址周遭也仍然有着通往东海的余姚江和通往余姚江的后河、横河、赶水河、村前河，以及已被埋堙的G1、G2等诸多水系。在这些水系之滨，历史上应该设立过不少大大小小的码头以供人员与物资往来，考古发现的东吴至两晋时期的码头遗迹M1当即其中一处。此外，据当地村民说，20世纪五六十年代疏浚后河时，曾发现许多与M1横木一样摆放的圆木，在邻近余姚江的这一段后河的两岸也勘探出了大量的木块。这些情况表明，今之后河与古之姚江交汇的河口区域，或许就是当年的句章古港码头区所在。

东晋末叶，句章城池残破，县治迁往他处，但句章古港的功能并未因此而完全丧失，卵石路面的发现就是一个有力的证明。直至唐宋时期，明州港、明洲城逐步崛起后，宁波港口的发展由单水道位正式进入交叉水道位的新的阶段，曾经喧闹一时的句章古港才最终步句章故城之后尘，消失在了历史的长河中，唯有那见证过港城兴衰废替的余姚江水依旧缓缓东流入海，无声诉说着那些已经远逝的往事。

东汉—东晋时期河道遗迹

句章故城一带沟渠纵横，河道众多，除余姚江外，至今仍在使用的河道即有后河、横河、赶水河、村前河等。但因长期以来的自然淤塞和人类活动，特别是20世纪五六十年代的农田改造，部分河道已被填埋。此次通过考古勘探（试掘）和遥感分析，又发现了两条已被填埋的河道，分别编号为G1、G2，现分述如下。

G1发现于后河尾段北侧，西通余姚江，东连后河。勘探显示这段河道长约110米，宽5~7米，近余姚江处河口渐宽，深约3米。河道内堆积为淤泥土，土质青灰，湿性大，黏稠，包含物主要有植物叶片、细碎木块等。

G1在T102、T103试掘时均做了局部解剖，出土了少量东汉晚期至东吴时期的陶罐、器底、砖块等遗物。从G1所处地理位置看，其原应为后河通连余姚江的尾段河道部分；从G1出土遗物特征及其叠压于T102、T103第3层下的层位关系看，其废弃填埋或淤塞成陆的时间当在东吴至两晋时期。

G2发现于东汉—东晋时期城址堆积的东部边缘，大体呈南北向，沟通村前河与后河。考古勘探与遥感图像显示，G2长约200米，宽约7米，中段深近2米，两侧稍浅。河道内堆积为灰黑色土，质松软，包含石块、陶片等。

G2未曾进行试掘，具体使用年代不明，从村民处走访得知其填埋于20

世纪五六十年代农田改造之时。

东汉——东晋时期码头遗迹

码头遗迹1处，编号M1。简要介绍如下。

M1位于G1北岸。勘探情况表明，其平面大体呈西北——东南走向，长约20米，宽约9米。

为深入了解M1形制结构，我们先后布设了T102和T103两条探沟对其进行试掘解剖，试掘面积分别为15平方米和5平方米。从试掘情况看，凤1开口于T102、T103第3层之下，其东部自下而上设有直径20～50厘米的横木五根（介绍时自下而上依次编为第一至第五根），皆呈25°方向横置，形成四级台阶。其中，除第五根横木直接叠压在第四根外侧，余皆逐级向内升高。第一根、第二根横木两端均在试掘区域外；第三根、第四根横木南端齐整；第五根横木南端削尖。横木外侧立有竖桩，竖桩直径为5～12厘米，以第一根横木外竖桩最粗。第一根横木外侧与竖桩交接部位挖成半环状，以便于与竖桩咬合加固。在第二根、第三根、第四根横木间，另发现有斜插的圆木，圆木直径为5～8厘米，其一端插入上级横木之下，一端叠压在下一级横木之上。竖桩与斜插的圆木，应该都是为了防止粗壮的横木滚落，起加固作用而置。M1南部自下而上有横木两根，皆呈115°方向横置。其中，第一根横木直径约30厘米，一端削尖，有烧痕，其内侧垫有碎砖、瓦片、石块，外侧立有直径为6～12厘米的竖桩加固；第二根横木直径约27厘米，长约2米，西端削尖，东端

码头遗迹

经修整，与 M1 东部第四根横木形成合围之势，其外立有直径约 5 厘米的竖桩加固。此外，在 T102 西北角、近 M1 中部，还发现了细碎的石块和板灰，推测可能是 M1 的作业面。

根据 M1 形制结构及其濒水特点分析，其很可能是一处与古句章港有关的木构台阶式码头遗迹；根据风 1 开口于 T102、T103 第 3 层下及其与 G1 的相互依存关系分析，其建造与使用的年代当在东吴至两晋时期。

唐宋时期卵石路面遗迹

卵石路面 1 处，编号 L1。简要介绍如下。

L1 位于后河北岸近余姚江堤岸处，距今余姚江面仅数十米，走向近 30°，为一段深入古姚江的斜坡状卵石路面。已探明长度约 11.5 米，路面宽约 2.7 米。其远离余姚江的一段呈北高南低斜坡状，坡度约 12°，路面高差近 2.4 米；其靠近余姚江的一段为水平状铺设，且已远低于现余姚江水面。

卵石路面

为深入了解 L1 形制结构，我们对其中的一段布设了探沟 1 条（T106）进行试掘解剖，试掘面积 18 平方米。从试掘情况看，L1 开口于 T106 第 3b 层下，系以石块和卵石铺就，其北端高处石块稍大，不规整；南端低处石块细密规整，多为卵石。路面厚约 0.3 米，两侧略低，中间高出两侧边缘 0.26～0.36 米。路段东侧以斜竖的木桩予以加固，木桩直径 3～4 厘米；路段西侧则以紧贴路面的横木进行护坡，横木直径约 11 厘米，一端削尖，色黑，有火烧熏燎的痕迹。

L1 路面整体做工比较细致、平整，两侧用于加固的木桩和横木，经南京林业大学木材科学研究所鉴定，路面西侧横木为杨柳科柳属 Salix spp. 的木材，路面东侧木桩为壳斗科栎属 Quercus spp. 的木材。在路面两侧设置木桩和横木，既可以保护路面不受河水的冲刷破坏，也可能是用于缓冲停泊的船只，初步推测其可能也是与古句章港有关的码头遗迹或其附属设施。从采集的木材标本碳 14 测年数据和叠压其上的 3b 层出土遗物特征看，L1 建造与使用的年代可能在唐代或更早一些，其废弃的年代则在唐代中晚期至北宋早期。

——辑录自宁波市文物考古研究所编
《句章故城：考古调查与勘探报告》

句章港：被遗忘的越窑青瓷始发港

戴光中

公元前473年，越王勾践灭吴，特在今之宁波市江北区慈城镇王家坝村与乍山翻水站一带筑城，命名"句章"，以扬威纪念。这是宁波全域有史以来的第一座城邑；而在城南余姚江滨，与此相伴出现了宁波史上最早的港口——句章古港。

关于句章港的研究很少，1989年出版的《宁波港史》为其单列一节"句章古港"。该书指出"这是甬江流域出现的最早的港口"，也是"越国的通海门户"，"中国最古老的海港之一"。同时又认为："自建成后一直以军事目的为主"；"句章古港的航海活动，仅仅局限于军事、政治及简单交换活动。所以，句章古港只能称为中国最早的军港之一"。[①] 而得出这一结论的依据，就是"秦汉至六朝的800余年中，句章作为海上交通和军事行动的出入港口而屡见于史册"；"对海上贸易却很少记录"。

但在笔者看来，"军港"之说值得商榷。

史籍所载句章港的海上交通和军事行动，《宁波港史》列举如下：

> 汉武帝时，为了征服百越和控制海上交通线，派庄助和朱买臣等建立海上武装。闽越出兵进攻东瓯，武帝派庄助从会稽发兵航海救东瓯。公元前111年秋，东越王余善反叛朝廷。据《史记·东越列传》载，武帝派横海将军韩说率领军队，从句章乘船出海，于次年冬攻入东越。这是见诸史籍最早的一次从句章出海的大规模海上军事行动。
>
> 东汉顺帝阳嘉元年（132），海贼曾旌等寇会稽，杀句章、鄞、鄮三县长，攻会稽东部都尉。"诏沿海县各屯兵戍"。句章实为会稽的海上门户。
>
> 三国时，吴据长江以南，句章是其重要港口之一，故派有水军驻守。吴景帝永安七年（264）四月，"魏将新附督王稚浮海入句章，略长吏

---

① 郑绍昌主编《宁波港史》，人民交通出版社，1989，第12~13、16页。

（赏林）（资财）及男女二百余口。将军孙越徼得一船，获三十人"。

晋安帝隆安三年（399）九月，琅琊人孙恩率部乘船自海道南下浙东沿海，入大浃口（镇海口），溯甬江而上，攻下句章。又经余姚、上虞，占领会稽城，自号征东将军。晋帝命刘牢之讨伐孙恩，参军都护刘钟自余姚进兵夹击句章。孙恩军受挫，率众20万撤往舟山群岛。孙恩撤军后，刘牢之命刘裕守句章。隆安四年（400）二月，孙恩率舟师自海道复入浃口，屡攻句章，均遭到刘裕军阻击。关内侯虞邱进随刘裕屯兵句章，城被围数十日。以后，刘牢之率大军来援，孙恩始退还海上。[①]

这些史料表明，从秦汉至六朝的800余年中，句章港共发生了5次军事行动，就因此定性为"军港"，无疑是不能让人信服的。另外，这个长达数百年的通海门户，如果仅有5次军事行动而没有交通运输等商贸经济活动，同样是无法让人相信的。古代史籍之所以缺少这方面的记录，是因为正史学者对此向来是不屑一顾的。试看同时期的其他港口，可曾有商贸运输的记载？然而事实上，句章港恰恰是依靠不见于史籍记载却络绎不绝的水上运输业，才屹立余姚江畔800余年，直至公元821年，唐明州刺史韩察在三江口建城，明州港崛起，取而代之为新的通海门户。

孙恩之乱后，句章县治迁往小溪（今宁波市海曙区鄞江镇）。学者大都认为，句章港也随之逐渐废圮了。然而，事实并非如此。

2014年，宁波市文物考古研究所编的《句章故城：考古调查与勘探报告》由科学出版社出版。报告声称，发现了一处东汉—东晋时期码头遗迹和一处唐宋时期卵石路面遗迹，并请北京大学质谱实验室对出土实物的年代进行碳14测试，最后得出结论："东晋末叶，句章城池残破，县治迁往他处，但句章古港的功能并未因此而完全丧失，L1（即卵石路面）的发现就是一个有力的证明。直至唐宋时期，明州港、城逐步崛起后，宁波港口的发展由单水道位正式进入交叉水道位的新的阶段，曾经喧闹一时的句章古港才最终步句章故城之后尘，消失在了历史的长河中。"[②]

从史籍所载几次军事行动可以看出，三国两晋时期，句章港至各地的海上航路已经开辟，无论是船只还是船工，北上南下全能担当。西晋陆云

[①] 郑绍昌主编《宁波港史》，人民交通出版社，1989，第13~15页。
[②] 宁波市文物考古研究所编《句章故城：考古调查与勘探报告》，科学出版社，2014，第152页。

曾用文学语言描述道："东临巨海，往往无涯，泛船长驱，一举千里，北接青徐，东洞交广。"① 而从句章港运输出海的最重要物资，正是浙东特产越窑青瓷。

越窑青瓷初创于东汉时期，已能烧制出成熟瓷器。三国西晋出现了第一个发展高峰，产品种类特别是明器（也称冥器）非常丰富，在江浙一带的墓葬中有大量发现。当时的越窑青瓷中心产地慈溪上林湖和上虞寺前，都与句章港相距不远，且水路畅通；而瓷器因为易碎、占地空间大，所以从句章港走水路是最佳运输方式。需要特别指出的是，宁波文物考古研究所在句章港附近大湾山的东坡和南坡，分别发现一处窑址。东坡的窑属于东汉时期，有当时常见的盘口壶等物。南坡的窑属于唐宋时期，周边散落有大量瓷片，主要是五代至北宋的青瓷碗底残片和少量青白瓷碗等产品。这两处窑址均未试掘，也不曾扩大范围。由此或可猜测，自东汉至北宋，句章附近亦存在过越窑青瓷的窑场群落，同时也证明了句章港没有因县治迁移而废圮。

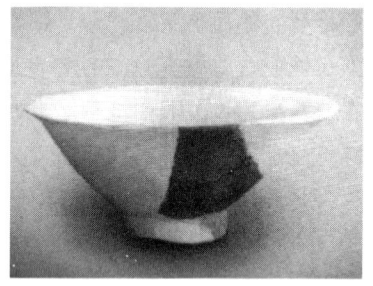

句章窑址出土的唐宋瓷碗

句章港作为越窑青瓷始发港，虽然在史籍中缺少相关记载，但是各地的墓葬和遗址中出土的越窑青瓷，足以证明早在两晋时期，越窑青瓷就通过甬江、沿着海岸线北上，经渤海湾输往朝鲜半岛西南部，从而开启了东亚的海上陶瓷之路。当地已发现了一些东晋至南朝时期的出土实物，如梦村城发现的越窑青瓷盘口壶残片和黑釉钱纹陶罐残片，首尔石村洞古墓群出土的青釉瓷，在造型、胎土和施釉技法上很接近典型的越窑风格。石村洞3号坟附近出土的一件青瓷四系罐，年代应为东晋中晚期，属于越窑器物。江原道原城郡法泉里出土的青瓷羊，时间大约在4世纪中期，风格与

---

① 《宁波历代文选》编委会编《宁波历代文选·散文卷》，宁波出版社，2010，第10页。

宁波余姚市文管会所藏的东晋青瓷羊相近。此外，也有一些越窑青瓷北上至青、徐等地，再中转经江、淮、黄河运抵中原地区，供应王公贵族，如1956年在西安羊头镇唐李爽墓中发现的一件越窑青瓷葫芦瓶。① 李爽是卫国公李靖堂弟，官至银青光禄大夫守司刑太常伯，死于唐高宗总章元年（668）。

南京大学教授贺云翱、干有成撰文指出"越窑青瓷是宁波与东亚海上陶瓷之路的先行者、开拓者。越窑青瓷自晋代开始输往朝鲜半岛，6、7世纪之交输往日本列岛，输往东亚的时代比任何窑口瓷器都要早"。② 但遗憾的是，此文通篇都是宁波明州港，却只字未提句章港。显而易见，这与史实不符。须知明州港和明州城相伴建立，是在中晚唐的821年前后；此前，宁波的通海门户唯有句章港，所以这里才是越窑青瓷的始发港。

作为宁波最早的港口、中国最早的海港之一，句章港被误判乃至遗忘，委实太久太久，是时候为之正名了。

——辑录自《宁波日报》2023年2月21日

---

① 陕西省文物管理委员会：《西安羊头镇唐李爽墓的发掘》，《文物》1959年第3期。
② 贺云翱、干有成：《考古学视野下的宁波越窑青瓷与东亚海上陶瓷之路》，《海交史研究》2020年第3期。

明州（庆元、宁波）港时期

(821~1860年)

港口码头文献辑录

浙江宁波和义路遗址发掘报告

林士民

浙江宁波和义路遗址,是1973年冬在城市基本建设中发现的。同年年底市文物部门会同工程建设指挥部等12家单位进行了调查,并配合城市建造地下防空设施进行了抢救性的发掘。此后,又对宁波古城进行了为期四个月的调查勘探,证明西起解放桥,东至东门口,即和义路段保存着丰富的唐宋以来的文化遗存。

该遗址位于宁波市区中心的海曙区,东靠甬江和奉化江,北临姚江,紧接"三江口"国际海运码头,西南部是唐宋以来政治、经济和文化中心的子城。

和义路遗址发掘分为四个区。第一区,东门口古代东渡门城门附近的消东司码头,开6米×5米探方4个,面积120平方米。第二区,邮电局门口(古城外),开6.5米×4.5米探方4个,面积117平方米。第三区,市商业局内(古城内),开5米×5米探方5个,面积125平方米。第四区,甬江印刷厂工地(古城渔浦城门遗址),开5.5米×5米探方14个,面积385平方米。四区共计发掘面积747平方米。发掘工作自1973年底开始,至1975年7月底结束,历时一年多。现将发掘情况报告如下。

文化层堆积

第二层是第一文化层,黄褐色土,土质黏。厚度0~37.5厘米。出土遗物有小口瓷瓶、龙泉窑青瓷碗、宋代铜镜以及"至道元宝""祥符元宝""至和重宝""政和通宝"等宋代钱币。即宋代层。

第三层是第二文化层,褐色灰土。土质甚黏。厚度22.5~70厘米。出土遗物有越窑青瓷线刻鹦鹉盘、双凤纹盘、圈足外撇碗、葵口碗、宽沿托

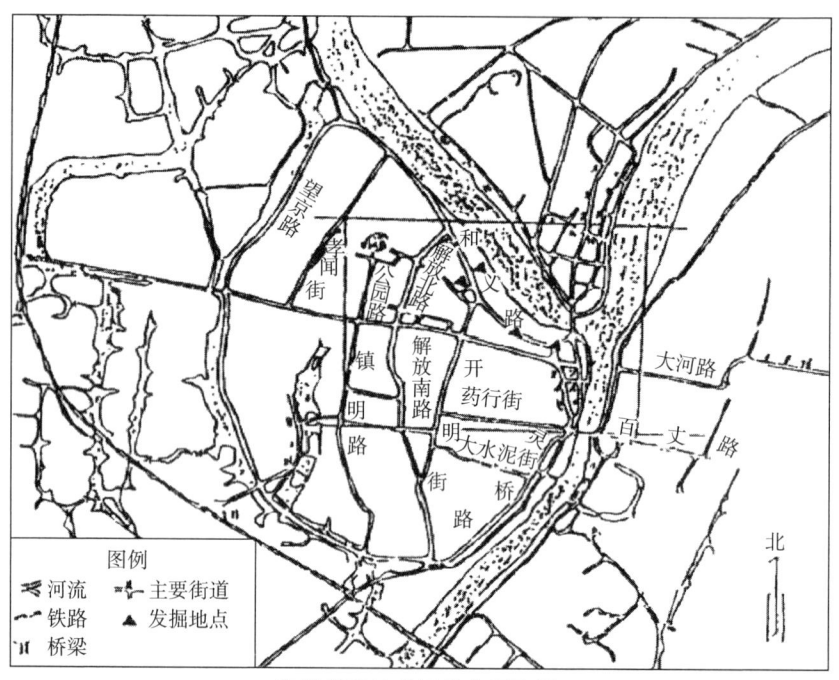

和义路遗址发掘地点示意图

台的盏托、圆嘴刻花的执壶等。其中碗与1955年宁波火车站发掘的袁从章后晋开运三年（946）墓和杭州三台山五代墓出土的碗相同，双凤盘、葵口碗与杭州施家山后周广顺二年（952）吴汉月墓出土碗、盘亦相同。碗、盘造型、釉色与上林湖竹园山Y41出的"太平戊寅"（978）铭碗、盘相同，与东钱湖郭家峙烧造的碗、盘、执壶［与器壁上刻有"雍熙二年"（985）铭的碾磨器共存］等器物也相似，所以这一层的时代应为五代晚期到北宋早期（946～985年）前后。即五代北宋层。

第四层是第三文化层，黑色土，土质松软。厚度30～60厘米。出土遗物有越窑青瓷玉璧底碗、"大中二年"铭文碗、内刻荷花的翻沿碗、委角或葵口盘、棱角嘴和扁带状把的执壶、盒盖、罂以及木器、漆器等。其中的执壶造型、釉色与上海博物馆藏的执壶相同，壶腹部刻有"会昌七年改为大中元年"的铭文，通体刻花卉竟与盏（碗）、盒盖等器内所刻花卉如出一手，委角盘、玉璧底碗与绍兴县大中五年纪年墓出土的玉璧底碗、委角盘一致；罂与慈溪上林湖东番南山出的刻有"维唐故大中四年……故记此器"的器物也相似，同层共出的"大中二年"云鹤纹"寿"字铭文碗等，证明它们的时代应为晚唐大中朝（847～859年）前后。即唐第一文化层。

第五层是第四文化层，灰黄色土，土质较黏。厚度45~120厘米。出土遗物有翻沿圈足碗、印花圈足碗、六角短嘴带把执壶、喇叭口束颈唾盂以及长沙窑罐、执壶等。其中唾盂、执壶造型与绍兴县古城村唐元和五年（810）户部侍郎北海王府君夫人墓出土的一致，碗造型、釉色与象山县南田岛唐元和十一年（816）纪年墓出土的碗一致，印花圈足碗与小洞番元和朝窑址出土的碗相同，与长沙密记有元和铭文的罐耳范伴出的罐也相似。因此，这层的时代约为唐元和（806~820年）朝前后。即唐第二文化层。

第六层是第五文化层，棕褐色土，内夹着芦苇、草、蚌壳，土质疏松。厚度15~90厘米。出土遗物主要有玉璧底碗、敞口弧腹平底碗，施釉均不到底，内外均有泥点支烧印痕。盘有平底、玉璧底和圈足三种。还有灯盏、执壶等。建筑构件以瓦当为多，"开元通宝"钱币各方都有出土。该层玉璧底碗与诸暨县牌头茶场唐贞元十年（794）和上虞县联江乡红光村张子山唐贞元十七年（801）两墓所出玉璧底碗一致，所以这层的时代应为唐贞元朝（785~805年）前后。即唐第三文化层。

第六层下是青灰色黏土，该层是湖河相冲积层，在与第五文化层交接处，偶尔发现新石器时代的泥质黑皮陶盆、竹节形把豆和春秋战国时期的几何印纹陶罐等残器。

——辑录自《东方博物》1981年创刊号

宁波东门口码头遗址发掘报告

林士民

1978年8月和1979年4月，宁波市文管会曾先后两次派员对市区东门口交邮大楼施工范围内的遗址，进行了抢救性发掘。发掘的范围很小，却发现了古代海运码头三个造船工场遗迹和外海船一艘，以及大量宋元时期的龙泉窑青瓷和青白瓷等，为研究我国古代重要的通商口岸——明州的码头设施，对外交通贸易和造船业提供了重要的资料。现将发掘资料整理如下。

一　遗址分布与地层

东门口遗址，地处余姚江、奉化江与甬江汇合处的"三江口"南侧，

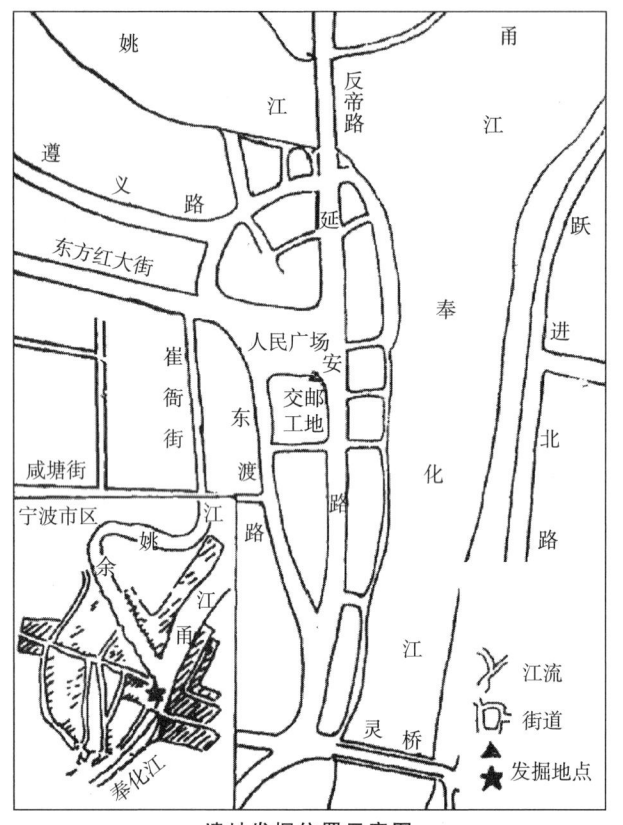

遗址发掘位置示意图

这一带原为唐宋时期的海运码头。这次发掘的地点，正处于唐代宁波城门外。① 它东临奉化江，即现今的大道头运输码头，西近唐宋东渡门，西南不远为宋、元的明州（宁波）市舶务遗址，北通姚江的宋代甬东司码头和真武宫码头，即现在的姚江运输码头一带。② 整个遗址范围甚大。这次清理的仅仅是交邮大楼的地下室部分。先开5米×5米的探方11个，后因遗迹的延伸而扩大，总计发掘面积350余平方米。

东门历来为重要的港口，所以有学者把它称作东门时代。③ 因这里的建筑屡建屡废，所以上部的文化层有的已被破坏扰乱，而下部大多保存较好。根据这次发掘，从上而下分为五层。现以T2、T4、T7、T10、T16南壁

---

① 宁波市文管会：《唐东渡门城门发掘资料》。
② 《宝庆四明志》《鄞县通志·舆地志》。
③ 杭州大学地理系宁波城市规划调查组：《宁波港口开拓与宁、镇、北仑区域发展的几个问题》，科学报告会论文，1979。

地层堆积为例,略加说明。

扰土层 厚48~150厘米,黄褐色土。

第一文化层 厚25~67厘米,离地表48~130厘米,黄色亚黏土。包含物有青花瓷、白瓷、龙泉窑青瓷碎片及石子路面遗迹等。特别是龙泉窑的盘、瓶、炉等器物,其造型、釉色与明代龙泉窑址出土的基本一致。这一层应为明代层。[①]

第二文化层 厚16~195厘米,离地表75~305厘米,灰褐色黏性土。包含物有大量的龙泉窑青瓷。其中高足碗、洗、莲瓣碗、弦纹碗、盖罐等与元大都[②]出土的器物基本一致,奁式炉与福建泉州元墓出土的接近,同出的还有元代景德镇的枢府碗。这一层应为元代层。

在元代层之下第三文化层之上有一层青灰色淤泥,厚5~20厘米,无包含物。

第三文化层 厚55~140厘米,离地表150~360厘米,黄色黏土,局部夹杂着青灰色土。包含物主要是各窑口的青瓷、白瓷。出土的莲瓣碗与泉州湾宋船[③]里出土的一致;雕塑卧女白瓷枕与1977年10月在江苏镇江市冷库工地宋墓出土的完全一致。[④]另外,有一些龙泉青瓷制品与元初近似。所以这一层应为宋元层。

在第三文化层与第四文化层之间有一批不连成片的泥沙层,厚2~10厘米,无包含物。

第四文化层 厚180~255厘米,离地表190~485厘米。青灰色土,局部有黄色沙土及褐色状铁斑,包含物除一艘三桅海船、三座海运码头外,还有越窑、龙泉窑、婺州窑等窑口的瓷器。其中以"S"形篦纹与荷花纹碗、折腰盘为典型,它与龙泉宋窑址出土物一致。[⑤]还有青釉直圈足碗,

---

① 朱伯谦、王士伦:《浙江省龙泉青瓷窑址调查发掘的主要收获》,《文物》1963年第1期。
② 中国科学院考古研究所元大都考古队、北京文物管理处元大都考古队:《元大都的勘查和发掘》,《考古》1972年第1期;中国科学院考古研究所元大都考古队、北京文物管理处元大都考古队:《北京后英房元代居住遗址》,《考古》1972年第6期;中国科学院考古研究所:《北京西绦胡同和后桃园的元代居住遗址》,《考古》1973年第5期;张宁:《记元大都出土文物》,《考古》1972年第6期;李德金等:《朝鲜新安海底沉船中的中国瓷器》,《考古学报》1979年第2期。
③ 泉州湾宋代海船发掘报告编写组编《泉州湾宋代海船发掘简报》,《文物》1975年第10期。
④ 肖梦龙:《镇江市博物馆藏宋影青瓷枕》,《文物》1978年第11期。
⑤ 浙江省文物考古研究所编《龙泉东区窑址发掘报告》,文物出版社,2005。

是鄞县郭家峙窑北宋层产品。① 据此，该层应为宋代层。

第五文化层 灰色土、质松。它直接被宋代层叠压。由于它是在码Ⅲ的鹅卵石层以下发现，又因工程不允许，没有清理到底。包含物主要是越窑青瓷。该层所出一组器物，与和义路唐代大中层一致。② 因此该层应为唐代层。

各文化层中，都有蚌、海螺、蛎等贝壳类物；在宋代文化层底部有卵石。

从地层和出土的遗迹遗物证明，这一带在唐宋时是江岸，在涨潮时一部分江边受水浸没，退潮时是一块陆地，是人类从陆地到水上活动的地方。经过人们频繁的活动堆积和江岸的淤积发育逐渐向奉化江发展，形成西面较高、东面稍低的斜坡状的宋、元、明各时期的文化层。从早期的一个宋代码头到现今外海木帆船运输码头的距离，说明自宋以来的1000多年中，平均每年延伸10厘米左右，扩展的速度是相当快的。

二 遗迹

1. 海运码头

在发掘区内共清理了海运码头三座，编号为码Ⅰ、Ⅱ、Ⅲ。三个码头的位置作东西向排列，时代最早的在西，最晚的在东，与江岸的延伸相一致。它们的发现，证明这里曾经是明州重要的海运码头之一。

（1）一号码头

码Ⅰ在第四文化层的上部。它的上部已在宋元时期被拆毁，与码Ⅱ相距约8.4米，它是三个码头中最外面的一座，与现今奉化江岸的运输码头最近，仅距70米左右。

从转角残迹表明，码Ⅰ的长度约为15米，残存宽度为2.8米，呈横长方形。仅存东北角"7"字形一部分，全部用长条石迭砌而成。残高0.68米。这里系河海沉积层，土质松软，为了加强基础部分，防止码头倒塌，在基础部分首先打了成排的松木桩。木桩直径为8～18厘米，长66～251厘米，削成尖头打入土内，顶部还保留了打桩时的敲击痕迹。木桩排列成三角形，比较有规律，特别转角处，保存完好。在布桩的范围内，还密布许多粗的树枝，其也是为加固基础部分。迭筑的石条以100厘米×40厘米×

---

① 宁波市文管会：《鄞县郭家峙窑址发掘资料》。
② 宁波市文管会：《和义路唐代遗址发掘资料》。

18厘米的为多，错缝迭筑，条石下用小石片衬平。在缝中还发现有纪年的"大观通宝"和"绍兴元宝"等钱币。

码Ⅰ清理中特别突出的两点是：第一，在石砌码头范围内，文化层包含物丰富；第二，在码头的同一层位紧靠石砌码头东向（即临水面），堆砌了大量的木头，上下左右一条紧挨一条，多的地方上下有3~5层。从码头的北角开始向南延伸，南面的量逐渐减少。木头大者直径达0.2米、长3.4米，小的直径0.1米、长0.82米，多数是松木。多数在两端凿有方形或长方形的卯眼，有的卯眼中还留有小木头（有的经过加工，有的用小树干），长者有50~80厘米，钉住卯孔打入土内。起固定木头的作用。

码头北向的临水面，从转角开始也堆了许多大木头。但这些木头大多未经过加工，有的连树枝也未砍掉，有的树皮还在。大木头直径0.42米、长2.88~4.3米，大多为柏树一类的硬木。铺法较乱，但都紧靠码头。在北向的临水面的接近条石底部，还铺着12~23厘米的木片，也有很多树枝成排地铺着。这些当然也与码头的加固有关。

（2）二号码头

码Ⅱ处于第四文化层之中部、码Ⅰ与码Ⅲ之际，略偏向北。它的上部被宋、元层的修船场打破，因此，上部铺筑的条石被翻乱，但东南角清楚。它的东北部分伸延到现马路而无法扩方探清。

码Ⅱ的基础部分有一层厚厚的瓦砾与红烧土块及杂木头，还打有直径12~18厘米、长148~196厘米的尖头松木桩，布桩略有规律。在木桩上置条石，规格多为110厘米×42厘米×21厘米，呈长方形。码头残高110厘米。在石砌码头里边相距约7.5米处，有为加固地面、防止塌方的挡土板，板的一边也打了木桩，以固定木板。

在码头中出土了宋代青瓷碎片和"熙宁重宝""熙宁元宝""元丰通宝""元祐通宝"等钱币。

（3）三号码头

码Ⅲ处在宋代层底部，唐代层上面。它的南向为宋代市舶务（库），与码Ⅰ相距约20米，离奉化江岸的现今码头90余米。

码Ⅲ呈长条形，全部用条石和块石筑成。只清理了一段长10米，估计全长在13米以上，残高1.24~1.68米。条石大小不一，大者1.56米×0.38米×0.23米。石砌码头墙下铺有光滑的鹅卵石一层。砾石直径2~4厘米，与黏泥混杂一起，胶着牢固。码头地面用瓦砾、石片加固夯实，坚硬结实。

紧贴码Ⅲ的临水面，打有露头于宋元层的成排木桩，计36根，均为松木，直径0.12～0.17米，长3.15～4.35米，分四组排列，每组9根，3根一排成一方形，每根间距16～74厘米。组与组的间距，东西向为1.16～2.14米；南北向为4.55～4.86米。木桩头部削尖，尾部有磨损痕迹。在木桩四周，还残留着长短不等的许多腐朽的木板，厚度为5～8厘米。有的木板与木桩捆扎在一起，有的紧靠木桩。这些木板原来很可能是铺在木桩上的。若是的话，那么在石砌码头外还可能有木结构的引桥式码头。在码Ⅲ出土了越窑、龙泉窑等瓷器碎片和小长方形砖，以及"太平通宝""至道元宝""景德元宝""天禧通宝"等钱币。

从三个码头位置的逐渐变迁延伸和地层堆积可以证明，西面的三号码头最早，它靠近唐代的东渡城门，建筑在唐文化层上，随着奉化江和海泥的堆积，江岸有淤积，这个早期的码头（虽一度架以引桥式码头予以补救）最终被废弃；又在人类活动淤积陆地上建起二号码头。无疑，码Ⅱ晚于码Ⅲ，从地层看，它不是建筑在唐代文化层上。随着江河的变迁，这个码Ⅱ使用了一个时期，又被江岸淤积发育而埋没，到南宋时期又向前新筑了一号码头，这个码头直接叠压在宋船之上，它的时间比二、三号码头和宋船晚。从出土"绍兴元宝"钱币等文物看，它的建造当在南宋绍兴年间以后。同时，它又被宋元文化层所覆盖，所以这座码头使用的时间是不太长的。这三座海运码头一个接着一个拓出，都朝向奉化江，位置基本平行，离现运输码头尚有70余米。由于施工范围所限，元明时期的海运码头位置和变迁没有探明，根据现状推测，很可能就在这个范围之内。

2. 其他遗迹

在发掘区内共清理灰坑两个，编号为H1、H2；石子路面和砖铺路面各一段；修船场地一角。现按层位次序简述如下。

第一文化层：

石子路面，在T6与T7的中间部位，保存的路面残长约10米以上、宽2.3米左右。铺石之前，先对基础进行了夯打。夯窝直径11～14厘米。然后在夯层面上，铺上5～7厘米的沙层，再用直径8～12厘米不等的鹅卵石铺筑，排列整齐，边缘清楚，紧密坚实，铺成圆形花朵图案。路面因经多次行车，留有规律的凹下的车辙痕。

灰坑一个。编号为H1。坑口开于文化层内，打破了路面和第二文化层，当晚于石子路。坑呈圆形，口径为1.35～1.42米，坑壁略斜，底呈锅底状，深度为0.45～0.60米。坑内堆积黑色松土。包含物除两个较完整的龙泉窑盘、一个残瓶与奁式炉外,还有青花瓷片、瓦片等。

第二文化层:

砖筑路面两段。一段只保存一小块,一段比较破碎,破坏严重。路基经过夯打,并掺入了石灰红烧土和瓦砾,比较坚实。然后再铺上39厘米×20厘米×6厘米的素面长方形砖,多为交错铺设,但不很规则。

灰坑一个,编号为H2。坑呈扁圆形,口径为0.90~1.50米。坑壁直,底近平。深为0.50~0.55米。坑内堆积米黄色黏土。内出"至元通宝"钱币一枚及龙泉窑青瓷碎片。能辨别器形者有碗、盘、瓶、炉等。

三 出土遗物

这次清理,堆积比较丰富的是在码头一带。现将出土的遗物,按文化层层位加以介绍。

1. 唐代层

以码Ⅲ底部出土的遗物为最典型。以碗为大宗,壶、盒次之。

上述器物胎骨灰白或深灰,有个别灰红色。釉色多为青釉,晶莹如玉,也有一部分青中泛黄釉,色泽滋润。饰画花草纹者居多。这层出土器物与和义路唐代大中二年层出土的器物完全一致,在慈溪县上林湖窑址中有这类器物。

2. 五代北宋层

这层遗物来自发掘区内东、西、北方位的三个探洞。洞底离表土5.43~6.30米。出土残片以碗为主,壶、罐类次之。

上述器物胎质灰白或深灰,施青釉者为多,有的青中泛黄,少数为淡黄釉,釉层均匀,釉面光泽滋润,属上林湖窑五代至北宋时期产品。盘、Ⅲ式罐、碗残片的胎质灰白,釉色青翠呈绿色,系属郭家峙窑五代至北宋时期产品。

3. 宋代层

以码头内出土遗物为最典型,主要是瓷器,此外有陶器、铜钱等。

(1) 瓷器可分龙泉窑、越州窑、婺州窑青瓷,景德镇青白瓷和灰釉瓷等。

龙泉窑青瓷以碗为大宗,也有盘等。

越窑青瓷以碗为大宗,弧腹,圈足。釉色为青灰色,釉面泛光。胎色为灰黄色或灰白色,器内有的刻画荷花或饰放射状的划线。

婺州窑出的瓷数量少,以碗为主。

黑釉瓷很可能产自福建或龙泉。灰釉瓷是民间用瓷,可能产于浙东附近。

（2）陶器碎片很多,但可以复原的不多。

4．宋元层

出土物以龙泉青瓷为主,也有景德镇等其他窑口瓷器。

龙泉窑青瓷,数量多,品种丰富,胎质细腻,洁白,釉层丰厚,滋润如玉,呈粉青、翠青和梅子青等色。器形有碗、盘、盅、洗、盆、罐等。

青白瓷有瓷塑女枕和六角瓶。

瓷塑女枕通体施青白釉,釉色白里透青,积釉处呈湖色,胎质洁白,细腻致密。

六角瓶瘦长呈六角形,腹部微鼓,圈足外撇,廓线分明。釉色青白带绿,胎质洁白。

白瓷,有碗、盘两种。

5．元代层

该层出土遗物特别丰富,主要是龙泉青瓷,还有景德镇、磁州窑、吉州窑的器物等。

6．明代层

除大量的明代青花碎片、白瓷片外,还有大量的龙泉窑青瓷碎片。可复原的和较完整的有碗、盘、瓶、炉等。

上述龙泉窑器物胎骨极厚,白中泛灰,是一些元末和明初期的产品。

四　结语

通过对东门口遗址的清理,发现了三处古代海运码头遗址、宋元时期一批龙泉窑青瓷残片标本和一艘宋代外海船。现就码头、瓷器及造船三个问题谈点粗浅的认识。

1．宋代码头问题

唐王朝时期,自江南的扬州、明州和广州开埠后,"海外杂国,贾舶交至"。为适应开埠需要,"市舶"（舶务）就出现于几个开埠的港口城市。当时明州置市舶使,隶属浙江。[①] 这次的遗址发掘,在海运码头下的地层中又发现了唐代的一批越窑青瓷,是 1973～1975 年在姚江海运码头附近出土唐代瓷器后的又一次发现。这些精美的晚唐越窑青瓷,有可能是外销的。据

---

① 《鄞县通志》1935 年铅印本影印版。

文献记载与世界各地古文化遗址中出土的越密青瓷资料看，当时"从明州运销日本、朝鲜外，还运销泰国、越南、柬埔寨、印度、伊朗、巴基斯坦、斯里兰卡、菲律宾、印度尼西亚、伊拉克、埃及等国家和地区"，① 为各国人民的友好往来，进行文化交流，做出了积极的贡献。

宋代明州（宁波）已设有一整套的市舶机构。② 宋市舶务即在这次发掘区的南端，这里建有大批的仓库。遗址的东南角是"来安亭"，它是接待各国商舶的签证机关，经过签证查验，方得入市舶务进行交易。从"三江口"到灵桥这一带，为宋代江厦码头（因有古江厦寺得名），码头在什么地方？它的结构如何呢？从三处宋代码头所获得的资料，我们能更为具体地了解一部分江厦码头的位置、规模与它重建变迁的历史。尤其是码Ⅰ，由于成陆早，基础较结实，所以码头基础部分没有打桩。码Ⅱ则布桩（柴梢）以加固基础，并用板挡泥防止塌方。在建码Ⅲ时，为了加固稳定，在基础部分打了大批的三角形排列的木桩，还布置了大批木头（粗柴梢）。这种做法与宋李明仲著的《营造法式》所载"码头布柴梢令厚一丈五尺，每岸长五尺钉桩一条"之制相似。

2. 瓷器的外销问题

宋代明州发达的海外交通贸易，到元代更加繁荣。至元十四年（1277），元朝统治者仍在泉州、庆元（宁波）、上海、澉浦设置市舶司，到至元二十年（1283），加上杭州、温州、广州市舶司，计有七个市舶司。不久，温州市舶并入庆元市舶司。大德二年（1298），澉浦、上海市舶司又并入庆元市舶司，以后一度有变更。至治二年（1322）三月起，元朝统治者又置市舶司于庆元。③ 所以庆元是元代的一个极其重要的对外贸易港口。据史书记载，当时庆元不但与日本、高丽进行通商，还与越南、柬埔寨等南洋各国以及非洲、欧洲互相通商。

宁波出土的宋元时代龙泉窑大批青瓷残器碎片，品种繁多，质量精致，不是一般民用瓷器。特别是很大一部分没有使用痕迹的，显然是在运输中受损而丢弃的。其中有的器形与日本、菲律宾等地大量出土的龙泉青瓷一致。这些龙泉青瓷也经由过阿拉伯友好商人之手，通过海上的"瓷器之道"，由中国商船运销至各国。

---

① 林士民：《从考古发现看古代宁波》，浙江省第五次地理学会交流。
② 林瑛：《明州市舶史略》，《海交史研究》1981年。
③ 林瑛：《明州市舶史略》，《海交史研究》1981年。

龙泉窑青瓷的外销，从目前资料来看，发现数量最多的一次，要算1976年夏在朝鲜新安海底船中①打捞上来的6000余件瓷器，其中以龙泉青瓷为主。

对于这艘沉船所载的大批外销的龙泉窑青瓷，究竟是从中国的哪个港口输出的，目前有两种意见：第一种认为"这艘船是从明州（今宁波）开出的，认为船上有'庆元路'铭文的铜砝码一件，应该是从明州启程的"；② 第二种认为"该船的出发当是福州"。③

笔者倾向于这批龙泉青瓷是从庆元（宁波）港运销的，主要理由如下。

第一，从目前发表的考古资料中，在广州、福州、温州等古代港口城市遗址中还没有发现大批的龙泉窑系的青瓷。宁波这次在宋元市舶库北边的海运码头出土的大批宋元时期龙泉窑青瓷，与朝鲜沉船中打捞出来的器物中很多品种是一致的，例如在宋元层中出土的最典型的鱼耳瓶、贯耳瓶、鬲式炉等。与元代层中出土的器形相同的更多，典型的有蔗段洗、贴花双鱼洗、印花盘、盖罐、高足碗、划花碗、奁式炉、牡丹纹瓶等。此外，与景德镇产的宋青白瓷人物枕，折复碗、盘，白瓷镶银口碗以及黑釉瓷碗、白釉赭色罐、白釉黑彩罐等器物也完全一致。

第二，根据文献记载，温州市舶司建立不久即归并庆元（宁波）市舶司，而沉船的时间较此要晚。在沉船中所出的一个龙泉窑盘，底上刻有"使司帅府公用"。据此分析，这批外销瓷也应是从庆元（宁波）起航。据考证，"使司帅府"当为"宣慰使司都元帅府"的略称。《元史·百官志七》记载"宣慰使司"的六道中有浙东道（在庆元路，即今浙江省宁波市）。《元史·地理志五》中也记有"浙东道宣慰司都元帅府"，并注明其治在庆元。这是在元大德六年从婺州迁至庆元的事。宁波距龙泉窑的中心产地较广州、福州为近，在就近的通商口岸出口，这也是理所当然的。

第三，唐宋时期我国与朝鲜、日本通航，通往南洋的船只在宋时也多以宁波港为停靠站，④ 宋代曾指定明州和广州两处市舶司负责办理申请出

---

① 李德金等：《朝鲜新安海底沉船中的中国瓷器》，《考古学报》1979年第2期。
② 董思：《万件元瓷流落韩国》，《大公报》1978年8月24日。
③ 陈庆光（译音）：《福州输出的早期元瓷研究——木浦（即新安）沉船发现的中国瓷器》，故宫研究室翻译资料。
④ 林瑛：《明州市舶史略》，《海交史研究》1981年。

国事宜，特别是去日本、高丽的船舶在明州办理手续。[①] 根据上述航线惯例，也应该是从庆元出港，若由泉州、广州等地起航，就没必要经朝鲜再到日本。

第四，从朝鲜沉船中打捞的7000多件文物中，有一件引人注目的铜砝码。在这件铜制的器物上镌有"庆元路"铭文一行三字。这反映了该船与庆元的密切关系，是一个有力的佐证。

综上所述，我们认为宋代明州是一个繁荣的东方大贸易港，而后到了元代，庆元（宁波）也是我国东南沿海的一个大的贸易港口。

——辑录自《浙江省文物考古所学刊》，
文物出版社，1981

全盛时期的"江厦码头"

随着海外贸易的发展、停靠船舶的增加，北宋的海运码头与唐时相比，范围和规模都有所扩大。当时，在渔浦门外三江口一带有两个石坎码头区：一在奉化江西岸的江厦（码头）。江厦因古江厦寺而得名，其地在北至新江桥埠，南至老江桥埠，糖行街、双街、钱行街、半边街的临江一侧。一在余姚江南岸的叫甬东司道头，具体位置是在新江桥西侧的江左街北至江边。

宁波城内只有三个商场，与宋元时期一样，都位于东大路的北面，为大市、中市和后市。大市在县衙和中央大街之间的广场上，中市在中央大街后面东首的两段街上，后市在更东面靠近东北城墙的边上；附设的尚有城外五个集市。这些集市每旬定期开市，西门外是初八、十八、廿八；南门外是初七、十七、廿七；灵桥门外是初四、十四、廿四；东渡门外是初九、十九、廿九；还有灵桥以东约五里处的甬东集市不定期开市。这些城外集市均位于水道上或水道附近，并设有码头或埠头，以供四郊村庄来的舢板船停靠。1566年以后，新设东津市（在灵桥以东约二里处），同时关闭东渡门外和灵桥门外的两个集市。清乾隆四十五年（1780）城内又增设了五个商场。

除了定期商场外，城内和城外都有固定的商业区。东大路及其向西延

[①] 苏轼：《东坡七集·奏议集》，台湾中华书局，1970年。

伸至西大路的地段构成了主要商业区的轴线。它的各段以及通向它的小巷开设了交易布匹、食物、帽子、家具、木材、竹、丝织品和药材的商店，还有饭店和当铺。这些商店大多按行业聚集，并以诸如竹行巷、药局巷、饼店弄等街巷名称作为标志。东渡门内是最忙碌的商业区之一。这里主要是木器商、竹器商和印刷商聚集区。灵桥门内是另一主要的商业区。这里以药材商、木器商、箧器商和漆器商为主。附近的药行街是药材商聚集的一条街。

东门外奉化江边地区——江厦，是城外最繁忙的商场。沿着河岸是停靠航海帆船、航船和舢板的码头。钱庄集中在这一地区，并设有卖海货、糖、木材、麻和谷物的商店。这里还集中了分别专营南、北沿海贸易的商行（南号和北号）。造船厂、福建会馆、天后宫和庆安会馆（船运业会馆）也都设在这里。象鱼鲞弄、糖行街、钱行街，这些地名标志了商店聚集于此。

除以上商业区外，江东码头内侧，在嘉道年间已发展为新的重要商业区，为全市最繁华的地段之一。沿江岸是停靠各种海船的码头。往里纵深处，各种商号如雨后春笋竞相建房开业。那里有"南号"，也有"北号"，还有贩卖海味、木材和谷物的商号及出售石板、铁器、柴炭、纸张、蜡烛、染料、杂货、牛羊、蔬菜、水果、其他食品等的商店。诸如米行街、木行街、卖席桥、羊市街、卖饭桥等地名，就标志了这些商号的聚集地。另一些地名则反映了各种手工业作坊的集中地，如打铁街、铸冶巷、笔厂弄、作锚弄以及船坊巷等。

总之，作为宁波水运中心的江厦，同时也成为商业的中心。李邺嗣《鄮东竹枝词》说："鄮地原因贸易名，灵桥彻夜有人行"。又说，"三江水合夹灵桥，形势无如此地饶，九十九龙蟠岸北，一龙翔处半乘潮"。诗后自注："江北岸有九十九埠，其一埠半入于江"。而这里的"江北岸"，是指灵桥附近的江厦一带。"一埠半入于江"，则说明码头的规模已相当可观。这些都是鸦片战争以前的记载。可以想见江厦一带确实是发展到了帆船码头的全盛时代了（当地民谣："走遍天下，不及宁波江厦！"——编者）。

——辑录自《宁波港史》第七章第三节

造船业文献辑录

唐代龙舟

林士民

唐龙舟在第二发掘区内，出土时横跨整个发掘区。

该龙舟舟体完整。尾部稍有破损，出土时尾部上面尚保留了附加构件，构件上都使用了铜钉或铁钉，清楚可见。舟体水平总长为11.5米，宽度为0.95米，中间部位的深度为0.35米。两舷侧板厚度为0.08米，底部厚度为0.1~0.115米。在首部位置开有卯眼两排，前排三个卯眼，两边两个卯眼。中间卯眼在中心线上，卯眼大小为10厘米×8厘米。后排四个卯眼与前排相距26~28厘米，以中心线分为左右两组，两卯眼一组之间相隔8厘米，两组之间相隔16厘米，近舟体中心线的两卯眼为7厘米×10厘米；近舷侧的两卯眼为4厘米×10厘米。尾部位置也有三个长方形卯眼，呈水平排放，卯眼大小因腐朽不详。舷下9~10厘米处，开凿了4厘米×5厘米的长方形卯眼，从头到尾计17档，它的间隔距离为60厘米。这些长方形卯孔位置都是对称的。在清理中，还发现卯眼内有断的木条，有的还露出舷外，断面尺度与卯眼一致。在断面的木条上偶尔发现钉有残板。在离首端2.85米处和尾部相距1.4米处。各有一个长方形卯眼，卯眼大小为5.5厘米×3.5厘米。其中尾部一个卯眼中尚留一个木楔，它的断面也与卯眼一致，略高出于船底。船尾横木残存长74厘米，宽12~20厘米，中间开两个长方形卯眼，规格为8厘米×10厘米，两端均用特大的铜钉钉住，一端已腐朽无法辨认，另一端铜钉帽径为3厘米。在首部和尾部均有铜钉，顶帽直径亦为3厘米。该龙舟材料经过鉴定为红松木。当然龙舟的龙头、龙尾等上部结构已不存在。

该龙舟 L/B = 12.10，B/T = 3.17，首部离基线（前昂势）0.69米，后部离基线（后翘势）0.46米。其为龙舟的依据是：

（1）根据上列的 L/B 值达到 12.10 的情况看，制作该舟时，并不从装载量功能上考虑，而是从追求速度的角度设计的一艘比赛艇；

（2）在首部位置所开前三孔中，其中间一孔应为篙孔，后四孔是龙舟上安装龙首等装饰件部位的卯孔；

（3）在舟体的两舷侧，有 17 档间距为 60 厘米、相对位置为 4 厘米 × 5 厘米的长方孔，用长方形断面木条贯穿其中，上置木板。这个设施显然是竞渡者的位置，两舷伸出端当为划桨支托架安装处；

（4）排水量为 1.862 吨，舟体重量为 0.711 吨，载重量为排水量减舟体重量为 1.151 吨。每个竞渡者体重以 60 公斤计算，17 名划桨手总重为 1.02 吨，龙舟安排 17 个位置是完全可以胜任的，而且还留有一定的储备浮力。储备浮力为 0.131 吨。

——辑录自《浙江宁波和义路遗址发掘报告》

北宋神舟与客舟

（宋）徐兢

神舟

臣侧闻神宗皇帝遣使高丽，尝诏有司造巨舰二：一曰凌虚致远安济神舟，二曰灵飞顺济神舟，规模甚雄。皇帝嗣服羹墙孝思，其所以加惠丽人，实推广熙丰之绩。爰自崇宁以迄于今，荐使绥抚，恩隆礼厚，仍诏有司更造二舟，大其制而增其名。一曰鼎新利涉怀远康济神舟，二曰循流安逸通济神舟，巍如山岳，浮动波上，锦帆鹢首，屈服蛟螭，所以晖赫皇华，震慑海外，超冠今古，是宜丽人迎诏之日，倾国耸观而欢呼嘉叹也。

客舟

旧例，每因朝廷遣使，先期委福建、两浙监司顾募客舟，复令明州装饰，略如神舟。具体而微，其长十余丈、深三丈、阔二丈五尺，可载二千斛粟。其制，皆以全木巨枋搀叠而成，上平如衡，下侧如刃，贵其可以破浪而行也。其中分为三处：前一仓，不安艎板，惟于底安灶与水柜，正当两檣之间也。其下即兵甲宿棚。其次一仓，装作四室。又其后一仓，谓之疥屋，高及丈余，四壁施窗户，如房屋之制。上施栏楯，朱

北宋神舟复原

绘华焕，而用帟幕增饰。使者官属，各以阶序分居之，上有竹篷，平时积叠，遇雨则铺盖周密。然舟人极畏庵高，以其拒风，不若仍旧为便也。船首两颊柱，中有车轮，上绾藤索，其大如椽，长五百尺。下垂碇石，石两旁夹以二木钩，船未入洋，近山抛泊，则放碇着水底，如维缆之属，舟乃不行。若风涛紧急，则加游碇，其用如大碇而在其两旁。遇行则卷其轮而收之。后有正柂，大小二等，随水浅深更易，当庵之后，从上插下二桌，谓之三副柂，惟入洋则用之。又于舟腹两旁，缚大竹为橐以拒浪。装载之法，水不得过橐，以为轻重之度。水棚在竹橐之上，每舟十橹，开山入港，随潮过门，皆鸣橹而行。篙师跳踯号叫，用力甚至，而舟行终不若驾风之快也。大樯高十丈，头樯高八丈，风正则张布帆五十幅，稍偏则用利篷，左右翼张，以便风势。大樯之巅，更加小帆十幅，谓之野狐帆，风息则用之。然风有八面，唯当头不可行。其立竿，以鸟羽候风所向，谓之五两。大抵难得正风，故布帆之用，不若利篷翕张之能顺人意也。海行不畏深，惟惧浅阁，以舟底不平，若潮落则倾覆不可救，故常以绳垂铅锤以试之。每舟篙师、水手可六十人，惟恃首领熟识海道、善料天时、人事而得众情。故若一有仓卒之虞，首尾相应如一人，则能济矣。若夫神舟之长阔高大，什物、器用、人数皆三倍于客舟也

——辑录自《宣和奉使高丽图经》卷三十四

宋代明州造船场

　　国朝皇祐中，温、明各有造船场。大观二年，以造船场并归明州，买木场并归温州。于是明州有船场官二员，温州有买木官二员，并差武臣。政和元年，明州复置造船、买木二场，官各二员，仍选差文臣。二年，为明州无木植，并就温州打造，将明州船场、兵级及买木监官前去温州勾当。七年，守楼异以应办三韩岁使船，请依旧移船场于明州，以便工役；寻又归温州。宣和七年，两浙运司乞移明、温州船场并就镇江府，奏辟监官二员，内一员兼管买木。未几，又乞移于秀州通惠镇，存留船场官外，省罢，从之。中兴以来，复置监官于明州。监官文一员。场在城外一里甬东厢，听事直桃花渡，有亭曰超然。晁说之，字以道，自号景迂，元祐中为知名士，崇宁后坐上书入邪籍，政和初为监官，以读书自娱。一日部使者来治船事，诃责甚峻，晁从容对曰：船待木乃成，木非钱不可致，今无钱致木，则无船乃宜。使者愧去。淳熙十年襄阳王铅为监官。为立景迂先生祠，陆游记之。

——辑录自（宋）宝庆《四明志》卷三

南宋明州海船

　　南宋时，明州港的造船技术已达到相当高的水平。

　　1979年，在宁波市区东门口交邮大楼工地发现了一艘宋代海船。该船载重约30吨，是一条既能在内河航行又能出海远航的三桅木帆船。出土的宋船的残骸包括自船首至船尾第一号肋位到第七号肋位；第十二号肋位以后因施工而遭到严重破坏。但总的看来船体基本上是完整的。根据有关部门和专家的研究论证及复原后，证明该船无论在船型、结构，还是造船工艺方面的技术成就，都已达到当时世界造船技术的顶峰。从船型上看，宋船的设计是"采用小的长宽比并配合以瘦削的型线"。[①] 小的长宽比可以提高航行时的稳定性和抗侧浪的能力；瘦削的型线则利于破浪前进。由此可

[①] 席龙飞、何国卫：《对宁波古船的研究》，《武汉水运工程学院学报》1981年第2期，第26页。

见"宋船"具有较强的适航性。在结构上，发掘的宋船有9个舱室，全部采用了先进的"水密仓壁"。可见其船体的抗压强度和抗沉性能都是相当高的。值得注意的是"宋船"船体吃水线以下的两侧似乎还设有减缓船体摇摆的"舭龙骨"，而在国际上"开始使用舭龙骨是在19世纪的头15年"。[①] 宋船的这一创造要比国外早六七百年。这说明当时明州的造船工匠已经注意到减缓船舶摇摆的重要性，并采取了最恰当的措施。这条船制造工艺的先进性表现在：缝隙及易漏水的空间都用桐油灰加麻丝嵌塞以提高水密性；为增加船体强度，船壳板列之间用子母口搭接，并加钉了参钉；而同一板列的对接则采用斜长刃连接法连接，等等。这些先进工艺，在同时代的日本船和波斯船中都还未见采用。

造船技术的提高有助于明州港航运业的发展。尽管明州有官办造船场和市舶造船场，但所造船只远不能满足实际需要。因此，民间造船的比重越来越大。最后连镇守镇海（当时称定海）、镇江（当时称京口）、淮东等关隘所需的船只都得向民间征用。民间造船一般并无固定的船场和人员，而是船主自备材料，聘请造船匠师，选择适宜的海滩或江岸来进行打造的。理宗宝祐五年（1257），为征用民船轮流在定海、淮东、京口把隘服役，曾对明州、温州、台州三处的民船做过一次统计（参看附录——编者）。征用民船是为沿海警备之用，应是海船无疑，内河船未计算在内。这些船多数是渔船，且均为民间所造。

——辑录自《宁波港史》第四章第一节

附录：三郡隘船

明为左冯翊，而州濒于海，鳄波吐吞，渺无津涯。商舶之往来于日本、高丽，虏舟之出没于山东、淮北，撑表拓里，此为重镇。

庆元府六县共管船七千九百一十六只。一丈以上一千七百二十八只，一丈以下六千一百八十八只。

鄞县六百二十四只。一丈以上一百四十只，一丈以下四百八十四只。

定海县一千一百九十一只。一丈以上三百八十七只，一丈以下八百单四只。

---

① 〔苏〕C.H.勃拉哥维新斯基：《船舶摇摆》，魏东升等译，高等教育出版社，1959，第420页。

象山县七百九十六只。一丈以上一百二十八只,一丈以下六百六十八只。

奉化县一千六百九十九只。一丈以上四百一十一只,一丈以下一千二百八十八只。

慈溪县二百八十二只。一丈以上六十五只,一丈以下二百一十七只。

昌国县三千三百二十四只。一丈以上五百九十七只,一丈以下二千七百二十七只。

温州四县共管船五千八十三只。一丈以上一千九十九只,一丈以下三千九百八十四只。

永嘉县一千六百单六只。一丈以上二百五十九只,一丈以下一千三百四十七只。

平阳县八百单九只。一丈以上三百只,一丈以下五百单九只。

乐清县一千六百八十六只。一丈以上三百七十一只,一丈以下一千三百一十五只。

瑞安县九百八十二只。一丈以上一百六十九只,一丈以下八百一十三只。

台州三县共管船六千二百八十八只。一丈以上一千单六只,一丈以下五千二百八十二只。

宁海县二千八百单九只。一丈以上二百八十八只,一丈以下二千五百二十一只。

临海县一千九百七十四只。一丈以上五百五十二只,一丈以下一千四百二十二只。

黄岩县一千五百单五只。一丈以上一百六十六只,一丈以下一千三百三十九只。

——辑录自(宋)开庆《四明续志》卷五至卷六

元代庆元海船

1975年,韩国渔民在新安外方海域发现一艘沉船,考古队员从沉船里发掘出了20000多件青瓷和白瓷,2000多件金属制品、石制品和紫檀木,以及800万件重达28吨的中国铜钱,沉船上还有个铜制秤砣,上刻"庆元路"。这一考古成果震惊了世界。有考古专家对出水文物进行了估价,认为非常珍贵,其价值远超100亿元。为此,新安还建立了一座博物馆,为的就是保存这些瓷器和沉船。

在全罗南道厅光州市兴建的博物馆,是韩国唯一的水下考古博物馆,发掘、保存、复原了许多韩国海域的海底古沉船。据介绍,这条新安沉船长34米,宽11米,重200吨,是世界上现存最大、最有价值的中国古代贸易船,也是现存最古老的船只之一。学术界普遍认为,这条沉船为庆元(宁波)所造,是14世纪早期约1323年前后(有木牌上保留"至治叁年"的墨迹),从中国的庆元(宁波)港出发前往日本的国际贸易商船,途中因台风等,最终沉没在高丽的新安外方海域。

——刘效壮整理

宁波象山的两条沉船

马振

明代涂茨浅海船

象山县明代海船遗址,位于宁波市象山县城东北约20公里处的涂茨镇后七埠村。1994年,人们在后七埠村平岩头砖瓦厂取土时发现该条古代海船。1995年12月9~28日,市、县文物部门对该船进行了抢救性发掘。

该海船为木帆船,出土时木构件呈灰黄色,船体向右倾斜约6°,船艏方向138°。海船上部结构已损坏无存,船艏只保存艏柱和小部分船板,亦残损较多;船身中后部则基本保存完好。木船残长23.7米,残宽4.9米。船形为尖首方尾,尾部出艄呈燕尾状。船体从纵剖面看船艏上翘,舯部底较平,微向上弯曲,挠度约0.1米,接近艉部底板逐渐翘起。从横剖面看,船艏呈"V"形,舯部为略呈"U"形的圆弧底,近艉部弧度变小。经局部解剖木船,没有发现龙骨,只是中间的船底板较其他部分要厚一些,最厚处有18~20厘米。船板用材均为杉木,质地坚硬。从该船的造型及规模上看,它应属浅海船,一方面是因为近海的海底地形不适合大型帆船的航行,另一方面是这类木帆船的弧圆底造型,吃水浅,船长宽比大。

这次发掘清理中出土的遗物只有少量的瓷碗、碟、瓶、罐及筒瓦、木器和棕缆绳等,在部分舱内还发现了压舱石、长方砖、板瓦等遗物。结合

涂茨镇后七埠村沉船模型陈列于象山县博物馆

该船的造型及出土遗物看，推断该船系元末明初筑造。该船的造型结构反映了出当时较为先进的造船工艺水平。在船型上，艏部的"V"形截面在一定程度上提高了船的耐波性，甲板上浪溅水较少。舯部圆弧形截面吃水浅，加上长宽比大，使船的航行速度较快。该船在加强船体的稳固性上更具特色。因船身较长，底部无龙骨，因此在纵向强度方面，采用加厚底板，在底部易碰撞部位设置两段补强材，以及采用龙筋及护舷木等相结合的形式，这些结构都是比较符合力学构造原理的。其龙筋在出土古船中是实物例证的首次发现，它的设置弥补了船底无龙骨的弱点，加强了各舱壁之间的联系，增加了强度，即使船在遭碰撞后也不易造成纵向折断。该海船的出土，丰富了宁波地区海运交通史的内涵。

晚清"小白礁Ⅰ号"沉船

"小白礁Ⅰ号"清代沉船遗址，位于宁波市象山县石浦镇东南约26海里的北渔山岛小白礁北侧水下24米。2008年，受浙江省文物局委托，中国国家博物馆和宁波市文物考古研究所联合开展浙江省沿海水下文物普查时发现该沉船。2011年4月，国家文物局批复同意"小白礁Ⅰ号"水下考古发掘项目立项。2009年6月，进行了重点调查和试掘。2012年和2014年先后两次进行了船载文物和船体发掘。

"小白礁Ⅰ号"沉船遗址平面大致呈椭圆状，南北长约23米，东西宽约11.2米。船体残骸浅埋于海床表面之下，残长约20.35米，宽约7.85米，水深18～24米，主要构件有龙骨、肋骨、隔舱板、舱底垫板、船壳板、桅座和流水孔等，亦有少量散落的船板。共计出水船体构件236件、文物标本1064件，主要包括青花瓷碗、豆、盘、碟、杯、勺、盖、灯盏，五彩瓷碗、罐、盖，紫砂壶，玉石印章，木质砚台底座，竹杆朱毫毛笔，清代"康熙通宝""雍正通宝""乾隆通宝""嘉庆通宝""道光通宝"钱币，日本"宽永通宝"钱币，越南"景兴通宝"钱币，西班牙银币，宁波本地特产石板材，等等。

"小白礁Ⅰ号"船体复原模型陈列于宁波中国港口博物馆

发掘情况表明，"小白礁Ⅰ号"是一艘清代远洋木质商船。残存的船底中后部呈"U"形，中部至艏部呈勺形，艏部呈"U"形向"V"形过渡形态。船体纵向结构以龙骨和船壳板为主，横向结构以肋骨和隔舱板为支撑。此外，"小白礁Ⅰ号"沉船船底肋骨和隔舱板均有流水孔，板缝之间使用艌料捻缝，使用铲形船钉和方形船钉钉连船体，这些都是典型的中国古代造船工艺特征。而宁波工匠的造船技术，曾让外国人惊叹不已。1886年，浙海关税务司德国人康发达（Kleinwachter），在其《宁波口华洋贸易情形论略》中专门说道："年内，宁波船坞里建造两艘夹板船，约每艘投资在银圆1万～1.2万元之多，可见夹板船运输业之空前盛况。宁波造船工匠之心灵手巧，确实令人钦佩也。以上两艘宁波自造之夹板船，主要用途是载货，并非搭客，因此其外貌……美轮美奂，就是欧美有经验之设计师，见后也会称赞的。”

沉船中的出土文物则表明，“小白礁Ⅰ号”的沉没时间，大约在清代咸丰初年（1851～1860），因为船上没有发现“咸丰大钱”，但日本“宽永通宝”是一直使用到1867年的。特别是研究发现，沉船船体用材所属树种较多，其中有不少产于东南亚热带地区，而这些木材的输入，大都是在五口通商、宁波开埠之后；加之这些外币，也是通商之后才得以流行，所以推测，该船很有可能是在这段时间沉没的。

清代宁波帆船

〔日〕大庭修

《唐船之图》为高57厘米、全长982厘米的卷轴。藏青色的裱背有一题签，上面写着“唐船之图平户乐岁堂藏完”的字样以及船名，每三船一行，凡四行。我们不知道该画的作者及其具体的创作时间。松浦史料博物馆也一度将其定为松浦静山画，而题为《乐岁堂藏书目》的平户藩所藏书画的解说目录这样记述道：

> 唐者，乃吾俗对西土中国之通称。此图所画乃清商来崎之船。它应仔细看之，其中载红毛舶一，亦为来崎之舶，其形甚详。此图原藏库中，乃长崎画工目睹后所绘，盖制于松英、安靖二公之间。其目依次为南京船一、宁波船二、福州船一、福州造广东船、广南船一、厦门造南京船一、台湾船一、广东船一船一（原文如此，译注）暹罗、咬𠺕吧船一、阿兰陀船一。

各图先写船的名称，其下标有比例尺，曰：“一寸等于一间。”严格按比例绘制可谓本图的第一大特色。《唐船之图》还记有船体总长、舳高、舻高、帆柱长等主要部分的尺寸。由于它记载了所有唐船的共同之处，故列出表格将它们的尺寸做一比较（这里只列两幅宁波船的有关尺寸——编者注）。

唐船的帆不管是主帆（大篷）还是副帆（头篷），均用竹和方木编成网状，可折叠降落，其形状正如在宁波船上所见的那样，《唐船之图》将此帆称为“笹帆”。

船名	船体			船体下部						舳		舮	
	全长	船首高	船尾高	前胴宽	前胴深	中胴宽	中胴深	后胴宽	后胴深	镜板	镜板宽	宽	高
宁波船（扬帆状）	16间1.3尺	3间5.7尺	3间5.7尺	2间3.3尺	1间1.8尺	3间2.2尺	1间2尺	2间5.3尺	1间2.1尺	2间3尺	1间2.2尺	2间2.5尺	3间4.8尺
宁波船（停泊中）	17间1.5尺	4间2尺	4间2尺	2间2.3尺	2间1.8尺	3间3.7尺	2间2尺	3间2.1尺	2间6.2尺	1间3尺	1间2.2尺	3间	4间3.2尺

船名	本帆柱			弥帆柱			舮旗柱	本帆		弥帆		船脊	高帆（棉制）	
	总长	底部周长	顶部周长	总长	底部周长	顶部周长	长	长	桁	长	桁	长	长	宽
宁波船（扬帆状）	13间3.5尺	8.6尺	3.5尺	9间3.8尺	4.2尺	1.8尺	5间1.5尺	8间1尺	7间1.5尺	4间3.8尺	3间4尺	12间4.3尺	3间5.3尺	2间1.9尺
宁波船（停泊中）	14间2.5尺	7.5尺	2.9尺	10间4.4尺	4.4尺	1.7尺	4间5尺	8间2尺	7间5.5尺	4间1.5尺	3间1.5尺			

《唐船之图》中的宁波扬帆船

无论是笹帆还是棉布帆，帆上都有不少横条。像宁波船图，可以看见船帆的内侧。我们从中可以发现，帆的一边有许多缆绳，它们合成一束，通过滑轮然后再结上绳，系在船上。帆与帆柱连接于缆绳面的反面的上方，成为所谓"片帆"的形状。由于可以通过收紧或放松缆绳来调整风对帆的压强，所以也就是所谓的拉帆（Lug rail）。宁波船的主桅上都挂有一张棉制的"高帆"。《封舟图》称之为"头巾顶"，故李约瑟博士将它译为topsail。

——辑录自《江户时代中国典籍流播日本之研究》

海上航线文献辑录

唐宋时期明州港中日航线

〔日〕木宫泰彦

到了第四期遣唐使时代，就不再经由南岛了。即先从筑紫的大津浦（博多）出发，到达肥前国松浦郡值嘉岛（平户岛及五岛列岛的旧名），在那里一旦遇到顺风，就直接横渡东中国海。例如，仁明朝的遣唐使舶从松浦郡旻乐崎（福江岛北端三井乐）出发，都足以证明上述说法。而且返日的航线也是指向值嘉岛的（此行就是日本第19次亦即最后一次遣唐，其中两条船于838年驶抵明州港，船上共有270人，其中35人被允许前往京师长安。839年，遣唐使团又从明州原路返回日本——编者注）。这条航路比起北路及经由南岛的南路来，航程最短，而且中间没有可以停泊的港口，所以如果遇到顺风，只要航行十日左右即可。

自仁明天皇承和六年（839）到醍醐天皇延喜七年（907）唐朝灭亡为止约70年间，往来于唐日之间的船舶，其中并不是没有日本船和新罗船。但大体说来，几乎全都是唐朝的商船。其中虽然也有在日本建造的，但建造者和驾驶者，大都是唐人。[1]

往来于唐日之间的商船，比遣唐使舶小得多，只能搭乘40～60人。它的航路有南路和北路之别。南路照例从明州（浙江省宁波）出发（即使从福州或台州开出的船，一般也先到明州停泊），横渡东中国海，到达值嘉

---

[1] 据《安祥寺意运传》载，承和九年（842），学问僧惠运赴唐时所乘的船是唐人李处人在肥前国松浦郡值嘉岛用楠木费时三个月建造的。又据《头陀亲王人唐略记》载，真如法亲王于贞观四年赴唐时所乘的船，是唐人张支信于肥前国松浦郡相岛用时八个月建造的。

岛，从此再进入博多津。《入唐求法巡礼行记》中所说的鹿岛，就是值嘉岛的音讹。奈良朝以后，此岛便处于唐日交通的要冲。

取道北路因为傍岸行船，航海日数可能很多。反之，取道南路，横渡东中国海所需日数很少，一般三昼夜以至六七昼夜，很少超过十昼夜。而且，值得注意的是极少遇难漂流，遇难的只有元庆元年（877）日本学问僧圆载搭乘回国的李延孝的船（据圆珍的《上智慧轮三藏决疑表》载，圆载和唐人詹景全、李达一起渡日，因遇上风浪，圆载、詹景全沉海溺死，只有李达幸免于难。另据《智证大师传》载，圆载和学问僧智聪同乘李延孝船回国，途中遇难，圆载、李延孝溺死，智聪乘一小板漂流到温州。两者所记是同一只船，而写法不同）。而漂流的有仁寿三年（853）圆珍等搭乘赴唐的钦良晖的船，其他就不多见了。文武朝以后取道南路的日本遣唐使舶需用较多航海时日而且几乎每次都未免遇难漂流，使人感到惊异。这时造船术固然有了很大进步，比起遣唐使舶来，船身小而轻快，速度也快多了，但最重要的原因，恐怕是唐朝商人已经掌握了东中国海的气象而航行。唐朝商船开往日本的时期，都在四月到七月初旬，即大体限于夏季。这时中国沿海常刮西南季节风，所以如趁此风就比较容易到达日本。另外，从日本赴唐的时期，以从八月底到九月初旬为最多。这一定是估计到台风期既过，秋季过半，快刮起冬季季节风才出海的。这时九州近海是西北风，不无漂流到东南的危险，但克服了这段以后，随着接近唐土，便转变为东北风，风波也就不那么汹涌，这时赴唐比较安全。在《安祥寺惠运传》中，记载张支信的船于承和十四年（847）六月二十二日从明州望海镇出发开往日本，"得西南风三个日夜，才归著远值嘉岛那留浦，才入浦口，风即止"。同一书中，还记载李处人的船于承和九年（842）八月二十四日从值嘉岛开往温州："得正东风六个日夜，法（恐是流之误）著大唐温州乐城县玉留镇府前头。"由此便可看出，他们正确地利用了季节风。

其间有很多往来的船舶，交通频繁出乎意外。唐人商贾中，如张支信，曾于承和十四年送日本学问僧惠运、仁好、惠萼等回国；后来在大宰府任唐通事很久。当贞观四年（862）真如法亲王（高岳亲王）入唐时，特在肥前国松浦柏岛建造一船，和唐人金文习、任仲元等一起，伴送法亲王和他的随从僧宗叡、贤真、惠萼、忠全、安展、禅念、惠池、善寂、原懿、猷继等入唐，因而特别著名。其他如李邻德、李延孝、李达、詹景全、钦良晖等人，也多次往来于唐日之间，在入唐的学问僧中很有名声。

吴越国时期，开到日本的中国商船，似乎大都从明州出发，横渡东中国海，经过肥前松浦郡的值嘉岛，进入博多津港。而这种航海似乎大都利用季节风，一般是夏季开往日本，过了台风期后的八九月之交返航，和唐朝船舶的往来并无不同。

北宋时期，往来于华日之间的宋朝商船，一般是搭乘六七十人的小型帆船，大都从两浙地方出发，横渡东中国海，到达肥前的值嘉岛，然后再转航到筑前的博多，这似乎和唐末五代时的情况没有什么两样。值得注意的是，到了这一时期的末尾，有不少船只从博多港深入日本海，驶进越前的敦贺。这可能是因为在那个交通不便而地方民政紊乱的时代，与其在西边的博多进行交易，不如在更接近都城的敦贺。敦贺当时为了接待外宾设有松原客馆。

商船往来的时期，虽多少有些例外，但开往日本多在夏日到秋初，这恰是正确利用这一时期靠东中国海中国那边常刮西南季节风而航行的。其中也有八月至十月到达的，但这大都是根据大宰府向中央政府申报的日期而记录的。或者根据从博多港深入日本海开进越前敦贺的日期而记录的。返航事例少，不详，但似乎多在仲秋或晚春，可能是想尽量躲避冬季的汹涌风涛，利用靠中国那边常刮东北季节风而航行。因此，横渡东中国海所需的航海日数非常少，一般不过一周内外。宋朝商客等只凭天体来辨别方位，继续航行，他们反复往来于宋日之间，取得了种种有关东中国海的知识，把它利用到航海上。进入越前敦贺港的，在康平三年八月，有林养、俊政；在承历四年五月，有孙忠；在宽治五年七月，有尧忠等，这类例子不少。

南宋中叶以前，宋朝对日本的贸易港并不限于明州。但最重要的港口还是明州，特别是仅有明州保留了市舶务以后，可以说就只限于这一港口了。日本方面的贸易港，仍和从前一样，只有筑前的博多。但多少值得注意的是，作为中途停泊的地点，肥前平户的名字经常出现。

宋日商船往来于中国明州和日本博多之间。而来往的时期则是：从日本开往中国似乎多在三四月，从中国开往日本似乎多在五六月。这和藤田丰八所引《宋会要》中的一段话（乾道）三年（1167）"四月三日，姜诜言：明州市舶务每岁夏汛，高丽、日本外国船舶之来，依例提举市舶官于四月初亲去检察"正相吻合，想来是利用春末夏初靠中国近海常刮东北季节风而航行的。而从中赴日，多在五六月间，可能也是利用了夏季靠中国近海常刮西南季节风而航行的。

——辑录自《日中文化交流史》

奉使高丽之海道

（宋）徐兢

海道一

招宝山

宣和四年壬寅春三月，诏遣给事中路允迪、中书舍人傅墨卿，充国信使副往高丽。秋九月，以国王俣薨，被防兼祭奠吊慰而行，遵元丰故事也。五年癸卯春二月十八日壬寅，促装治舟。二十四日戊申，诏赴睿谟殿，宣示礼物。三月十一日甲子，赴同文馆听诫谕。十三日丙寅，皇帝御崇政殿，临轩亲遣，传防宣谕。十四日丁卯，锡宴于永宁寺，是日解舟出汴。夏五月三日乙卯，舟次四明。先是，得防以二神舟、六客舟兼行。十三日乙丑，奉礼物入八舟。十四日丙寅，遣供卫大夫相州观察使直睿思殿关弼口宣诏防，赐宴于明州之防事。十六日戊辰，神舟发明州。十九日辛未，达定海县。先期遣中使武功大夫容彭年，建道场于总持院七昼夜，仍降御香，宣祝于显仁助顺渊圣广德王祠。神物出现，状如蜥蜴，实东海龙君也。庙前十余步，当鄞江穷处，一山巍然出于海中。上有小浮屠，旧传海舶望是山，则知其为定海也，故以招宝名之。自此方谓之出海口。二十四日丙子，八舟鸣金鼓、张旗帜，以次解发。中使关弼登招宝山，焚御香，望洋再拜。是日，天气晴快，巳刻，乘东南风，张篷鸣橹，水势湍急，委蛇而行，过虎头山，水浃港口七里山。虎头山以其形似名之，度其地，已距定海二十里矣。水色与鄞江不异，但味差咸耳，盖百川所防，至此犹未澄彻也。

虎头山

过虎头山，行数十里，即至蛟门。大抵海中有山对峙，其间有水道可以通舟者，皆谓之门。蛟门云蛟蜃所宅，亦谓之三交门。其日申未刻，远望大小二谢山，历松柏湾，抵芦浦抛碇，八舟同泊。

沈家门

二十五日丁丑辰刻，四山雾合，西风作，张篷委地，曲折随风之势，其行甚迟，舟人谓之拒风。巳刻雾散，出浮稀头，白峰窄额，门石师颜。而后至沈家门抛泊。其门山与蛟门相类，而四山环拥，对开两门。其势连

47

亘，尚属昌国县。其上渔人樵客丛居，十数家就其中，以大姓名之。申刻，风雨晦防，雷电雨雹欻至，移时乃止。是夜，就山张幕扫地而祭。舟人谓之祠沙，实岳渎主治之神，而配食之位甚多，每舟各刻木为小舟，载佛经粮糗，书所载人名氏纳于其中，而投诸海。盖禳厌之术一端耳。

梅岑

二十六日戊寅，西北风劲甚，使者率三节人，以小舟登岸入梅岑。旧云梅子真栖隐之地，故得此名，有履迹瓢痕在石桥上。其深麓中，有萧梁所建宝陁院，殿有灵感观音，昔新罗贾人往五台，刻其像，欲载归其国，暨出海遇焦，舟胶不进，乃还置像于焦上。院僧宗岳者，迎奉于殿。自后海舶往来，必诣祈福，无不感应。吴越钱氏移其像于城中开元寺。今梅岑所尊奉，即后来所作也。崇宁使者闻于朝，赐寺新额，岁度缁衣而增饰之。旧制，使者于此请祷。是夜，僧徒焚诵歌呗甚严，而三节官吏兵卒，莫不防恪作礼。至中宵，星斗焕然，风幡摇动，人皆欢跃，云风已回正南矣。二十七日己卯，舟人以风势未定，尚候其势。海上风转，至次日不改者，谓之孰不尔。至洋中，卒尔风回，则茫然不知所向矣。自此即出洋，故审视风云天时而后进也。申刻，使副与三节人俱还入舟。至是，水色稍澄而波面微荡，舟中已觉觥觥矣。

海驴焦

二十八日庚辰，天日清宴；卯刻，八舟同发，使副具朝服，与二道官望阙再拜，投御前所降神霄玉清九阳总真符箓，并风师龙王牒天曹直符，引五岳真形与止风雨等十三符讫，张篷而行，出赤门，食顷水色渐碧，四望山岛稍稀，或如防云，或如偃月。已后，过海驴焦，状如伏驴，崇宁间，舟人有见海兽出没波间，状如驴形，当别是一物，未必因焦石而有驴也。

蓬莱山

蓬莱山，望之甚远，前高后下，峭拔可爱。其岛尚属昌国封境，其上极广，可以种莳，岛人居之。仙家三山中有蓬莱，越弱水三万里，乃得到今。不应指顾间见，当是今人指以为名耳。过此则不复有山，惟见远波起伏，喷豗汹涌，舟楫振撼，舟中之人吐眩颠仆不能自持，十八九矣。

半洋焦

舟行过蓬莱山之后，水深碧，色如玻璃，浪势益大。洋中有石曰半洋焦，舟触焦则覆溺，故篙师最畏之。是日午后，南风益急，加野狐帆。制帆之意，以浪来迎，舟恐不能胜其势，故加小帆于大帆之上，使之提挈而行。是夜，洋中不可住维，视星斗前迈若晦防，则用指南浮针，以揆南北。入夜举火，八舟皆应，夜分风转西北，其势甚亟，虽已落篷，而飐动飑摇，瓶盎皆倾，一舟之人，震惧胆落。黎明稍缓，人心尚宁，依前张帆而进。

白水洋

一十九日辛巳，天色阴曀，风势未定。辰刻，风微且顺，复加野狐帆，舟行甚钝。申后风转，酉刻云合雨作，入夜乃止，复作南风。入白水洋，其源出靺鞨，故作白色。是夜举火，三舟相应矣。

黄水洋

黄水洋即沙尾也。其水浑浊且浅，舟人云，其沙自西南而来，横于洋中，千余里即黄河入海之处。舟行至此，则以鸡黍祀沙。盖前后行舟过沙，多有被害者，故祭其溺水之防云。自中国适句骊，唯明州道则经此；若自登州版桥以济，则可以避之。比使者回程至此，第一舟几遇浅，第二舟午后三柂并折，赖宗社威灵，得以生还。故舟入海，以过沙尾为难，当数用铅硾时其深浅，不可不谨也。

黑水洋

黑水洋即北海洋也。其色黯湛渊沦，正黑如墨，猝然视之，心胆俱防。怒涛喷薄，屹如万山，遇夜则波间熠熠，其明如火。方其舟之升在波上也，不觉有海，惟见天日明快。及降在洼中，仰望前后水势，其高蔽空，肠胃腾倒喘息，仅存颠仆吐呕，粒食不下咽。其困卧于茵褥上者，必使四维隆起，当中如槽，不尔则倾侧辊转，伤败形体。当是时，求脱身于万死之中，可谓危矣。

海道二

夹界山

六月一日壬午，黎明雾昏，乘东南风，巳刻稍霁；风转西南，益张野狐帆。午正风厉，第一舟大樯耎然有声势，曲欲折，亟以大木附之，获全。未后东北望，天际隐隐如云，人指以为半托伽山，不甚可辨。入夜风微，舟行甚缓。二日癸未，早雾昏曀，西南风作，未后澄霁。正东望，一山如屏，即夹界山也。高丽以此为界限。初望隐然，酉后遇近前，有二峰，谓之双髻山。后有小焦数十，如奔马状，雪浪喷激，遇山溅瀑尤高。丙夜风急雨作，落帆彻篷，以缓其势。

五屿

五屿在处有之，而以近夹界者为主。定海之东北，苏州洋内，群山马岛皆有五屿。大抵篙工指海山上小山为屿，所以数处五山相近，皆谓之五屿矣。三日甲申，宿雨未霁，东南风作，午后过是屿，风涛喷激，久之，崤崒巉岩，亦甚可爱。

排岛

是日巳刻，云散雨止，四顾澄霁，远望三山并列，中一山如堵。舟人指以为排岛，亦曰排垛山，以其如射垛之形耳。

白山

是日午后，东北望一山极大，连亘如城，日色射处，其白如玉。未后风作，舟行甚快。

黑山

黑山在白山之东南，相望甚迩。初望极高峻，遇近，见山势重复，前一小峰，中空如洞，两间有溪，可以藏舟。昔海程云，是使舟顿宿之地，馆舍犹存。今取道更不抛泊，上有民居聚落，国中大罪得贷死者，多流窜于此。每中国人使舟至，遇夜于山巅明火，与燧燧诸山次第相应，以迄王城，自此山始也。申后舟过。

月屿

月屿二，距黑山甚远。前曰大月屿，回抱如月，旧传上有养源寺。后曰小月屿，对峙如门，可以通小舟行。

阑山岛

阑山岛又曰天仙岛。其山高峻，远望壁立，前二小焦，如龟鳖之状。

白衣岛

白衣岛三山相连，前有小焦附之，偃桧积苏，苍润可爱，亦曰白甲苫。

跪苫

跪苫在白衣岛之东北。其山特大，于众苫数山相连，碎焦环绕，不可胜数；夜潮冲激，雪涛奔薄，月落夜昏，而溅沫之明如火炽也。

海道三

春草苫

春草苫又在跪苫之外，舟人呼为外屿。其上皆松桧之属，望之郁然，夜分风静，舟行益钝。

防椰焦

防椰焦以形似得名。大抵海中之焦，远望多作此状，唯春草苫相近者，舟人谓之防椰焦。夜深潮落，舟随水退，几复入洋，举舟恐惧，亟鸣橹以助其势，黎明尚在春草苫。四日乙酉，天日晴霁，风静浪平，俯视水色，澄碧如鉴，可以见底。复有海鱼数百，其大数丈，随舟往来。夷犹鼓鬣，洋洋自适，殊不顾有舟楫过也。

菩萨苫

是日午后，过菩萨苫。丽人谓其上曾有显异，因以名之。申后风静，随潮而进。

竹岛

是日酉后，舟至竹岛抛泊，其山数重，林木翠茂。其上亦有居民，民亦有长。山前有白石焦数百块，大小不等，宛如堆玉。使者回程至此，适值中秋，月出夜静水平，明霞映带，斜光千丈，山岛林壑、舟楫器物，尽作金色。人人起舞防影，酌酒吹笛，心目欣快，不知前有海洋之隔也。

苦苫

五日丙戌，晴明，过苦苫。苫距竹岛不远，其山相类，亦有居人。丽俗谓刺猬毛为苦苫，此苫山，林木茂盛而不大，正如猬毛，故以名之。是日，抛泊此苫，丽人拿舟载水来献，以米谢之。东风大作，不能前进，遂宿焉。

群山岛

六日丁亥，乘早潮行，辰刻，至群山岛抛泊。其山十二峰相连，环绕如城。六舟来迓，载戈甲鸣铙吹角为卫。别有小舟载绿袍吏，端笏揖于舟中，不通姓字而退，云群山岛注事也。继有译语官，阁门通事舍人沈起来防，同接伴金富轼。知全州吴俊和遣使来投远迎状。使副以礼受之，揖而不拜，遣掌仪官相接而已。继遣苔书舟既入岛，沿岸乘旗帜列植者百余人。同接伴以书送使副及三节早食。使副牒接伴，送国王先状。接伴遣采舫，请使副上群山亭相见。其亭濒海，后倚两峰，相并特高，壁立有数刃。门外有公廨十余间，近西小山，上有五龙庙、资福寺。又西有崧山行宫，左右前后居民十数家。于后使副乘松舫至岸，三节导从入馆。接伴郡守趋廷，设香案拜舞，望阙拜舞，恭问圣体毕，分两阵升堂。使副居上，以次对再拜。讫少前叙，致复再拜，就位上中节堂上序立，与接伴揖。国俗皆雅，揖都辖前，致辞再拜。次揖郡守，如前礼，退就席。其位使副俱南向，接伴郡守东西相向，下节舟人，声喏于庭。上节分坐堂上，中节分两廊，下节坐门之两厢，舟人坐于门外。供张极齐肃，饮食且丰腆，礼貌恭谨，地皆设席。盖其俗如此，亦近古也。酒十行，中节、下节，第降杀之。初坐，接伴亲斟，以奉使者，复酬之酒半，遣人致劝。三节皆易大觥。礼毕，上中节趋揖如初礼，使副登松舫归所乘大舟。

横屿

横屿在群山岛之南。一山特大，亦谓之案苫，前后有小焦数十绕之。石脚一洞，深可数丈，高阔称之潮至拍水，声如雷车。

海道四

紫云苫

七月戊子，天日晴快。早，全州守臣致书备酒礼，曲留使者。使者以书固辞乃已，惟受所馈蔬茹鱼蛤等，因以方物酬之。午刻解舟，宿横屿。八日己丑早发，南望一山，谓之紫云苫，横巇差叠，其后二山尤远，宛如双眉凝翠焉。

富用山

是日午后，过富用仓山，即舟人所谓芙蓉山也。其山在洪州境内，上有仓廪，积谷且多，云以备边鄙非常之用，故以富用名之。

洪州山

洪州山又在紫云苫之东南数百里，州建其下。又东一山产金，盘踞如虎，谓之东源。小山数十，环拱如城，其山上有一潭，渊澄可鉴不可测。是日申刻舟过。

鸦子苫

鸦子苫亦名轧子苫。丽人谓笠为轧，其山形似之，因以得名。是日西刻舟过。

马岛

是日酉后，风势极大，舟行如飞，自轧子苫一瞬之间即泊马岛。盖清州境也。泉甘草茂，国中官马，无事则群牧于此，因以为名。其主峰浑厚，左臂环抱，前一石觜入海，激水回波，惊湍汹涌，千奇万怪，不可名状。故舟过其下，多不敢近，虑触暗焦也。有客馆，曰安兴亭。知清州洪若伊，遣介绍与译语官陈懿同来，如全州礼。岸次迓卒旗帜与群山岛不异。入夜，然大火炬，荧惑照空。时风政作恶，舟中摇荡，几不可坐。使者扶持，以小舟登岸相见，如群山亭之礼，惟不受酒礼，夜分还使舟。

九头山

九日庚寅，天气清明，南风甚劲。辰发马岛，巳刻过九头山。其山云有九峰，远望不甚详然，而林木丛茂，清润可喜。

海道五

唐人岛

唐人岛，未详其名。山与九头山相近，是日午刻，舟过岛下。

双文焦

双文焦，其山甚大，不异岛屿。前一山虽有草木，但不甚深密。后一山颇小，中断为门，下有暗焦，不可通舟。是日巳刻，自唐人岛继过此焦，风势愈急，舟行益速。

大清屿

大青屿，以其远望郁然如凝黛，故丽人作此名。是日午刻舟过。

和尚岛

和尚岛山势重叠，林壑深茂，山中多虎狼。昔尝有学佛者居之，兽不敢近。今叶老寺乃其遗迹也。故丽人谓之和尚岛。是日未刻，舟过其下。

牛心屿

牛心屿在小洋中，一峰特起，状类覆盂，而中稍锐，丽人谓之牛心。它处皆见之，形肖此山而差。小者亦谓之鸡心屿。是日未正，舟过此屿，南风小雨。

聂公屿

聂公屿以姓得名，远视甚锐，逼近如堵。盖其形區，纵横所见各异。

是日未末，舟过其下。

海道六

小青屿

小青屿如大青屿之形，但其山差小，而周围多焦石。申初舟过，雨势稍密。

紫燕岛

是日申正，舟次紫燕岛，即广州也。倚山为馆，榜曰庆源亭。亭之侧为幕，屋数十间，居民草舍亦众。其山之东，一屿多飞燕，故以名之。接伴尹彦植、知广州陈淑遣介绍与译官卓安持书来迎，兵仗礼仪加厚。申后雨止，使副与三节登岸到馆，其饮食相见如全州礼。夜，漏下二刻归舟。十日辛卯，辰刻西北风，八舟不动，都辖吴德休、提辖徐兢同上节，复以采舟诣馆。过济物寺，为元丰使人故左班殿直宋密饭僧。毕，归舟，已刻随潮而进。

急水门

是日未刻，到急水门。其门不类海岛，宛如巫峡江路，山围屈曲，前后交锁，两间即水道也。水势为山峡所束，惊涛拍岸，转石穿崖，喧豗如雷，虽千钧之弩、追风之马，不足喻其湍急也。至此已不可张篷，惟以橹棹随潮而进。

蛤窟

申后抵蛤窟抛泊。其山不甚高大，民居亦众。山之脊有龙祠，舟人往还，必祀之。海水至此，比之急水门，变黄白色矣。

分水岭

分水岭即二山相对、小海自此分流之地，水色复浑如梅岑时。十一日壬辰，早雨作，午刻潮落，雨益甚。国王遣刘文忠持先书，使者以礼受之。酉刻前进，至龙骨抛泊。

礼成港

十二日癸巳，早雨止，随潮至礼成港。使副迁入神舟。午刻，使副率都辖、提辖官奉诏书于采舟。丽人以兵仗、甲马、旗帜、仪物共万计，列于岸次，观者如堵墙。采舟及岸，都辖、提辖奉诏书入于采舆，下节前导。使副后从上中节，以次随之，入于碧澜亭；奉安诏书讫，分位少憩，次日遵陆入于王城。……归日以北风。初发明州，以其年五月二十八日放洋，得顺风。至六月六日，即达群山岛。及回程，以七月十三日甲子发顺天馆。十五日丙寅，复登大舟。十六日丁卯至蛤窟；十七日戊辰至紫燕岛；二十二日癸酉，过小青屿、和尚岛、大青屿、双文焦、唐人岛、九头山，是日泊马岛。二十三日甲戌发马岛，过轧子苦，望洪州山。二十四日乙亥过横屿，入群山门，泊岛下。至八月八日戊子。凡十四日，风阻不行。申后东北风作，乘潮出洋，过苦苫，入夜不住。九日己丑，早过竹岛，辰巳望见黑山，忽东南风暴，复遇海动，舟侧欲倾，人大恐惧，即鸣鼓，招众舟复还。十日庚寅，风势益猛，午刻复还群山岛。至十六日丙申，又六日矣。申后风正，即发洋，夜泊竹岛。又二日，风阻不行。至十九日己亥，午后发竹岛，夜过月屿。二十日庚子，早过黑山，次过白山，次过五屿、夹界山。北风大作，低篷以杀其势。二十一日辛丑，过沙尾。午间，第二舟三副柂折。夜漏下四刻，正柂亦折，而使舟与他舟皆遇险不一。二十三日壬寅，望见中华秀州山。二十四日癸卯，过东西胥山。二十五日甲辰，入浪港山，过潭头。二十六日乙巳早过苏州洋，夜泊栗港。二十七日丙午，过蛟门，望招宝山；午刻到定海县。自离高丽至明州界，凡海道四十二日云。

——辑录自《宣和奉使高丽图经》

元代庆元港海上航线

元朝三次大的海上远征活动，与庆元港有关的就有两次。"元太祖至元十九年（1282），都元帅哈剌䚟从征日本，遇台风，舟回，还戍庆元"（《元史·哈剌䚟传》），这是元朝第二次跨海东征日本。元军分两路进击，一路由高丽建造战船900余艘，从朝鲜半岛南部出发；另一路由江南建造战船3500余艘，从庆元港出发会攻日本。"至元二十九年（1292）九月，征爪哇；会军庆元，登舟渡海。"（《元史·爪哇传》）在这次远征中，元朝发福建、江西、湖广三地兵2万，战船千艘，在庆元港整装出发。以上史实表明了庆元港在元代海上交通中所占的地位是很重要的，不仅是全国的三大外贸港口之一，也是当时重要的军事港口。

庆元的海运漕粮，起先是由设在庆元城内的庆绍海运千户所兼管的。直至皇庆二年（1313）改海运千户所为运粮千户所，庆元才有了专职的海漕管理机构。其址在庆元城东北角。柴家桥西（即今新江桥北塊西侧）。庆元港有组织、有计划的海漕运输就从这时候开始。整个运输过程大体上是这样的：漕船在甬东司道头靠泊，装上粮食后，于当年四五月份利用西南季风出甬江，沿海岸北上，到江苏刘家港与其他地方的漕船会合后，组成庞大的海漕船队（一般超过百艘），越东海和黄海，穿渤海湾，入海河直驶大都（北京）。

　　元代庆元港的海漕运输，就其运量而言，占的比重很小，对全国海漕总量的增减没有多少影响。但其主要意义不在于此，而在于通过海道运粮，使原先已断航多年的北路航线得到恢复，并因此积累了有关北路航线的航道、季风及相应的驾驶技术等方面的经验。到元朝的中后期，渤海湾的直沽，山东半岛的登州、莱州、胶州等港口已常有商船、运粮船往返于庆元港。北方的商船和商人，特别是山东和江苏的商船和商人逐渐在庆元扎下了根，为南北商业船帮的最终形成奠定了基础。

——辑录自《宁波港史》第五章第一节

明代中日勘合贸易之船队与航路

〔日〕木宫泰彦

　　日本勘合贸易的船队，由正使、副使、居座、土官、从僧、纲司、通事、船头、水夫和客商、从商等组成。其中正使、副使是幕府派遣的政府使节和朝贡贸易船队的正式代表，除需很高的政治文化素养，还要有贸易方面的才能，到晚期委派权落到了大名手中。居座、土官俗称外官，是实际经管遣明船的代理人，一般每船设有数名，掌管该船贸易事务。居座由僧侣担任，一般从五山系的禅僧中选拔；土官由俗人担任，多从德望高的富商中选任，两者均享有一般使臣的待遇。从僧是跟随正使的僧侣。纲司掌管航行、船务，责职略似现在的船长。通事即为翻译，一般每船配有数名，多系明人或归化人，其中不少是被倭寇掳到日本的中国东南沿海地区居民。如1468年入明的天与清启使团中即有2名通事为宁波被掳村民。船头、水夫是司职驾驶的船员、水手。客商、从商是纳税后获准搭乘的商人，故被称为客人，后来则因承包关系而成为船队的主体。每船一般乘载150人左右，多数为商人、船员。

中国路：兵库—博多—五岛

宁波—绍兴—杭州—苏州—镇江—扬州—淮安—济宁—沧州—天津—通州—北京

南京

南海路：堺————坊津

遣明船一次少则三四艘，多则十来艘，每艘容量一般在千斛左右。日本勘合贸易船前期多从兵库出发，经过濑户内海，在博多暂停，或直接从博多出发，开到肥前的五岛一带，等候春泛或秋泛，横渡东中国海，直驶宁波。从五岛至宁波，"隔海四千里，如得东北顺风，五日五夜至中国普陀山，……纵风不便，不过半月有余"。① 这条航路从日本奈良、平安时代，即中国唐代已经开辟，往来十分便捷，日本俗称"中国路"。整个勘合贸易的前期中期走的都是这条航路。应仁之乱后，掌握幕府实权的细川氏和雄踞西部的大内氏间的争斗日趋激烈。大内氏率兵攻占了原为细川氏领有的兵库，由此控制了由兵库经濑户内海至博多、平户、五岛的入明传统海路，即所谓的"中国路"。为了避开大内氏控制的"中国"地区，细川氏另行开辟，以自己控制的堺港为起点，经过四国岛南部，绕九州岛至萨摩的坊津暂停，尔后横断东海前往宁波的新航路，即日本文献所称的"南海路"。此航路因航程远、航期长、费用大而很少采用……共6次而已。贡使团从兵库或堺港出发的时间多在每年二三月间，经五岛或坊津暂停，驶达宁波一般在五月前后，进入北京则要到十月、十一月左右，在那里过年后始返回宁波等待初夏的西南季风，一般多在五月左右从宁波启航返日。这样，日本勘合贸易船队完成一次往返，正常的话需费时1年半左右。

——辑录自《日中文化交流史·明清篇》

---

① （明）李延恭、郝杰编撰《日本考》，中华书局，1983，第68页。

对外交往与贸易文献辑录

唐宋时期明州港对日交往贸易

〔日〕木宫泰彦

（日本遣唐）使团在唐朝几乎不需要旅费，所以从日本带去的物品可能都充作交易用了。据圆仁《入唐求法巡礼行记》仁明朝开成四年（839）二月六日条载："（明州）州官准敕给禄。案观察使帖称；准闰正月二日敕：给使下赴上都贰佰柒拾绢，每人伍匹，计壹仟叁佰五十匹。准贞元二十一年二月六日敕：每人各给绢伍匹者。旧例无有禄给僧之例，今度禄时与僧等，但不入京留置。判官以下水手已上，每人各赐五匹，更无多少。"所以遣唐使每次回国总是带回很多货物。《续日本后纪》载，仁明朝遣唐大使藤原常嗣回到肥前国生属岛（生月岛）时，日本朝廷特派检校使指令由陆路递运礼物、药品等，然后在建礼门前搭起三个帐篷，称为宫市，向臣下标卖唐朝的杂货。遣唐使带回的大量珍贵物品，对于促进日本文化的发展，直接间接起了很大作用，这是不言而喻的。

唐朝的商船主要从事贸易，每次来到日本，必载很多货物，因此，凡记载唐船到达时都有"多赍货物"等句。至于货物的品种，固然不太清楚，但似乎是以当时人们所信仰的经卷、佛像、佛画、佛具以至文集，诗集、药品，香料之类为主。例如日本阳成天皇元庆五年（881）张蒙的船，根据圆珍的委托，带来一切经阙本一百二十卷；文德天皇朝大宰少贰藤原岳守在检查唐船货物时，获得元白诗集，献给日本朝廷；日本清河天皇贞观十六年（874），伊豫权椽大神宿祢已井、丰后介多治真人派遣安江赴唐求香药，他于元庆元年（877）搭乘唐商崔铎的船回国；又据说唐船来到日本时，先停泊于值嘉岛，秘密采取该岛上的药草，夹带在货物中。从这些事例中便可略知一二。

唐船一到达博多津，照例先由大宰府驰驿申报京师，然后按照敕令，把唐商一行安置在鸿胪馆，供应食宿。圆仁在《入唐求法巡礼行记》中，也记载了他于承和十四年（847）十月乘金珍等的船回到博多津时的情况："十月六日，借得官库绢八十匹，绵二百屯，给船上四十四人冬衣。六日，生料米十硕送来，依国符从十月一日始允行。十九日，太政官符来大宰府，圆仁五人，速令入京。唐人金珍等四十四人，仰大宰府量加支给者，官符在别。"

由此可以看出日本优待外商的情况。接着大宰府官吏用府库所藏的砂金、水银、锡、绵、绢等物来和唐商交易货物，这时由京师派来交易唐物使，掌管交易。交易唐物使主要由内藏寮的官员充任。

《大宝律令》规定：在官司未交易以前，不许私自和诸蕃交易，如有人告发私自交易，其货物一半给予告发者，一半没收归官。如由官司发现，全部没收归官。但实际上并不容易办到。因为每当唐船一到，公卿、大臣、富豪等便争先派遣使者来到码头，抢购珍贵的舶来品。《日本三代实录》仁和元年十月二十日辛未条载："先是大唐商贾人着大宰府，是日下知府司：禁王臣家使及管内吏民私以贵值竞买他物。"又据延喜三年八月一日的太政官符中说：

应禁遏诸使越关私买唐物事：

右左大臣（藤时平）宣：顷年如闻唐人商舶来着之时，诸院、诸官、诸王臣家等，官使未到之前，遣使争买。又敦内富豪之辈，心爱远物，踊值贸易，因兹货物价值标准不平，是则关司不慥勘过、府吏简略检察之所致也。

从当时的社会实际生活来看，唐船输入的珍贵物品未必是急需的东西，但是它们丰富了京都贵族富豪的文化生活，却是无疑的。五代时期中日间船舶往来见表1。

表1 五代时期中日间船舶往来一览

船主及船品	年代	杂记	资料来源
△	醍醐延喜九年（909）	闰八月九日，令大宰府验收中国商船货物，因知中国这时有商船来日	《扶桑略记》
吴越人△蒋承勋	朱雀承平五年（935）	九月，吴越人蒋承勋献羊数头。十二月，交易唐物使藏人藤原亲盛至大宰府，想是验收蒋承勋带来的货物	《日本纪略》《公忠朝臣集》《朝忠卿集》《新千载和歌集》

续表

船主及船品	年代	杂记	资料来源
吴越人 △蒋承勋 季盈张	朱雀承平六年 （936）	七月十三日，大宰府报告吴越人蒋承勋、季盈张到达。承勋此行似负有吴越王元瓘的使命。八月二日，左大臣藤原仲平有书赠吴越王	《日本纪略》
吴越人 △蒋承勋	朱雀天庆元年 （938）	七月二十一日，大宰府呈献中国客商所献羊二头。八月二十三日，把大宰府的布赐给蒋承勋，因此这时来到日本的当是蒋承勋	《本朝世纪》
吴越人 ●蒋承勋？	朱雀天庆三年 （940）	七月，左大臣藤原仲平有书致吴越王元瓘，可见这时有返航中国的船舶，因想或者是天庆元年来到日本的蒋承勋，这时回国了	《日本纪略》
吴越人 蒋衮 △俞仁秀 张文过	朱雀天庆八年 （945）	七月二十五日，大宰府报告吴越商客蒋衮、俞仁秀、张文过等百余人来到肥前松浦郡柏岛	《本朝世纪》
吴越人 △蒋衮	村上天历元年 （947）	天庆八年到过日本的蒋衮，以吴越王的使者身份又来到日本，带来书信及土仪	《本朝文粹》
吴越人 ●蒋衮	村上天历元年 （947）	蒋衮回国时，左大臣藤原实赖（清慎公）于闰七月二十八日托他带去答吴越王佐书及砂金二百两	《本朝文粹》 《帝王纳年记》
吴越人 △蒋承勋	村上天历七年 （953）	蒋承勋以吴越王弘傲的使者身份来到日本，献上书信及锦绮等珍品	《本朝文粹》
吴越人 ●蒋承勋	村上天历七年 （953）	七月，蒋承勋回国时，右大臣藤原师辅托他带去答吴越王的复信	同上
吴越人 △盛德言	村上天德元年 （957）	七月二十日，吴越国持礼使盛德言，来到日本献上书信	《日本纪略》
吴越人 △盛德言	村上天德三年 （959）	正月十二日，吴越国持礼使盛德言，来到日本献上书信	同上

注：△表示乘坐的从中国到日本的船舶，●表示乘坐的从日本到中国的船舶。

以上所举只是有文献可考的，实际上当还有往来。这些来往船舶都是中国的商船，没有一艘日本船。客商等来到日本时，每多带来孔雀、羊等珍奇的禽兽，献给日本朝廷。这种情况一直延续到宋朝，散见于《日本纪略》《扶桑略记》《百炼抄》等书的记载中。客商等输入的商品虽属不详，但可能和前代一样，以香药和锦绮等织物为主，而日本方面用来做交易的似乎以砂金等物为主。从交易得来的中国商品，送到京师供天皇御览后，交内藏寮收藏，需要时进上，如有不需要的，也时卖给臣下。《夫木集》中载有衣笠内大臣吟咏的一首歌："叫卖声传内库官，蜂拥总角各争先。"

从中国开到日本的船都是为了贸易而来，另外，它们为吴越国和日本国建立国交——并不是完全正式国交——起到了媒介作用，却值得注意。吴越王最初向日本派遣使节是在日本朱雀天皇承平六年（936）。这年七月十三日，大宰府呈报有吴越人蒋承勋、季盈张等来到。这次蒋承勋似乎是带着吴越王元瓘的使命来到日本的，八月二日，左大臣藤原仲平有书致吴越王，但书已散佚，内容无从得知（蒋承勋在上一年九月也曾来到日本，献羊数头，但这次是否负有吴越王的使命不详）。其次，在天庆三年（940）七月，当时的左大臣藤原仲平又有书致吴越王元瓘，想是前年即天庆元年（938）蒋承勋来到日本，这封信是当他回国时托他带去的。但这封信也失传了。后经五年到天庆八年（945）六月时，吴越国的蒋衮等来到日本。这时是否负有吴越王的使命不详，但后来到村上天皇天历元年（947），蒋衮以吴越王的使者身份又来到日本，献上信件和土物，日本方面则用左大臣藤原实赖的名义，于这年闰七月二十七日写了复信。后来天历七年（953），蒋承勋又以吴越王弘俶的使者身份来到日本，献上书信和锦绮等珍品。所以这年七月，右大臣藤原师辅便托蒋承勋带去了复信。

北宋160年间，中日之间的交通从来没有得到足够的重视，但宋船开往日本却分外频繁。今为简明起见，列日本和北宋往来一览见表2。

表2　日本和北宋往来一览

圆融天皇天元元年（978）	当年宋人首次来到日本（《小右记》）
圆融天皇永观元年（983）	八月一日，僧奝然搭乘吴越商人陈仁爽、徐仁满等的船入宋（《成算法师记》）
花山天皇宽和二年（986）	七月九日，大宰府申报宋商郑仁德来日。入宋僧奝然搭乘此船回国，次年，即永延元年（987）二月进京（《日本纪略》《扶桑略记》《百铺抄》《宋史》）
一条天皇永延元年（987）	十月，宋商朱仁聪来日（《扶桑略记》）
一条天皇永延二年（988）	正月，僧源信面会宋商朱仁聪，把自己所著《往生要集》等托他带到中国去传布（正元古写《源信僧都传》）
同上	二月八日，奝然使弟子嘉因、宋僧祈乾搭乘宋商郑仁德回国的船舶赴宋，向宋帝献物品（《续左丞抄》《日本纪略》《扶桑略记》《宋史》）

续表

一条天皇正历元年（990）	这年宋商周文德来日（《胜尾寺缘起》）（据《朝野群载》载：周文德写信给源信，报告《往生要集》已交给天台山国清寺这事应发生在此时，信中日期写二月十一日，当是次年的二月十一日）
同上	这年宋商杨仁绍来日（《元亨释书》）（另据正元古写《源信僧都传》载：宋婺州云黄山行迎给源信复信说，已收到《往生要集》。这封信当是托杨仁绍带来的。《日本纪略》正历二年九月条中说"大宋国云黄山僧行迪送经教于天台源信"，当是记载此信寄到京师）
一条天皇正历三年（992）	三月十七日，僧源信把他所著《因明论疏四相违略注释》托宋商杨仁绍带去赠给宋云黄山僧行迪，并另抄一份，经行迪之手，赠送长安慈恩寺弘道大师门下人，请求决释是非赐教（《因明论疏四相违略注释》）
一条天皇长德元年（995）	九月，宋商朱仁聪、林庭干等70余人来到若狭。长德二年使明法博士勘查朱仁聪的罪名，这是因为仁聪等凌辱了若狭守兼隆（《台记》《日本纪略》《权记》《小右记》）
同上	这年宋僧源清将《法华示珠指》等七卷送到比睿山，同时在日寻求智者大师所作《仁王般若经疏》等。这恐怕是托本年九月来到若狭的宋商朱仁聪等带来的（《本朝文粹》）
一条天皇长德二年（996）	闰七月十九日，有宋人献鹅羊，可见这时有宋船开到日本（《日本纪略》）
同上	十二月，命大江匡衡撰写复牒交给宋僧源清，用当时的天台座主觉庆的名义，赠以智者大师所著的《仁王般若经论疏》等（《本朝文粹》）
一条天皇长保二年（1000）	七月十四日，规定中国物品的价格。八月二十四日，有宋商朱仁聪苦诉没得到杂品价款，估计朱仁聪当时又来到日本（《权记》）
一条天皇长保三年（1001）	这年僧源信以所著《因明义断纂要注释》，托宋僧齐隐赠给宋慈恩寺弘道大师的门人（正元古写《源信僧都传》）
一条天皇长保四年（1002）	这年宋建州出海商人周世昌因遇暴风，漂流到日本，在日本逗留七年后回国（《宋史》）
一条天皇长保五年（1003）	七月二十日，诸公卿商议宋商来日问题，估计当时有宋船开来（《百辣抄》）
同上	八月二十五日，僧寂昭从肥前出发赴宋（《扶桑略记》《历代皇纪》）
一条天皇宽弘二年（1005）	八月十五日大宰府奏报宋商曾令文（一作曾令久）来日（《日本纪略》《百镇抄》《权记》）
同上	十二月十五日，入宋僧寂昭致书左大臣藤原道长（《法成寺摄政记》）
一条天皇宽弘四年（1007）	九月，野人若愚（具平亲王）致书入宋僧寂昭（《皇朝类苑》）
一条天皇宽弘五年（1008）	七月，左大臣藤原道长致书入宋僧寂昭（《皇朝类苑》）
同上	九月，治部卿源从英（俊房?）致书入宋僧寂昭（《皇朝类苑》）

续表

同上	这年日本国使者到宋，称国东有祥光出现，据旧时传说，中原如有圣明天子，便有此祥。真宗听了大喜，敕建一寺，赐额云祥光。这也许是大宰府等官员私自派遣的使者（《皇朝类苑》《佛祖统记》）
三条天皇长和二年（1013）	这年宋朝送来牒文，日本朝廷命式部大辅高阶积善起草复牒稿。这里所谓宋朝的牒文，也许是明州刺史等送来的（《日本运上录》）
三条天皇长和四年（1015）	五月七日，入宋僧寂昭的从僧念救，入宋僧寂昭、元灯、念救、觉因、明莲等五人回国，当时确有宋船到日。又闻六月二十五日，宋商周文德所献的孔雀，进呈天皇御览，因此这时来日的宋商，或许就是周文德（《日本纪略》《百镇抄》《小右纪》）
同上	七月二十日，念救从京都出发，再次赴宋，想来是乘周文德回国的便船。此外，六月二十三日，左大臣藤原道长要书入宋僧寂昭。这可能就是托念救带去的（《日本纪略》《百铺抄》）
后一条天皇宽仁四年（1020）	九月十四日，大宰府上呈解文及宋客商的解文，因知这时有宋船来日（《小右记》）
后一条天皇万寿三年（1026）	七月，宋朝台州商客周文裔回国（《小右记》）
同上	这年秋，宋朝福州商客陈文祐回国（《小右记》）
同上	十二月，大宰府派人赠送宋朝土物，明州刺史以未携带国书为理由，拒绝接受（《宋史》）
同上	这年宋商周良史到日本（《续国史实录》）
后一条天皇万寿四年（1027）	这年秋，宋朝福州商客陈文祐再度来到日本（《小右记》）
同上	这年入宋僧寂昭致书藤原道长，可能就是托上述陈文祐带来的（《百镇抄》）
后一条天皇长元元年（1028）	八月十五日，宋商到达对马。十月十三日，关白藤原赖通在清凉殿观赏中国货物，可能是这次宋商带来的（《小右记》《左经记》）
同上	九月，宋朝福州商客周文裔又来日本，十二月十五日，致书右大臣藤原实资，并献方物（《小右记》）
后一条天皇长元四年（1031）	九月六日，献中国物品于上东门院，并赐给中宫和皇太子，可知这时当有宋船来到（《小右记》）
后一条天皇长元五年（1032）	十二月二十三日，关白藤原赖通替他已故的父亲藤原道长复信给入宋僧寂昭（《日本纪略》《百铺抄》）
后朱雀天皇长历元年（1037）	五月，宋商慕晏诚等漂流到日本（《百镇抄》）
后朱雀天皇长久元年（1040）	在长历二年十月十四日，已把宋商慕晏诚装回货物的许可证，发给大宰府。但这年四月二十七日，大宰府曾申请发给慕晏诚等带回金钱的许可证。慕晏诚也许是在这年回国的（《百辣抄》《春记》）

续表

后朱雀天皇宽德元年（1044）	七月，宋商张守隆漂流到但马（《百铺抄》）
后冷泉天皇永承元年（1046）	十月十三日，讨论宋人来日事，可知这时有宋船到日（《百铺抄》）
后冷泉天皇永承三年（1048）	八月，宋商来日，经讨论后，饬令返回（《百镇抄》）
后冷泉天皇永承四年（1049）	这年，借庆盛获得官符赴宋（《入唐记》）
后冷泉天皇永承六年（1051）	九月十七日，讨论宋商漂流来日事，可知有宋船到日（《百镇抄》）
后冷泉天皇康平三年（1060）	八月七日，讨论宋商林养（一作林表）、俊政（一作俊改）等，漂流到越前事（《百铼抄》《扶桑略记》）
后冷泉天皇治历元年（1064）	五月一日，宋商王满到日，献灵药及鹦鹉（《百镇抄》《扶桑略记》）
同上	上年漂流到日本的宋人，再度来日，请求进献货物（《百辣抄》）
后三条天皇延久元年（1069）	四月四日，赐予宋人卢范物品，使回国（《扶桑略记》）
后三条天皇延久二年（1070）	这年，宋商潘怀清向大宰府献佛像（《续本朝通鉴》）
后三条天皇延久四年（1072）	三月十五日，大云寺僧成寻，乘宋商孙忠等的船，从肥前壁岛出发赴宋（《参天台五台山记》）
同上	六月十六日，天皇御览宋国礼物；可知这时有宋船来日（《百镇抄》）
白河天皇延久五年（1073）	十月，入宋僧成寻托弟子僧赖缘等五人及宋僧悟本等利用宋商孙忠的船，送来宋帝赠给日本朝廷的金泥《法华经》、锦二十四及在宋求得的新译经等（《参天台五台山记》《百铺抄》）
白河天皇承历元年（1077）	二月二十八日，有朱商所献的羊供御览，可知这时有宋船开到日本（《参天台五台山记》《百镇抄》）
同上	三月，太皇太后宫大夫源隆信致书入宋僧成寻，这封信可能是托次年正月赴宋的仲回带去的（《朝野群载》）
白河天皇承历二年（1078）	正月二十五日，僧仲回乘宋商孙忠的船赴宋，把答谢宋帝的复信及礼物送去（《玉叶》《宋史》）
同上	据《善邻国宝记》载，这年孙忠又带来宋的牒文。《百铼抄》载，这年十月二十五日，关于宋朝礼物，诸公卿进行了审议。据宋史载，这次牒文和礼物，似乎是仲回乘孙忠的船回国时带回来的（《善邻国宝记》《百辣抄》《宋史》）
白河天皇承历四年（1080）	闰八月，宋商孙忠又带明州的牒文，进入越前敦贺港（《扶桑略记》）

续表

白河天皇永保二年（1082）	八月八日，宋商杨宥献鹦鹉供御览，杨宥当是这时来到日本的（《百镇抄》）
同上	承历四年孙忠带来的明州牒文，经一再讨论后，于是年十一月二十一日令大江匡房起草复牒，交给孙忠。孙忠当在这时回国（《百𬭁抄》）
堀何天皇宽治元年（1087）	十二月七日讨论宋人到达越前事，可知这时有宋船开来（《百铺抄》）
堀河天皇宽治二年（1088）	十月十七日，退还宋人张仲所献的豹。张仲当是这时来到日本的（《百镇抄》）
堀河天皇宽治五年（1091）	七月二十五日，宋人尧忠到达敦贺（《为房卿记》）
堀河天皇承德元年（1097）	九月，因宋朝送来牒文，十二月二十四日，令大宰府作复牒，致宋朝明州（《师守记》）
加河天皇承德二年（1098）	十一月七日，讨论宋人到达大宰府事，可知这时有宋船开到（《中右记》）
堀河天皇康和四年（1102）	这年，宋朝泉州商客李充到达日本（《朝野群载》）
堀河天皇长治元年（1104）	这年，宋泉州商客李充回国（《朝野群载》）
堀河天皇长治二年（1105）	八月，宋朝泉州商客李充等来到大宰府，呈递本国的公文，请求贸易（《朝野群载》）
鸟羽天皇天永元年（1110）	四月，宋商李优到达日本（《朝野群载》）
鸟羽天皇永久四年（1116）	五月十六日，诸公卿讨论宋朝的牒文，这个牒文是由宋商孙俊明、郑清等带来的。日本朝廷对此曾一再讨论（《百𬭁抄》《善邻国宝记》《师守记》）

注：由于北宋朝廷规定，所有前往日本的商船必须从明州启航和返回，所以表内所列应该都是由明州往来的。

表2所列只是笔者看到而确知年代或能推测年代的，因而遗漏想必不少，但根据这些资料已足以看出北宋160年间中日往来的情况了。看来，宋日间商船的往来，分外频繁，几乎年年不绝。宋商之中，也有像朱仁聪、[①] 周文德、[②] 周文裔、陈文佑、孙忠、[③] 李充那样数次往来于宋日之间

---

① 《权记》长保二年八月十七日条及《百铺抄》《小右记》《扶桑略记》等书作朱仁聪；但在《权记》长德元年九月二十四日条及《日本纪略》作朱仁听。
② 《百镇抄》长保四年闰六月二十五日条作周文商，当是周文德之误。
③ 《扶桑略记》承历四年闰八月三十日条中有孙吉忠，《百𬭁抄》永保二年十一月二十一日条中有孙思达，都是孙忠之误。

的人物。后三条天皇延久四年（1072）僧成寻入宋时，帮他多方奔走的宋人陈一郎①和通事陈咏②（后来成为成寻的弟子，改名悟本），曾来日本五次，据说精通日语。

当时宋商运来的贸易品是些什么虽不甚详，但主要可能是锦、绫、香药、茶碗、文具等物。成寻入宋在应对宋神宗问到日本需要何种中国货物时，答称香药、茶碗、锦、苏芳。……对此，从日本输出的物品，也和前代相同，大致以砂金、水银、锦、绢、布等为主，但不容忽视的是，随着藤原时代日本文化的发展，日本输出特有的美术工艺品，很受宋朝欢迎。

南宋时期，宋日之间的贸易品，日本输入的和前代一样，仍以香药、书籍、织物、文具、茶碗等类为主。例如，宋商刘文仲于仁平年间（1151～1153）以《东坡指蒙图》二帖、《五代记》十帖、《唐书》十帖献给左大臣藤原赖长（《宋史·食货志》）；平清盛于治承三年（1179）十二月十六日以从宋朝新输入的《太平御览》献给高仓天皇；源范赖于文治元年（1185）十月二十日以唐锦十匹、唐绫维绢等一百一十匹，墨十锭、唐席五十张献给后白河法皇等。由此便可略知一斑。

此外，值得注意的是，当时宋朝钱币大量输入日本，在日本民间广泛流通。《玉叶》治承三年七月二十五日条载："近来输入宋钱，随意卖买。私铸钱者处八虐③。此举虽非私铸，但行同私铸，应令停止。"建久四年（1193）七月四日的宣旨中也说："今后应永远禁绝宋朝钱货事。右左大臣奉敕宣旨：如不制止钱币买卖，焉能在交易中稳定物价？仍仰检非违使及京职自今以后永加禁止。"由此便可看出一斑。

此外，数量可能无多，和前代一样，还输出了莳绘、螺钿、水晶细工、刀剑、扇子等日本美术工艺品。后白河法皇于承安三年（1173）赠给宋朝明州刺史答礼物品④中，有描金橱一架（内装彩革三十枚）和描金提箱一只（内装黄金一百两），平清盛的答礼物品中有剑一把、提箱一只（内装武具）。……莳绘、螺钿、水晶工艺品、刀剑、扇子等日本的美术工艺品，足以夸示海外，也是宋朝人所最珍爱的，因而可能多少输出了一些。譬如

---

① 宋商来到日本的，大都使用日本式名字，例如曾聚作曾三郎，吴铸作吴十郎，郑庆作郑三郎。陈一郎也属此类，本名不详。
② 《参天台五台山记》延久四年四月十九日及熙宁六年四月五日条。
③ 所谓八虐，又称八逆，是《大宝令》规定的八种不赦的重罪，即谋反、谋大逆、谋叛、恶逆、不道、大不敬、不孝、不义。——译者注
④ 《玉叶》承安三年三月十三日条。

水晶以日本所产为上品，早有定评说："倭国者上品，信州者次之。"①

——辑录自《日中文化交流史·唐宋篇》

唐宋元时期明州港的瓷器外销及地位

虞浩旭

中国海岸线大约以长江口为界，南北有异。北部多泥质海岸，滩缓水浅；南部多石质海岸，港众水深，故南北海运因船吃水深度不一导致的结构上的差异，需在长江口附近易货换舶。钱塘江的喇叭形河口导致潮差大，因此杭州不宜成港，在上海未兴时，明州（庆元）便成为理想的转货口岸。明州溯浙东运河至杭州与江南运河相连，使明州成为大运河的南端延伸。这种处于海运和内水干线交叉部位的独特地位，使明州自唐代起成为我国主要的外贸口岸，唐宋元时期，它一直是我国陶瓷对外贸易的主要港口。本文试图对唐宋元时期明州港瓷器外销的概况及其在陶瓷外销史上的地位做一论述，以求教于行家。

一 明州港瓷器外销的概况

近十几年来，宁波的文物考古工作者对奉化江、甬江、姚江三江交汇之地的唐宋元明州港海运码头遗址进行了多次考古发掘，这些遗址主要有和义路码头遗址、东门口码头遗址、天妃宫遗址、江厦码头遗址、渔浦城门遗址、市舶司和市舶库遗址等，出土了大量的瓷器。这些瓷器以长沙窑瓷器、越窑青瓷、景德镇窑青白瓷、龙泉窑青瓷为主。现对四大窑系瓷器的出土和外销情况作一概述。

1. 长沙窑瓷器

宁波是我国出土长沙窑瓷器最多的地方之一，在鄞县的鄞江桥和镇海的小港均有出土，而规模最大的一次发现则是在1973～1977年的和义路唐海运码头遗址的发掘中。这次出土数量最多的是青黄釉的玉璧底碗，其次是壶、罐，再次为洗、盒、水注等。典型器物有：碗类，分二式，敞口、弧腹、玉璧底和侈口、圆唇、上腹较直、下腹斜收、玉璧底；壶类，分四式，一为敞口、筒颈、溜肩弧腹、矮圈足，二为直口、筒颈、圆腹、矮圈足，三为喇叭口、圆腹、圈足，四为直口、筒颈、圆腹、圈足；罐类，分

---

① 王云路主编《居家必用事类全集·戊集·水晶》，浙江大学出版社，2020，第309页。

二式，直口、筒颈、直筒腹、平底和直口、广弧肩、鼓腹、圈足；洗类，多为残片，从残片中可辨多为敛口、鼓腹、假圈足；盒类，扁圆形，盖、身各半，盖微鼓，子母口；水盂类，敛口、宽肩、扁圆腹、圈足；陈设瓷类，多为残器，主要有座狮和座鸟。这些器物胎质大多呈暗红、灰青和灰黄，绝大多数为青黄釉，釉都不到底，釉下有褐彩。

关于这批瓷器的年代，根据和义路唐代遗址的地层，多为唐代晚期文化层，可断其为晚唐时期的器物，这与长沙窑在晚唐进入极盛期也是相一致的。从保存下来的器物釉面、破损情况看，虽有破缺，但釉面光泽，没有被使用的痕迹，当是外销产品。长沙窑器物，在朝鲜、日本、印度尼西亚、巴基斯坦、伊朗、伊拉克、菲律宾、泰国、斯里兰卡等均有出土，而上述地点出土的壶等器物，则与宁波海码头出土的器物完全一致，可以肯定有许多长沙窑瓷器是从宁波（古明州）起运的，这正如日本风崎敬先生所言："明州（今宁波）商人，不仅带来了越州窑青瓷，也带来了长沙窑青瓷。"

2. 越窑青瓷

越窑青瓷在宁波的各海运码头遗址均有出土，而且数量十分庞大，时间则为自晚唐至宋初。唐代出土的器物，主要也是在和义路码头遗址，当时共出土700多件，其品种之多、数量之大、质量之精，在陶瓷考古中前所未有。出土器物主要有壶、碗、盘、罐、钵、罂、盆、杯、灯盏等生活用瓷和脉枕、座狮等医疗用具及陈设瓷。这批青瓷，坯泥陶炼十分精细，质地细腻紧密，釉层晶莹滋润。有的色泽青翠，釉光闪烁；有的呈黄色，釉面光亮如脂；有的釉质浑厚，玉感强烈。造型别致优美，如荷叶状的盏、碗，瓜棱状的壶，海棠形的杯，无不给人美的享受。五代北宋出土的产品以碗、盘、壶、盂、碟、盒、灯盏、托具为大宗。典型器物有：碗，内底饰水草纹、莲叶纹、秋葵；盘，内饰缠枝牡丹、飞鸟或对称的鹦鹉；盂，内心画有花草纹；碟，为素面，或饰水草纹；壶，其肩、耳印有各式印纹；托具由碟和覆杯两个部分组成，碟，宽沿葵瓣式，上饰勾连纹，覆杯四周为凸莲瓣纹，形态隽美。经过查对窑口，上述越窑器物，晚唐的均出于越窑的上林湖窑口，五代北宋的出于上林湖窑口和新兴的东钱湖窑口。

越窑青瓷在世界许多地方有大量出土，根据考古调查，出土的国家主要有朝鲜、日本、印度、巴基斯坦、伊朗、伊拉克、埃及、马来西亚等。出土物以各式碗为大宗，次之还有壶、盘、罐、盒、水注、杯、托盘、唾盂等，其造型、釉色，绝大部分都与宁波古海运码头遗址出土的、准备外运的器物相一致，可以肯定，越窑青瓷曾通过明州港源源不断地外销。

3. 景德镇窑青白瓷

景德镇窑青白瓷主要出土在宁波古海运码头遗址的宋代文化层、宋元文化层和元代文化层中，以东门口海运码头遗址最具代表性。宋代层出土的青白瓷，釉色白中泛淡青，釉层光洁，胎质洁白、细腻。以碗、碟为大宗。碗，多敞口，弧腹，圈足，芒口，内多素面；碟，侈口，直腹，平底或弧腹，平底内凹，侈口。宋元层出土的器物有碗、盘、盏、盒、瓶、枕等。碗分四式即银边碗、刻花碗、印花碗、环底碗；盘，芒口、平底、腹壁斜直。碗盘胎质细白，色泽如米白、月白。元代层出土的器物有碗、盘、杯、瓶、炉等，以碗、盘为大宗。碗多为侈口，口沿包银口，釉色青白，胎质细洁。盘有印花鱼盘、刻花盘，印有梅花、菊花，刻有鱼等。洗，侈口，斜腹，平底，釉清淡绿。炉，多为六角形口沿，腹部亦分为六角弧棱，在肩腹有动物造型，釉色青绿，极其精美。

中国的青白瓷，主要销往亚洲各国，最远的达北非的埃及。从考古发现看，与我国邻近的日本，在36个县、市、府的范围内都发现了青白瓷；在朝鲜半岛本土也有数量可观的青白瓷出土，同时于1977年在韩国的新安海底元代沉船中打捞出大批中国瓷器，仅青白瓷就达2800余件；此外，在东南亚地区的菲律宾群岛、印度尼西亚群岛、马来西亚及南亚巴基斯坦，北非的埃及诸国都有大宗的青白瓷出土。这些国家出土的青白瓷，时间历宋至元，与宁波海运码头出土的时间相符，有许多产品，如枕、瓶、盘、银边碗等，造型与釉色也一致，与明州港有着千丝万缕的联系，而且韩国庆安沉船早已被学术界公认为从庆元（明州）出土，可以肯定明州港是景德镇青白瓷的外销港。

4. 龙泉窑青瓷

明州港在宋元时代，除了青白瓷的大量外销外，龙泉青瓷也是大宗外销商品。1978年在宁波东门口海运码遗址中出土了大批宋元时代的龙泉窑青瓷，数量多，品种丰富。这批产品胎质细腻、洁白，釉层丰厚，滋润如玉，呈粉青、翠青、梅子青。典型器物，宋元时代有夹层碗、莲瓣盘、折沿盘、直口盅、敞口洗、葵口洗、鬲炉、鱼耳瓶、贯耳瓶等；元代有莲花碗、宽圈足碗、翻口收腹碗、高足碗、敞口小底碗，"增福添禄"铭文碗、菊瓣洗、蔗段洗、双鱼洗、云草洗、蔓草荷花洗、花卉盘、菊瓣盘、大宽沿仰莲盘、大平底印花盘、堆花瓶、奁式炉、侈口盅、荷叶盖罐、灯盏等。

龙泉窑青瓷被销往世界各地，范围之大、地区之广是空前的。近几十年来，在世界各地区古遗址、古墓葬的调查中，陆续出土了许多龙泉窑青瓷。这些国家主要有日本、朝鲜、菲律宾、越南、缅甸、巴基斯坦、印度、阿富汗、伊朗、伊拉克、埃及、叙利亚、黎巴嫩、土耳其、也门、斯里兰卡、马来西亚、印度尼西亚、文莱、苏丹、坦桑尼亚等。这些地方出土的龙泉窑青瓷，品种十分丰富，许多与宁波出土的相一致。尤其是韩国的新安沉船出土了3000多件龙泉窑青瓷，而这船是从庆元港（明州港）出发，可见龙泉窑青瓷有相当数量是从明州港启运的。

二　明州港在瓷器外销史上的地位

中国瓷器作为一种商品大规模地外销，始于晚唐，发展于南宋，极盛于元。这一时期的外销产品多产自长沙窑、越窑、景德镇窑和龙泉窑四大窑系，这与明州港古码头遗址和世界各地出土的情况相吻合。要考察明州港在中国瓷器外销史上的地位，必须分析四大窑系产品外销的港口，通过明州港外销的四大窑系产品在总量中的份额，便可明了明州港在唐宋元时期瓷器外销史上的地位。

长沙窑瓷器　国内出土的长沙窑瓷器以扬州和宁波为最多。扬州作为唐代重要的港口，其辐射全国的地位极其显著，但由于内河和海洋的运输条件不同，直接从扬州港驶往世界各地的船只数量有限，大多数船只需到明州转换成外海船，再扬帆出海。因此可以说长沙窑瓷器绝大多数是通过明州港外销的，占有的份额极大。当时从长沙至明州，有两条路线，一为江河连运。长沙窑瓷器通过湘江入长江至扬州，从扬州入江南运河至杭州，再循浙东运河至明州。这一线路中的长江航道，江面宽阔，水流平稳，自古以来就得到充分的开发利用；江南运河和浙东运河修成后，更是"商旅往还，船乘不绝"，是当时较为重要的一条航线。另一条为江海连运，长沙窑瓷器自湘江、长江至扬州后，继续沿江而下，出长江口，连通东海航线，沿海岸线至明州。长沙窑瓷器通过这两条水运线路源源不断地运至明州，通过明州这一外贸港转换成大型海船出海，沿海上陶瓷之路销往世界各地。

越窑青瓷　自晚唐始，越窑的中心产地已从上虞曹娥江西岸转移至明州的上林湖，上林湖成为晚唐五代宋初越窑制瓷业的中心产地。同时为了适应外销市场的需要，明州又崛起第二大窑场——东钱湖窑场。上林湖窑场和东钱湖窑场都位于明州港的附近，水运十分便利。同时，明州港自晚唐成为对外贸易港以来，五代北宋更趋兴盛，五代时设有"博易务"，北宋又先后设置了一整套对外贸易的市舶机构，是我国对外贸易的"三司"

（广州、明州、杭州三市舶司）之一。从晚唐开始进入外销的越窑青瓷，当然不会舍近求远，寻求别的外销港。因此，可以肯定地说，几乎所有的越窑青瓷都通过明州港外销。

景德镇窑青白瓷　宋元时期远销的青白瓷，其外销港又在哪儿呢？我们知道，北宋设有市舶司的外贸港为明州、广州、杭州；元代对外的三大贸易港则为明州、泉州、广州。杭州由于钱塘江口浪激礁多，有很大的局限性。景德镇窑青白瓷通过水陆联系，可以到达广州和泉州，具体路线为沿昌江入鄱阳湖，再溯赣江向南至赣州，从赣州再沿驿道分别至广州和泉州。但是对于瓷器来说，水运方便而且运费较低，陆路易碎，不方便而运费较高，加之宋初以后驿道渐趋废弛，因此至广州、泉州的景德镇窑青白瓷，可以说寥寥无几。相反，至明州的水路十分便利，景德镇窑青白瓷从昌江至饶州（鄱阳），入鄱阳湖至九江入长江，然后通过江河连运或江海连运，到达明州港换舶出海。因此，景德镇窑青白瓷主要也是通过明州港外销的。

龙泉窑青瓷　龙泉窑青瓷的主要产地在浙江省龙泉县，至元代已发展到瓯江两岸，远销极为方便。龙泉青瓷通过瓯江至温州，由温州港转销世界各地。但由于温州港设置市舶司的时间很短，在更长的时间内并不是一个法定的外贸港，需要到南面的泉州或北面的庆元港（明州港元时称庆元）换舶出海。泉州港在 13 世纪后半期至 15 世纪前半期的 150 年间，成为当时东方第一大港，是世界最大的贸易港之一。明州港（庆元）自晚唐以来更是兴盛不衰，尤其在与日本、朝鲜的交往中，一直处于领先地位。韩国新安沉船上出土有"庆元路"字样的铜权等物，证实这艘装载中国大量瓷器的船是由元代的庆元港出发，而船上最主要的为龙泉瓷和青白瓷。因此，可以说明州（庆元）港是龙泉窑青瓷的主要外销港之一。

综上所述，以唐宋元时期明州港海运码头遗址出土的四大窑系的产品为依据，对照世界各地的出土物，分析四大窑系产品的主要外销港，可以得出明州港是我国唐宋元时期瓷器对外贸易重要和最主要的外销港的结论。

主要参考文献

1. 叶文程：《中国古外销瓷研究论文集》，紫禁城出版社，1988。
2. 中国古陶瓷研究会、中国古外销陶瓷研究会：《中国古代陶瓷的外销》，紫禁城出版，1988。

3. 马文宽、孟凡人：《中国古瓷在非洲的发现》，紫禁城出版社，1987。
4. 林士民：《宁波东门口码头遗址发掘报告》，《浙江省文物考古所学刊》，文物出版社，1981。
5. 林士民：《从明州古港（今宁波）出土文物看景德镇宋元时的陶瓷贸易》，《景德镇陶瓷》1993年第4期。
6. 虞浩旭：《简论上林湖越窑遗址》，《中国文物报》1989年10月13日，第3版。
7. 虞浩旭：《唐五代宋初上林湖瓷业发达原因探析》，《景德镇陶瓷》1994年第4期。
8. 虞浩旭：《从宁波出土长沙窑瓷器看唐时明州港的腹地》，《景德镇陶瓷》1996年第2期。
9. 虞浩旭：《试论"秘色瓷"含义的演变》，《文物研究》，黄山书社，1995。
10. 虞浩旭：《北方地区出土的越窑青瓷及相关问题》，《中原文物》1996年第4期。

——辑录自《景德镇陶瓷》第九卷第四期

明州港与高丽的交往贸易

张保皋与大唐明州港

明州港在唐代已是东南沿海四大名港之一〔其他三港为交州（现越南地）、广州、扬州〕，也是张保皋商团向东南沿海拓展贸易的一个主要港口。

在大唐，明州港与山东的文登县赤山法华院，包括四周县浦、港相比，不但丝绸、陶瓷手工业发达，而且腹地辽阔。明州通过浙东运河，直接与隋代开凿的大运河连贯，千里水道畅通，物资运输方便，可直达长安。这些条件并不差于北方。

自新罗灵岩附近或清海镇港出发，经黑山岛，横渡东海，可到达唐明州望海镇（今宁波市镇海区），这条航路的开通，使"张（保皋）的贸易船直接到了明州"，"留学唐朝的学问僧大多数搭乘过张保皋的商船"，"新罗与唐贸易中，主要贸易品是绸缎、麻布、金银，包括人参在内的药材、马匹、毛皮类和工艺品"。"张在贸易陶瓷中，意识到陶瓷的重要性后，从越州（明州）带回陶工。"① 这里说明张不但经营越窑青瓷，而且还直接引进制瓷的科学技术人才。笔者在韩国莞岛清海镇港遗址考古发掘现场，考察了张保皋的城堡遗迹和浙东明州生产的越窑青瓷制品，这些出土的贸易陶瓷中，以碗、罐为大宗；有玉璧底碗、大环底碗、六角形嘴的执壶和柿蒂钮的罐。这批制品施青黄釉，其中叠烧的松子状支烧印痕颇具特征。这批制品大多生产于明州慈溪上林湖古瓷都，时代为中唐晚期到晚唐早期。这与张保皋贸易商团活动于浙东明州港的时代相吻合。

张保皋贸易商团航海时作为航标留下的地名，至今尚为人们熟悉。例如航道必经的普陀山的新罗礁，象山港东门的新罗屿，新罗人称为新罗山的黄岩大陈岛，城内有新罗坊，天台山国清寺前唐新罗园等遗址古迹尚存。

以张保皋为代表的商团，所带去的越州（明州）制瓷工匠，与新罗人民一起，经过共同努力，终于烧制成真正的"新罗青瓷"，② 具有划时代的意义。这一事实说明，张保皋已意识到需直接引进科学技术。经过不断的实践、改进，朝鲜半岛终于烧制成新罗青瓷，比日本烧成真正瓷器要早近三个世纪。新罗由青瓷制品（越窑青瓷）从大唐输入国，一跃成为青瓷的输出国。9世纪末百济王甄萱和高丽国的王建，踏着张保皋的足迹，多次派商团在明州港进行交易。所以说在东亚贸易圈中，朝鲜半岛以张保皋为代表的商团及其继承者，不但在推动贸易上起到了重要作用，而且在促进东亚文化交流，特别是在科学技术层面上的交流方面，也为人类文明做出了贡献。

——辑录自林士民《东亚商团杰出人物——新罗张保皋》

高句丽国

元祐二年，高丽僧义天至明州，上疏乞遍历丛林，传法受道。有诏朝奉郎杨杰馆伴，所至吴中诸刹，迎饯如王臣礼。惟金山僧了元，床坐受其大展。谓杨曰：义天亦贵国僧尔，丛林规绳不可易。朝廷闻之，以了元知大体。苏文忠轼有送杨杰诗云："三韩王子西求法（韩有三种，曰马韩、曰辰韩、曰弁韩，皆高丽也。义天自谓弃王位出家），凿齿弥天两勍敌。过

---

① 〔韩〕朴永锡等：《张保皋的新研究》，《莞岛文化院》，师事文化社，1992，第105页。
② 林士民：《青瓷与越窑》，1999，上海古籍出版社，第288页。

江风急浪如山,寄语舟人好看客。"政和七年,郡人楼异除知随州,陛辞,建议于明置高丽司,曰来远局,创二巨航、百画舫,以应办三韩岁使。且请垦州之广德湖为田,收岁租以足用。既对,改知明州。复请移温之船场于明,以便工役。创高丽使行馆,今之宝奎精舍,即其地也。……中国贾人至其地,风候逆,或二三岁不可返,因室焉。返则禁其妻若子不得从,再至,有室如初。本府与其礼宾省以文牒相酬酢,皆贾舶通之。杂货具于左:

细色

银子。

人参,其秆特生,在在有之,春州者最良。亦有生、熟二等。生者色白而虚,入药则味全,然涉夏损蠹,不若经汤釜而熟者,可久留。旧传形匾者谓丽人以石压,去汁作煎,今询之非也,乃参之熟者积垛而致尔,其作煎当自有法也。昔中国使至丽馆中,日供食菜,谓之沙参,形大而脆美,非药中所宜用。

麝香、红花、茯苓、蜡。

粗色

大布、小布。

毛丝布,俗种苎麻,人多衣布,绝品者谓之绝,洁白如玉而窄边幅,王与贵人皆衣之。至府者乃其粗也。

绸,俗本不善蚕桑,其丝线织纴皆仰贾人,自山东闽浙来,然颇善织花绫,有文罗、紧丝锦罽。后得北朝降卒,工技益巧,染色又胜于前日。绸乃其粗也。

松子松花,松有二种,惟五叶者乃结实,罗州道亦有之,不若广、扬、永三州之富。方其始生,谓之松房,状如木瓜,青润致密,得霜乃拆,其实始成,而房乃作紫色。国俗虽果肴羹戴亦用之,不可多食,令人呕吐。

栗,大者如桃,今至府者,皆栗肉小而坚,蒸煮乃可食。

枣肉、榛子、椎子、杏仁、细辛、山茱萸、白附子、芜荑、甘草、防风、牛膝、白术、远志、茯苓、姜黄、香油、紫菜、螺头、螺钿、皮角、翎毛、虎皮、漆(出新罗,最宜饰蜡器如金色)、青器、铜器(近年禁不出)、双瓯刀、席、合簟。

——辑录自(宋)宝庆《四明志》

收养送还飘泛高丽人二则

宝祐六年十一月，水军申石衙山有丽船一只，丽人六名，飘流海岸。公命帐前将校取之来，诘其所以。张小斤三则丽之李枢密藏用家奴也，金光正、金安成、金万甫、卢善才则丽之万户土军也，金惠和则丽之还俗僧也。各因本国迁发把隘，驾船往白陵县收买木植，是年十月十三日在海遭风，不知所向，飘流至石衙山。具言自癸巳岁丽主避鞑，徙居海岛之江华县。岛阔三百余里，其去陆岸之程亦三百里，仅存南计、北计十七州。鞑岁一哨，则事之以宝货。间遣使至新都，延之承天馆，馈遗丰甚。自戊申后，鞑使不屑渡海，丽主躬帅其属，往承天府礼逆之，祈免侵掠。彼必欲丽主复归旧都，此惧其绐己，卒不从鞑。于是连年围海岸，逼新都，境土就荒，米价翔踊，银瓶一斤易粟三苦（准中国一石），民殍死者众。鞑退，丽人始还旧巢，采粟以充饥，取松实以售。商贾有崔令公，世积金谷。今年四月八日，令公出礼佛，丽主遣人乘间诛之，尽发所藏赈军民，国粗定。又言有向上头目人洪服良，因在边背丽归鞑，今丽有贡，必遣往服良所，因以转致于鞑。自江华至服良所约七日，自服良所至鞑，远近不可知也。丽有三窟，曰早窟，曰山水窟，曰袈裟窟，俱为鞑蹂躏。兵弱，昼不敢与鞑战，夜仅能偷劫，势终弗支。今兵船之在海岸者，号三十九领，领二只。又都兵马大船十二只，大船面阔三丈，长亦如之，状如箕，织席为帆，便于正顺风而已。公以其事上闻，且从本司日支六名米各二升、钱各一贯。及归国，则又给回程钱六百贯、米一十二硕。公于怀远御外，周且密矣。

开庆元年四月，纲首范彦华至自高丽，赍其国宾省牒，发遣被虏人升甫、马儿、智就三名回国。制司引问，马儿者年二十六，扬州湾头岸北里解三也，十二岁随父业农，秋时为鞑掠去，至鞑酋蒙哥叔宴耻达大王所，拨隶鹘辣海部下牧马，剃作三搭发，取名马儿。年十五时，又见虏至一人，即今升甫也。升甫年二十四，本姓冯名时，临安府人。生七岁，父以庄田在淮安州盐城，往居焉。淳祐九年为鞑所掠，亦隶鹘辣海。智就者，年三十八，德安府人黄二也。家市缣帛，有庄在城外之西罗村，十四岁金国投拜人杨太尉仕于德安，阴结李全妻小姐，姐贰于鞑以叛，黄遂为鞑所虏。鞑主第三兄使往沙沲河牧羊凡三年，冀州种田凡十二年，咸平府运粮凡六年。宝祐五年七月，头目人车辣大领二万人出军，冯时、解三皆以牧马从。

凡两月，至丽界首东路，屯于和尚城。丽师不出。及十一月久雨，马多冻死，人且馁，冯、解谋逸归朝，匿深山中。师退，丽人取以归置岛上。六年正月入丽京，拜国主，月给米养之。旬余，黄二亦至，皆在汉语都监所宿食。三月发入范彦华船。又逾年三月，船始归。制司即备申朝廷，以各人本贯并无亲属，欲收刺厢军，续准省扎从所申。收刺解三取名解福，冯时取名冯德，黄二取名黄恩，并收刺崇节指挥，专充看养省马著役。丽国省牒附见于后：

　　高丽国礼宾省牒上大宋国庆元府当省准，贵国人升甫、马儿、智就等三人，久被狄人捉拿，越前年正月分逃闪入来，勤加馆养。今于纲首范彦华、俞昶等合纲船放洋还国，仍给程粮三硕付与送还，请照悉具如前事，须牒大宋国庆元府照会施行，谨牒。己未三月日谨牒，注簿文林郎金之用，注簿文林郎李孝悌，丞文林郎金光远，丞文林郎潘吉儒，试少卿入内侍文林郎李轼卿朝，议大夫任柱，判事入内侍，通议大夫三司使，太子右庶子罗国维，判事正议大夫监门卫摄上将军奉君用。

——辑录自（宋）开庆《四明续志》

《通商略史》之高丽

　　高丽之由鄞朝贡，始终于有宋一代。盖登州旧道，初阻于辽，继阻于金也，宝庆《四明志》载宋太祖建隆三年，高丽王昭派遣使来朝，锡以功臣之号，仍加食邑。……明州商贾亦时至鬲丽贸易。《宋史·食货志》载，元丰二年，贾人入高丽，资及五千缗者，明州籍其名；岁责保给引发船，无引者如盗贩法。先是，禁人私贩，然不能绝；至是高丽复通中国。故明立是法。《高丽传》载，宁宗庆元间，诏禁商人持铜钱入高丽，盖绝之也。《敬止录》载，中国贾人至高丽，风候逆，或二三岁不可返，因室焉；返则禁止其妻若子不得从；再至，有室如初。明州与其蕾宾省，以文牒相酬酢，皆贾舶通之。

——辑录自《鄞县通志·食货志》

奉使高丽朝廷仪式

卷二十四

节仗

臣闻春秋之法王,人虽微,序在诸侯之上,盖尊王命也。然当时周室纪纲圮坏,诸侯强大,有轻之之心。孔子托空言,以为天下后世臣子法,尚谆谆如此。矧太平盛际,亲遣王人远使外国,则彼之尊奉之礼,岂敢少懈哉?恭惟宋有天下垂二百年,干戈浸偃,四裔君长不待诏告而信顺之,诚坚若金石。盖自容成氏以来,未有太平如此之盛,宜乎诸侯推尊王人而礼文繁缛也。比年使命每至丽国,闻其备竭仪物之华、兵卫之众,以迓诏书、以导旄节,礼甚勤至。然是行也,适在王俣衣制未终,其鼓吹之类,皆执而不作,亦可谓知礼也已。

初神旗队

神舟既抵礼成港下碇讫,丽人具采舟来迎。使者奉诏书登岸,三节步从,入碧澜亭,奉安诏书讫,退休于所舍。明日质明,都辖提辖官对捧诏书入采舆,兵仗前导。诸仗之中,神旗为先,自西郊亭预建于馆前;诏书至,与余仗相接,导卫入城。旗列十面,车载而行,每乘十余人。自是之后,受诏拜表,则皆设于兵仗前也。青衣龙虎军铠甲戈矛,几及万卒,分为两序夹道而行。

次骑兵

神旗之次,有锦衣龙虎亲卫旗。头一名骑而前驱,执小红旗。其次则领兵上将军,其次则领军郎将,皆骑兵也;持弓矢、佩剑饰,马之具皆有銮声,驰骤甚亟,颇自矜耀。

次铙鼓

骑兵之次,鸣箛之军;次之铙鼓之军;又次之,每百余步鸣箛军必却行,面诏舆而合吹声,止则击铙鼓为之节。

次千牛卫

鼓角之次,即有仪物,贯革镫杖千牛军卫执之相比而行。

次金吾卫

十牛卫之后，金吾仗卫军次之，执黄幡豹尾仪防华盖，差闲而行。

次百戏

金吾仗卫之后，百戏小儿次之，服饰之类略同华风。

次乐部

歌工乐色亦有三等之服，而所持之器，闲有小异。其行在小儿队之后，比使者至，彼防俣衣制未除，故乐部皆执其器而不作，特以奉诏命不敢不设也。

次礼物

礼物之匣，大小不一，其面标题所赐之物名件，而皇帝信宝封之。丽人尊奉宠眷，乃盛以要舁而罩以黄帕。每乘用控鹤军四人，服紫绣花袍，上折脚幞头，其行在乐部之次。

次诏舆

采舆之设织绣锦绮，五色闲错，制作华巧。前一舆安大金炉，次奉诏书并祭王俣文。次奉御书，亦以控鹤军捧之拜表。归馆则不用其中一舆耳。

次充代下节

国朝故事，奉使高丽下节皆卒伍。比岁稍许，命官、士人、艺术、工技以代其选。今使者之行也，人人仰体圣上怀徕之意，愿为执鞭，以观异域之俗。又况陛辞之日，面奉圣语，丁宁宣谕，人皆感泣而不以海洋之生死为忧也。故有若成忠郎周通、承信郎赵溉、登仕郎熊樗年，尹京文学江大亨、李训、唐浚，翰林医学杨寅，进士有若晁正之、徐亨、黄大本、叶彦资、王怿、陈兴祖、陶挺、孟徽、高伯益、李锐、崔世美、顾大范、金安止、王居仁、刘缉熙；副尉则有李晖、王泽、吕渐、徐琪、徐可言、施祐、钟禹功；省府寺监胥吏则有若董琪、牛敏年、郑恭、陈佐、杨大同、杨涣、刘宗武、孙洵、王祐、尹公立、孙琬、曹裕、王伯全、陈惟溉、王道深、杨革、张雩、桂林、范敏求、舒障、邹琮志、张若朴、范宁之、朱彦康、刘槃、胡允升、周郁、郯伯成，其服紫罗窄衫、乌纱帽、涂金双鹿带，分为两序，从诏舆而行。

次宣武下节

宣武下军，明州土兵共五十人。服饰与充代不异，但褰裳而行，使锦绣彰施耳。使者初出都门，降赐涂金器皿。从物再出节，即供给之人，各执于前，粲采夺目，以示荣耀于外国焉。

次使副

国信使副，从诏书入城副□，公会皆二马齐驱，其服紫衣，御仙花金带，仍佩金鱼。高丽伴使骑马，在副使之右数步，相比而行。阙使又次之。

次上节

上节都辖武翼大夫忠州刺史兼阁门宣赞舍人吴德休，其服紫衣金带，行马在正使之后。提辖朝奉大夫徐兢，绯衣佩鱼，行马在阙使之后。法箓道官太虚大夫蕊珠殿校籍黄大中，碧虚郎凝神殿校籍陈应常，紫衣青襈佩金方符。书状官宣教郎滕茂实、崔嗣道，如提辖官之服。随船都巡检吴敵，指使兼巡检路允升、路迿、傅叔承、许兴文、管勾舟，船王觉民黄处仁、葛成仲、舒绍弼、贾垣；语录指使刘昭庆武惊杨明医官李安仁郝洙书状使臣马俊明、李公亮其服紫衣涂金御仙花带引接、荆珣、孙嗣兴，服绿，各以官序行为，从诏书入城。其侍使副行则戴席帽而执鞭；专遣行礼则亦张青盖。彼国自有伴官相陪，多以引进官为之。

终中节

中节管勾，礼物官承直郎朱明发，承信郎娄泽、范敂迪，功郎崔嗣仁、刘璃，将仕郎吴太上御名□构行，遣迪功郎汪忱，进士王处仁占候风云官承信郎董之邵、王元书、符禁咒、张洵仁，技术郭范、司马瑾，使副亲随徐闶、张皓、李机、许兴古，亲从官王瑾、鲁蹲，宣武十将，充代赵祐，正名程政，都辖亲随人吏王嘉宾、王仔其，服幞头、紫窄衣、涂金宝瓶带，其行马在上节之次。

卷二十五

受诏

臣闻周使宰孔赐齐侯，胙将下拜。孔曰：且有后命，天子以伯舅耋老，加赐劳一级，无下拜。对曰：天威不违颜，咫尺小白。余敢贪天子之命，恐陨越于下，以遗天子羞，敢不下拜？下拜登受。夫周室之衰，礼去其籍。仅有存者，齐侯虽霸，不敢废礼。今天子威灵所被，震叠海表；而绥怀之意，情文腆缛，是宜丽人恪恭明命，如瞻天表；不敢少怠，以虞陨越。今图其趋事执礼之勤，以备观考。

迎诏

使副奉诏，入顺天馆。十日，内卜吉王，乃受诏。前期一日，先遣说仪官与使副相见。次日，遣阙使一员至馆，都辖提辖官对捧诏入采舆内。仪仗兵甲，迎导前行。使副官伴阙使同上马，下节在其前步行，上中节骑马后随。国官先于馆门外排立，诏书出馆，当道再拜讫；乘马前导至王府。入广化门，次入左同德门，至升平门外，上中节下马，引接指使等马前步行，上节后从。入神凤门，至闾阖门外，使副下马，国王与国官以次迎诏，再拜讫，采舆入止防庆殿门外。

导诏

采舆既入止防庆殿门外，都辖提辖官自舆中捧诏出。奉安于幕位。使副少憩，国王复降门下，西向立。使副与国王并行，导入中门。上节礼物等分两序入防庆殿下，以俟国王受诏。

拜诏

国王导诏入防庆殿廷下，设香案面西立。使副位北上，面南立。上节官以次序位于使副之后。国官立班于王之后。王再拜，躬问圣体，乃复位、舞蹈再拜已，国官拜舞，如王之仪。国信使称有敕，国王再拜起，躬听口宣，乃搢笏跪。副使以诏授使，使以诏授王。诏曰：高丽国王王楷逊，闻嗣国甫，谨修方谅。惟善继之初，克懋统承之望；遽经变故，深剧伤摧肆眚，命使之华，往谕象贤之宠，载蕃赍予，并示哀荣。宜袛服于王灵，用永遵于侯度。今差通议大夫守尚书礼部侍郎元城县开国男食邑三百户路允迪，太中大夫中书舍人清河县开国伯食邑九百户傅墨卿，充国信使副，赐卿国信礼物等，具如别录，至可领也。故兹诏示，想宜知悉春暄。卿比平安好，遣书指不多及，王受诏，乃授国官，出笏舞蹈，如初之仪。国官亦如之。

起居

使副既导诏至于廷，王再拜兴，避席躬问圣体。使亦避席躬答曰：近离阙下，皇帝圣躬万福。各复位，拜舞如受诏之仪。先是，自全抵广凡三州，牧问圣体如王之仪。至其接送馆，伴官相见亦如之。

祭奠

壬寅春二月，使副被防，以国信使事行。夏四月，闻俣薨，兼以祭奠吊慰，遵元丰制也。癸卯六月十三日甲午，使副到馆，王既受诏。越二日，王先遣人告办，都辖吴德休往启建佛事。次日，提辖官徐兢押所赐祭奠礼物，陈列于前。至日质明，使副与三节官吏，奉诏舆至长庆宫。三节休于次，使副易带以乌犀，仍去。式时至，入祭室，王楷素服立于东楹，使副再拜兴。使跪宣御制祭文曰：维宣和五年岁次，癸卯三月甲寅，朔十四日丁卯，皇帝遣使通议大夫守尚书礼部侍郎元城县开国男食邑三百户路允迪、太中大夫中书舍人清河县开国伯食邑九百户傅墨卿，致祭于高丽国王之灵。惟王躬有一德，嗣兹东土，孝友肃恭，惠迪神民，克绍于前，文人四国。是式而忠诚夙着，义笃勤王，旅贡在廷。朕命惟谨，朕惟王外界海隅而能知役志于享，乃心罔不在王室，嘉乃丕绩眷顾，不忘方将洊饬，使人往谕朕志，示镇抚于尔邦，孰谓天不憖遗，遽闻大故，邦国殄瘁，震悼于怀。今锡尔防典用褒，乃显德以辑宁尔邦，尚其来止歆我，宠灵永垂，佑于尔后人，服休无斁。尚飨！

吊慰

是日，祭奠礼毕，少退，乃行吊慰礼。先于廷中设香案，西望天阙，王楷素服，面西立。使位南，面西上。副使又次之。副使以诏授使，使以诏授王，王磬折鞠躬，再拜跪受之。诏曰：高丽国王王楷，惟尔先王，祇慎明德，宜绥厥位，毗于一人，天命难谌，遽以讣谂，缅惟永嘉。谅剧伤摧，纂嗣之初，践修是属，勉思抑割，用副眷怀。今差国信使通议大夫守尚书礼部侍郎元城县开国男食邑三百户路允迪、副使太中大夫中书舍人清河县开国伯食邑九百户傅墨卿，兼祭奠吊慰，并赐祭奠。吊慰礼物等，具如别录，至可领也。故兹诏示，想宜知悉春暄。卿比平安好，遣书指不多及。

卷二十六

燕礼

臣闻先王燕飨之礼，以其爵等而为隆杀之节。其酌献有数，其酬酢有饯，本朝讲之详矣。师古便今不失先王之意，而高丽之制，执爵酌醴，膝行而前，所以荐宾客，乃有古人之遗风，谅其加厚于使华以尊。王人施于其国者，未必概如此也。具载于图，以志其向慕中国之意。

私觌

王既受诏已，王与使副少休于次。王位东，使副位西，赞者以使副起居状告于王。王遣介复。命引接官分左右引王与使副，出立于防庆廷中；对揖讫，升殿。王立于东楹，使副立于西楹，各设褥位。王与使相向再拜讫，各致躬。稍前，通问讫；复再拜。使少退，副使立于使位，与王对拜如初礼。各复位。然后分立于所占之席，立于其侧。上节官通榜子参都辖提辖以下不拜，止躬揖王。王亦躬答之。退立于东廊。次引中节庭下防四拜，王稍躬还揖讫，退立于西廊。王与使副就席坐，上中节亦然。次引下节并舟人，亦庭下六拜，坐于门之东西，分两序，北面东上，然后酒行。其献酬之礼，则见于别篇云。

燕饮

燕饮之礼，供张帟幕之属，悉皆光丽。堂上施锦茵，西廊借以绿席。其酒味甘色重，不能醉人。果蔬丰腆，多去皮核。肴馔虽有羊豕，而海错胜之。卓面覆以纸，取其洁也。器皿多以涂金，或以银，而以青陶器为贵。献酬之仪，宾主百拜，不敢废礼。自令官、国相、尚书以上，立于殿之东。荣在王之后，余官以文武分东西两序，立于廷中。中立表，以着时刻。旁列绿衣人，摺笏执绛烛笼，立于百官之前。复令卫军各执仪物，立于其后。丽人奉王甚严，每燕饮行礼，所立官吏兵卫，虽烈日骤雨，山立不动，亦未尝改容。其恭肃亦可尚云。

献酬

王与使副既就席坐，王遣介告使副曰：欲亲起酌酒为劝。使者同辞，至于再三，乃从之。各避席起立，对揖讫，执事者以使爵至王前，王跪执尊，以酌使者，膝行而前。使亦跪受爵讫，复以爵授执事者，各复位。坐既定，饮讫起，躬身对揖，略叙谢意。王又亲酌副使酒，如使之礼。使副既受王献毕，复亲酌酒以酢王，如初礼。酒三行，乃如常仪。酒十五行，乃中休于次。少顷再就坐，自使副而下，送袭衣、金银带，各有差酒。再十余行，夜分乃罢。王送使副出于殿门外，三节人以序行马归馆。

上节席

上节之席，西面北上，器用涂金，礼如使副差杀。而王不亲酌，唯遣尚书郎或卿监代之。先以其礼告于王，王可其言；再拜而退，乃言于使人曰：主遣某官劝上节酒。都辖、提辖而下，躬身答之，初坐再劝，晚燕再就。

馆会

引接指使之属，以备使令。其后数日，使副延馆伴官于所馆之乐宾亭，用行庖之人，而果肴器皿皆御府所给。四筵列宝玩、古器、法书、名画、异香、奇茗，瑰玮万状，精采夺目。丽人莫不惊叹，酒阑，随所好恣其所欲，取而予之。

拜表

使者宣命，礼毕，乃以书告行，欲赴天宁节上寿之意。王遣介致书恳留，使者固辞，王卜日持书，告以拜附表章。至日，使副率三节人至王府。王迎揖至防庆殿，庭中设案，列褥位，如受诏之仪。王望阙再拜讫，搢笏跪，执事以表授王。王捧表膝行，奉于使。使跪受讫，以表授副使，置表于引接官。然后就席，至防罢，乃以表匣置采舆中，兵仗迎导前行归馆。

门饯

拜表宴罢，乃于神凤门张帟幕，设宾主之位。王与使副酢别讫，立于席之侧，先引上节立于前，王亲酢别酒巨觥，致辞而退。次引中节立于阼阶，下节立于阶下，劝酒如上节之礼，退出门外。使副上马，三节以次从行归馆。

西郊送行

使副回程。是日，早发顺天馆，未闲抵西郊亭。王遣国相具酒馔于其中。上、中节位于东西廊，下节位于门外。酒十五行，乃罢。使副与馆伴立马于门外叙别，馆伴就上马亲酢，以劝使者。饮毕，各分袂。先是，与接送伴官到馆即相别，及回程，于此复与之相陪，以迄群山岛放洋也。

卷二十七

使副位

使副位在正厅之后，中建大亭。其制四棱，上为火珠，榜曰"乐宾"。使位在东，副使位在西，各占三间。中列涂金器皿，陈锦绣帷幄甚盛。庭中广植花草，正北一门，可以登山，即过香林亭路也。

都辖提辖位

都辖、提辖共处一堂，其制三间，对辟二室，各以官序分居之。当其中，以为防食见客之所。前垂青帏，状类酒帘；室中各施文罗红幕，旧不用帐，今亦有之。榻上施锦茵，复加大席，以锦为缘。室中器皿如香奁、酒樏、唾盂、食匜，悉以白金，贮水之具皆用铜，物物悉备。堂之后瓷石为池，溪流自山而下，人于其池，满乃引出于书状官位，活活有声。供给之人，下使副一等，余物称是。

顺天之馆

东西两阶，皆施栏楯，上张锦绣帘幕，其文多为翔鸾团花，四面尽张绣花图障。左右置八角冰壶，惟与国官相见，馆中饮会，则升厅焉。使副

83

居其中，自余宾主国官，分东西侍坐而已。

诏位

诏书位在乐宾之西、馆伴位之北。小殿五间，绘饰华焕，两廊昔为押伴、医官之室，今以为二道官位，各以官序分居之。使副入馆，先奉安诏书于殿，俟王卜吉日受诏。其日，率三节官拜于庭，都辖提辖对捧，上节前导出馆，置采舆中，使副以次从行。

清风阁

清风阁在馆厅之东，都辖提辖位之南。其制五间，下不施柱，唯以拱斗架叠而成；不张幄幕，然而刻镂绘饰，丹腹华侈，冠于他处。唯以贮所锡礼物。崇观中揭名"凉风"，今易此名耳。

香林亭

香林亭在诏书殿之北，自乐宾亭后有路。诏书入于亭，亭有二位，西曰"右碧澜亭"，以奉诏书。东曰"左碧澜亭"，以待使副。两序有室，以处二节人，往来各一宿而去。直东西有道，通王城之路。左右居民十数家，盖使节既入城，众舟皆泊于港中，舟人分番以守视于此耳。

客馆

客馆之设不一。顺天之后，有小馆十数间，以待遣使报信之人。迎恩馆在南大街兴国寺之南，仁恩馆与迎恩相并，昔曰仙宾，今易此名，皆前此所以待契丹使也。迎仙馆在顺天寺北，灵隐馆在长庆宫之西，以待狄人女真。兴威馆在奉先库之北，昔尝以待医官之所。自南门之外及两廊，有馆凡四，曰清州，曰忠州，曰四店，曰利宾，皆所以待中国之商旅，然而卑陋草创，非比顺天也。

——辑录自《宣和奉使高丽图经》

明州港与东南亚的商贸活动

文献三则

南洋诸国之与鄞交通者，有阇婆、真里当、占城、暹罗等。《宋史·阇婆传》载，宋太宗淳化三年十二月，阇婆国王穆罗茶遣使陀湛、使副薄亚里、判官李迪、那假澄等来朝贡。陀湛至中国，有真主本国修朝贡之礼，国王贡象牙、真珠、绣花销金及绣丝绞、杂色丝绞、吉贝织杂色绞布、檀香、玳瑁、槟榔盘、犀装剑、金银装剑、藤织花簟、白鹦鹉、七宝饰檀香亭子。其使别贡玳瑁、龙脑、丁香藤织花簟。先是，朝赏使泛舶船六十日，至明州定海县，掌市船监察御史张肃先驿奏其使饰服之状，与赏来人贡波斯相类。译当言云，今主舶大商毛旭者，建溪人，数往来本国，因假其乡导来中国。

真里富亦自宋通鄞，楼钥《攻媿集》载，宋孝宗乾道元年，赵伯圭知明州，真里富大商死于城下，囊斋巨万，吏请读没入。伯圭曰：远人不幸至此，忍因以为利乎？为具棺敛，属其徒护丧以归。明年，戎酋致谢曰：吾国贵近亡，没尚籍其家。今见中国仁政，不胜感慕，遂除籍没之例矣。来者且言，死丧之家，尽捐所归之资，建三浮屠，绘伯圭像以祈祷。岛夷传闻，无不感悦。

占城通鄞亦始于宋。《宝庆四明志》载，宋市舶置务明州，高丽、日本船网首杂事，十九分抽一分；余船客十五分抽一分。每南占城船不分网首杂事、梢工、贴客、水手，例以十分抽一分。般贩铁船二十五分抽一分。外化番船，遇到申上司，候指挥抽解。

暹罗素通广州，惟据《敬止录》载，《永乐宁波府志》有日本有暹罗并列，暹罗物货，金相诸石十四种，及犀象、孔翠、山猫、海螺诸品，则明初亦曾互市宁波矣。

明代中叶，葡萄牙人开辟东洋航路，夺取阿拉伯人商权而有之。嘉靖三十六年占据广东之澳门，相传曾设商会于宁波。

——辑录自《鄞县通志·食货志》

外化蕃船，遇到申上司，候指挥抽解。

细色

银子、鬼谷珠、朱砂、珊瑚、琥珀、玳瑁、象牙、沉香、笺香、丁香、龙涎香、苏合香、黄熟香、檀香、阿香、乌里香、金颜香、上生香、天竺香、安息香、木香、亚湿香、速香、乳香、降真香、麝香、加路香、茴香、脑子、木札脑、白笃耨、黑笃耨、蔷薇水、白豆蔻、芦荟、没药、没石子、槟榔、胡椒、鹏砂、阿魏、腽肭脐、藤黄、紫矿、犀角、葫芦瓢、红花、蜡。

粗色

生香、修割香、香缠札、粗香、暂香、香头、斩挫香、香脂、杂香、庐甘石、窊木、射木、茶木、苏木、射檀香、椰子、赤藤、白藤、皮角、鳖皮、丝、篁。

——辑录自（宋）宝庆《四明志》卷六

  北宋时期的明州港，除了日本、高丽以外，还与东南亚诸国互通贸易与贡使往来。例如，淳化三年（992）十二月，阇婆（印度尼西亚爪哇）国遣使来宋"朝贡"，由中国商人毛旭作向导，经过60天航行，到达明州定海。贡品中有国王贡象牙、真珠、绣花销金及绣丝绞、杂色丝绞、吉贝织杂色绞布、檀香、玳瑁、槟榔盘、犀装剑、金银装剑、藤织花簟、白鹦鹉、七宝饰檀香亭子；贡使别贡玳瑁、龙脑、丁香、藤织花簟。宋朝赐金币甚厚，并赐良马戎具。

——辑录自《宁波港史》

印度尼西亚爪哇的两条沉船

  1998年与2004年，在印度尼西亚爪哇（即阇婆国）的勿里洞岛和井里汶岛海域发掘了两条沉船。在勿里洞沉船上，起获一批湖南长沙窑瓷器、邢窑白瓷、白釉绿彩瓷及数百件越窑青瓷。这些瓷器的形制，与宁波和义路遗址发掘的瓷器基本一致，因此，可以肯定是从明州港运输销往阇婆国的。另外又发现，其中长沙窑褐釉碗上的最早署款，是唐宝历二年七月十六日，即826年。而众所周知，明州建城设港的时间为821年。这就说明，明州与东南亚的商贸活动，并非如志书所载始于北宋，而是晚唐时期明州建城后不久便有了交往。

  在井里汶沉船里，除了几百件定窑白瓷，还起获了超过10万件越窑青瓷器。其中一只周身凸雕莲瓣的大碗，底足上刻有"戊辰徐记造"字样，也就是公元968年，当时明州属于五代末期吴越国。但最值得注意的是，这些瓷器，不管是碗盘、盖盒、水盂、执壶、四系罐还是盏托，纹饰变化多端，都洋溢着浓郁的佛教风格。经过鉴定，这些越窑青瓷是供应给室利佛逝及中爪哇的民众使用的。毫无疑问，这是根据室利佛逝等国佛教徒的要求设计定制的，而且从数量上可见双方合作愉快。而在婆罗浮屠的佛塔石雕中，有着许多这种印度尼西亚船的图像，船上的人捧着这样的中国瓷器，足见当地人对越窑青瓷的喜爱。

——刘效壮整理

宁波港中日勘合贸易的兴衰

勘合贸易体制的确立与运行

明朝建立后,朱元璋一改宋元时期积极经营海外贸易的政策,严禁中外民间商人自由贸易来往,只同那些承认与中国有藩属关系并不时前来朝贡的国家进行限时限量的官方贸易,即所谓朝贡贸易。所谓朝贡,实乃变相的贸易。根据大国的虚荣心和薄来厚往的原则,对进贡物品赐予丰厚的回赠,也即官方高价收购;同时在政府的严格监控下,允许将贡物以外的商品,也即政府不太需要的输入品,在指定的市场出售交易。

为防止私人非法贸易和海盗冒名走私,永乐二年(1404)开始向日本发放勘合。[①] 所谓勘合,也即明政府发给海外国家进行朝贡贸易的凭证。故此,这种朝贡贸易也称勘合贸易。具体办法为由明朝礼部将日本两字分开,制作日字号、本字号勘合各 100 道,共计 200 道,以及日字号、本字号勘合底簿各 2 册,共计 4 册。其中将日字号勘合 100 道、日字号和本字号勘合底簿各 1 册藏于北京礼部,将本字号勘合底簿 1 册交浙江布政司收藏;余下的本字号勘合 100 道和日字号勘合底簿 1 册则发给日本。凡日本开往中国的朝贡贸易船,每船须带本字号勘合 1 道,上面写明使臣姓名、乘载人数和所携物品名称、数量;驶达宁波后,经市舶司将其与所存本字号底簿比对相合后,方准入港登岸并发送北京朝贡。明船自宁波启程渡日时,也须携日字号勘合,以便日后与日本所藏之日字号底簿比对勘验。这个格例就是日本方面所称的"永乐条约"或"永乐事例"。自此,以宁波为交通门户的中日商贸便被正式纳入勘合贸易体制。

从永乐二年到嘉靖二十七年(1548),以宁波为出入门户的中日勘合贸易历时 145 年。其间,日本室町幕府共向明朝遣使 17 次,派船 87 艘,中国则向日本遣使 8 次。若再细化,这 145 年大致又可分为三个阶段。第一阶段从永乐二年到永乐八年(1410),历时 7 年;第二阶段从永乐九年(1411)到宣德七年(1432),历时 22 年;第三阶段从宣德八年(1433)到嘉靖二十七年,历时 116 年。

在第一阶段,日本主要由积极主张同中国发展友好关系的足利义满当

[①] 王晓秋:《中日文化交流大系(历史卷)》,浙江人民出版社,1996,第 162 页。

政，因此这7年称得上是明代中日关系史上最为和谐友好的时期。其间日本向中国遣使6次，派船37艘，① 明使赴日也不下4次，无论是贡期还是人、船数量，都大大超越"永乐事例"的约定，真可谓两国使团你来我往，不绝于道，宁波港迎来送往，一派繁荣兴旺。现据《明实录》《明史·日本传》《善邻国宝记》等文献，择要介绍两国使节往来和勘合贸易的大致情况。

永乐二年七月，明使赵居任回国之际，足利义满命建仁寺僧明室梵良和永俊等同行，谢赐冠服、印章，并祝贺明成祖册立皇太子。使团携带表章、贡马和各种方物，经由宁波，于当年十月至十一月进抵明都。这是日本第一次向中国派出勘合贸易使团。

永乐三年（1405）春，明室梵良完成使命回国时，明帝也派使者送日使回国。当年五月，明使进入京都。在其所携国书中，盛赞义满打击本国海寇。八月，明使准备启程回国时，义满又派源通贤率朝贡贸易船队同行，自己本人也特地从京都赶到兵库。十一月，源通贤抵达明都，献上义满发兵捕获的对马、壹岐诸岛海寇头目20人。明成祖十分高兴，对足利义满赞许有加，特遣鸿胪寺少卿潘赐偕中官王进赐其九章冕服及钱钞、锦绮加等。据《明实录》永乐四年（1406）正月巳酉条所记，这批礼品还包括白金1000两、织金及诸色彩绢200匹、绮绣衣60件、银茶壶3只、银盆4只及绮绣、纱帐、衾褥、枕席、器皿诸物并海舟2艘。同时，还发还日使缚献的20名倭寇头目，让日方自行处置，表现了对义满的高度信任。结果，日使源通贤等从明都返回宁波后，在一个叫芦头堰的地方，将这批倭寇头目置于铜甑，"蒸杀之"。②

永乐四年春，明成祖又派遣侍郎俞士吉为使，携玺书、礼品，随源通贤使团赴日褒嘉。八月，当俞士吉等完成任务准备回国时，足利义满又派1403年出使过明朝的坚中圭密率船队前往中国，名义上是答谢明帝朱棣所赐的冕服、礼品。③ 永乐五年（1407），当日本第三批贡使回国时，明成祖朱棣再次派使节赴日。八月，中国使团进入京都。作为回赐品，永乐帝送给义满白金1000两、铜钱1.5万贯、锦10匹、纻丝50匹、罗30匹、纱20

---

① 〔日〕木宫泰彦：《日中文化交流史》，胡锡年译，商务印书馆，1980，第522页。
② （清）张廷玉等：《明史》卷三二二《日本传》，中华书局，1974，第8345页。
③ 据《明史·日本传》所记，日本为谢所赐冕服而遣使到达中国是在永乐四年六月。而据木宫泰彦考证，明使俞士吉携冕服到达日本京都也是在永乐四年六月。今取木宫之说。

匹、彩绢300匹、僧衣10袭、玉仙人手1个、金镶嵌各样宝石珍珠8块（颗）、褥子5床、被2床、大红绒绣梧桐叶纻丝枕1个、青纱锁金凉帐1顶、桃红花绫暖幔子1顶、大红圆线绦1条、大红线系腰小圆绦2条、皂绿系腰小圆绦2条、大红线穿中绦1副、黄铜茶瓶2个、黄铜铫4个、剔红尺盘20个、剔红香盒30个、果子4篓（龙眼、荔枝各2篓）等，此外还送给义满夫人花银250两、铜钱5000贯，纻丝、锦、罗、纱、绢84匹等。① 在赐义满的敕谕中则言"王之诚心，惟天知之，惟朕知之"，② 表达了对义满的极度信任。作为友善的回应，义满在北山殿举行隆重接见仪式后，还身着明朝服装，与明使一同游览常在光院，欣赏红叶。

永乐六年（1408）春，日本再次派使团来明朝贡，并献上所获海寇。日使回国时还请求赐予仁孝皇后所撰《功善》《内训》二书，结果各得到了100本。

永乐六年五月，年仅51岁的足利义满突然去世，其子足利义持派坚中圭密为使，赴明报丧。永乐七年（1409），周全渝等抵日本后，足利义持的对明政策已经发生变化。永乐八年（1410）春，日本最后一次遣使入明。第一阶段的贡舶勘合贸易到此终结。

第一阶段日本朝贡勘合船队赴明（1404～1410年）

次数	使者	入明时间	回国时间	备注
1	明室梵良（永俊）	1404年（永乐二年、应永十一年）10～11月至明都	1405年5月	送明使赵居任等回国，并贺册立皇太子
2	源通贤	1405年（永乐三年、应永十二年）11月至明都	1406年5月	献送被捕倭寇。1406年与明使俞士吉等一同回国
3	坚中圭密	1406年（永乐四年、应永十三年）	1407年8月	为谢明廷所赐九章冕服而入贡
4	不明	1408年（永乐六年、应永十五年）	不明	献所获海寇，请赐仁孝皇后所制《劝善》《内训》二书
5	坚中圭密	1408年（永乐六年、应永十五年）11月至明都	1409年7月	足利义持遣使来告父义满去世，成祖命中官周全渝往祭
6	坚中圭密	1410年（永乐八年、应永十七年）4月至明都	不明	足利义持遣使谢恩，并献所获海寇

---

① 木宫泰彦：《日中文化交流史》，胡锡年译，商务印书馆，1980，第532、533页；王晓秋：《中日文化交流史大系（历史卷）》，浙江人民出版社，1996，第179页。
② 汪向荣、夏应元：《中日关系史资料汇编》，中华书局，1984，第279页，注12。

从永乐九年起，虽经明成祖一再努力，多次遣使赴日，希望修复两国邦交，但都未能成功，直至宣德七年新任幕府将军足利义教改变政策。两国正常交往停顿了22年。此即为中日贡舶勘合贸易的第二阶段。

第三阶段从宣德八年到嘉靖二十七年，历时116年。其间日本室町幕府向中国派出勘合贸易船队11次，计船50艘，平均10年1次，每次有船4~5艘；中国则仅向日本遣使1次。现择要予以介绍说明。

宣德三年（1428）义持去世，其弟义教继承将军之位后，于宣德七年（1432）夏着手组建遣明使团，挑选原为宁波府人的天龙寺僧龙室道渊为正使。八月，由5艘船只组成的勘合船队从兵库启航时，义教又特地从京都赶去送行。次年五月，道渊使团奉国书、贡马及铠、甲、盔、刀等方物由宁波进入北京。国书依旧例仍署名"日本国王臣源义教"，并使用明宣宗的宣德年号，以示奉明朝为正朔。宣宗十分高兴地接待了日本贡使团，尤其是得知日使道渊原系大明宁波府人后更为欣喜，特授其僧录司右觉仪之职。回赐的礼物也特别优厚，作为颁赐物而言，赠给义教的有白金200两、妆花绒锦4匹、纻丝20匹、罗20匹、纱20匹、彩绢20匹，赠给义教夫人的有白金100两、妆花绒锦2匹、纻丝2匹、罗8匹、纱8匹、彩绢10匹。作为成例，以后通过各个贡使送给幕府的颁赐物种类、数量，大致都与这次相同。作为特殊恩惠，宣宗此次还赠送给义教一大批价值不菲的特赐物，计有朱红漆彩妆戗金轿1乘，大红心青边织金花纻丝座褥3个，脚踏褥3个，朱红漆戗金交椅1对，大红织金纻丝褥2个，朱红漆戗金交床2张，大红罗销金梧桐叶伞2把，浑织金纻丝、罗、纱30匹，彩绢300匹，银酒壶、酒盂、茶瓶等10个，银匙14把，各色花4个，朱红漆褥金宝相花折叠面盆架2座，镀金事件全古铜点金斑花瓶2对，古铜点金斑香炉2个，象牙雕荔枝乌木杆痒合子2个，香炉100个，色漆戗金碗40个，橐金鲩灯笼4对，云头挑竿全龙香黑20尺，青黄信纸500张，各样笺纸100张，兔毫笔300枚，虎皮、蛇皮各50张，豹皮、熊皮各30张，猿皮100张，苓香10箱，鹦哥20只。据日方文献所记，这些回赐品装在60只中国式箱子里，堆积如山。①

宣德九年（1434）春夏之交，明使雷春一行500多人分乘5船，加上日本勘合船5艘，从宁波港启航驶往日本。五月，船队相继驶抵兵库。六月一日，雷春使团进入京都。4天后义教即在室町北山殿接见明使。明使送上宣德本字号勘合100道和日字号底簿1册，并重新申定要约，即日本

---

① 木宫泰彦：《日中文化交流史》，胡锡年译，商务印书馆，1980，第567~570页。

十年一贡，人毋过三百，舟毋过三艘。这也就是有些日本学者所称的"宣德条约"或"宣德事例"。就明政府而言，试图以此对第一阶段过于频繁的日本来贡加以限制，而日本政府此后也大体遵循了这一约定，明廷从此不再向日本派遣答礼使。

宣德十年（1435）十月，义教所遣以恕中中誓为首的贡使团驾船5艘，随明使雷春一行进抵北京。日使所携贡物为：马20匹、撒金鞘大刀2把、黑漆鞘柄大刀100把、长刀100把、枪100把、硫黄10000斤、玛瑙20块、金屏风3副、铠1领、砚1台并匣、扇100把。① 此后日使所进贡物的种类、数量大致也以作为定例。

景泰四年（1453）三月，东洋允澎率勘合船9艘从五岛出发，四月到达宁波，受到热忱欢迎和盛情款待，1000余人被分发境清、天宁各寺安歇。然而在北上明都途经山东临清时，却发生掠夺当地居民，打伤指挥使的严重事件。九月抵达北京入住会同馆后，又发生"捶楚馆夫，不遵禁约"事件。尽管如此，景泰帝仍答应日使请求，在按常例颁赐物外，又特别赠予古铜大香炉2个（重1240斤）、古铜小香炉1个（重75斤）、黄铜方香炉1个（重21斤）、黄铜花瓶1对（重47斤）、黄铜磬1口（重15斤）、铙钹2副（重33斤）、黄铜花龟鹤1对（重31斤）。此外，还又增赐钱1万贯、布帛1500贯。② 景泰五年（1454）六月，使团返回时，普福等2人迷失至乐清。在被遣回宁波途中，普福伤感吟诗："来游上国看中原，细嚼青松咽冷泉；慈母在堂年八十，孤儿为客路三千。心怀北阙浮云外，身在西山反照边；处处朱门花柳巷，不知何日是归年。"③

嘉靖年间日本共向中国派遣贡使团3次，名义上虽仍由幕府将军足利义晴派遣，实际上大内氏已掌控了勘合，并从幕府手中夺走了对明贸易的权利。嘉靖二年（1523年，大永三年）四月至五月，大内氏以宗设谦道为使，率船3艘，细川氏以鸾冈瑞佐和宋素卿为正副使，率船1艘，先后驶达宁波，不久即发生影响很大的争贡事件。为此，明政府一度关闭宁波市舶司。嘉靖十八年（1539年，天文八年）五月，日本正副贡使湖心硕鼎和策彦周良率大内氏所有的勘合船3艘驶抵宁波。次年三月使团进京，献贡马及献方物，宴赏如例。明世宗在加赐国王、王妃、使臣礼品和方物的同

---

① 木宫泰彦：《日中文化交流史》，胡锡年译，商务印书馆，1980，第566页。
② 木宫泰彦：《日中文化交流史》，胡锡年译，商务印书馆，1980，第571页。
③ 汪向荣、夏应元：《中日关系史资料汇编》，中华书局，1984，第398页。

时，又正式规定并通知日使："以后贡期，定以十年，夷使不过百名，贡船不过三只，违者阻回。"(《明世宗实录》卷二三四）嘉靖二十六年（1547年，天文十六年）六月，日使策彦周良率大内氏所遣勘合船4艘，共计人员637人，进抵宁波定海。因距贡期尚早一年，未许登陆上岸。浙江巡抚朱纨担心贡舶与海盗勾结，在请示朝廷同意后，于嘉靖二十七年（1548）三月才允许贡舶进入宁波，"拖搁上坞"，人货逐一盘收嘉宾馆和市舶库内。最后，因朱纨"力言五十人过少，乃令百人赴都"。① 这是日本最后一次派遣朝贡勘合船入明，有明一代历时145年的朝贡勘合贸易由此遂告终结。

第三阶段日本朝贡勘合船队赴明（1433～1548年）

次数	使者	入明时间	回国时间	备注
1	龙室道渊	1433年（宣德八年、永享五年）5月进入北京	1434年到达兵库	入明船5只；回国时与明使雷春等同行
2	恕中中誓	1435年（宣德十年、永享七年）10月进入北京	1436年7月回到京都	入明船5只
3	东洋允澎	1453年（景泰四年、享德二年）4月到宁波，9月入北京	1454年7月回到长门	入明船9只；在临清殴伤指挥使，在北京殴打会同馆夫
4	天与清启	1468年（成化四年、应仁二年）5月到宁波，11月到北京	1469年回到土佐	入明船3只；在北京手刃市民致死
5	竺方妙茂	1477年（成化十三年、文明九年）9月到北京	1478年10月回到京都	入明船3只；在北京殴伤朵颜卫使臣
6	子璞周玮	1484年（成化二十年、文明十六年）11月到北京	1485年12月回到五岛奈留浦	入明船3只；在由北京返回宁波途中贩卖私盐
7	尧夫寿蓂	1495年（弘治八年、明应四年）5月到宁波	1496年秋回到日本	入明船3只；在济宁杀伤明人
8	了庵桂梧（宋素卿）	1510年（正德五年、永正七年）春到宁波，1511年（正德六年、永正八年）春到北京	1513年6月自宁波出发回国	宋素卿率细川氏船1只，桂梧率大内氏船2只、细川氏船1只
9	宗设谦道鸾冈瑞佐	1523年（嘉靖二年、大永三年）4月到宁波	1523年在宁波等地杀戮、劫掠后回国，瑞佐被谦道等杀死	谦道率大内氏船3只，瑞佐率细川氏船1只；造成宁波争贡事件

---

① 参见朱纨《甓余杂集》卷二《哨报夷船事》；张廷玉等《明史》卷三二二《日本传》，中华书局，1974，第3506页。

续表

次数	使者	入明时间	回国时间	备注
10	湖心硕鼎	1539年（嘉靖十八年、天文八年）5月到宁波，次年3月到北京	1541年6月回到五岛	入明船3只；由大内氏单独派遣
11	策彦周良	1548年（嘉靖二十七年、天文十七年）3月进入宁波	1550年5月自宁波启航回国	入明船4只，由大内氏单独派遣；1547年6月即已驶达宁波定海（现为镇海），因贡期未到而滞留舟山一带达10个月之久

勘合贸易船队的货物品类与方式

最初，勘合贸易船由幕府经营，以后寺社、大名也参加进来，但勘合的保管、发放之权仍操诸幕府之手；到后期，则演变为大名垄断，商人承包经营，幕府、寺社都被排除在外，连勘合也由大名掌管。船上所载货物可分贡献方物、国王附搭物和使臣自进物三类。贡献方物为幕府进献明朝皇帝的贡物；国王附搭品是幕府、大名、寺社和商人在贡献方物之外置办的入明贸易的货物，数量最大；使臣自进物是正使、正副使、外官乃至从僧、通事以进贡名义卖给明政府的商品。

从勘合贸易的物品种类来看，日本向中国输出的货物以刀剑、硫黄、铜、折扇、苏木、屏风、描金物、砚台等为主。其中刀剑最为重要，据木宫泰彦估算，从1433年到1548年前后11次经宁波向中国输出的刀剑总数不下20万把，其中1484年子璞周玮使团一次即携来3.7万多把，平均每船1.2万多把。倭刀锻造精良，刃口锋利，据明代《笔精》一书所记，嘉靖年间在宁波主持平倭军务的总督胡宗宪，就有一把软倭刀，其长七尺，出鞘地上卷之，佶曲如盘蛇，舒之则劲自若。其次为硫黄、铜，如1453年东洋允澎使团一次输出硫黄39.75万斤，1539年湖心硕鼎使团一次输出铜29.85万斤。[①] 中国经由宁波输入日本的货物主要有铜钱、白丝、丝绸、丝绵、书籍、字画以及棉布、瓷器、铁器、漆器、草席、水银、药材、脂粉等等。其中就铜钱而言，仅吸纳20万把刀剑一项，即须支出铜钱4000万贯左右，这对日本国内的钱币流通和经济发展，势必产生很大影响。

---

① 木宫泰彦：《日中文化交流史》，胡锡年译，商务印书馆，1980，第577、578页。

据万历《大明会典》卷一一一载："正贡外，使臣自进，并官收买，附来货物，俱给价，不堪者令自贸易。"由此可见，此种朝贡勘合贸易是以明政府官方收购为主体，辅以部分民间贸易的特殊贸易形式。具体讲来就是对于进贡方物，明政府以回赐形式予以收购；对于使臣自进物，也一并由政府收买；对于数量最大的附搭物，明政府也同样作价收购，至于其中品质较差或官府不需要的货物，则由日方自行贸易，免征关税。

自行贸易可分民间贸易和与官府贸易两类，进行时一般以牙人为媒介，其中民间贸易则受官方监控统制。自行贸易的方式大致有两种。一种是按规定期限在港口所在地宁波和北京会同馆进行。比如在市舶司的监管下，日本使团先将一部分不予收购的货物在宁波就地与中国商人进行民间交易，并购进丝绸等本国所需物品；启程回国前也同样会将沿途未能销完的货物，再次在宁波销售交易。据明人郑舜功所记，嘉靖中期的一般做法是：当日本"贡船搁岸之初"，即须将自行贸易的货物报官，然后"给领巡海道司信票，许其明白互市，以慰远人之望，以绝奸人私通诓骗之弊，无票者以通番论罪"。同时明确告谕日方人员，为避免受人"哄弄"，"若有买卖交易，许尔明白报官，给领信票，填写合同，照出照入，官免抽税"。① 如浙江巡抚朱纨1548年三月初十在宁波接见日使策彦周良时，便明白告诉他："但有买卖交易，明给印信官票，填写合同，使奸人不得诓骗，财本不致坑陷。"② 另一种是在从宁波前往北京的往返途中，在杭州、南京等沿途重要城镇进行贸易，方式是先从宁波将货物预发出去，或者在沿途将货物卸下交易。如据《允澎入唐记》所记，1453年4月驶达宁波的东洋允澎使团在留居宁波尚未启程赴京前，"便向南京运出硫黄二次，每次各5万；从北京回来的途中，在南京退回硫黄3万斤，铜1250扛；次日，又退还铜及苏芳木；并领得货款宣德新钱3000万及纱绢50匹；又在杭州领到货款铜钱3000万；而在从杭州到宁波途中，还领得货款铜钱30000贯"。③ 又如据《壬申入明记》所载，1511年了庵桂梧使团入明后，杭州人孙赞欠日本总船头货款500余两而无力偿还，即使变卖房产也不能相抵，于是桂梧向浙江布政使要求以孙妻为人质，带往宁波。贡毕由京城返回宁波后，要等候

---

① （明）郑舜功：《日本一鉴·穷河话海》卷七《市舶》，1939。
② （明）朱纨：《甓余杂集》卷八《公移二》。
③ 木宫泰彦：《日中文化交流史》，胡锡年译，商务印书馆，1980，第583页。

收回各地货款。有时因此而误了泛期，从而导致"累年不得归国"。①

除日本遣使来明进行贡赐勘合贸易，明使赴日也会携带钱钞和货物与日商进行贸易，这在中日双方的文献中都有所记载。如《明史·日本传》曾记，1411年明使王进受永乐帝派遣赴日时，即领有"收市物货"的任务。日本的《满济准后日记》也记述，1434年明使雷春抵达日本后，日方考虑到明人每日须往京都市中贸易，为避免途中遭盗贼劫掠，特将明使一行安置到比较安全的法华堂住宿。

贡赐勘合贸易虽然是一种非常态的贸易，但在当时的历史条件下，通过这种贸易，中日双方不仅互通有无，促进各自经济文化发展，而且普通商人也从中获得了丰厚利润。比如，日商在中国购入生丝时1斤250文，运回日本就变成了5000文，利润高达19倍。刀剑在日本1把约为800文至1000文，而明政府则以1~10贯收购。按保守估算，每只贡船的纯利也能"保证在1万贯以上"。② 同样，中国方面也能从中获得利益，如明人李言恭曾言："宁波市货彼国缺者，肯重价买之，故此地若贡使至得其利。"③

嘉靖三十年（1551年，天文二十年），掌握贡舶派遣权的大内义隆战败自杀，又因中日海上私人贸易的勃兴，日本贡舶便不复来明，中日朝贡贸易走到了历史的尽头。

——辑录自王慕民、张伟、何灿浩
《宁波与日本经济文化交流史》，第132~158页

宋元明时期天童寺与日本禅宗的交往

中日两国，一衣带水，佛教文化的交流源远流长。而自从北宋朝廷诏令"凡中国之贾高丽与日本，诸番之至中国者，惟明州得受而遣焉"；随船前来中国学佛参禅的日僧，便需要先到明州港登陆，因此，导致中日佛教尤其是禅宗文化率先在这里融汇交流，南宋时期更是达到了高峰。而天童寺以其独特的地理位置，深厚的禅宗文化底蕴，以及显赫的地位名声，

---

① （明）朱纨：《甓余杂集》卷二《哨报夷船事》。
② 王晓秋：《中日文化交流大系（历史卷）》，浙江人民出版社，1996，第183页。
③ （明）李言恭等：《日本考》，中华书局，1983，第68页。

成为日僧前往朝拜和参访的重要道场。据日本学者木宫泰彦《中日文化交流史》中"南宋时代入宋僧一览表"统计，共109名日僧到过天童寺，除了不明参访地点的十多人外，有明确记载到天童寺参访的日僧有20多名。一些对日本佛教贡献卓著的高僧如明庵荣西、俊芿、神子荣尊、安觉良祐、明全、希玄道元、圆尔辩圆、彻通义介、南浦绍明、约翁德俭、无象静照等人，都造访过天童禅寺。特别是荣西与道元，接受恩师虚庵怀敞与长翁如净的衣拂，回归东瀛，传灯续焰，开山立派，创建了日本禅宗的临济宗与曹洞宗，开枝散叶、发扬光大。这在中国佛教国际交流史上空前绝后，意义非凡。

一　明庵荣西与虚庵怀敞

荣西（1141～1215），字明庵，又号叶上房，俗姓贺阳。他自幼聪颖好佛，8岁从父读《俱舍颂》；11岁师事本郡安养寺僧静心；14岁落发，登比睿山受戒，法号荣西。之后从千命法师学密教，受《虚空藏求闻持法》；19岁到上都从有辩法师习天台教义；21岁又从千命受密教灌顶，到伯耆山跟基好法师学台密；后又师从显意法师受密教灌顶。通晓天台、真言（密）二教的荣西并不满足，南宋乾道四年（1168）四月，搭乘商船到达明州，欲往丹丘参学。他途遇日僧重源，遂结伴登天台山，求得天台宗新章疏30余部60卷，至九月一起回国，将所得典籍呈交天台座主明云。此后近20年间，荣西在比睿山精研藏经，对密教尤有创见，开创了密教的一个新流派"叶上派"。但是荣西仍不满足，47岁时再次横渡东海，抵达明州，准备经由中国转赴佛教发源地印度朝圣，企求对佛法追本溯源。可惜，他因故未能成行，却听说天台万年寺住持虚庵怀敞的佛学造诣高深，便跑去献上《谒师诗》："海外精蓝特特来，青山迎我笑颜开。三生未朽梅花骨，石上寻思扫绿苔。"

虚庵怀敞是临济宗黄龙派七世传人。该派因初祖慧南大师在南昌黄龙山崇恩院弘法而得名，当时法席鼎盛，宗风大振，遍及湖南、湖北、江西、闽粤等地，蔚成黄龙派，与杨岐派呈双峰并峙之势。黄龙慧南之法嗣为灵源惟清，惟清之法嗣为长灵守卓，守卓之法嗣为无示介谌，介谌之法嗣为心闻昙贲，昙贲之法嗣为雪庵从瑾，从瑾之法嗣即虚庵怀敞。南宋淳熙十六年（1189），雪庵从瑾住持天童寺三年任满，将转住雪窦寺，特推荐得意弟子虚庵怀敞接任。于是，荣西就跟着怀敞来到了天童寺，修持禅法，还学诵《四分戒》《菩萨戒》等。另据木宫泰彦考证，他也是日本入宋僧最初之登太白山者。

荣西身为日本高僧，通晓显、密二教，却能放弃这一切和朝圣的初衷，虔心随侍虚庵怀敞，修禅学法，必定是怀敞的道德学问折服了他。而荣西参禅学法的悟性与毅力，也深得怀敞的嘉许。怀敞并无法嗣弟子，黄龙派后继乏人，所以当荣西在他身边尽心钻研，参究数年，终于悟入心要后，他认定荣西可以成为自己的法嗣。南宋绍熙二年（1191）荣西回国的时候，怀敞授予荣西法衣、临济宗传法世系图、拄杖、应器（钵）、宝瓶、座具等，并赠书送行。书中云："释迦老人将欲圆寂时，以涅槃妙心、正法眼藏付嘱摩诃迦叶，乃至嫡嫡相承至于予。今以此法付嘱汝，汝当护持，佩其祖印，归国布化，末世开示众生，以继正法之命。"并说国内至六祖时，已止法衣不传，但因为荣西是异国之人，因此特授法衣以表法信。把一个宗派的衣钵传于外国僧人，在中国佛教界史无前例。怀敞敢为天下先，需要大智慧、大勇气、大目光；而他没有在万年寺被授予，到了天童寺才实行，也正是体现了博大宽宏的天童禅文化传统。天童与日本的禅缘，就此有了良好的开端。宋孝宗亦赐其"千光禅师"封号，以壮其行。

荣西东归，首先是报答恩师"摄受之恩"。他知道怀敞正准备重建千佛阁，但缺栋梁之材，于是选购了大批优质的"百围巨木"，从海路运抵明州，使怀敞得以在天童顺利建成千佛阁。但是，荣西的弘禅之路，却因天台宗、真言宗保守势力的阻挠而波折重重。荣西则以不屈不挠"曲线救禅"的方法，使禅宗渐渐兴盛起来。他撰写了《兴禅护国论》，"西之道行盛于都城"。其后，在新兴的镰仓幕府皈依、支持和保护下，荣西创建了寿福寺，再到京都创建建仁寺，不辞劳苦，在京都、镰仓两地奔走传法。

荣西的不懈努力，终于得到朝廷的认可、信任和尊崇。元久二年（1205），后鸟羽天皇将建仁寺升格为官寺，次年又任命其为东大寺大劝进，主持修建佛殿和七重东塔，其以此功被赐以紫衣和被授予僧正之职。荣西得到上层统治者、贵族的支持，这对弘扬禅宗，大有助益。

荣西以其坚韧不拔的大智慧、大勇气、大目光，顶住日本天台宗、真言宗等佛教保守势力的沉重压迫，竭尽全力参禅传法，鞠躬尽瘁，死而后已；日本禅宗由此大兴，开始流播全国。所以，后世人尊称荣西为临济宗之始祖。他所传的临济黄龙派，后世称为临济宗建仁寺派。同时，在他的精神感召下，一大批僧人对禅宗产生了兴趣，羡慕中国禅风，纷纷入宋求法。据木宫泰彦《中日文化交流史》统计，南宋时期前来中国求法的109位日僧中，有2/3的人，是受荣西的影响专程求学禅法的。而这日僧入宋求法的潮流，构成了中日佛教文化交流继唐之后第二次高峰，在中日佛教文化交流史上也是极具意义的。

荣西回国后不仅传播禅宗，还从太白天童带回茶种，在日本生根发芽，并撰写了《吃茶养生记》一书。这是日本最早的茶书，荣西又被称为日本茶道真正的奠基人。

二　希玄道元与长翁如净

道元（1200～1253），字希玄，号佛法房，出身贵族家庭，是村上天皇第九代后裔。他4岁开始接受汉学教育，因父母双亡，深感人生无常，13岁时出家。翌年接受披剃，并登坛受菩萨戒，法名"佛法房道元"。自此，他习天台之宗，兼南天之密教，大小义理，显密奥旨，无不习学。道元悟性绝佳，不久生疑，遂参谒东归弘禅之明庵荣西。次年荣西迁化，便在荣西弟子明全门下参禅达9年之久。

南宋嘉定十六年（1223）三月，道元随明全入宋求法，四月抵明州，挂锡天童禅寺，问学于住持无际了派禅师，不契，乃转往各地寻访名师，然而终未契缘，于是重返天童，打算禀告明全后东归。不料，参见天童新任住持长翁如净之后，便请求如净"听许道元问道问法"。

师徒之间，诚所谓一见如故，禅缘成熟，于当时的佛教、禅流，皆能心心相印，契符若一。自此，道元在如净"只管打坐"之曹洞宗风的教导下，每天入堂打坐，求禅问道，勇猛精进。而其豁然顿悟和如净予以印证的过程，道元多少年后记忆犹新："师因入堂，惩衲子坐睡云：夫参禅者身心脱落，只管打睡作么？予闻此语，豁然大悟。径上方丈烧香礼拜。师云：礼拜事作么生？予云：身心脱落来。师云：身心脱落，脱落身心。予云：这个是暂时伎俩，和尚莫乱印。师云：我不乱印尔。予云：如何是不乱印底事？师云：脱落，脱落。予乃休。"

道元悟道，终于了却己躬大事，平生所有疑情，到此时如冰消云散。同时也得到了如净的认可，许以继承其法席，成为第一个真正师承天童曹洞宗的日僧。他又从如净受"佛祖正传之大戒"，继承了如净之后洞山第十四代的正统。南宋宝庆三年（1227）秋，在如净座下参禅问道三年之久的道元决定回国，为曹洞宗在海外传灯续焰。如净赠以芙蓉道楷的法衣、洞山良价《宝镜三昧》《五位显诀》以及《无准师范自赞顶相》，并告诫道元："汝以异域人授之表信，归国布化，广利人天。莫住城邑聚落，莫近国王大臣，只居深山幽谷，接得一个半个，勿令吾宗致断绝。"

如净的法嗣不少，道元只是关门弟子，如净却把宗门的传法信物尽数授予，任其跨海东去，从而使曹洞宗默照禅的法统在中国本土就此断歇。如净之所以如此器重道元，主要是看中了他的悟性。学禅最重顿悟心性。如净一生注重坐禅默照修行，自19岁出家以来，无时无地不以坐禅为务，乃至臀肉烂坏。他将默照禅推向极致，宣示"参禅者身心脱落也，不用烧香、礼佛、念佛、修忏、看经，只管打坐而已"。可惜，能领悟他的良苦用心与真正禅意的僧人实在太少，而道元虽只师从不到三年，却很快就领悟了"身心脱落"的禅意，当然是深得其心，相传曾有"尔虽后辈，颇有古貌"的评语。因此，不把衣钵传给他还传给谁呢？

另外在如净眼里，佛陀设教，旨在普度众生；因缘成熟，何分国别民族？一衣带水水长流，十二因缘缘无尽。禅宗发展至南宋，僧界惑溺名利，风纪颓败。如净为人豪放、见处高迈，对此深恶痛绝，以浩荡洒脱之劲，恶拳痛棒指斥时弊，不幸却收效甚微，无力回天。可能他因而认为：曹洞宗默照禅既然在国内难行其道，何不让道元带往日本，发扬光大，或可拯救曹洞宗风于异域。须知佛光普照，不分国别；众生受教，不分族群。所以后人予以评说道："他竟将曹洞传法信物，悉数尽付随参不到三年的异域僧人道元，令其席卷而归海东。此似为绝望之举，实乃拯救曹洞之一高着眼。回顾曹洞宗历史，壮士断腕，自行了断，以拯法脉，大阳警玄在前，天童如净殿后，如是再者，真令人肃然深思。"

道元东归时，除了恩师所赐诸物，他是空手还乡，完全表现了以心传心而无一法与人的禅家精神。专就这一点说，中国禅真正移植日本而演变成日本禅，应以道元"空手还乡"为先声，在中日思想文化交流史上意义甚大。而道元也确实不负如净厚望，归国后先在京都建仁寺住了三年，撰写《普劝坐禅仪》，把如净传授的默照禅要旨做了言简意赅的论述。此卷作为立宗开教之纲要，奠定了日本曹洞宗禅法的理论基础。

嘉祯二年（1236），道元按照"禅宗式"建成兴圣宝林寺，举行了隆重的禅宗开堂仪式——登上法堂，拈香祝圣，酬报师恩，开讲禅法——此乃日本最初按中国禅宗寺院仪轨举行的开堂说法仪式。他在此传法12年，声闻遐迩，慕名前来参禅问道者日益增多。宽元二年（1246），道元又率领众弟子创建吉祥山永平寺，前后传法十余年，接化门人甚众，完成了在东瀛大振曹洞宗风之师命。在此期间，道元还依照天童寺所遵循的当时中国禅林中心规范——《禅苑清规》——制定了《永平道元禅师清规》二卷，简称《永平清规》。而《永平清规》的制定和实施，不仅为曹洞宗在日本的发展奠定了牢固的基础，同时也使日本禅宗更向宋地禅林寺院的方向发展，并且日趋完善与规范，这是道元对日本佛教文化的又一贡献。永平寺后来成为道元所创日本曹洞宗的传法中心。

建长五年（1253）七月，道元入灭，遗著还有《学道用心集》《正法眼藏》《宝庆记》《伞松道咏》等。日本孝明天皇赐号"佛法东传国师"。之后明治天皇又增谥为"承阳大师"。

三 赴日天童僧

寂圆智深

寂圆智深（1207～1299），长翁如净的法嗣弟子。师弟道元东归时，如净命其陪同赴日，帮助道元弘法。但因如净病重，他留下来伺候，直至次年如净圆寂才前往扶桑。寂圆也是宋代第一位东渡扶桑的中国僧人。寂圆陪伴道元，先住兴圣宝林寺，继居永平寺，共同弘法行禅。道元示寂后，他也恪守"莫近国王大臣，只居深山幽谷"之师命，远赴大野郡（今大野市）万福山银杏峰麓坐禅修持。后得信徒资助建寺，他特地以赴日时的南宋年号"宝庆"，命名新建寺院为宝庆寺，以示不忘祖国。寂圆住持该寺长达30余年，直至元大德四年（1299）圆寂。由于道元继承了如净"只管打坐，身心脱落"的禅法，对于曹洞宗的"五位说"甚至禅宗的顿悟说都多有批判和改造。而寂圆对道元门下的影响，在于形成了接受中国曹洞宗的流派。宝庆寺因此成了日本曹洞宗第二道场。1988年，日本大野市市长山内武士及宝庆寺住职北野良道率"寂圆禅师回乡探亲团"参访天童寺。1990年在天童寺立"寂圆禅师参学灵迹碑"。

兰溪道隆

继寂圆智深而东渡扶桑的天童僧是兰溪道隆（1213～1278）。他俗姓冉，名莒章，法名道隆，号兰溪。13岁往成都大慈寺出家；约20岁时出川，游历江浙一带求法，后应聘前往天童禅寺，协助住持痴绝道冲接引学人，直至南宋淳祐六年（1246）应邀赴日。

道隆携弟子义翁绍仁、龙江德宣等数人离甬东渡。寓于信徒捐赠修建的筑前圆觉寺，著《坐禅仪》教诲僧众。次年至京都，住泉涌寺之来迎院，留有《泉涌寺行事次第》，教授僧众上堂下座种种禅林规式。日本宝治二年（1248），道隆转往镰仓龟谷山寿福寺，受到幕府执权北条时赖的欢迎，并于常乐寺（原属天台宗）中修建禅堂，开法上堂宣示"种种依唐式行持",开创了日本佛教史上最初的镰仓禅宗道场,后人评为"关东纯粹南宋风禅寺之首"。日本建长五年(1253),第一座具有南宋风格的纯粹禅宗道场——建长寺落成,迎请道隆出任"开山第一世"。道隆募铸大钟,自撰铭文,署名"建长禅寺住持宋沙门道隆"。日本禅寺之名由此而始。后深草天皇御敕匾额"大建长兴国禅寺",标志着日本禅宗史上首次获得朝廷公认的临济禅寺的产生。他从此开创了以建长寺为核心的"大觉流"。

随后应天皇之召,道隆赴京都建仁寺任第十一世住持。三年后他应幕府之召回到镰仓,却遭到日本佛教保守势力难反对,流放甲州。他在流放地继续弘布禅法,先后创建20余寺。流罪被赦后,幕府将军执弟子礼,皈依禅宗,这对日本武士的精神影响极其深远,成为当时的主流意识形态,稳固了北条体制,出现"镰仓盛世"的局面。日本弘安元年(1278)七月,道隆示寂,化后有舍利出现。日本后宇多天皇敕赐"大觉禅师"谥号。这是日本天皇赐予僧人法号之始,也是日本有禅师称号的第一人。

兀庵普宁

兀庵普宁(1197~1276),西蜀人。自幼出家,初习唯识,后南游,遍访禅林诸老。登四明阿育王山,依止无准师范,体证玄旨,师范特书"兀庵"二字赠之,因以为号。当时与别山祖智、西岩了慧、断桥妙伦共称师范门下之四哲。后到太白山天童禅寺。任首座。结夏秉拂,曰:太白峰高,佛祖仰望不及;玲珑岩险,衲僧托足无门。纵有掀翻四大海、踢倒五须弥底座略,到此总须望崖而退。就中隰州古佛较些子,平易中险峻,险峻中平易,检点将来,犹在半途,终未能到顶。宁上座固不敢仰视。今夏得与现前一众,及此方他土,微尘刹海,若凡若圣,情与无情于其间,平不留,险非取;同住大光明藏,宴坐圆觉妙场。三期之内,报菩萨乘,修寂灭行,壁立万仞,万仞壁立,水洒不着,风吹不入。如是而住,如是而修,如是而行,如是而证。是则是,毕竟唤什么作平等性智?(以拂子击禅床一下云)玲珑八面自回合,峭峻一方谁能!

宋景定元年(1260)受请渡日本,于圣福寺整理禅规。未几至京都,受到幕府执权北条时赖之器重,延请住持镰仓建长寺,缁素风从。天皇赐号"宗觉禅师"。其门流称兀庵派,或宗觉门徒,为日本禅宗二十四派之一。时赖逝后不久,宋咸淳元年(1265,一说景定四年),兀庵决定返宋。"合国悲泪劝留,师坚执不允。部从远送上舡,列拜泣别。"宋景炎元年示寂,年寿八十。遗有《兀庵和尚语录》三卷行世,中卷即为住持巨福山建长兴国禅寺语录。今之日本三重县鸟羽市有一西明寺，据说为兀庵在日期间创建。

无学祖元

无学祖元（1226～1286），鄞县人，嘉熙二年（1238）在临安府净慈寺随住持北涧居简受具足戒。他曾两次至径山寺参谒住持无准师范，直至淳祐九年（1249）师范示寂。之后在临安、明州、台州等地游历。元至元十四年（1277），祖元来到天童寺，任首座，并多次上堂说法。翌年，兰溪道隆在日本建长寺示寂。执权北条时宗手书请帖，再求高僧赴日。持帖来华的使者无及德诠与杰翁宗英，均为兰溪道隆的高足，自然是首选天童禅寺。住持环溪唯一欣然同意，再派本寺首座无学祖元赴日。他俩同为无准师范的弟子，所以临行时将师范的法衣授予祖元，以壮其行。无学祖元披衣上堂说法，并作颂："世路艰难别故人，相看握手不知频。今朝宿鹭亭前客，明日扶桑国里云。"

日本弘安二年（1279）六月，无学祖元偕法侄镜堂觉圆、弟子梵光一镜抵达日本镰仓，应幕府之请出任建长寺住持。祖元开堂演法时，"万众云臻，欢声雷动"，幕府执权北条时宗"钦承法海，执弟子礼"。弘安五年（1282），北条时宗在镰仓开创圆觉寺，又请祖元入主，为"开山第一祖"，赠号"圆满常照禅师"。无学祖元通过上堂、小参、普说、入室等多种形式进行禅法教学，大力弘扬禅风。其禅法既有临济宗的当机立断、雷厉风行，也有其独特的活泼细腻的"老婆禅"，又结合华严、法华乃至儒家的思想，从而增强了禅宗在日本僧俗中的影响力。他无形中还推动了日本禅林文化的发展，开创的"佛光派"成为日本五山文化的主导力量，号称日本禅宗史上最有影响力的禅宗流派，且在之后分出"规庵派""佛国派"等众多流派。五山文化促使僧人们都热衷于汉文、汉诗，在日本汉文化史上具有不朽的意义。

弘安七年（1284），北条时宗去世，祖元返回建长寺，两年后示寂，伏见天皇敕赐"佛光国师"谥号。

西涧子昙

西涧子昙（1249～1306），讳子昙，号西涧，俗姓黄氏，台州仙居人。幼年于紫箨山广度寺出家。后入苏州承天寺跟随石楼明禅师，掌内记；不久，往杭州净慈寺参谒住持石帆惟衍禅师，资缘契会，顿止奔驰。咸淳六年（1270）二月，石帆惟衍迁任天童禅寺住持，西涧子昙随同前往，任首座。次年亦即日本文永八年（1271），应日本幕府邀请东渡，驻建长寺、东福寺。日本弘安元年亦即元至元十五年（1278），子昙回国至天童寺，住持环溪唯一请其任藏钥之职。

元大德三年亦即日本正安二年（1300），日本幕府将军北条贞时两次遣使邀请，遂于是年八月至日本。他历任圆觉寺、建长寺诸刹住持。其间，后二条天皇曾"亲降纶缚，咨问心要"，有"师献法语一段，一皇饮歆"之说。日本乾元五年（1306）十月，子昙退居正观精舍，28日凌晨，亲笔致书北条贞时辞别，"子昙兹风火相逼，弗及面违。佛法正宗，全赖一力"；又写下"来无所从，去无所至。皓日丽天，清风匝地"之遗偈，掷笔坐化，世寿58岁。后二条天皇敕谥"大通禅师"之号，葬于建长寺传灯庵，塔名定名。法嗣有嵩山居中、明岩正因、耕云克原等人，其法流称为"西涧派"，又称"大通门徒"，乃日本禅宗二十四流派之一。

镜堂觉圆

镜堂觉圆（1244~1306），四川人，早年历参诸方名宿，后参谒环溪唯一而顿悟玄机，嗣其法。南宋祥兴二年亦即日本弘安二年（1279），与梵光一镜同随无学祖元赴日，住禅兴寺弘法，受北条时宗之崇敬。不久迁净智寺，复为奥州兴德寺之开山，此后又入主圆觉、建长等寺。正安二年住持京都建仁寺。弘法利生，禅风卓著，创临济宗"镜堂派"。为古代日本禅宗二十四流派之一，惜今已中绝。日本乾元五年（1306）九月示寂，世寿63岁。临终遗偈云："甲子六十三，无法与人说；任运自去来，天上唯一月。"付法于无云义天、月堂圆心、伯师祖棱等人。其遗骨分别由建仁、建长两寺造塔供奉。后二条天皇敕谥"大圆禅师"。著有《四会语录》三卷。

明极楚俊

明极楚俊（1262~1336），舟山人，12岁出家，从竹窗喜受具足戒。后参谒育王山横川如珙，师事灵隐寺虎岩净伏，并嗣其法。出世金陵奉圣寺，历住明州瑞岩寺、昌国普慈寺、婺州双林寺等寺院；又历参杭州径山、灵隐、净慈、明州天童诸名刹，皆请为首座，颇有名气。元致和二年亦即日本元德元年（1329）五月，已经68岁的楚俊，以天童禅寺首座的身份，应日本镰仓幕府之邀东渡弘禅，随带大量典籍，还有许多"图画碑帖器物"。同行者有日僧天岸慧广、物外可什、雪村友梅等人。

明极楚俊抵日以后，先在兵库县广严寺开山；后应幕府执权北条高时之请，先后住持建长、南禅、建仁等名刹。日本后醍醐天皇召见，请他入宫参法，奏对称旨，赐予"佛日焰惠禅师"之号。日本建武元年（1334），楚俊所住持的南禅寺升为"天下第一寺"，位在五山之上。楚俊也因此成为日本佛教界的翘楚，开创了临济宗的"明极派"法系，乃古代日本禅宗二十四流派之一。镰仓建长寺是其传法中心，跟随习禅的不仅有僧人，还有诸多公卿、武士等，化导甚众。

作为禅僧，楚俊在日本不仅宣扬佛法，而且著书立说、开坛讲道，传授儒、道学说，成为当时日本五山文化的代表人物之一，也是主张儒释道"三教合一"的代表人物之一。他还通过参加各种聚会，与禅僧、文人、公卿甚至还有武士聚集一堂，品五山茶，欣赏中国的绘画、工艺品，谈禅论诗。他集禅僧、书法家、诗人、藏书家等于一身，对日本禅宗、文学、书法影响巨大。日本建武三年（1336）九月二十七日，明极楚俊在建仁寺圆寂。

东陵永玙

东陵永玙（1285～1365），明州鄞县人，号东陵。夙昔游方，参谒诸老，未几即登天童山，嗣法于云外云岫，领得洞上之宗要。云外云岫曾作《宗门嗣法论》："参禅学道，贵在续佛祖慧命，非荣身之事也。余尝曰：嗣其法者有三，上士嗣怨，中士嗣恩，下士嗣势。嗣怨者在道，嗣恩者在人，嗣势者在己。在道者如大火真金，在人者如岁寒松柏，在己者如春风杨柳。立志有殊，真伪不等，古今丛林皆有之。余作此论，自愧学陋才谫，不敢褒贬是非，明之功过，后必有班杨史笔作《春秋》者详而补之。"其后开法于天宁寺。元至正十一年亦即日本观应二年（1351）应日僧之邀赴日，后参谒梦窗疏石，受其招请住持京都天龙寺，继住南禅寺、建长寺、圆觉寺，法化甚盛。东陵永玙之法系称为"东陵派"，也是日本禅宗二十四流派之一。"东陵派"与云外云岫法侄东明慧日在日本开创的"东明派"，共同弘禅扶桑，传播曹洞宗宏智派的禅法，可惜均未形成流传至今的教团。永玙于日本贞治四年（1365）示寂，享年81岁。弟子为之建塔于南禅之西云庵。后光严天皇诏赐"妙应光国慧海慈济禅师"之谥号。

隐元隆琦

隐元隆琦（1592～1673），福州福清县人，明万历四十八年（1620）在福清黄檗山万福寺出家；崇祯七年（1634），嗣法费隐通容。后来住持黄檗寺，前后达17年，复兴为东南一大丛林。清顺治十年（1653），日本长崎僧人第四次联名恳请隐元禅师东渡开化，次年春成行。隐元在日本先后住持长崎兴福寺、崇福寺和摄津普门禅寺，最后在江户幕府的支持下，"仍以福清黄檗山万福寺之名",于日本宽文元年（1661）在京都宇治创建了独树一帜的黄檗宗万福寺。他向日本信众旗帜鲜明地宣告自己传承的临济宗法系，提倡源自宋代大慧宗杲以来的看话禅，同时要求不废念经，还保持明代禅净双修的做法，既参禅也要念佛，并且在说法中会通儒佛，要求信众遵循儒家的忠孝之道。其禅法与日本所传的临济宗有显著差别。给日本禅界以新的刺激，大振临济、曹洞之势，故被称为黄檗派、黄檗门派。

隐元到日本传法，与本师天童寺住持费隐通容也一直保持密切的联系。其《五灯严统》受到曹洞宗激烈批驳和抨击，甚至被判毁板之后，他于日本明历三年（1657）予以重刻。今日可见的《五灯严统》，就是这种日本覆刻版本。费隐也为"吾道东矣"而感到高兴。

日本宽文十三年（1673）四月三日，隐元安详示寂，世寿82岁。天皇敕赐"大光普照佛慈广鉴国师"谥号。而黄檗山万福寺自隐元开始，连续十四代住持，皆是来自中国的汉僧，该派培养了众多弟子，将中国明清佛教文化乃至寺院建筑艺术、书画、篆刻等介绍到日本，对日本佛教和文化产生了重大影响，时至近代，正式称为黄檗宗。从而在日本禅宗原有的临济宗、曹洞宗之外，又新增加了黄檗宗。

四　日僧访天童

圆尔辨圆

圆尔辨圆（1202~1280），天资独厚，聪辩过人，5岁投久能山尧辩之室，学习俱舍；12岁学习天台之教；15岁列席天台止观讲义，能代替讲师说明"故四谛外，别立法性"的完整意思，语惊四座。18岁在三井圆城寺落发，专心研习天台教义，后在奈良的东大寺登坛受戒，又到京都学习儒学典籍，深究教内外之理。但他并不满足，特往上野长乐寺参谒荣西禅师的高徒荣朝禅师，随之参究禅法，成为荣西法孙。但他仍不满足，决定追踪师祖的足迹，于宋端平二年（1235）横渡东海，抵达明州，来到天童禅寺，向时任住持的痴绝道冲当面请教。此后，他还游历净慈、灵隐、径山诸名刹，最终得临济宗杨岐派高僧无准师范之印可，嗣其法，与兀庵普宁同门。

宋淳祐元年（1241），圆尔返回日本，先是应邀在博多的崇福寺、承天寺等处说法行禅，声名迅速鹊起。承天寺与崇寺福被朝廷升格为官寺，并于日本宽元元年（1243）敕赐"西都法窟"匾额，皈依者络绎不绝。当时朝廷的摄政九条道家、良实父子，召见圆尔问道，受其禅门大戒并密宗灌顶，并在京都专门建立东福寺，迎请圆尔及其弟子入寺弘扬禅法。圆尔作为京都东福寺开山祖师，苦心经营，使东福寺成为日本临济宗的大本营。其名声也如日中天，上至朝廷权要、公卿贵族，下至广大僧俗市民，莫不拥护和信赖，纷纷皈依其门下。宽元三年（1245）他为后嵯峨天皇进讲《宗镜录》，又为之受戒。受其菩萨戒的还有后深草天皇、龟山天皇。甚至连高丽国王也"听尔道誉"，特地"附贡舡赍书币求法语"。圆尔继荣西之后，促进了临济宗在日本欣欣向荣，确立了临济宗在日本禅宗发展史乃至佛教史上的重要地位。

圆尔还被称为"日本宋学传入的第一人"。他不仅传播禅宗，还将宋朝的诗文、书法、绘画、寺院的建筑艺术等也传入了日本，使得宋代先进灿烂的思想文化成为后世日本思想文化的重要源泉之一。圆尔又将禅宗的茶礼也传回日本，把茶礼列为禅僧日常生活中必须遵守的行仪作法。之后，茶礼便逐步演变成当代流行的日本茶道。此外，圆尔对日本人民日常生活中如碾茶以及面粉、面条的制作等工艺也是厥功至伟，被公认为日本面粉、面条的始祖。

圆尔对日本佛教及文化有着举足轻重的贡献与影响，他在日本禅宗发展史乃至佛教史、文化史上都有着重要的地位，意义非凡。因此圆尔圆寂后，天皇赐"圣一国师"谥号，是为日本国师号之滥觞。

彻通义介

彻通义介（1219～1309），出身于越前藤原氏。13岁投越前波着寺的怀鉴出家，修习日本达磨宗。23岁到京都兴圣寺参谒道元，并随道元到越前，参与了道元建造曹洞宗大本山永平寺的全过程。宋理宗开庆元年（1259），即道元禅师寂后第六年，义介应师兄孤云怀奘之命入宋，参"诸方丛林"，学"宋朝风俗"，并传"天童山规矩及大刹丛林现规记录"，以兴永平寺而报先师道元。由于道元是按照天童禅寺的样式在越前建造永平寺的，而义介作为越前人，对开创永平寺起了很大作用。所以他在中国四年多的时间里，除了跟随高僧尊宿参禅打坐、研习规矩，还遍访当时的五山十刹，参观考察寺院的建构格局、建造技艺、整体风格，乃至细部特征，并予以精心测量，实地探究，最终按比例绘制完成了《五山十刹图》。

此图再现了当年天童禅寺的风貌，甚至把寺院的一些殿堂建筑、门窗法器等都描画得非常细致。例如，《五山十刹图》中描画了天童寺山门扇及门前的抱鼓石，可以清晰地看到门扇上纵列二十三路、横排隔路十颗和四颗的门钉，图边记载了门钉的尺寸，"钉长二寸，口二寸五"。门钉作为加固门心板与穿带的构件，在发展、使用过程中，逐渐成为封建礼制标志。宋代宫殿和陵寝上都已使用门钉，虽然对门钉的使用并没有非常明确的规定，但城门、宫门上的门钉多是七路七颗。从天童寺山门扇上数量众多且尺寸较大的门钉，可以推见天童寺规格之高、山门之宏伟。

又如，根据《五山十刹图》可知，天童寺宣明（南宋禅林称浴室为宣明）位于中轴线西侧前部。宣明内正面安奉浴室本尊像，其后即为浴场，以屏风遮蔽。浴场中央为浴池，两边所置圆形物似为取汤浴桶，后方设二间灶屋，室内还设有焙脚布炉及洗手桶等，图中"香水海"为浴室额名。浴室是禅寺的重要设施，禅寺职事中专设司浴室之役职，称"知浴"，其下又有"浴头"。天童寺宣明图中入口处把守者即"浴头"。宋时禅林浴室的形式与设置也由此可知大概。《五山十刹图》中还绘有一物，标注为"明州天童权"，具体为何物、有何用途皆不明。据龙华院本抄者僧无著道忠解释，"明州天童权"的形状略似《营造法式》中用小木作制作的叉子。此外，图中对天童寺僧堂（当时额名"云堂"）内四壁的窗帘，也标注了实测尺寸——高6尺5寸，单幅广2尺7寸。由此可见，义介不但要全面模仿天童寺样式，甚至连殿堂内的摆设也想竭力仿制。

宋景定三年（1262），义介携亲自测绘的《五山十刹图》回国。此图立刻引起各方面的重视，在日本辗转抄写，形成了《大宋诸山图》《大唐五山诸堂图》《大宋名蓝图》诸版本，被很多日本禅寺所珍藏。明治四十四年（1911），此图被认定为日本的国宝。同时，《五山十刹图》作为南宋禅寺的实录，对于中国也具有重大意义，它是除《营造法式》之外，唯一较为全面地描绘了宋代建筑的文献资料。因此，此图不仅是日本学习南宋禅宗文化、禅寺建筑的见证，也是南宋禅宗"五山十刹"、禅宗文化、中国建筑史等方面的宝贵研究资料。

彻通义介继怀奘法席，成为永平寺的第三代住持。他根据天童寺之建筑图，重建了山门和法堂。他又树立礼仪法式，使永平寺的礼乐初步具备。后因与义演意见不同引起纷争而离开永平寺，到加贺创建了大乘寺。日本延庆二年（1309），义介在大乘寺示寂，世寿91岁。后人尊其为日本曹洞宗第二世。

雪舟等扬

雪舟等扬（1420~1506），日本备中（今冈山县）赤浜人，俗名小田等扬。12岁出家于宝福寺，后至京都相国寺从春林周藤习禅。中年学画有成。明成化三年（1467）三月，搭遣明使天与清启之船自筑紫启碇，五月抵宁波，即入天童寺参禅。雪舟天性善画，于佛、菩萨、罗汉等像，援笔立成，生意逼真，绝无计划。凡求索者，遍应无拒，故人皆得之。而太白天童的壮丽景色，不仅激发了他的创作热情，同时摄取了无穷的美妙题材，其画得天童太白山水壮丽景色之感染，结构雄伟，笔调奔放。在明期间，他学习设色破墨之法，深得宋、元、明诸大家画技之精髓。次年，受礼部尚书姚夔之邀，为礼部院中堂作巨幅壁画，得宪宗朱见深赏识，命为"天童第一座"。雪舟非常喜欢这个称号，直到晚年还念念不忘，爱在画中以此署名。成化五年（1469）五月，雪舟归国，住九州曹后大分（今大分县大分市），旋移周防山口云谷庵，创"天开图画楼"。雪舟吸收了中国绘画技巧中的丰富营养，使其变为自己的骨肉，又结合日本民族绘画特点，从而创造出自己的风格，作品中雄伟的结构，刚劲的笔调，特别是通过写实所创造出来的远近法，给日本后世画坛带来了巨大的影响。雪舟被称为"云谷派一流画圣"。代表作有《四季山水图》《慧可断臂图》《山水长卷》等，被视为日本国宝。雪舟晚年住东光寺，今大喜庵。益田市现有"雪舟墓"与"雪舟纪念馆"，立有铜像。他还被世界和平理事会列为世界文化名人。

其他日僧

明全 明庵荣西弟子，与道元同至明州天童寺修习。次年荣西忌辰，在天童山施楮券千缗，捐寄各库，又设斋施众僧。宋宝庆元年（1225），明全病寂于天童寺了然寮，世寿42岁。道元将其火化，遗骨被带回日本安葬供养。

寒岩义尹 出身皇子，16岁受戒，翌年希玄道元回国，前往拜谒，皈依学禅，侍从20年。宋宝祐元年（1253）首次入宋，同年道元示寂，当即东归。宋景定五年（1264）再度入宋，持道元之《永平广录》等语录，请瑞岩寺无外义远校正并作序；求灵隐寺退耕德宁、净慈寺虚堂智愚阅览并求题跋。退耕、虚堂虽皆临济传人，但感其道心，均予题跋。义尹游历四年，因其仰慕东钱湖大慈寺的殿宇之宏与山水之胜，回国后建造大梁山大慈寺，尊明州大慈寺为祖庭。当时的龟山天皇闻其道风，特授予紫衣袈裟、赐以御笔寺额，并将大慈寺升为官寺。义尹住持15年，84岁示寂。遗偈云：84年，动静得禅；末期一句，威音以前。

无修圆证 圆尔辨圆弟子，宋宝祐四年（1256）登陆明州，先参天台国清寺断桥妙伦，得法语；后至天童禅寺访西岩了惠，请求印证。回国后深自韬晦，不住名刹。

明观智镜 不可弃俊芿（月轮大师）之法孙，宋嘉熙二年（1238）西来，住天童禅寺，与兰溪道隆有深交。后劝道隆东渡弘禅。

藏山空顺 圆尔辨圆弟子，绍定四年（1231）入宋，曾来天童寺参西岩了惠。淳祐元年（1241）带经典数千卷回国，在肥后创高城寺。宋开庆元年（1259）西岩了惠致信圆尔云：每见神足元、空二兄传诵提唱妙语，凛然有老圆照（无准师范）气味。

樵谷惟仙 宋景定年间（1260～1264）入宋，参拜天童山，继承别山祖智之法统。又和无象静照、南浦绍明、约翁德俭等同谒虚堂智愚、偃溪闻、介石朋、简翁敬等耆宿。回国后开创崇福山安乐寺。

约翁德俭 兰溪道隆弟子，咸淳中（约1270年前后）入宋，历参天童石帆衍、育王寂窗照、净慈东叟颖、灵隐虚舟度、径山藏叟珍。八年后回国，历任建仁、建长、南禅等寺住持，后宇多上皇赐号"佛行国师"。

龙山德见 一山一宁法嗣。元大德九年（1305）入元，至天童寺参东岩净日。会倭寇焚劫庆元，受嫌被捕，羁押于洛阳白马寺。获释后历参诸老，旋受邀主席隆兴兜率寺，为日僧住持中国禅林之始。至正十年（1350）回国，历住南禅、天龙等寺，敕赐"真源大照禅师"号。

雪村友梅 号幻空，越后（新潟县）源氏子。幼从建长寺一山一宁出家，旋挂锡建仁寺。18岁至庆元，即趋天童禅寺参学。元至大二年（1309），有日商遭官吏勒索而焚烧都元帅府及民房，雪村友梅涉嫌被逮。将执斯刑时，他从容诵无学祖元在天童寺告元兵偈："乾坤天地卓孤笻，且喜人空法亦空。珍重大元三尺剑，电光影里斩春风。"竟得幸免，放逐去蜀十年，又召至长安三年。雪村思母求归，已登船，而英宗即帝位，诏其于京都翠微寺说法。元致和元年（1328），雪村东归，文宗赐号"宏觉真空禅师"。他在日本历住慈云、西禅、万寿等寺，于播磨建法云寺。有语录及游蜀诗章《岷峨集》行世。

嵩山居中 元至大二年（1309）春，第一次到天童寺，参谒东岩净日，不久回国。元延祐五年（1318）第二次至天童寺，参谒云外云岫，于至治三年（1323）回国。嵩山长于诗文，所作偈颂以高雅称，并编辑《一山一宁国师语录》。敕赐"大本禅师"号。

孤峰觉明 至大四年（1311）入元，至天童寺参云外云岫及古林清茂等诸老。回国后，在出云开创云树寺，在和泉开创大雄寺。醍醐天皇召至行在，受戒法。敕赐"三元国济国师"号。

绝海中津 元至正二十七年（1367）入元，与之同行者有汝霖良佐、如心中恕，曾一起参谒天童寺了堂唯一，以及天竺季潭、道场清远、灵隐良用。绝海又曾偕汝霖同谒明太祖朱元璋。明洪武十一年（1378）回国后，在阿波创建宝冠寺，受"佛智广照净印翊圣国师"封号。

祖继大智 延祐元年（1314）入元，至天童寺参云外云岫及诸山古林、中峰、无见等高僧。泰定元年（1324）回国，在加贺开创祇陀寺，晚年在肥后创广福寺。

赤城了需 延祐七年（1320）前后入元，至天童寺，为其师月船深海举办圆寂十三周年法会。

无云义天 镜堂觉圆弟子，延祐七年前后入元，登天童山，置本师莲位于莲峰庵，又参诸山名僧后回国，历住播磨法云寺、京都建仁寺、南禅寺等寺。

中庭宗可 入元至天童寺，礼拜长翁如净塔，刻法祖道元禅师牌位，置于南谷庵祖堂内。

以享得谦（懒云） 元顺帝时入元，参天童禅寺住持了堂唯一，了堂有《赠日本谦藏王》一诗。回国后不住五山，匾其室称林"懒云"，善诗。

信中自敬 顺帝时入元，至天童寺参了堂唯一和佛日寺楚石梵琦等。了堂有《次韵赠日本敬藏主》一诗，回国后在美浓开创正法寺。

伯英德俊　大年祥登 二者为法兄弟，元至正二十七年（1367）入元，至天童寺参谒了堂唯一及诸山长老，明洪武九年（1376）回国。

湖海中珊 南英谦宗法嗣，宣德九年（1434）入明，住天童山，参修达19年，于景泰三年（1452）归国，住越后慈光寺。

——辑录自戴光中主编《天童禅寺志》卷六

市舶司文献辑录

宋元时期的市舶司

宋代明州市舶司（务）

宋代明州在对外贸易中有两点变化值得重视：一是政府正式在明州建立贸易管理机构——市舶司；二是指定明州为中国商人前往日本、高丽贸易的唯一港口。

赵宋王朝建立后，随着钱氏政权的归附，宋政府大约在太宗太平兴国三年（978）至端拱二年（989）间设两浙市舶司于杭州，全面管理两浙路的对外贸易。淳化三年（992），移市舶司于明州定海县（今宁波镇海），不久迁址于明州城内。次年，因主持市舶司工作的监察御史张肃"上言非便"，又移回杭州。真宗咸平年间（998~1003），北宋政府又诏令"杭、明州各置司，听蕃客从便，若舶至明州定海县，监官封船，荟堵送州"。显然，这时的明州已有独立的市舶机构。咸平二年（999）九月，两浙转运副使王渭在奉命考察杭州、明州市舶司后，上奏朝廷："奉敕相度杭、明州市舶，乞只就杭州一处抽解。"但朝廷还是下诏："杭、明州各置市舶司，仍取蕃官稳便。"[①] 王渭的建议并没有被采纳。由此可知，随着明州港的崛起，宋政府在经过反复权衡利弊后，在咸平元、二年间（998~999），最终决定在两浙市舶司辖下，杭州、明州各置司，实行相对独立的管理模式。自此开始，明州正式设立市舶机构。

明州市舶司自建立直至北宋灭亡，中间有过二次短暂废罢。《文献通考》卷二十《市籴考一》载，仁宗时，下诏杭州、明州、广州三地"置市舶司，海舶至者，视所载，十算其一而市其三"。这表明，仁宗以前曾废罢

---

① （清）徐松：《宋会要辑稿·职官》四四之一、四四之三，中华书局，1987。

杭州、明州、广州三处市舶司。又据《宋会要辑稿》职官四四之四，真宗天禧四年（1020）六月，右谏议大夫李应机曾上书议及广州市舶官员的铨选问题，而朝廷下诏："其市舶依所请施行。"据此可知，广州市舶司当年仍在正常运作。到仁宗天圣四年（1026），始见有"明州言市舶司牒"之云云。因此，如果《文献通考》所记不误，那么，第一次废罢时间应该在真宗天禧五年（1021）至仁宗天圣三年（1025）之间。又，徽宗崇宁元年（1102）七月，朝廷下诏，杭州、明州市舶司"依旧复置，所有监官、专库手分等依逐处旧额"。① 哲宗元祐年间（1086～1094年），旧党执政，刘挚、苏轼等官员均极力反对王安石新政时期所推行的"联丽制辽"外交政策，主张中断与高丽的外交往来。这股排斥高丽的浪潮，至元祐五年（1090）达到高峰，朝廷对高丽贸易的限制也日趋严格，由此可能直接导致了杭州、明州市舶司的第二次废罢。徽宗继位，出于对付辽国的需要，又调整对外政策，主动修好于高丽，故又下诏恢复杭、明市舶司，重开双边贸易。

南宋建炎初，金兵南下攻掠，"所过燔灭一空"，② 两浙不少市舶场务因此而遭到破坏，于是，在绍兴二年（1132），宋廷下诏："两浙提举市舶移就秀州华亭县置司。"③ 将两浙市舶司从杭州迁到秀州华亭县。与此同时，杭州、明州两市舶司也降格为市舶务，与秀州、温州、江阴市舶务并为五务，归两浙市舶司统辖。孝宗乾道二年（1166），因有官员反映两浙市舶机构冗蠹、官员扰民，朝廷下诏："罢两浙路提举市舶司，所有逐处抽解职事委知、通、知县、监官同行检视而总其数，令转运司提督。"④ 即五务独立经营，抽解由所在地方官员负责，两浙转运司督察市舶事宜。这实际上是将提举市舶权划归转运司。光宗、宁宗时期，杭州、江阴、温州、秀州四务曾相继废罢，"凡中国之贾高丽与日本，诸蕃之至中国者，惟庆元得受而遣焉"，⑤ 明州（庆元）市舶务再度成为两浙地区唯一从事对外贸易的管理机构。南宋后期，两浙路其他港口诸务废置不常，而明州市舶机构则始终存在，直到德祐元年（1275）五月，在元军大兵压境的情况下，恭帝

---

① 参见（清）徐松《宋会要辑稿·职官》四四之八，中华书局，1987。
② （宋）孙觌：《鸿庆居士集》卷三四《朱公墓志铭》，《四库全书》文渊阁本。
③ （清）徐松：《宋会要辑稿·职官》四四之一四，中华书局，1987。
④ （清）徐松：《宋会要辑稿·职官》四四之二八，中华书局，1987。
⑤ （元）罗濬等：《宝庆四明志》卷六《叙赋下·市舶》，《宋元方志丛刊》本，中华书局，1980。

才下诏："罢市舶分司，令通判任舶事。"① 庆元市舶机构至此废罢。

关于明州市舶司（务）的方位与布局，《宝庆四明志》卷三《制府两司仓场库务并局院坊园等》载，市舶司（务）在子城东南，左倚罗城，由库、务两部分组成。嘉定十三年（1220）市舶司曾毁于火灾，通判王梴重建。宝庆三年（1227），郡守胡榘又捐资委通判蔡范主持翻新，"重其厅事，高其闬闳"。经此番修整，市舶司已具相当规模：其内厅匾曰"清白堂"，后堂存其旧名曰"双清堂"。厅之东西前后有四个市舶库，分二十八眼，以"寸地尺天皆入贡，奇祥异瑞争来送，不知何国致白环，复道诸山得银瓮"为号。两夹道东、西各有门，东门与来安门相通。出来安门为城外通衢，通衢南北各设小门。隔衢面对来安门又立大门，门外濒江有来远亭（宝庆二年更名来安亭），为检核贾舶之处。市舶务的前门则近灵桥门。现发掘证实，其大致范围为：东至东渡路，西至车桥街，北至咸通街，南近现工人俱乐部址，占地面积为12000平方米左右。②

关于明州市舶司的置官及运作情况，《宝庆四明志》卷六《市舶》有这样的叙述："初以知州为使，通判为判官，既而知州领使如劝农之制，通判兼监而罢判官之名。元丰三年，令转运兼提举。大观元年，专置提举官。三年，罢之，领以常平司，而通判主管焉。政和三年，再置提举。建炎元年，再罢，复归之于转运司。二年，复置。乾道三年，乃竟罢之，而委知、通、知县、监官同行检视，转运司提督。"《文献通考》卷六二《提举市舶》载："蕃制虽有市舶司，多州郡兼领。元丰中，始令转运司兼提举，而州郡不复预矣。后专置提举，而转运亦不复预矣。后尽罢提举官，至大观元年续置。……建炎中兴，诏罢两浙、福建市舶司归转运司。明年夏，复闽、浙二司，赐度牒直三十万缗为博易本。……乾道二年，诏罢两浙提举市舶，逐处职事委知、通、知县、监官同行检视而总其数，令转运司提督。"

由此可知，明州市舶司与各地市舶机构一样，初设时由知州兼领市舶使，通判为判官，即由地方官员兼领市舶事务。不久，知州领使如劝农之制，而通判兼监。到北宋时期，随着市舶收入在财政比例中的提高，开始由两浙路转运使兼提举官，后又专置提举官。在经过多次反复调整后，到

---

① （元）脱脱等：《宋史》卷四七《瀛国公》，中华书局，1985。
② 宁波市文物考古研究所：《浙江宁波市舶司遗址发掘简报》，《浙东文化》2000年第1期。

南宋中期,最终确立了两浙转运司提督、知州兼使的管理机制。

作为对外贸易管理的机构,市舶司其职责是"掌蕃货、海舶、征榷贸易之事,以来远人,通远物"。① 具体地说,即负责接待各国贡使、招徕外商;登记管理进出境(港)从事贸易的船舶及搭载人员;负责货物的抽解、博买,及抽博货物的送纳与出售、舶货贩易的管理;执行海禁和缉防走私贸易等事宜。

应该说,明州市舶司的建立,是中唐以后明州地区经济持续发展,海外贸易不断拓展的必然结果,同时又促进了明州海外贸易的进一步发展。但明州贸易大港地位的确立,与整个中国大陆政治格局的变化有着直接关系。

元代庆元市舶司

据《元史·食货志二》"市舶"条载,元朝在攻占临安、取得对江南地区的统治权后,即于至元十四年(1277)在泉州、庆元、上海、澉浦(今在浙江海盐县)分别设立市舶司,后又在温州、杭州设市舶司,重续了宋代市舶司管理海外贸易的历史。当时两浙地区的庆元、上海、澉浦三市舶司由福建安抚使杨发为总督。次年,庆元设"提举庆元市舶使司",庆元自此开始有了专职市舶官。至元三十年(1293),元廷在制定市舶抽分杂禁法时,又整顿市舶机构,将温州市舶司并入庆元,庆元市舶使管理范围进一步扩大。成宗大德二年(1298),元政府又"并澉浦、上海入庆元市舶提举司,直隶中书省"。② 经过此番调整,全国设立市舶司的港口,仅剩下庆元、泉州与广州三处,加大了政府对海外贸易控制的力度,而庆元市舶司至此成为江浙地区对外贸易的唯一港口。

从成宗大德七年(1303)到英宗至治二年(1322),市舶机构又经历了数次变易,庆元市舶司也在其中。大德七年二月,成宗下诏:"罢致(疑作制)用院。禁诸人毋以金银丝线等物下番。"③ 而《元史·食货志二》"市舶"条明确载,制用院是因"禁商下海罢之"。因此,庆元市舶司第一次被"例革",即废罢。从当时的社会背景来看,这次"例革",显然与成宗皇帝鉴于当时朝纲败坏、吏治腐败而实行"新政"举措有关。

---

① (元)脱脱等:《宋史》一六七《职官志七》,中华书局,1985。
② (明)宋濂等:《元史》卷九四《食货志二·市舶》,中华书局,1976。
③ (明)宋濂等:《元史》卷二一《成宗本纪四》,中华书局,1976。

至大元年（1308），武宗继位，因财政匮乏，元廷"复立泉府院，整治市舶司事"，① 把目光重新投向能带来巨额利润的市舶贸易上，庆元市舶司随之复设。次年，罢行泉府院，改市舶司归隶行省管理。至大四年（1311）四月，仁宗继位，推翻前朝施政方针，罢泉府司，庆元市舶司再遭"例革"。延祐元年（1314）七月，迫于财政压力，仁宗又下诏"开下番市舶之禁"，② 复立市舶提举司，庆元市舶司又重新建立。但当时"仍禁人下蕃，官自发船贸易"，③ 即实行元初的"官本船"制度，由政府垄断海外贸易。

延祐七年（1320）三月，英宗继位。四月，他以"下蕃之人将丝银细物易于外国"为由，下诏："罢市舶司，禁贾人下蕃。"④ 庆元市舶司又一次遭"例革"。但仅隔二年，到英宗至治二年（1322）三月，元朝政府又下令"复置市舶提举司于泉州、庆元、广东三路"。⑤ 七月，庆元市舶司再次复立。⑥

由上可知，元代庆元市舶司自建立之日起，经历了三次"例革"，但废罢时间都比较短暂，加在一起也不过11年左右时间；相反，庆元市舶司到元末顺帝至正二十五年（1365）因政治动荡而最终停罢，存在时间则长达80余年。

元代庆元市舶司和市舶库的地址，据《至正四明续志》卷三载，市舶司"在东北隅姚家巷，元系断没仓官房屋基地，重建公宇"。市舶库"在东南隅车桥东，内有散房二十八间，用'天开瀛海藏珍府，今日规模复鼎新，货脉流通来万宝，福基绵远庆千春'二十八字为号。土库房并前轩共六间。至元元年，创盖外门楼三间，以备关防"。考古发掘证明，庆元市舶司在当时的波斯馆南面，今旗杆巷北东后街与车桥街交界的西侧；⑦ 市舶

---

① （明）宋濂等：《元史》卷九四《食货志二·市舶》，中华书局，1976。
② （明）宋濂等：《元史》卷二五《仁宗本纪二》，中华书局，1976。
③ （明）宋濂等：《元史》卷九四《食货志二·市舶》，中华书局，1976。
④ 参见（明）宋濂等《元史》卷九四《食货志二·市舶》、卷二七《英宗本纪一》，中华书局，1976。
⑤ （明）宋濂等：《元史》卷二八《英宗本纪二》，中华书局，1976。
⑥ （元）王元恭修，王厚孙、徐亮纂《至正四明续志》卷三《公宇》，《宋元方志丛刊》本，中华书局，1980。
⑦ 林士民：《宁波考古新发现》，政协宁波市委员会、文史资料研究委员会编《宁波文史资料（第二辑）》，宁波日报印刷厂，1984。

库则直接叠压在宋市舶库基地之上,① 其规格也大致模仿宋市舶司制度,当为直接继承宋代而来。

作为海外贸易的管理机构,庆元市舶司在管理办法上基本承袭宋代,但体现出强化之势。

按照元代市舶法则规定,外商船只来华贸易,应驶往"年例停泊"之处。在庆元路,定海县是商船主要的"年例停泊"处。商船到停泊处后,首先由当地官府检查其所持公验、公凭,如随船人员的姓名、货物、件数、斤数等,在确认商船符合贸易条件后,则由官员将其"封堵坐押",即将货物封存,押送至庆元市舶司。如果验、凭因遭风灾或海途被劫而丢失,经所在官司问明实情后,移文牒于市舶司,再由市舶司转申总府衙门,总府衙门审实后,"方消落元给凭验字号",重新发给凭证。如客商欺瞒官府,则"船货送所属究问,断没施行"。② 客商船只抵达城内后,船上所有货物全部搬入市舶库,待抽解完毕后再发还给舶商。同时,海商用于自卫的兵器及铜锣等也收缴入库,待归航时发还。另据《通制条格》卷一八"市舶则法二十二条"中的第十三条规定,为防止商人隐匿货物,逃避抽分,市舶官员还要负责"搜拣在船人等,怀空方始放令上岸"。外商返航时,需向市舶司申领公验、公凭,离岸之日,市舶司派官员亲自检视,确认船内无违禁之物,方准许离岸。

对本国商船出海贸易,元朝的管理也十分严格。庆元居民占地利之便,从事贸易活动者为数不少,向有"编氓半是商"③ 之说。至于转道庆元港而出海贸易的商人更是不可胜数。对这些商人的管理,我们从至元三十年(1293)制定、延祐元年(1314)修订的《市舶则法》可见一斑。

根据规定,舶商出海,要有保舶牙人为其担保,然后经市舶司申请总府衙门,发下公验、公凭。海商如果不请验、凭而擅自出海,一经查获,则"犯人断罪,船物没官"。公验上要开列船主及纲首、直库、梢工、杂事、部领等随船成员名单,货物及其数量,前往贸易国或地区的名称,船只的载重量及长度、宽度、樯高等;公凭则须开列柴水船情况。验、凭由纲首收执,随船而行,缺一不可。商人出洋贸易,不得挟带金银铜铁、男女人口、丝绵段匹、米粮军器等违禁物品,如有违反,一旦查获,不仅货

---

① 丁友甫:《市舶司遗址考古显成果》,《浙东文化》1995年第1期。
② 《元典章》卷二二"户部八·市舶则法"条,《四库全书》文渊阁本。
③ (元)陈高:《不系舟渔集》卷六《丁酉岁述怀一百韵》,《四库全书》文渊阁本。

物全部没收，而且舶商、船主、纲首、事头、火长等还要处以杖刑一百七。如有告发者，则以所没官物一半作为奖赏。同时规定，商船归国时，船只不许驶往他处，只能到原发证的市舶司处接受检查。

与两宋时代一样，无论是外商还是中国商船，其货物都要进行抽分。这一工作由市舶司官员会同行省、行泉府司有关官员进行。元初沿袭宋制，规定细货抽分为十分取一，粗货十五分取一。到至元三十年（1293）制定市舶抽分杂禁时，又规定，诸港口市舶司除依法抽分外，另依泉州成例，征收舶税钱1/30。延祐元年（1314），抽分比例又改为"粗货十五分中抽二分，细物十分中抽二分"，[1] 整整提高了一倍。《至正四明续志》卷六《市舶》也记载，庆元市舶司"抽分舶商物货，细色十分抽二分，粗色十五分抽二分，再于货内三十分取一"。可见，元代抽分的比例虽有波动，但一般以细色十分抽二分、粗色十五分抽二分为常。为保证贸易收入，元朝对民间走私贸易的防范甚严，打击也十分严厉。如《市舶则法》中规定：严禁船上人员乘在沿海岛屿汲水取柴之机，偷藏贵细货物上岸从事交易，也不得与送食米接应的小船上人私自贸易，如有违反，货物没收，犯者处杖一百七；沿海州县在所属岛屿张贴政府文告，并令巡检人员加强巡防，及时封堵沿海商船到年例停泊处接受检查。同时，元廷为防范地方官员与商人串通，偷漏舶税，规定："舶司官吏容隐，断罪不叙。""诸海门镇守军官，辄与番邦回舶头目等人，通情渗泄舶货者，杖一百七，除名不叙。"[2]

商船经市舶司验货抽分和缴纳舶税钱后，商人们即可取回货物，从事贸易活动。商人们可以在当地从事交易，也可往其他州县，但需要在当地市舶司获得"公遣"。在交易场所，元朝政府往往派驻专职官员进行管理，"负责解决外商与本地居民所发生的各种争执"。[3]

由于元朝政府对海外贸易的重视，庆元港成为中外货物的主要集散地之一，"是邦控岛夷，走集聚商舸。珠香杂犀象，税入何其多"。[4] 这是文人所描绘的庆元港贸易盛况。地方文献上的记载也充分证实了这一点。据《至正四明续志》卷五载，庆元港进口的舶货，其"细色""粗色"合计

---

[1] 《大元通制条格》卷一八"市舶则法"条，民国十九年国立北平图书馆影印本。
[2] （明）宋濂等：《元史》卷一百四《刑法志三·食货》，中华书局，1976。
[3] 〔意〕马可·波罗：《马可·波罗游记》，梁生智译，中国文史出版社，1998，第203页。
[4] （明）孙原理：《元音》卷九《送黄中玉之庆元市舶》，《四库全书》文渊阁本。

220多种，出产地包括东亚、东南亚、南亚、西亚和非洲等众多国家与地区。单就这类货物的品种而言，就比《宝庆四明志》卷六中所载南宋时期明州港的舶货多出50余种。可见，元代庆元港的对外贸易在南宋基础上确有了较大的发展。

——辑录自王慕民、张伟、何灿浩《宁波与日本经济文化交流史》第58~62、97~101页

蔡范市舶司记（残碑）

恭维国朝家法，独重亲民之官，其视管库出纳，不过委为余事，选择待遇，盖稍□□，然士之一命而上，苟管一职，未有不缘□民，酒有管，所以制淫酗。盐有□，所以防狂暴。至若市有征□，治于泉管，或以抑末，或以通货，各有义存，动与民接。其事专，其势狎。事专则易过于苛碎，势狎则易流于□扰。一念稍差，民且受殃。顾可以法自诿，猥谓于吾民疏乎？又况舶有专官，不过数郡，凡夷蛮戎貊，奇形诡状，侏离莺啼，鴃舌咿嗢而通牛鸣者，连樯接舻，贡琛献赀，源源相因，观光上国，重以商贾懋迁，异物珍伟，森列环萃，纷至沓来。掌舶之吏，各得掌其权以治其政。视它管库，尤号繁多，盖不独日接吾民，且兼方外之民与之接矣。可不谨哉！甬东舶司，创于淳化三年，历承平□中兴以迄于今，凡二百三十余载。监莅之官，迄无定会。范猥以庸质，来倅是邦，实□□舶政。吴门王君炎幸联事焉，乃相与谋，择地城东隅，鸠（下缺）。

——转录自《鄞县通志·食货志》

来安亭记

（宋）方万里

我蔡侯属万里为之记。案范晔作《后汉·东夷传记》："会稽海外有东鲲人，时至会稽市。"鄞旧隶会稽，今来者岂即其种落耶？然自魏晋迄唐千余年间，或来或绝，不知其几，当必有故也。羌性贪而贵吏清，嗜好虽不同而此心一，天理也。况其涉鲸波，入鲛门，万死一生，得至上国，虽圣德涵覆，有以来之，而所以安之，则在领舶事者。治其委积，馆舍饮食，《周礼》怀方氏之职，尚可考也。然饮食能饱其腹，不能满其欲。馆舍能

便其身，不能说其口。然则何安之？曰使金如粟，不以入怀，如张都尉之谕□羌，则来者安。宽其征输，精粗兼取，如王御史之税蕃夷，则来者安。市者所须药物于它郡，而□官无所求索，如向文简之著清节，则来者安。否则昧袪污禄，愧心忡忡，我不自安，安其人可乎？后之登斯亭者，有以知改作命名之宜，葺之俾勿坏。时宝庆丙戌二月既望，从政郎充庆元府府学教授方万里记。修职郎前南康军司户参军赵樽书。承议郎知庆元府鄞县主管□农公事赐绯鱼袋赵崇岩题盖。

——转录自《鄞县通志·食货志》

四明甬江楼记

（宋）吕祖俭

舶务东负郡城，乾道之元，监务事杨蒂仲章建楼于其上，距今二十年，而楼名未立，且芜秽弗治。通守丹阳苏公实临舶事，暇日登城而望，慨然，览其山川之胜而一新之，因命名以"甬江"。谓其属陈景度曰：甬江之名旧矣，景迂晁公为船官时，盖尝以是名其亭于江东也。其记具在。今超然遗址，意其是欤？兹楼与超然相望，以是而名，庶几表贤存旧之意，后来者犹有考焉。谨再拜受言，叙其始末而刻诸石。

——转录自元至正《四明续志》卷十一

送黄中玉之庆元市舶

（元）张翥

昔我游四明，壮观溟海波。
褰裳宝山顶，曙色寒嵯峨。
日轮熔生金，涌出万丈涡。
云气忽破碎，朱光相荡摩。
决眦蓬莱宫，携手扶桑柯。
群仙迎我笑，佩羽纷傞傞。
飓风欻惊潮，腾掷鳄与鼍。
浮槎径可揽，从此超天河。
精神动百灵，上下烦抶诃。
归来已十载，远梦时一过。

君家贤父兄，儒术传世科。
薄言捧省檄，舶署聊婆娑。
是邦控岛夷，走集聚商舸。
珠香杂犀象，税入何其多。
权衡较低昂，心计宁有讹。
资阅须历试，壮图讵蹉跎。
惟君官事隙，为访岩之阿。
悬想仙者徒，往往笑且歌。
遐征渺不见，空响遥相和。
因声两黄鹄，持我紫玉珂。
岂无沧洲兴，奈此尘劫何。

——辑录自《蜕庵集》

庆绍海运千户所记

（元）程端学

　　古封建之世，天子赋粟于畿甸，诸侯赋其所封，势定而力均，地近而民逸。自秦郡县天下，历汉唐，漕运于四方，逾越江河，转输数千里，官司之须，兵民之储，馈饷非一，水陆既阻，民力遂疲。迨我皇元混平区宇，始创海运，取东南并海诸郡积粟以实京畿，置大府三吴，处分六所，设官专职，买舟佣工，悉酬公帑，民不知劳，神模远画，度越前古。明越当海道要冲，舟航繁夥甲他郡，而治所在明，独庳陋弗称，至圮压不可支。天历元年夏，武节将军暗都剌公至官，欲撤其旧而新之，曰："吾闻信而后劳其民。吾之政未孚，不可以有为。"于是，阅漕户之贫弱逃陟系虚籍者悉纵之，异时佣直旁落，征集烦扰，悉惩革之，多授方略，察良窳勤怠示赏罚。上下既洽，乃捐己资二千缗以倡，隶漕籍者，咸感奋兴缮，富者效泉，力者输役。始事于是年十有二月，越明年三月讫工。自堂至门列两庑为吏舍，为藏书室。听令之庐，庖库之所，各有其序。又即其东市民地为马厩。以楹数之，内外凡二十有八。壁茨黝垩，焕然称美。既落成，乃相与来请记其始末。余谓古之君子，作事识先务，斯易为功。公欲兴废补弊，能养其力，俟其信而后动，宜不扰而事集。人见堂庑之翼翼，抑知公之治其事之本乎？公尝提举明之舶司，公宇之新，亦自公始。前后成绩，左右辉映，则知公之心久而弗渝，是可书已。公大都人，其父哈迷公为都府万户，有声。公之为政，盖亦有自云。

——辑录自《鄞县通志·食货志》，并说明：元代疆域辽阔，海通益盛，舶务益繁，而海运亦由是兴。庆绍海运千户所在东北隅紫家桥西，系宋南厅通判衙基，归附后设立沿海翼镇抚所。皇庆二年，军马移镇婺州，改立运粮千户所。大历二年重建。

明代《宁波府志》二则

浙江市舶提举司

浙江市舶提举司 府治西北一里许。旧在县学之西，元至正二十五年革，大明永乐元年钦设，以方谷真遗屋为之。四年又改安远驿，以驿西谷真花厅为市舶司，添建吏目厅于右。

提举衙，一所东北隅魏家巷，天顺四年火。一所东北隅小梁街，一所东北隅大池头，俱废。一所在东北隅盐仓门里，现存。

浙江市舶提举司库 府治东灵桥门内。宋为市舶务，元改为市舶库，方氏据郡，改为广丰仓。大明洪武初改广盈东仓，永乐三年复改为市舶司库。库五联，分为一十四号。安远驿，旧置，见市舶司下。东西门楼各一座，内官福住重建。

职官 浙江市舶提举司，提举一员，吏目二员今革一员，副提举五员今革四员。安远驿，驿丞一员。

——辑录自（明）成化《宁波府志》卷五、卷七

"争贡事件"

圣上龙兴，改元嘉靖。明年四月，夷船三只，译称西海道大内谊兴国遣使宗设、谦道入贡。越数日，夷船一只，使人百余，复称南海道细川高国遣使端佐、宋素卿入贡。导至宁波江下（厦）。时市舶太监赖恩私素卿重贿，坐之宗设之上，且贡船后至，先与盘发；遂致两使仇杀，毒流廛市。宗设之党追逐素卿，直抵绍兴城下，不及。还至余姚，遂絷宁波卫指挥袁进，越关而遁。时备倭都指挥刘锦追贼，战没于海。定海卫掌印指挥李震与知县郑余庆同心济变，一日数警，而城以无患。贼有漂入朝鲜者，国王李怿擒获中林望古多罗，械送京师，发浙江按察司，与素卿监禁候旨。法

121

司勘处者凡数十次,而倭囚竟死于狱。

倭奴自此惧罪逋诛,不敢款关者十余岁。十七年五月,夷船三只,使僧石鼎周良来贡,求还前所遗货。法司谕以事已经乱,货应入官,且无从索之。良等沮,不敢言。朝廷复申十年一贡之例,责令送还正德以前勘合,更给新者,遵照入贡。二十三年四月,使僧释寿光等百五十人来贡,验无表文,且以非期,却之。二十六年四月,夷船四只,使臣周良等四百余人来贡,仍以非期,发外海岙山停泊,一年期至,方许入贡。先是福建系囚李七、许二等百余人逸狱下海,勾引番倭,结巢于郭衢之双屿,出没为患。上命巡抚都御史朱纨,调发福建掌印都指挥卢镗,统督舟师,捣其巢穴,斩溺死者数百(有蟹眉须黑番鬼,倭奴,俱在获中)。余党逋至福建之浯屿,镗复剿平之。命指挥李兴帅兵发木石,塞双屿,贼舟不得复入。然窟穴虽除,而东南弗靖。徽、歙奸民王直(即王五峰)、徐惟学(即徐碧溪)先以盐商折阅,投入贼伙,继而窜身倭国,招集夷商,联舟而来,栖泊岛屿,潜与内地奸民交通贸易,而鄞人毛烈(即毛海峰)质充假子。时广东海贼陈四盼等亦来劫扰,王直用计掩杀,叩关献捷,乞通互市。官司弗许。

——辑录自(明)嘉靖《宁波府志》卷二十二

宋元明时期明州(庆元、宁波)市舶司(务)名录

姓名	职务	任职起讫	备注
张　肃	市舶司使	宋太宗淳化三年至四年(992~993)	原任监督御史
凌景阳	市舶司使	宋太宗淳化四年(993)	兼职
鲍　当		宋太宗至道元年(995)	兼职
徐继宗		宋太宗至道三年(997)	兼职
丁顾年		宋真宗咸平元年(998)	兼职
李夷庚		宋真宗天禧五年(1021)	兼职
曾　会		宋仁宗天圣二年(1024)	兼职

续表

姓名	职务	任职起讫	备注
李延世	兼监市舶务	宋哲宗元祐二年（1087）	兼职
李 萍			兼职
李 关			兼职
王子渊			兼职
张 修			兼职
刘 淑			兼职
吕温卿			兼职
姚 免		宋哲宗绍兴年间（1094~1097）	兼职
刘 垔			
王子韶			
叶 涛			
韦 骧		宋哲宗元符间（1098~1100）	
陆 傅		宋徽宗建中靖国元年（1101）	
		宋徽宗崇宁元年（1102）	
高尧明	兼监市舶务	宋高宗绍兴十四年（1144）	
韩 挺	提举两浙路市舶兼权知明州	宋高宗绍兴二十二年（1152）	
杨 蒂	监市舶务	宋孝宗乾道元年（1165）	
姜 洗		宋孝宗乾道二年六月（1166）	
王君炎		宋理宗宝庆三年（1227）	
潘 方	监市舶务	宋恭帝德祐二年（1276）	
杨 发	浙东西市舶总司	元世祖至元十四年至至治元年（1277~1321）	福建安抚使
睦忽彬	提举	元英宗至治二年七月至泰定元年（1322~1324）	朝列大夫
贺 贞	提举	元英宗至治二年七月至泰定元年十月（1322~1324）	朝列大夫
庆元奴	同提举	元英宗至治二年（1322）八月初十日之任	奉训大夫
周 灿	副提举	元英宗至治二年（1322）七月十一日之任	徽仕郎

123

续表

姓名	职务	任职起讫	备注
倒刺沙	提举	元泰定帝泰定元年（1324）十二月十八日之任	奉训大夫
严居实	提举	元泰定帝泰定元年（1324）十二月十八日之任	奉训大夫
忙兀鲁不花	同提举	元泰定帝泰定二年（1325）八月二十六日之任	承直郎
倪谧	市舶吏目	元泰定帝泰定三年至元文宗天历元年十月（1326~1328）	
爱祖丁	提举	元泰定帝泰定四年（1327）十二月二十八日之任	武德将军
沈忙古歹	提举	元泰定帝泰定四年（1327）十二月十二日之任	朝列大夫
许贞	副提举	元文宗天历二年（1329）三月初九日之任	承事郎
赵贤	同提举	元文宗至顺元年（1330）七月十三日之任，至顺二年（1331）九月致仕	承德郎
刘仲仁	提举	元文宗至顺元年（1330）十二月月初八日之任	奉议大夫
捏古伯	提举	元文宗至顺二年（1331）二月二十一日之任	奉议大夫
蒋拜要兀歹	同提举	元文宗至顺二年（1331）六月十六日之任	
定童	副提举	元文宗至顺三年（1332）四月二十六日之任	奉训大夫
忻都	提举	元惠宗元统二年（1334）正月十四日之任	中顺大夫
李质	副提举	元惠宗至元元年（1335）三月二十二日之任	承事郎
于兀鲁忽歹	提举	元惠宗至元三年（1337）十一月十八日之任，至元四年（1338）三月致仕	朝列大夫
刘冈	副提举	元惠宗至元五年（1339）三月初十日之任	从事郎
三宝柱	提举	元惠宗至元六年（1340）十一月十六日之任	进士出身
月忽难	同提举	元惠宗至元六年（1340）十一月二十五日之任	承务郎

续表

姓名	职务	任职起讫	备注
脱脱		元惠宗至正元年（1341）十一月二十六日之任	武节将军
约苏穆尔	监抽庆元市舶	元惠宗至正二年（1342）十一月至至正三年（1342~1343）	江浙行中书省右丞
福住	市舶司中官任职	明宪宗成化元年至？（1465~？）	
赖恩	市舶司中官任职	明世宗嘉靖二年（1523）	
蒋洲	市舶提举使	明世宗嘉靖三十四年至三十六年（1555~1557）	出使日本
陈可愿	市舶提举副使	明世宗嘉靖三十四年至三十六年（1555~1557）	出使日本

——辑录自《宁波海关志》第一章第一节

浙海关（常关）文献辑录

海关行署

清康熙二十四年，乃设海关行署，并改明之钞关为海关。

雍正《宁波府志》载，海关行署在府治南（旧理刑馆地）。《浙江通志》谓："康熙二十四年，浙江设满汉海税监督一员，笔帖式一员，六十一年裁。监督以巡抚兼理。自后或委同知、通判监收，或道府监收，俱由巡抚题委。"乾隆《鄞县志》谓："乾隆元年以后，专委宁绍台道护理。咸丰《鄞县志》载，海关在甬东七图，面江，商舶往来，于此验税。"

光绪末期，税务司更扩张其权于江东及镇海。

按，浙海关之名，本为常关所独有，盖全省海岸河流腹地，凡通行船舶之处，皆在浙海关管辖之内，洎光绪初年，温州亦关为商埠，始将旧温属原有名口岸拨交瓯海关监督管理。浙海关名实已不相称。光绪二十七年，中美条约修订，又以距甬关五十里内之江东、镇海两关及小港、沙头两口，划归税务司管理。惟征带之税，尚交监督核收。光复以还，税务司径自报解，监督遂无权过问，而浙海关名遂移彼矣。

——辑录自《鄞县通志·食货志》

新建浙海大关记

（清）陈梦说

税之称为榷也，名起于汉。释之者曰：榷，独木也，置独木水上，仅容人行，喻税务之綦严也。后人法之。榷关税者，每当扼要之地，而后伺察周而控制易。予足迹半天下，所见榷税之地，如畿铺之芦沟，山东之临清，江南之浒墅，淮右之凤阳，江西之赣关，岭南之粤海，近如杭城之南北关，莫不当水陆之冲，四方车马舟楫络绎其下。司其事者，一望无余，指挥如意，影射偷漏之辈无所施其技，此无他，得地利也。壬午冬，予自即署监司宁绍台三郡，护理海关钞务，而宁郡大关则在城东三港之南，关房湫隘，地势偏僻。港中舳舻相接，运驳飞驶，内趋绍郡，外趋镇象等邑，旁趋奉化，以达台郡，不尽经由关下。爰因三港西岸别设小关，放眼延瞭，每乘大关不及周顾，私收漏放，辗转滋弊，不特有妨于课，抑且有累于商，固人谋之不灭，亦地势使之然也。予维关宜当隘，不宜偏僻；事宜从一，不宜旁分。与其两关遥望于中，反滋疏漏，曷若撤大关，竟驻三港，西南北三面均在一望之中，斯货载无从飞越，而奸牙巡役亦不得乘间而侔其利，岂非形势之得也哉。今夏，爰购隙地于三港口东岸，详明抚宪，鸠工庀材，购置楼房三间，两翼平屋各十余间，外筑萧墙。工尽坚固，势复显敞，登楼凭眺，万象在目，番舶乘潮而舣，商舸蔽江而来，出入回旋，总在指顾之下，乌在鄞江咫尺而有不及顾者耶？然则宁郡为浙东之扼要，三港为宁郡之扼要，而新建海关又为三港之扼要，一转移耳，易湫隘而爽垲，合两关为一处，从此迎来送往，弊绝利兴，上裕国储，下安商旅，或未始非地利之效也。虽然，我尤望夫人之尽人事者，是为记。赐进士出身诰授中宪大夫、分巡宁绍台海防道兼管水利事务、护理浙海钞关、前礼部精膳司郎中、记名御史、刑部浙江清吏司员外郎、安徽清吏司主事纪录十九次晋绛陈梦说撰。驻关国学生古羊舌、陈继先监造。乾隆二十八年十一月日立。

——录碑文

浙海常关总关（后改为浙海关江东分关）（1763 年建）

浙海关（常关）

清世祖顺治三年（1646）六月，清军进入宁波，因东南沿海抗清势力活跃，实行海禁。清圣祖康熙二十三年（1684）开海禁。康熙二十四年，部议批准浙江省照福建、广东例，允许用五百石以下船只出海贸易。于是，在宁波设立浙海关。

康熙三十四年（1695），批准在宁波设立浙海关衙门，同年又批准在定海县设海关衙署，并设红毛馆一所于城外道头街西，为外籍海员、商人居宿地。

乾隆二十二年（1757），由于海盗猖獗，清政府下令外国商船只准到广州一地贸易，浙海关管理进口贸易职能取消，定海红毛馆及海关衙署被关闭。

浙海关地址在府治南旧理刑馆处，今地址为中山路中段鼓楼旁市公安局。曾在江东包家道头设一关。清高宗乾隆二十八年（1763）改设在江东木行路，商船往来在此验税称大关口，又称浙海大关，俗称税关。在宋市舶务旧址设海关仓库。

清代自康熙二十三年开海禁后，革除了前明的勘合贸易制度，允许海外货舶的货物在中国民间出售。对国内商人出海贸易，则实行与宋元的公凭或公据相似的"商照"制度。出海商人应在票照上登记商人姓名、人数、所载货物及其数量、到达地点、出航日期，并需取具保结。商人先向浙海关申请和领取票照，出海和回航必须凭票照检验和纳关税。如从宁波往南洋，须经过福建，浙江督抚必须先期告知福建有关官方，由闽海关官员查验放行。回航时，仍由福建方面查验，并转告浙江，互相稽查。

凡外来货船到宁波港口，商人必须亲自把船舱内货物据实写于单子上，亲自送到浙海关关署。经关署批准，立即查验货物，算清应纳关税数缴税，然后令商人亲自填写在红单上，把一份红单送部查核，一份红单给商人。每日放两次，放关时，随放随验单，验单后，在单子上截去一角，再于单尾填上到关、放关的日期，并加盖印章，以便稽查。

禁止限制货物

清代禁止出口的货物有军用物资，大米及金银等。

清圣祖康熙二十三年（1684）开海禁初，即下令禁止焰硝、硫黄和军器、樟板等出口。当时台湾初入清朝版图，抗清武装残余势力在海外尚有零星存在，樟板是造船之用，所以也与军用物资一起禁止。康熙三十四年（1695）再次重申禁令，并在禁令中明确说明硫黄为火药原料，绝不能偷运出洋。康熙五十九年（1720），又一次下令禁止商船出海携带炮火军器。

道光初年，规定沿海地区国内商人出洋经商，或国外商人入城，须核实人数和往返日程，每人每日可带食米1升5合。如果把米、谷、麦、豆和杂粮等偷运出洋接济奸匪，或虽未接济，然为了贪图厚利将米谷等出洋贩卖，则分别治罪：船货没入官府；地方文武官吏知情纵贿者，一并治罪；渎职失察者予以议处。

由于豆类亦可作粮食用，因此对豆类也严加控制和限制：凡台州、温州商人贩买鄞县港口豆类，由海路运回原籍，或福建商船贩运豆类回闽，鄞县有关方面必须验明豆数，令商人填写有司所发的印票，到浙海关纳税。此外，必须在船只的执照内注明装豆数量，运向何处贸易。鄞县有关方面须按月造册，发文给商船运载豆类出卖所在的县和福建省进口处，对商船予以检查。如果该商船迟迟不到，或到港口查验后，并没有豆类，必须严加追究。如果台州、温州商人贩买鄞县的豆类回籍，鄞县必须令牙行互保具结，填写印票，每票100石，注明运至何处贸易，经守港口官兵检查后，加盖印章，方可出港。

除此之外，清高宗乾隆七年（1742），因黑铅为制造枪弹和炮弹的原料，下令严禁黑铅出口。

由于远洋海船长途跋涉，船上需要准备米粮，而清廷又禁止米粮出口，因此，对出海商船载粮做了规定。康熙四十七年（1708），规定出海商船，可带食米50石，超过50石，则要治罪，米没入官，并令浙海关乍浦、定海各口，增兵巡察。康熙五十六年（1717），做了较详细的规定，出海商船，每人每日只准带米1升，又余米1升（以防风阻延迟）。

除米粮外，尚需准备一些船用必需品，所以清世宗雍正三年（1725），允许海船可携带一定数量的铁钉、油灰、棕丝、黄麻等物，但必须在票照内填明数目，以备检查，绝不能多带。远洋海船，可能遇到海盗，还必须有军器自卫。雍正六年（1728）规定可携带鸟枪8支、腰刀10把、弓箭10副、火药20斤。雍正八年（1730）稍许放宽，可载炮2门、火药30斤。对军器的制造和出海，管理极严。船商必须同牙行的人一起到海关呈明所带军器的数目，海关同意后，给予制造这些军器的批准证，然后按数目制造。制造完毕，要报关检点，填写在出海票照之内。防守海口官兵凭证检查，核实放行。回港时，如果发现军器短少，必须查明原因，如果遗失，要船上的人共同具结存档。雍正八年，对船上所带火炮，做了进一步规定：造火炮时，要向地方官呈明，由地方官发准造证，到官方的军火厂制造。制造完毕，由地方官亲自检验，在火炮上凿上某县、某人的姓名，某年、某月、某日制造的字样，仍在票照内注明所带大炮的轻重、大小以备海关和海口官兵检查。回航时，须将大炮上缴官府，贮存于库，下次开船，再申请取回。如海船遭大风，致使火炮沉失，则应向所在地方官报明，可免其罪。如果海船完好，冒称失炮，则要查究治罪。这些都是为了执行禁止军器出口的规定。

至于蚕丝，一度禁止出口，清高宗乾隆二十四年（1759）六月，下令禁止蚕丝出口，违犯者照贩运米粮出海罪同科。同年十二月，扩大到蚕丝所织的绸缎、丝绢，亦一律严禁。但乾隆二十九年（1764）四月，放宽对蚕丝的禁令，从浙江出海的商船，可带土丝1000斤，二蚕糙丝1000斤。至于头丝、湖丝及绸缎等仍禁止出口。到乾隆三十三年（1768）九月，进一步解除了对绸缎等的禁令。

清初浙海关税制

清初实行海禁，康熙二十四年（1685）浙海关成立后，宁波港才恢复对外贸易浙海关关税，在乾隆十八年（1753）是这样规定的：凡是商船出洋及进口所携带的各种货物，上要按斤、按匹征税，也有按个、按副、按只、按条、按把、按简、按块计算的，各按货物的数量、贵贱征收。

浙海关分食物、用物、杂物等税则，由宁波大关进出口货物的税则是：每100斤作80斤征税，散仓货物丈量其深、宽及长度，三者相乘折算为重量，论斤征税。关于安南，东洋货税则，每100斤作60斤或70斤征税。如作80斤征税，则与福建、广东货相同，都以9折征收。

船舶监管

清代废除勘合制度，对外国商船的管理与宋元相似，浙海关必须派员押送。清初则由于南明抗清势力逃亡海外，继则东南沿海一带海盗众多，故对中国出海商船管理极为严格。清圣祖康熙二十三年（1684）开海禁，次年，即规定商人欲出海贸易，必须向地方官登记姓名，取具保结。出海商船必须烙上名号并由守口官兵验放。

康熙四十二年（1703），规定，出海贸易商船可用双桅，梁头不得超过1丈8尺。康熙五十九年（1720），做了更详尽的规定，海商欲造出海商船，必须先向浙海关监督和地方官申报，由地方官调查商人的家庭等情况，如资财殷实，品德良好，才被批准建造，但还必须由族长和邻居担保具结。商船竣工后船主也须具结，不得租与他人，地方官还须亲自去检查，所造梁头是否超过规定，并将船身烙号、刊名，并查明在船人口是否符合规定，这些工作完成后，才能发给执照，在照内写明船上人员的姓名、年龄、面貌、籍贯及往外洋何处贸易。待商船启航时，海关监督应验明该船的长度及商人所带资金和货物，出海船员必须有家口做担保。

清世宗雍正元年（1723），为了从远处一望而知出海商船来自何省，规定自船头起到鹿耳梁头，以及大桅的一半，漆上标明不同省份颜色的油漆。从浙江出海的商船，用白色油漆。此外，还须在船头两边刻上浙江省、某州县、某字号的字样。沿海关口及巡逻官兵，凡看到的商船按规定的颜色油漆和刻有字号的，就可认作民船，予以放行。如果没有油漆，没有刊号，即匪船，立即扣留。

雍正七年（1729），批准浙江商船可往南洋贸易，由浙江督抚照会福建督抚，对浙江经过福建的船只予以检查。回航时同样如此。

雍正九年（1731），为了便于官兵稽查，规定在商船的船篷上应大字书写某州县船户姓名，每字须1尺大小。如布篷是蓝色的，则用石灰细面，调以桐油，写在篷上，如布篷是白色的，则用浓墨书写，以桐油抹在字上。所写字迹不许模糊，字样不许缩小。雍正十一年（1733），又规定只准出海商船可在桅尖上用头巾插花，其他船只一律不准。

由于从海外贸易回来的商船，要先到内地各处去售所载货物，并在该地采办土产，回来时若遇到风浪或潮汛，则不能按规定时间到达；那么，从宁波港出发的商船，必须到乍浦海防厅，申明迟到原因，商人和船员必须出具保结。乍浦海防厅则发给照会，说明情况。商船回宁波港后，则把乍浦海防厅所发照会，上缴浙海关备案。如果该商船因在海外经商，账目未清或其他原因不能按期归来，则原发执照的浙海关要取得邻船客商和水手具结，并把情况移交给宁波地方官存案。待该船归来，呈明实情后缴销。

清高宗乾隆七年（1742），规定商船在国内沿海省份贸易，以2年为期，如超过期限，则吊销执照，以后不准贸易。如出海到国外贸易，以3年为期，逾期不归，则商人与船员都勒令还原籍，永不准出海贸易。

至于出海的渔船，其油漆、刊号、篷上的字，其监管的规定与商船基本相同，但不准在桅尖上用头巾插花。

1686~1809浙海关（常关）监督名录

姓名	职务	任职起讫	备注
能　代	监督浙海钞关	清圣祖康熙二十五年（1686）任职	
塔　塞	笔帖式	清圣祖康熙二十五年（1686）任职	
王荣恩	监督浙海钞关	清圣祖康熙二十六年（1687）任职	
破　色	笔帖式	清圣祖康熙二十六年（1687）任职	
吴什哈	监督浙海钞关	清圣祖康熙二十七年（1688）任职	
马纪纳	笔帖式	清圣祖康熙二十七年（1688）任职	
何　楷	笔帖式	清圣祖康熙二十七年（1688）任职	
尹　特	监督浙海钞关	清圣祖康熙二十八年（1689）任职	
勒图浑	笔帖式	清圣祖康熙二十八年（1689）任职	
王德元	笔帖式	清圣祖康熙二十八年（1689）任职	
伊都里	监督浙海钞关	清圣祖康熙二十九年（1690）任职	工部
舒　辂	笔帖式	清圣祖康熙二十九年（1690）任职	
黄国材	监督浙海钞关	清圣祖康熙三十年（1691）任职	都察院都事
伊齐把	笔帖式	清圣祖康熙三十年（1691）任职	都察院都事
罗　玉	监督浙海钞关	清圣祖康熙三十一年（1692）任职	工部郎中
朱兰泰	笔帖式	清圣祖康熙三十一年（1692）任职	
陶尔璧	监督浙海钞关	清圣祖康熙三十二年（1693）任职	内务府总管
傅　汉	笔帖式	清圣祖康熙三十二年（1693）任职	
花　尚	监督浙海钞关	清圣祖康熙三十三年（1694）任职	国子监司业
色克图	笔帖式	清圣祖康熙三十三年（1694）任职	
柏　渡	笔帖式	清圣祖康熙三十三年（1694）任职	
常　在	监督浙海钞关	清圣祖康熙三十四年（1695）任职	光禄寺少卿
韩　奇	笔帖式	清圣祖康熙三十四年（1695）任职	
刘保柱	笔帖式	清圣祖康熙三十四年（1695）任职	
宝　柱	监督浙海钞关	清圣祖康熙三十五年（1696）任职	内务府
马尔萨	笔帖式	清圣祖康熙三十五年（1696）任职	
李　雯	监督浙海钞关	清圣祖康熙三十六年（1697）任职	兵部督捕司
伊　参	笔帖式	清圣祖康熙三十六年（1697）任职	工部
萨尔泰	监督浙海钞关	清圣祖康熙三十七年（1698）任职	内务府
苏马喇	笔帖式	清圣祖康熙三十七年（1698）任职	

续表

姓名	职务	任职起讫	备注
张圣诏	监督浙海钞关	清圣祖康熙三十八年至三十九年（1699~1670）任职	
华 色	笔帖式	清圣祖康熙三十八年至三十九年（1699~1700）任职	
穆尔泰	监督浙海钞关	清圣祖康熙四十年（1701）任职	内务府
车勒洪	笔帖式	清圣祖康熙四十年（1701）任职	
马 良	监督浙海钞关	清圣祖康熙四十一年（1702）任职	
齐 式	笔帖式	清圣祖康熙四十一年（1702）任职	
宝 善	监督浙海钞关	清圣祖康熙四十二年（1703）任职	内务府员外郎
何希尼	笔帖式	清圣祖康熙四十二年（1703）任职	
巴颜柱	监督浙海钞关	清圣祖康熙四十三年（1704）任职	
穆 礼	笔帖式	清圣祖康熙四十三年（1704）任职	
朱兰台	监督浙海钞关	清圣祖康熙四十四年（1705）任职	内务府营造司员外郎
法尔萨	监督浙海钞关	清圣祖康熙四十五年（1706）任职	
桑 格	笔帖式	清圣祖康熙四十五年（1706）任职	
赛克礼	监督浙海钞关	清圣祖康熙四十六年（1707）任职	
伦 泰	监督浙海钞关	清圣祖康熙四十七年（1708）任职	
穆尔赛	监督浙海钞关	清圣祖康熙四十八年（1709）任职	工部郎中
班 弟	笔帖式	清圣祖康熙四十八年（1709）任职	
杨天成	笔帖式	清圣祖康熙四十八年（1709）任职	
常 明	监督浙海钞关	清圣祖康熙四十九年（1710）任职	内务府员外郎
宁 柱	笔帖式	清圣祖康熙四十九年（1710）任职	鸿胪寺鸣赞
德 成	监督浙海钞关	清圣祖康熙五十年（1711）任职	礼部主事
戴 保	监督浙海钞关	清圣祖康熙五十一年（1712）任职	内务府广储司员外郎
钟 保	监督浙海钞关	清圣祖康熙五十二年（1713）任职	工部司中管左领郎事
明阿图	笔帖式	清圣祖康熙五十二年（1713）任职	内务府
存 柱	监督浙海钞关	清圣祖康熙五十三年（1714）任职	吏部文选司
吴金泰	笔帖式	清圣祖康熙五十三年（1714）任职	太常寺赞礼郎
常 寿	监督浙海钞关	清圣祖康熙五十四年（1715）任职	翰林院侍讲学士

续表

姓名	职务	任职起讫	备注
翁鄂洛	笔帖式	清圣祖康熙五十四年（1715）任职	内阁中书
保 在	监督浙海钞关	清圣祖康熙五十五年（1716）任职	内务府慎刑司员外郎
藏克新	笔帖式	清圣祖康熙五十五年（1716）任职	
赵 敏	监督浙海钞关	清圣祖康熙五十六年（1717）任职	内务府营造司员外郎
达 图	监督浙海钞关	清圣祖康熙五十七年（1718）任职	内务府会计司员外郎
佟 蔿	监督浙海钞关	清圣祖康熙五十八年（1719）任职	太常寺少卿
黄 茂	监督浙海钞关	清圣祖康熙五十九年（1720）任职	钦天监五官正
倭 赫	监督浙海钞关	清圣祖康熙六十年（1721）任职	内务府都虞司员外郎
屠 沂	监督浙海钞关	清圣祖康熙六十一年（1722）任职	
赵永誉	巡抚委员护理	清圣祖康熙六十一年至清世宗雍正元年（1722~1723）兼职	宁波府同知
阎 绍	巡抚委员护理	清世宗雍正二年四月（1724）兼职	绍兴府同知
靳树侯	巡抚委员护理	清世宗雍正二年七月（1724）兼职	宁波府通判
王一导	巡抚委员护理	清世宗雍正三至四年（1725~1726）兼职	宁绍台道
江承介	巡抚委员护理	清世宗雍正五年（1727）兼职	候补知府
孙 诏	巡抚委员护理	清世宗雍正六至九年（1728~1731）兼职	宁绍台道
曹秉仁	巡抚委员护理	清世宗雍正十年（1732）兼职	宁波府知府
王溯维	巡抚委员护理	清世宗雍正十一年（1733）兼职	宁绍台道
王 坦	巡抚委员护理	清世宗雍正十二年（1734）兼职	宁波府知府
陈梦说	护理浙海关钞	清高宗乾隆二十七年（1762）兼职	分巡宁绍台海防道
陈廷杰	护理浙海关印务	清嘉庆十三至十四年（1808~1809）兼职	宁绍台道

——辑录自《宁波海关志》

宁波口华洋贸易情形论略

1901 年

1901 年发生了一件本口重要和有兴味之事，11 月 11 日，宁波常关和镇海甬江口两分卡归并本关管辖。接受后头两个月仍按老规章办理，一切顺利。如今，税收不多，每月约 1 万海关两，待以后人员组织以及货物检验改革后，对商人也是一实惠，同时税收也会递增。

1902 年

自常关归并以来已经一载，查进出口货物数目共估值关平银 1200 万两，所征之税银 10 万余两。由估价合计所征之税未及 1%。兹常关虽已归并，一切率旧，办理大宗进口货物，如福建来之杉木与各种糖，镇江来之米与猪，北路来之豆与枣子及油，海洋来之鱼干、咸鱼、螟脯。出口之货往福州者药材、棉花、棉纱、彩蛋；往北路者纸与瓷器、毛竹；往长江等处者锡箔、纸、草席、陈酒。本年除镇海出口外，大小船只进出共 6837 只，计吨位 35 万吨。现于常关前面建造验货厂一所，不久工可告竣。

1903 年

自常关归并以后，翌年出入船数共有 11415 艘，担位共有 11061832 担，至轮数共有 1052 轮，吨数共有 239568 吨。所有常关完税计其货色估值关平银共 9690405 两，其中洋货估值 455804 两，彼七里屿灯塔交月间新换一乍明乍灭之灯。

1904 年

自常关归并后今已三载，出入船数共有 12648 艘，担位共有 19134552 担，至轮数共有 1480 轮，吨数共有 246706 吨。所有常关完税计其货色估值关平银共 11269729 两，其中洋货估值 435601 两。

1905 年

常关完税各货共估值关平银 1150 余两，所收各项税银及费项共关平银 105883 两，以货物估值合算，百分内尚未及一分之数。如帆船生意，因轮船减色，然帆船生意亦是要务，虽有亦为可虑。

1909 年

常关出口大宗货物本年均加增，以致种种价值（出口额）涨至 5420043 两，上年 3580714 两。

常关各货价值（销量）颇有发达景象，最显然者惟豆加增，自 13020 担价值关平银 38038 两涨至 55890 担价值关平银 174853 两，东三省所出之豆销欧洲市面日见畅茂。

1910 年

常关进口货物估值总数较之去年不相上下。1910 年进口建木约计估值关平银 1413335 两，按常关成例核算共征捐费关平银 4273 两。若据以上之数而论，则该捐费照估值计算不过 3%，于此常关税例之轻已可概见矣。

1914 年

贸易经由常关之估值达 15751300 两，视上年逾 138 万两云。

1915 年

常关经过贸易之估值，为 15428072 两，较上年少约 30 万两，较诸民国 2 年（1913）则增 100 万两之数。常关旧行税则纷纭错杂，已于年终取消，新税则厘定以 2.5% 为率，现已见诸实行矣。

1917 年

本年常关帆船进出在常关报运者，较上年各少 300 只，计贸易估值关平银 12367201 两，视上年约少 1%，共征税银 125160 两，上年则收 137177 两。进口货之减少者，为猪、豆、海蜇、瓜子、粉干，其增加者为明矾、籽花、螟虾、鲜鱼、药材。

1918 年

南北交兵，时局不靖，常关贸易当大受影响，此为吾人所逆料。乃本年收税尚得关平银 121016 两，较民国 6 年（1917），仅少 4144 两，实属意外。进出口船只，经镇海常关者共 3913 次，计 3142150 担；经江东常关者共 3864 次，计 3066380 担，两关出入货物估值关平银 11923233 两。

1919 年

本年报常关进出口货物价值较去年约少 150 万两，而所短之数几乎在进口项下，出口则与上年相符，盖运往外洋之货虽有所减，而运往国内沿海口岸者大有增进，截长击短，足相抵补。

税课。本年进出口税收按之总数约少关平银 9800 两，而进口税之税收竟有 14000 两之多，盖进口货物既少，税课自必从之而减，无足怪也。梁头税一项虽有短绌，无足轻重，其征收法，一以执照之限期为准，如在 50 里内口岸满限，则由本关征收，如在 50 里外到期，则由监督所辖之常关征收，此之所绌，即彼之所盈也。出口杂现等税，约各增 2000 两。

进口。兴化为桂圆名产之区，7 月间风伯降灾收成减色，加以闽省时局不靖输运梗阻，故本年桂圆干进口之数，只有去年 1/3。北货如豆饼、枣子、粉丝等亦有所减，据个中人云，12 月间由北洋来甬之大号帆船，中途遭风失事者，不一而足，北货之减，此其故也。福州木杆进口之数亦少于往昔，闻该处有大帮木杆正在候船装运，忽然洪水暴发，冲失尽净云。进口货中惟活猪与白矾两项大有加增。

出口。本年棉花歉收，而出口之数反比去年增加三倍，骤观之殊为奇突，细考其故，乃知日本棉纱因停销而绝迹，土纱即乘机以涨价，纱价既贵，乡人乃争购棉花，手机摇纺，此棉花销路之所以增广也。纸张由帆船装运北口者年减一年，专装纸张往北口之帆船，本年沉没 4 艘，损失颇巨，纸商以前车可鉴，皆欲改装火车先达上海，再为转运以求稳妥，遂致装纸帆船无人过问，已有 3 艘改装他货矣。

结论。常关向用 14 两秤，为统一权法计，已于 1919 年 3 月 1 日改用 16 两秤，每斤实较昔年暗加 2 两，故按重两计算之货物，有所减少者，其减少之数实未有若贸易表册所列之巨，有所增加者，其增加之数，亦以此每斤 2 两之故，多于表内之所列者也。

1920 年

常关遵照内港行驶章程行驶之船只，无论往来海口或内港，凡载有货物在常关呈报完税而外，又须缴纳厘捐，且捐率之重比之本口常关税率，殊有霄壤之别。本年报由常关进出口货物价值关平银 11753992 两，去年为 10464535 两，进口帆船共 8313 艘，比之去年约增 900 艘，惟大号北口帆船进口较少，闻其原因为帆船恃风而驶，在海面失事者不一而足，且未能保险，一有不测，无所取偿，故商人对于帆船已渐失其信托之心云。

税课。本年税收共关平银116256两，较上年增加5064两。

进口。进口货物较去年加增者，如明矾由46945担增至58137担，干墨鱼由3689担增至18893担，麻由12482担增至20674担，干鱼、咸鱼由88523担增至110800担，桂圆由7852担增至20752担，福州木杆由983097根增至1049534根，活猪由62753头增至79977头，惟毡帽则由591733顶竟减至188590顶，或谓由于北方产地价贵，未知然否，查其通销地点以绍兴为最，该处所需之货，由上海装火车直接运入者，较昔为多云。余如豆亦由98297担减至61660担，豆饼由71070担减至65070担，核桃由10020担减至3567担，粉丝由29388担减至20238担，甘蔗亦由210007担减至157896担，以上诸货之减缩，皆为产地荒歉之故。

出口。棉花出口之数大增，由17013担增至35498担，其中以运往本省之海门者为多，大抵因该处水灾歉收，此外较去年略有进步者为蒲草席，由2293191张增至2359961张，土布由5258担增至5746担，锡箔由9054担增至10435担，土酒由17030担增至31012担。运销北口之纸张，多有改装火车者，故本年纸张出口，由113442担减至53435担，竹竿由709928根减至544958根，药材估值由关平银11030两减至70942两云。

1921年

本年报常关进出口货物，估值关平银12665985两，较诸上年加增911093两。因本年竭力整顿管理民船方法，凡民船均须挂号，并将该号数烙于船上，所以进出口船只加增，上年进出口共8313艘，本年加至11629艘。

税课。本年税收除附加赈捐外，共征关平银127361两，上年仅有116256两。

进口。进口货物之较上年加增者，明矾由58137担增至72537担，大豆由61660担增至93670担，海蜇由11320担增至30167担，福州木杆由1049534根增至111405根，活猪由79977头增至87208头，惟毡帽仍然减少，由188590顶减至112300顶，豆饼由65070担减至31995担，麻由20674担减至12631担，桂圆由20752担减至15057担。

出口。出口各项货物加增者居多，大豆由19683担增至36548担，乳腐由6459担增至10949担，豆油由6609担增至99065担，各种纸张由53435担增至74939担，草席由2359961张增至2468148张，棉花则由35498担减至21432担云。

1922 年

本年报常关进出口货物估值关平银 11143089 两，上年为 12665985 两，船只进出口来往次数较上年又见增加，可知上年所定凡船只皆须挂号办法，实为管理民船必要之举，本年秋季大风时，闻有帆船 3 艘自烟台开来，中途沉没云。

税课。本年除附加赈捐外，共征关平银 113623 两，较民国 10 年（1921）少收 13738 两，在比较上观之，实形退步，然以本年本埠天灾及他种情形而论，民船营业何可望其发达。各项税课中，进口税减损最多，梁头税则由 8006 两增至 8698 两。所谓梁头税者，乃一种船税，与海关船钞相似之税也。

进口。豆与豆饼入口极多，计豆自 93670 担增至 151491 担，豆饼自 31995 担增至 50575 担。因本年 10 月间福州不靖，此种北货船只均因中途闻信，遂驶入本埠销售。其他进口货较上年增加者，鱼鲞由 89729 担增至 93012 担，甘蔗由 181069 担增至 227696 担，福州木杆由 111405 根增至 116953 根。进口货较上年减少者，明矾自 72537 担减至 43255 担，墨鱼自 37565 担减至 11908 担，红枣、黑枣自 20236 担减至 9292 担，柏油自 81248 担减至 56697 担，瓜子自 27270 担减至 18501 担，活豕多由镇江运入，本年因宁波有水灾，其进口约减 2 万余头。

出口。出口贸易估值，本年较上年约减关平银 50 万两，计大豆自 36548 担减至 17091 担，草席自 2468148 张减至 1812213 张，各种纸张自 74939 担减至 69322 担，而著名之绍兴酒，亦自 31110 担减至 16103 担。土产出口之较前增加者，一为毛竹，自 574888 支增至 816863 支；二为豆油，自 9965 担增至 11641 担；三为纸伞，自 4886 柄增至 11025 柄。其他出口各货均无甚比较，兹不赘述矣。

1923 年

本年报常关进出口货物共值关平银 11008094 两，上年则为 11143089 两，其所以短绌是因本年进口民船较前减少。有行驶北方之大帆船两艘，于年内在海洋遇险，并闻有较小者数艘，出售他埠，改驶长江一带。9 月间江东常关办事人员移居新屋，原有旧屋为前清乾隆时代之建筑物，今已拆毁改建宽大洋房矣。

税课。本年共征关平银 118739 两，较上年稍增 5116 两。

进口。进口主要货物大半比上年增多，如明矾、豆饼、黑枣、红枣、桂圆、木杆。麻为织补渔网之要品，其进口量自114026担增至207500担。海产物进口亦均增长。毡帽进口较上年复有减少。又瓜子及甘蔗进口亦较上年减少焉。

出口。本年因有数种货物改订估价，故常关出口贸易估值总数，得自关平银3929645两增至4224880两，但按贸易实情并无进步，且多数出口大宗货物均分别减少云。

1924年

本年常关帆船贸易共值关平银11441995两，而民国12年（1923）则为11008094两，9~10月，帆船自北方牛庄、胶州来者减少，因内争方殷，此间人心恐惧，该处来货恐难销售，进出口之船只（次数）亦因之自12019次跌至10894次，幸本年海产较好，年终数月又有杭州货物进出本口，故贸易价值，得较民国12年增加也。

税课。本年常关共征关平银124962两，而民国12年则为118739两。

进口。进口货中，福州木杆锐减，因本埠从前所受飓风之损失已于民国12年修理竣工。产于北方之豆及豆饼输入额亦减少，其原因已见上，不赘述。

出口。出口货中之锡箔纸，几乎全为镇江商人采办，本年出口减少190担，据云因该处新教育发达。其他货物，无可具论。

1925年

本年常关帆船贸易共值关平银11145894两，而去年之数较高，计关平银11441995两。进出口帆船之次数亦由10894次跌至10562次，其乃因装载木料与普通货物船只曾为海盗所劫掠，并因当本埠商人起始购办年终各种货物之际，北方政局突起纷扰，再本年本埠邻县糯米之收成尚优，不过宁波市中之平常食米曾见缺乏也。

税课。本年常关共征关平银127596两（此外尚有附加赈捐，计关平银2400两），而去年所收之数则为关平银124962两。

进口。本年内北方豆饼之进口曾受阻碍，其原因前已述之，但以本埠所存之豆大半已经由海关出口。豆类经由常关进口供给本埠销用者，本年加增。木料贸易亦甚昌盛。再本年曾有多数帆船入坞修理，所有必需之材料皆系由上海及福州运来者。

出口。出口货物中堪以注意之增加者为本埠之草席，计本年出口共有2297156张，而在去年仅为2063145张，本年海关此项货物出口之减少，可因以抵之。此项草席质坚而耐用，大有逐渐取日本席而代之之势。此外土酒之出口，本年减少2331担，因用以制酒之米市价高贵。本年棉花丰收，棉纱出口大为增加。再本埠出口贸易经由常关管辖之船只载运者，已见有进步之佳兆矣。

1926 年

本年常关帆船贸易共值关平银12739938两，较去年增加关平银1594044两。进出口帆船之次数由去年之10562次减至10047次，虽半因时局之纷扰，内港轮船之激烈竞争，实亦渐夺帆船之贸易也。至本年鱼汛尚佳，因天气适宜，墨鱼捕获甚富，但黄鱼则不见多。

税课。本年除附征赈捐之关平银4176两外，共征关平银126904两，而去年则征关平银127596两。

进口。本年由北方进口之货物，因从胶州进口帆船稀少，大量减少。所有进口木杆由1115830根增至1139930根，但由福州运来者大为减少，因该处杂税过重，由伐木区搬至装船处之费用又增，以致价值甚高也，其福州木杆所遗之地位曾由温州木杆取而代之。

出口。出口货物中除运销北方各口者外均有增加。棉花及宁波棉纱运往温州所属一带者颇获善价。各种豆子因去年存货充足，其出口亦大见增加。至毛竹一项近来报由海关运往北方者颇多，故本年由帆船运出者，殊见减少。

1927 年

本年常关帆船贸易价值之总数，为关平银12460801两，较去年减少关平银279137两，帆船进出口之次数自10047次降至9427次，帆船进出口次数之减少，大都由内港轮船贸易（量）加增所致。

税课。本年税收总计关平银106146两，较去年之数约减收关平银2万两。减收之数，进口税占1/3，出口税占2/3，而贸易不稳之情形，亦于此见其梗概矣。货物之来自本省沿海口岸者，大都纳税于出口之地，到宁波时不复纳税，于是本境所捕鲜鱼之税收，乃成为进口税之大宗矣。

进口。在大体上此项贸易尚能维持，然有一惹人注目之点，即墨鱼进口数量大减是也，计鲜货自27325担减至5851担，而干腌之品则自23788担减至1626担，其他鱼产品保持原状。豆类、油类以及胡桃之来自北方者显见增多，但豆饼、枣类及粉丝稍见减退。福建桂圆收获不良，故输入减少7803担。木杆进口共1004740根，其中837180根来自福州，其余来自温州。

出口。因和丰纱厂暂停，所出棉纱经过常关者，自13071担落至6102担。纸烟贸易亦见减退，自10527担减至6277担，缘斯业利用其他运输之路，以避免新增之附税也。

1928年

本年常关经过常关之贸易总值计关平银10970519两，较去年减少关平银1490282两，盖以北方各地尚未甚安靖，海上又多盗警，加以经商帆船之可用者其数日少，遂致贸易呈此败象。

税课。本年常税征收之总数为关平银109082两，较去年约增关平银3000两，大半由于往来内地汽轮之贸易增盛，进口税依旧减少，此可由商业大体上之不安情形解释之。

进口。大概言之，大宗北货如豆类、油类、瓜子等大见减绌，福州木杆亦见减少，其用途多代以温州所产之次货。桂圆之输入因福建收成良佳，得增12654担。鱼类颇多，尤以墨鱼一项为最。

出口。严厉之抵制日货，促起本地工业之发达，故和丰纱厂出品在本年有显著增加。棉花、土酒以及竹竿皆在增加之列，然纸烟与锡箔纸，则显见减少焉。

——辑录自《宁波口华洋贸易论略》

妈祖文化文献辑录

海上遇险祈求妈祖

（宋）徐兢

臣窃惟海道之难甚矣！以一叶之舟，泛重溟之险，惟恃宗社之福，当使波神效顺以济。不然，则岂人力所能至哉？方其在洋也，以风帆为适从，若或暴横，转至他国，生死瞬息。又恶三种险：曰痴风，曰黑风，曰海动。痴风之作，连日怒号不已，四方莫辨。黑风则飘怒不时，天色晦冥，不分昼夜。海动则彻底沸腾，如烈火煮汤；洋中遇此，鲜有免者。且一浪送舟，辄数十余里；而以数丈之舟浮波涛间，不啻毫末之在马体。故涉海者不以舟之大小为急，而以操心履行为先。若遇危险，则发于至诚虔祈，哀恳无不感应者。比者使事之行第二舟，至黄水洋中，三柂并折，而臣适在其中，与同舟之人断发哀恳，祥光示现。然福州演屿神，亦前期显异。故是日，舟虽危，犹能易他柂。既易，复倾摇如故。又五昼，方达明州定海。

（正因为这段记叙，上报宋徽宗后，妈祖第一次得到朝廷褒奖，赐庙额曰"顺济"，从此开始在全国传扬，历朝封敕不绝。所以宁波是妈祖文化的重要转折点。——编者注）

——辑录自《宣和奉使高丽图经》卷三十九

关于天妃庙（天后宫）方志三则

天妃庙

天妃庙，在县甬东隅。皇庆二年重建。延祐元年十月内钦奉制书："爱人利物，仁克著于重溟；崇德报功，礼宜增于异政。肆颁纶命，用举彝仪；护国庇民，广济明著。天妃林氏，圣性明通，道心善利，当宏往纳来之际，有转祸为福之方。祥飙送帆，曾闻瞬息；危樯出火，屡阐神光。有感必通，无远弗届。顾东南之漕引，实左右其凭依，不有褒恩，曷彰灵迹？于戏！爵以驭贵，惟新懿号之加，海不扬波，尚冀太平之助。可加封护国庇民广济明著天妃，主者施行。"

——辑录自（元）延祐《四明志》卷十五

护国庇民广济福惠明著天妃庙

神姓林氏，兴化莆田都巡君之季女，生而神异，能力拯人患难，室居未三十而卒。宋元祐间，邑人祠之，水旱疠疫、舟航危急，祷辄应。宣和五年，给事中路允迪以八舟使高丽，风溺其七；独允迪舟见神女降于樯而免事。闻于朝，锡庙额"顺济"。绍兴二十六年，封"灵惠夫人"。三十年，海寇啸聚江口，居民祷之神，见空中起风涛烟雾，寇溃就获。泉州上其事，封"灵惠昭应夫人"。乾道二年，兴化大疫，神降曰：去庙丈许，有泉可愈病。民掘斥卤，甘泉涌出，饮者立愈。又，海寇作乱，官兵不能捕，神迷其道，俾至庙前就擒；封"灵惠昭应崇福夫人"。淳熙十一年，福兴都巡检使姜特立捕温台海寇，祷之即获，封"灵惠昭应崇福善利夫人"。既而民疫，夏旱；祷之，愈且雨。绍熙三年，特封"灵惠妃"。庆元四年，……封"灵惠助顺妃"。嘉定元年，……封"灵惠助顺显卫妃"。嘉定十年，……封"灵惠助顺显卫英烈妃"。嘉熙三年，……封"灵惠助顺显卫英烈嘉应妃"。……皇元至元十八年，封"护国明著天妃"。大德三年，以漕运效灵，封"护国庇民明著天妃"。……天历二年，海运副万户八十监运，舟至三沙，飓风七日，遥呼于神；夜见神火四起，风恬浪静，运舟悉济。事闻，加今封，庙曰："灵慈"。

——辑录自（元）至正《四明续志》卷九

天后宫

天后宫，位于东渡路，祭祀护国庇民广济明著天妃。宋绍熙二年建，元皇庆二年重建，程端学有记，至正末毁。明洪武三年，中山侯汤和重建，指挥张继礼成之。天顺五年，知府陆阜命主奉沈祐重修，并建寝殿。咸丰元年，正殿毁，七年重建。清康熙五十九年奉旨春秋致祭（元天历二年有祭庆元天妃庙文）。相传神姓林氏，兴华莆田都巡君之季女，生而神异，能力拯人患难。室居未三十而卒。宋元祐间邑人祀之。元天历二年加封"福惠"。请康熙二十三年诏封"天后"。别庙在县东南大嵩所；又三江口南北海商公所，并有分祀。

——辑录自《鄞县通志·舆地志》

天妃庙记

（元）程端学

凡涉大险，必有神物效灵以济之，若海之有护国庇民广济福惠明著天妃是已。我朝疆域极天，所覆地大人众，仰东南之粟以给京师，视汉唐宋为尤重。神谋睿算，创运于海，较循贡赋古道，功相万也。然以数百万斛，委之惊涛骇浪、冥雾飓风，帆樯失利，舟人惰守，危在瞬息，非赖明神有祷斯答，其罔攸济。故褒功锡命，岁时遣使致祭，牲币礼秩，与岳渎并降，著在祀典。前年冬，庆、绍等处海运千户所达鲁花赤前进士纳臣公至官，廉静易简，庶事毕理。神庙适迩治所，以累朝加封锡号之典发祥，……设有司，因俾沈氏世掌之。皇庆元年，海运千户范忠暨漕户倪天泽等，复建后殿、廊庑、斋宿所，造祭器。余既序其事，乃作诗曰：粤稽古昔，人道事帝。在传具陈，帝皞神芒。祀于世世，或君或臣。洛神湘妃，爰以阴类。生人殁神，婉婉天妃。捍患御灾，自其居室。始祀于莆，拯溺奏财。庙号肇锡，遂遍闽浙。鄞庙崔巍，百世血食。济险驱疠，霁阴雨旸。擒贼解围。宋自灵惠，封十五更，曰夫人妃。迨自皇元，万斛龙骧，绝海达畿。东南庶邦，岛夷蛮裔，献琛是职，波晏不扬，如履康庄。神惠孔硕。天子曰：嘻！精意以享，毋怠毋罢。徽号四加，表此殊廷，以报功。鄞江洋洋，潮汐送迎，神惠周通。我作铭诗，刻石之贞，式昭无穷。

——辑录自（元）至正《四明续志》卷九

甬东天后宫碑铭

（清）董沛

吾郡回图之利，以北洋商舶为最巨。其往也，转浙西之粟达之于津门；其来也，运辽燕齐莒之产贸之于甬东。航天万里，上下交资，鲸鲵不波，蜃鳄无警，系惟天后之神是赖。后姓林氏，宋初莆田人也。既辞世，庙于湄洲。宣和中,赐额"顺济"。高宗绍兴二十五年,锡为"夫人"。光宗绍熙元年,进为"妃"。元初尊为"天妃"。明季改为"元君"。祠宇之广,迨遍海甸。我圣祖仁皇帝平定台湾,俞靖海侯施琅之请,特封天后,春秋祀典,发支帑金,文武官行礼与岳渎等。此前事之大略也。说者谓地祇之礼与人鬼有别,岳渎视公侯,施以人爵尊之,非以人鬼例之也。天后而称海神,是以人鬼易地祇。前乎此未有天后,孰为主之?明人会稽唐氏,乡人谢山全氏,皆有斯辩。要之皆偏见也。夫自有天地即有海,亦自有天地即有江湖。英、皇殉死而为湖神,胥、种冤死而为江神。岂虞周之前,江湖无地祇、必待四人者之死而后神之耶?如谓英、皇之烈,胥、种之忠,礼本宜祀,非天后所可同日语,然则谢绪之神于河,王天英之神于湖,其生平亦不其表著,胡为灵爽赫赫,俨然以人鬼尸地祇耶?《礼》曰:"能御大灾则祀之,能捍大患则祀之。"取其能御能捍而已,曷尝以存殁判也?或生而有勋,或死而有灵,其征验于事状者不同,其利赖于公私者无不同。下祈之,上报之,斯秩宗掌之,必执一偏之论,而议其无稽,是未窥圣王神道设教之精意也。吾郡旧有天后庙在东门之外,肇建于宋,今有司行礼之所。分祀在江东者三:一为闽人所建,一为南洋商舶所建,基址俱狭,惟此宫为北洋商舶所建,规模宏敞,视东门旧庙有其过之。经始于道光三十年之春,落成于咸丰三年之冬,费钱十万有奇。户捐者什一,船捐者什九,众力朋举,焕焉作新,牺牢楮帛,崩角恐后,盖非独吾郡然也。后之灵昭昭,元人程端学之记叙甚备。而若《天后志》,若《闽颂编》,若琉球诸《使录》尤加详焉。亦可见历朝之所以加秩于后者,有自来矣。宫之制临江西向,前殿三,后殿三,前西为宫门,又西为大门,南北为翼楼,北之北为庖厨。宫之基前广六丈,后广十丈,左延三十二丈八尺,右延二十九丈。例得书倡其事者,郡人董秉愚、冯云祥、苏庆和、费纶金、费纶鋕、费辅洼、盛炳澄、童祥隆、顾璇、李国相,皆有劳于宫,例得附书。系以铭曰:天生地成,奇扬耦阴;坤道为女,降福于林。维后诞生,出自世族。幼遇异人,授之符箓。庄严宝相,璎珞缤纷。生化湄洲,呼吸风云。一发之悬,万众托命,天吴效灵,海若助顺。凌虚往来,地球之东。三韩日本,在其掌中。莽莽重洋,杳无津渡。后实司之,康庄达路。昼则扬旗,夜则明灯。翩然引导,燕雀蜻蜓。历代褒嘉,逮我圣世。崇锡徽称,逾二十字。丹青土木,遍于海邦。此亦有祠,俯瞰鄞江。苍龙吹籁,白鼋击鼓。俎豆馨香,式歌且舞。幽明相感,感在一诚。惟灵故信,弥信弥灵。斯理自然,吾为诠释。人或有言,视此刻石。光绪十年,岁在甲申正月吉旦,赐同进士出身知州衔江西建昌县知县鄞董沛撰文。赐进士出身二品顶戴江苏补用道前翰林院庶吉士仁和杨鸿元书丹。赐同进士出身直隶宣化府知府前翰林院检讨镇海郑贤坊篆额。赐进士出身同知衔浙江鄞知县泰州朱庆镛检校上石。

——辑录自庆安会馆藏碑文

浙江宁波天后宫遗址发掘

林士民

浙江宁波天后宫，根据成书于南宋宝庆的《四明志》记载，宋代明州天妃宫在城东东渡路与江厦街一带，即福建会馆旧址。1950年该馆在国民党飞机轰炸宁波东西交通主干道灵桥时被炸，成为一片废墟，后又搭建了临时建筑。这次展销大厦工程就在该地块上，市文管会办公室在前期工作中对该地块做了周密的调查，认为其是宋代明州城内最早的天后宫，也是最早的商帮会馆雏形。在大量可靠材料的基础上，经国家文物局批准，由省文物考古研究所与宁波市文管办组织联合考古队进行发掘。整个发掘工作自1982年8月至11月底，历时3个月。发掘面积1340平方米，清理了不同时代天后宫建筑基址，出土了一批文物。现将这次清理的主要收获简报如下。

发掘的天后宫以基址为单位，分为四个发掘区。前殿编号为F1，戏台（包括甬道、天井）编号为F2，大殿（包括月台）编号为F3，其他附属建筑编号为F4。

宫殿遗迹

清理了由南向北的天后宫建筑群的基址一组。包括建筑中轴线上的宫门、池、前殿、戏台、甬道、天井、月台、大殿等建筑。最晚的宫门全被扰乱，放生池与前殿因后期建筑也遭到不同程度的破坏。

1. 第五次建筑（清咸丰年间）

包括放生池、前殿、戏台、甬道、月台与大殿。

放生池：呈长方形，上置拱桥三，池四周系用石砌筑，昔桥塌，池一部分亦为后代建筑扰乱。

前殿：平面呈横长方形，五开间，内铺地坪砖。面宽23米，进深9.2米。

戏台：平面呈正方形，面宽6.5米，进深5.5米。

甬道：宽6.5米，全长11.5米，连接大殿之月台，均铺石板。

月台：前设踏道，月台与大殿台基相连，但用条石分隔明显。月台宽14米，进深4.2米，面积约为59平方米。

大殿：呈正方形，台基构筑坚固、规整，面宽五开间18.3米，进深五开间18.6米。因被炸火烧只留下大殿前檐四根雕琢精细的石龙柱、石狮子残件等。

2. 第四次建筑（清康熙年间）

放生池：呈长方形，石砌。

前殿：呈长方形，面宽23米，进深9.2米，面积211.6平方米。

戏台：近正方形，六柱，面宽6.5米，进深5.5米，面积约36平方米。

甬道：宽度与戏台面宽同。铺有规整的石板，夯土的基础坚固。

月台：面宽11.2米，进深3.5米，面积39.2平方米。与第五次扩大部分交接明显。

大殿：呈正方形，平面布局由原来三开间正方形改为五开间。面宽18.3米，进深18.6米，面积340平方米。柱础的布局证明，明间采用抬梁式，次、梢间为穿斗式结构。

3. 第三次建筑（明嘉靖至天启时期）

第三次建筑由前殿和大殿两部分组成。

前殿：面宽为三开间15米，进深为7.6米。保存了部分方形地坪砖，铺设整齐。

大殿：面宽为三开间14米，进深四开间10.6米，面积为148平方米。从柱础石排列判断，明间应为抬梁式，次间为穿斗式结构。

4. 第二次建筑（元至正年间）

仅有殿宇建筑一幢，为三开间建筑，清理表明，这次建筑从地层上做了明显的区别。殿宇台基周边砌石，地坪绝大部分已被破坏。

5. 第一次建筑（元初）

主体建筑一座，面宽进深各为三开间建筑，其与第二次建筑同在基址中保留了元代的素覆盆式柱础石等残构件。

关于天妃宫（天后宫）遗址年代

第一次宫殿建筑，从基址中出土物证明这座天妃宫始建于元初。

第二次宫殿建筑年代根据地层中出土器与文献记载最晚也得在元至正五年（1345）左右。与第一次建筑相距约半个多世纪。其规模仍如元初。依据是：在基址中有元代覆盆式柱础石，这类柱础石与浙江省级文物保护单位奉化广济桥（建于元至元二十五年，1288）廊屋的元代柱础石相似。

龙泉青瓷贴花炉与福建1954年在安南清理的元至大三年（1310）墓出土的炉一致。鼎式炉与在杭州市老东岳发现的元大德六年（1302）著名书法家鲜于枢墓中的鼎式炉相同。蔗段洗与北京崇文区龙潭湖边北吕家窑村元代铁可父子墓出土的皇庆元年（1312）蔗段洗一致。碗的造型与江西高安县汉家山元墓［此墓葬于元至正五年（1345）］出土的碗也相似。

第三次宫殿建筑，在台基中出土了大量的明代景德镇等民窑青瓷器。嘉靖、隆庆、万历、天启等各朝代器物均有；出土的龙泉窑青瓷盘、碗、炉均为明代常见之物，因此这一建筑应建于明代无疑。清理表明，天后宫的建筑由一个大殿（主体建筑）发展到前殿，也就是说到了明代宫殿的规模比元代大了一倍。

第四次宫殿建筑，因为在大殿中出土了一批清康熙时期的青花瓷器与康熙三十四年（1695）的"重建敕赐宁波府灵慈宫记碑"，证实该建筑群重建于康熙年间。这次扩建就是大殿前月台、甬道、戏台、放生池及宫门，不但建筑宏伟，而且规模扩大，成为甬上最壮观的一座建筑。

第五次宫殿建筑的石雕龙柱、青花瓷器与碑记证实，这座建筑扩建于清咸丰（1851~1861）年间，这次主要是使用了大型的石雕龙柱等一整套精致的雕刻。一直沿用至20世纪50年代初。

由于这次清理面积大，在清理范围内没有发现宋代建筑基址，在元代文化层中偶尔出现的南宋晚期的龙泉窑莲瓣纹碗也不多，大量的是元代龙泉秘制品，从出土物与记年墓出土物对照证实，该宫殿建于元初。过去一直认为这里是宋代绍熙年间（1190~1194）明州天妃宫遗址，事实上元初与宋绍熙年间相距有80年左右，当时福建商人沈法询（发句）"舍宅为宫"推断属民居，在遗址中也没有任何迹象。

关于宫殿所处位置

这座由福建航海客商所建造的宫殿，从天妃宫到天后宫，宫殿的范围不断扩大,这说明明州在元代对外交通贸易中是非常繁荣的。清理遗址表明,宫殿在元代罗城城外,临奉化江岸边,这与清理的文化层堆积成斜坡式地势相吻合。从考古发掘的来安门(市舶务)城门段证实,天妃宫建在市舶务城门之北,也在大批元代石砌码头之西,来远亭的北首。这次天妃(后)宫殿大面积揭露勾画出元代市舶务城门、来远亭、码头与天妃(后)宫的位置布局。可以说这座航海的会馆正处在东门国际海运码头中间,是舶商活动的中心地,这显示了它的地位之重要。

——辑录自《再现昔日的文明——东方大港宁波考古研究》

英国人约翰·汤姆逊(John Thomson)
摄于1872年的宁波天后宫

宁波港老外滩时期

(1861~1990年)

进出口贸易文献辑录[*]

鸦片（洋药）进口贸易

浙海关设立前之鸦片走私

在1844年开埠以后，到1858年中英《通商章程善后条约》签订以前，鸦片贸易名义上仍属非法。但在1858年以后，为逃避关税，鸦片走私仍然没有停止。1845年定海的进出口贸易额只有1843年的1/10，然而鸦片走私额却大得惊人。是年，各种鸦片输入定海约为3650~4400箱，价值200多万两白银。这个数字等于同年全国鸦片输入额的1/10，也相当于同年宁波及定海进出口总额的10倍。1849年，输入宁波的鸦片为1840担，处州（丽水）为1390担；1854年，输入宁波的鸦片增至4495担，处州为1382担。总之，这一时期鸦片走私额非常大，通常要超过宁波港普通商品对外贸易总额的10倍甚至数十倍。

1858年鸦片开禁以后，鸦片走私还在继续。1861年英国专事鸦片走私的飞剪船"伊蒙特号"和"西风号"又到宁波洋面活动。当时"浙之宁波，有本地窑户与洋商往来，议定箱价，愿赴官包缴每月厘金"。在那时，"各洋商历年进口之货，仅以此（鸦片）不入税者为大宗"。

——辑录自《宁波港史》

---

[*] 本部分内容摘自海关贸易报告，表述多有简省或不严谨，为保留史料的原始性，未做大改动，部分地方用括号形式做了说明。

1865 年

1861～1865 年鸦片进口数量

单位：担

品名	1861 年	1862 年	1863 年	1864 年	1865 年
小洋药白皮土	1436	1278	2707	3011	2427
公班土	72	27	56	222	536
喇庄土	6	—	—	8	206
波斯土	—	—	—	46	188
土耳其土	—	—	—	17	22

1866 年

1866 年进口鸦片已达 4489 担，比去年增加了 1000 多担，其中只有 2550 担缴纳了台炮费（War Tax）。显然去年虽严禁偷漏税，但依然难以杜绝。

1867 年

1867 年进口 2038 担鸦片，每担按 39 银两（纳税），应收 79482 银两，折英镑 25000 镑，也无人过问。

1868 年

1868 年小洋药白皮土运入宁波比过去四年都多。

1864～1868 年小洋药白皮土运入宁波情况

单位：担

1864 年	1865 年	1866 年	1867 年	1868 年
2939	2291	3223	3952	3968

1864～1868 年公班、喇庄、波斯和土耳其鸦片之进口情况

单位：担

1864 年	1865 年	1866 年	1867 年	1868 年
15570	14543	12450	29136	33101

1868年宁波之小洋药白皮土每担最低价为465银两，最高价为525银两。

1870年

鸦片进口增加了321.36担——计小洋药白皮土207.65担、公班土71.11担、喇庄土27.60担、金花（波斯）土15担，以上系来自香港和上海两地。此业之进口乃专由洋人经营，中国人偶尔也会进口一二箱，对整个鸦片市场来说乃是不足挂齿者也。土药很少来此，据说它仅只有吸者之2%左右。本口本年进口数是5083.92担，那是供应所有鸦片烟铺和吸用鸦片烟馆、窝子者。据那些地方获悉，君子非但不见戒绝或减少，反而与日俱增。入冬街头衣不蔽体、蓬头垢面、在街道乞讨露宿而沦为乞丐，哀求施舍而得吞云吐雾者，已不鲜见矣。

1871~1872年

鸦片是进口项目中之最主要大宗产品。进口数量逐年增长，1869年为4915担，1870年5024担，1871年5425担，到了1872年就上升到6549担。

1873年

1873年鸦片进口比去年增加了809.40担，从而也扩大了供应范围——除了浙江省绝大部分地区外，运及赣、皖、闽三省与浙之边缘接壤地区也。1873年宁波进口鸦片7624.80担。

1874年

鸦片1874年总共进口7723担。是乃最近三四年来，安徽之东南部和福建之北部从宁波购买了大批进口鸦片。原先皖东南部长久以来系由九江供应，如今改道来宁波，因为运费比较低。而闽北之鸦片改由本口之原因，乃是当地税金过高。浙江之鸦片税定为每担征收39银两，由买方纳税，卖方得5两奖金。1874年鸦片中之小洋药白皮土，最高价每担为444银两（甬），最低价为399银两（甬）。

1875年

鸦片进口仍继续逐年增加。1875年比1874年进口多了1051箱，比1872年多2000多箱。据悉土药之生产和销售也是逐年稳步上升。

1874年至少有7000箱经由宁波运入内地，其中有相当大一部分是运往安徽南部和江西北部以及福建省。而从宁波运往以上三省和从上海、福建运去做比较,还是从宁波去来得方便,因为所经过厘卡比较少,这也是宁波洋药进口之所以增多之主要原因也。

宁波当地包括四郊在内,洋药之平均消耗量每天为2~3箱,都是通过本地27家华商鸦片进口商供应,以及转运入内地。

宁波鸦片之零售,是由500家(其中江北80家)鸦片烟店来进行的。熟鸦片烟0.90银圆一两。那些吸烟室内供应的所谓鸦片,其中也不知掺杂了些什么,吸一口得付20文铜钱,一般都是最贫穷之瘾君子也。

所有鸦片,一上岸就按100市斤立即征收关平银31两。此外,还有地方上一些杂七杂八名目繁多之苛捐杂税。总之,全部地方征收每百市斤鸦片约关平银40两多一些。据悉,其中还包括慈善捐献在内。

今附入本年洋药价格变动表于次,都系用广州银两计,与关平两出入不大。据悉,宁波之鸦片价格,随印度孟买起落而定。当地华商消息也和洋商一样灵通。下表中之突起突落,也许是孟买投机商在作祟所致。

又据悉,宁波每年进来之土药估计在千箱之多。每箱约250元,不及小洋药白皮土之半价。这类鸦片之产地,是象山和台州之间。有些这里的鸦片还流入温州。海关对土药之出口,就未被列入统计之内。

1875年宁波鸦片价格

单位:关平两

月份	小洋药白皮土	公班土	喇庄土
1月	405.00	425.60	408.90
2月	405.00	429.00	407.00
3月	400.40	434.00	408.00
4月	413.15	435.00	410.00
5月	400.00	432.00	405.00
6月	405.00	407.00	404.00
7月	400.50	420.00	405.00
8月	410.00	423.00	416.00
9月	425.00	429.00	415.00
10月	430.00	435.00	424.00
11月	425.00	433.00	425.00
12月	425.00	426.00	415.00

1877 年

兹就有关鸦片贸易中之宁波鸦片进出口业之税收做如下之说明。这里主要鸦片进口商，是两家大名鼎鼎的沙逊洋行。除此之外，其他洋商都是些"小儿科"和不足挂齿之辈。

华商虽然在除此行以外之其他行业诸如匹头、食糖和运输，几乎是如水银泻地无孔不入；唯独洋药进口业，华商从来也插不上手。

（注：这唯一华商最后能与洋药进口商所较量的取代洋药之措施，是用生产土药去替代洋药这一招。而华人为什么不能把进口洋药之权夺到手呢？原因殊多。他们也尝试过，但都没有成功。华商资本小，而在上海也没有合伙组织。若是到上海进口，就牵涉许多细节，如运输、回扣和租船；什么旅费、日常生活开销以外还得冒蚀耗。再者，现款支付之现金、税金必须付讫。另外，在宁波进货，可以就地挑挑拣拣，不像去上海诸多不便和烦恼，既不能赊欠，还得交款后立即把货提走、不得贮放等。）

而宁波之鸦片进口商就把货物售给土行（相对洋行而言）。有土行 31 家，福建行就占 21 家，而宁波行只有 10 家。其实，这些都是鸦片进口商和内地之鸦片烟店、商人之间的中介和媒体。近年来洋药进口逐年稳步上升。

1872 年，宁波就为通商口岸中四大洋药进口口岸之一，迄今仍然如此。而其他三个通商口岸，即上海、靖江和汕头。

1876 年乃是鸦片进口最多之年，其进口之情况见下表。

1876 年鸦片进口情况

小洋药白皮土	8526 担 = 8526 箱
公班土	212 担
喇庄土	64 担
波斯（金花）土	无
共计	8802 担

1877 年小洋药白皮土进口数庞大，情况不详，平均每月不下 710 箱。

华人开设鸦片烟行之简况见下表。

华人开设鸦片烟行之简况

单位：担

宁波县之月耗量计	60 担
绍兴县之月耗量计	80 担
台州县之月耗量计	10 担
温州县之月耗量计	10 担
处州县之月耗量计	10 担
杭州及嘉兴县之月耗量计	120 担
湖州县之月耗量计	60 担
运往兰溪转严州、衢州、金华	230 担
运往福建省	30 担
运往安徽省	50 担
运往江西省	50 担
共计	710 担

从上表中可以看出，台、温、处三州都系罂粟产地，洋药之消耗量如此之小。三地合计仅 30 箱一个月（占 710 箱之 4%），而台、温、处三州乃省内最贫困之地也，一方面是由于它们之经济条件差，另一方面是本身就是鸦片产区也。

浙江省与邻近接壤之闽、赣、皖三省之鸦片贸易状况。进入福建之路线是从浙江西南部江山县之清湖镇进入闽北浦城县。浦城县设有征税局，每件 17 两收 8 钱白银，一直到每担收 80 两白银。事实上，在如此崎岖之山区，也收不到税，而福建之鸦片厘金，约每担为 85 银两。据在福州之人士告知，闽北之鸦片均系由宁波供应。职以为每月流入福建之鸦片，远在 30 箱之上，有一部分打着运往兰溪的幌子，实际上是运往福建者也。全年从福州进口之洋药总数是 4000 担，那还不包括走私入闽部分。浙、闽两省之厘金征收相差之悬殊，乃是导致大量洋药入闽之极强之诱因也。

同样，说是每月入赣之洋药为 50 箱，也许又是兰溪从每月进口来之 230 箱中供应江西一部分。九江那里鸦片厘金是 30 银两又 7500 文，也比宁波多得多。轮船之运费，从上海到江西之东北部，经九江超过经宁波之运费。此外，江西东北部之鸦片厘金，比九江这里所征得少。从浙江运鸦片进江西，沿途通行无阻不征任何税，到目的地只需每担交 10 元，那是规定死了的，以代替厘金，对进口鸦片来说，显然是极低的税率也。

安徽东南部之徽州与浙江西部接壤，所有徽州之茶叶，都是越浙西而运来宁波，而宁波就供应徽州以鸦片。1877年，只有少数几担鸦片从芜湖运往徽州。安徽之厘金比宁波稍高，所以除了在浙江交了厘金，抵皖后还得征鸦片税，从芜湖运徽州之鸦片烟税，正常的是35.18两。从宁波运徽州当然比从芜湖运去更便宜。

据悉，宁波进口公班土（数量不大）主供杭州和嘉兴。而实际上并非尽供杭嘉两地，也如其他市场一样，是小洋药白皮土之大市场也。至于从上海越过江浙边界走私来浙江之公班土，乃是用来掺混入云土、台土、川土之类其他国产鸦片。

喇庄土之主销地是浙江湖州，那是浙北的富庶之处；有些则流入浙西常山和江西东部玉山。

下一步就说一下鸦片之征税。鸦片之厘金在本省是交由私人包税。包税人是宁波当地人，其鸦片包税办公地也在宁波。洋药公所是宁波31家鸦片行所成立之行会。该公所承包全部鸦片厘金，并向有关部门禀报其采购之所有情况。凡是洋药公所之会员，其鸦片运往省内任何地点不再缴纳厘金。该公所自成立以来，会员满意，一切顺利。按每箱喇庄土（孟加拉产鸦片）抽34银两，而小洋药白皮土和波斯（金花）土，抽31.79银两（注：以上系确实缴纳数额也。理论上来看如此厘金每担是40银两；为了抚慰鸦片烟商，每"箱"之孟加拉产鸦片，都一律作为一"担"算，虽然每箱之重量为1.2担）。同时，鸦片之包税人还给洋商鸦片行以每箱5银两之回扣，以及给予华商烟行每箱1银两之回扣，用以酬谢其辛苦，这样就剩下34银两，实际付在孟加拉鸦片上。

小洋药白皮土和波斯（金花）土都比孟加拉产鸦片轻，准予每箱按93.5市斤计算，即31.79（34乘以0.935）银两。

宁波之鸦片包税人，以每年15万银两向省政府承包了这一笔税，那么他留下28%，把72%上缴。让我们来算一算从鸦片之厘金上还能得到多少税金。

就以1876年为基础，并假定所有进口鸦片都售出。在那段时间，付了厘金之小洋药白皮土和波斯（金花）土，计每箱31.79海关两，总计271041.54海关两；公班土和喇庄土，计每箱34海关两，总计7820.00海关两。鸦片厘金合计278861.54海关两。

以上278861.54两中，150000两上缴省府藩台，而128861.54两之72%，计92780.31两缴浙江省财政，所有上缴总额为242780.31两。余下36081.23两归包税人之酬金，他之支出和利得。显然，从其他地方流入宁波之鸦片，就会减少洋药行会馆征税收入,这也牵涉年内本(港)口鸦片业者。

(注:为了补充上文中所提到鸦片各税负,兹再详列于次:①在宁波付"新桥"费0.30银两;②从宁波烟商转手乡下烟商0.50银两;③消防队、育婴堂等地方慈善机构单位之公益事业捐0.50银两;④文具纸张转成本费0.20银两。以上各项合计1.50银两。)

1876年贸易报告中也已报及征税税率之高低,如鸦片厘金之高低会导致鸦片之流向。即如宁波当地之厘金远较福建、江西为低,那么从宁波进口之洋药,很大一部分就会流入闽、赣两省。而江苏之厘金却又比宁波低,因此,鸦片就从上海越过江苏边界流入浙江北部一带。

这种情况导致以下两种状况。第一,要获得最大之鸦片税收,各省就应当有统一的鸦片税;第二,为保持统一,各省税局就不应征收。已经征收了的要摊分给各省省府。

1877年内鸦片之进口贸易突告回落9%,其进口之情况如下。

1876年、1877年鸦片进口情况

单位:担

品名	1876年	1877年
小洋药白皮土	8526.50	7641.13
公班土	212.40	204.00
喇庄土	63.60	122.60
波斯(金花)土	—	23.00
共计	8802.50	7990.73

由于鸦片价格居高不下,宁波之供应量也有所回落。吸得起400银两一箱的人到烟价上涨50%到600银两时,也就只有少吸矣。为弥补小洋药白皮土之不足和供应少,也就多进口喇庄土和波斯(金花)土。把这些与土药掺混,那也是瘾君子之不二法门也。但是国产烟土价格也不低廉,而波斯(金花)土之来源和供应量也少得微乎其微。这些容后细述。如今到了这一步,许多吸鸦片者就被迫要与鸦片烟枪割爱矣。大清驻英公使郭松涛之抗议书、《醒报》和许多有识之士均对鸦片毒害大声疾呼,口诛笔伐。自温州开埠后,宁波鸦片进口也并未见减少;温州那边之厘金也高过宁波,那边的鸦片烟商也乏资批发。总是设法由宁波将零售鸦片烟土从陆路运回温州,也比在温州向洋商购买来得便宜。

1877年小洋药白皮土下降为812担，那并非由于消费量减少，乃是因烟价过于昂贵和对烟民进行改造及洗心革面后消费面缩小。关于宁波鸦片烟商之联合从表面看似乎是一高招，连洋商也不敢望其项背，但这一高招至少在这方面做得过火。为了维护区区几箱鸦片免遭损失，而竟不经意地演出了一剧"大意失荆州"，使囊中物浙北的湖州、嘉兴等地之鸦片供应落入上海商之手。

　　多年前，那时上海鸦片之厘金还很高的时候，那些上海鸦片商就逃避了厘金（无论是上海的还是浙江的），走私鸦片进浙北。一直到了1876年江苏当局才把厘金减去45%，从此，走私才收敛起来。从那时起再也没有人逃避上海厘金。但对浙北之湖州、嘉兴商人来说，他们到宁波来进货也就更划得来。宁波商场上不像上海，一定要一手交货一手交款，这里讲信用，可赊欠一定时间。自从上海厘金调低到如今之24.61银两以来，唯独之走私的一家就是"书信包裹代理所"，据说，该所缴一笔贿金（即苞苴）给当地税务局以求免予干涉之便。

　　但是好戏还在后面，上海商人在浙北湖州、嘉兴等纷纷开设"上海××分号""上海××行"，如雨后春笋，其实是入浙埋伏兵马。只要是宁波方面一大意，一失足，上海商人在浙北就会大展宏图。而年内11月底宁波所出现之联合乃是上海商人所梦寐以求之良机也。从此，大批洋药以极廉之价格从江苏浩浩荡荡运入浙北，如入无人之境，因沿途厘金机构甚少，而那些厘金局之头目也从来没有遇到过有这么多鸦片经过的场面，因此也就不敢核对，征收出现了踌躇不前之态。这样的畸形，其后果就说明和证实了它。上海鸦片商长驱直入浙北市场后旗开得胜，是与官员们踌躇不前不无密切关系也，迄今尚未采取对策。而如今湖州之鸦片烟价远比宁波低廉。对策是把宁波厘金降低到与江苏看齐，或是加强在江苏边界之缉私，结合浙江境内降低部分厘金——到仅比江苏高3~4银两之多就行了。这样，结合可以赊欠的商业习惯，就能把湖州、嘉兴两地鸦片商拉回到由宁波来供应他们的鸦片。若能如法炮制，则藩台之厘金课税，以及鸦片包税人之利润务必就要减少。去年年底就呈请愿书给巡抚，以后又再呈请，但迄今尚未见果断裁决。现在尚按兵未动，但仍旧有可能厘金在宁波很快就会下调5~10银两，使宁波在浙北之鸦片供应上与上海争个高低。

　　1877年喇庄土进口数量较1876年之进口数64担增长了近两倍之多，那是由于小洋药白皮土涨价所导致。喇庄土只卖430银两而小洋药白皮土却卖到600银两出头。因此，喇庄土是买来与小洋药白皮土掺混，甚至有些地方以喇庄土冒充小洋药白皮土出售。

1878 年

从 1878 年来看，洋药之总进口比去年减少约有 9%，1877 年已是相当低之年，比起 1876 年约低 9%。从下表中可以看出，本年之小洋药白皮土还比 1877 年减少 1123 担。此品种虽减少了，但其他如公班土、喇庄土、波斯（金花）土却有了很大增长。而小洋药白皮土进口减少，是由印度产地歉收所致。据称，年内仅只收起平时之七成，这就导致小洋药白皮土之价格飞涨也。

1874～1878 年鸦片进口概况

单位：担

品名	1874 年	1875 年	1876 年	1877 年	1878 年
小洋药白皮土	7062	8138	8526	7641	6518
公班土	327	258	212	204	400
喇庄土	80	90	64	123	170
波斯（金花）土	—	23	—	23	164
总计	7469	8509	8802	7991	7252

华洋贸易报告中曾提及，1877 年浙北已开始不再由宁波而是由上海为之供应鸦片。从此这里的厘金局以及厘金包税人之收入将会因此而减少。宁波原来那个厘金包税人陈玉民经商精明能干，地方上也有相当势力，已于去年 6 月死亡，因而对厘金损失弥补等措施，也就暂停了一段时间，后由其子继承父业。目前计划和对策已定，由宁波洋药行会馆出面，在浙江北部湖州及嘉兴两地设立厘金分支机构，并雇用专查走私鸦片巡役若干人，往苏浙边界分卡开征鸦片税，每箱 28 银两。凡从上海来湖州、嘉兴两地之鸦片，一律照征不误，而本省之厘金，仍按原先规定执行。估计年内洋药来宁波将会增加 2000 箱。而在湖、嘉两地，那些汕头鸦片商已都来宁波。当地的鸦片商都是一些福建人，汕头人和福建人之间已拉开角逐之序幕矣，鹿死谁手，尚难预料矣，新安排将于 1879 年 3 月 1 日起实施也。

1879 年

1875～1879 年鸦片之进口净额详见下表。

1875～1879 年鸦片之进口净额

单位：担

品名	1875 年	1876 年	1877 年	1878 年	1879 年
小洋药白皮土	8138	8526	7641	6518	6768
公班土	258	212	204	400	486
喇庄土	90	64	123	170	302
波斯（金花）土	23	—	23	164	94
合计	8509	8802	7991	7252	7650

由此可见，小洋药白皮土占进口鸦片总额之绝大部分，尤其是1876年更是到了顶峰。这种鸦片到了1878年、1879年就大幅度回落，其价格2月份为每担585银两，到年底就降到500～505银两。鸦片商对这种鸦片之经营深表满意，年内大部分时间都能善贾而沾。至于进口之数量，比去年预测者要少得多。同时，国产鸦片，浙江省内之土药，从5月到6月收获极佳，价格也便宜，约为320元一担。

浙江北部行销孟加拉鸦片。那些孟加拉鸦片都是从宁波进口的。正如去年贸易报告中所指出的，是为了阻止洋药从上海通过运河直接非法进口，另外，大量从宁波进口公班土和喇庄土来抵制的办法是否有效，尚需拭目以待也。宁波于1879年初成立了一家汕头人创办的鸦片行，看来其他没头脑之人也会接踵而来，步其后尘。但是宁波之洋药进口商，早已站稳脚跟，那些汕头人在宁波站不住脚而知难而退。迄今宁波当地之鸦片进口商所采取之对策，已收到成效矣。

1880 年

在全国19个通商口岸中宁波之印度鸦片消费量占第四位，总计超过1879年洋药运入中国之9%。1880年洋药进口占所有洋货进口总值之57.20%，占进口货总值之44.92%。

兹将1879年及1880年鸦片进口情况列表如下。

1879 年与 1880 年鸦片进口情况

品名	1879 年 进口量（担）	1879 年 进口额（海关两）	1880 年 进口量（担）	1880 年 进口额(海关两)
小洋药白皮土	6768	3586605	5455	2907046
公班土	486	190853	294	131515

续表

品名	1879年 进口量（担）	1879年 进口额（海关两）	1880年 进口量（担）	1880年 进口额(海关两)
喇庄土	302	113502	471	203169
波斯（金花）土	94	38220	38	15500
共计	7650	3929180	6258	3257230

下表为1879年与1880年鸦片进口对比情况。

1879年与1880年鸦片进口对比情况

品名	1879年 差量（担）	1879年 差额（海关两）	1880年 差量（担）	1880年 差额（海关两）
小洋药白皮土	1313	679559	—	—
公班土	192	59338	—	—
喇庄土	—	—	169	89667
波斯（金花）土	56	22720	—	—
共计	1561	761617	169	89667

从计算中得知，洋药货值减少并不与其数量之减少成正比。即数量减少之比为18.20%，而货值之减少则为17.10%——虽然喇庄土进口数量大，而价值却低了。平均值之增长乃是因年内9月份小洋药白皮土收成好，为这些年来所罕见也。从鸦片商的观点来看，生意是令人满意的，虽然消费大为减少，但价格仍居高不下。明显的是小洋药白皮土，年内进口数乃是自1872年以来最少的一年，从列表中可以看到，喇庄土却大幅度地增长，那也是过去所没有的。它之所以增加，乃是由于公班土不如往常好，各团鸦片中发现蠹虫以致烟团边缘出现虫吃缺边，这样喇庄土就比公班土吃香了，价格也比公班土高，从此也就弥补了公班土之下降部分。

小洋药白皮土之锐减，部分原因是：原先由宁波土行所供应的浙北之湖州、嘉兴两地之鸦片，如今却慢慢而又稳步地由上海、汕头鸦片烟商来供应了。

浙江省之鸦片进口税是比较低的，为此宁波口岸有比较大量之洋药进口，并以此低价洋药供应省内的内地及本省之邻近地区。而邻近之江西、福建和安徽三省之内地税都比浙江高，而唯独江苏比浙江低，结果就造成上海之洋药偷越苏浙边界而潜入湖州和嘉兴一带。从上海到浙北和嘉兴就比宁波去那两地近得多矣。对以上这些，宁波鸦片商并非不知，而是眼明心亮，了如指掌，总是想到上海鸦片商凭近水楼台运洋药去湖州、嘉兴两地以低于宁波供应的价格夺宁波商人的饭碗，可是这些上海人是凭现款交易一手交货，一手交钱，而按宁波人做生意的习惯"可以赊欠"，为此，宁波之鸦片商就引以自慰，有恃无恐。

1877年到了第三季，宁波接到通知，说是国外（印度）鸦片秋获很差，而从孟买来宁波的邮船只载了少量鸦片。从此，鸦片价格很快上涨，一度引起鸦片烟行大肆吸进等待价格继续回升。还未等到他们反应过来，说是又有两大批鸦片从孟买运来，而洋行立即低价抛出。宁波鸦片行商人就如哑巴吃黄连，一时有苦说不出，同时也不愿高价买进而如今低价卖出，采取鸦片烟行都不再购进之策略，目的是想把他们的损失转嫁给内地一些鸦片烟商。而内地这些商人也非可欺之辈，他们也不着急进货，这样约有六个星期根本没有销售，最后，联合解体。这就是聪明反被聪明误，当初是怕几小箱鸦片蚀本罹亏损，而到头来就不经意地把那大好浙江北部之湖州、嘉兴市场上的鸦片给上海那些鸦片商，他们像饿鹰扑小鸡似的将鸦片夺走。而且供应湖州、嘉兴市场上的鸦片的价格比宁波鸦片商所联合指定的11月份的高价低得多，同时连苏浙边界的缉私巡警也不见。厘金局也是人少，连他们的主官也从来没有见过这么多的鸦片过路，一时也胆怯，手足无措，不知如何是好，运送者也就更肆无忌惮，以致过后有些应税者没有缴纳税费。

后来，宁波之鸦片包税人陈鱼门得知后，觉得这样下去会使省藩台以及宁波鸦片税承包人之收入大大减少，就非想对策不可。如何把湖州、嘉兴那边的鸦片商引回来与宁波打交道才是当务之急，于是，陈某就对湖嘉两地鸦片商许诺，只要他们来宁波，运费由陈某承担，并且购鸦片者可以赊欠。另外，宁波之洋药行会馆还增派缉私巡役去苏浙边界。这样双管齐下，想把湖嘉鸦片商与上海切断关系。惜哉，陈某之计划尚未实施，就离开人世，由其子继承其业。其子曾贯彻其父之一套计划，结果因获利甚少而放弃。以后湖嘉之市场仍由实力雄厚之上海鸦片商供应矣。

1881年

鸦片进口额增长了938398海关两，年内进口总值为4195628海关两。1879~1881年鸦片进口情况比较如下。

1879～1881年鸦片进口情况

单位：担

品名	1879年	1880年	1881年
小洋药白皮土	6785*	5455	7191
公班土	486	294	513
喇庄土	302	471	922
波斯（金花）土	94	38	2
合计	7667	6258	8628

注：*1880年的记载中，该数据为6768。

1881年所进口之鸦片乃自1876年以来最多之一年，其中小洋药白皮土之进口量，乃自1877年以来最多之一年。公班土是1867年以来最多之一年；喇庄土更是设关以来最多之一年；唯独波斯（金花）土，乃是自1878年以来下降最显著者。主要洋药之进口激增，也许是因谣传鸦片之进口税有提高之说。那是年初，嘉兴、湖州两地成立了厘金分局，要开始对从上海由陆上运入之鸦片开征税厘。同时，由于温州、台州和象山天时不利，罂粟收获量仅达六成（约3000担），而吸鸦片人数大增。据说，吸鸦片成时兴，富裕人家都以此为招待亲朋好友之交际品，以致鸦片烟馆如雨后春笋般增设起来矣。

洋药中之小洋药白皮土，主要是受中产阶层之青睐，1881年内共计消耗7350担。而今年罂粟种植面积，在附近地区已扩大了四成之多。为此，洋药之进口量也不会超过1881年之数量。

公班土和喇庄土两种进口鸦片，都供应富有阶层并为其所喜爱。据悉，宁波洋药行会馆与浙江北部之嘉兴、湖州鸦片烟商有过协议，规定每月该两地摊销至少五十箱公班土和喇庄土。

至于波斯（金花）土，那是因为品质不及国内之鸦片而进口减少。而小洋药白皮土因味比较淡而价廉。波斯（金花）土含有毒质，据说吸上瘾后就经常遭严重疾病，一般来说虽不致命，对吸入者也多有害。所以仅用来与土药混合掺入以增加调味，否则就不进口矣。

近来，国内产鸦片价格居高不下。1881年内仅进口川土65担，是初次来甬尝试推销。

年内之鸦片平均价：小洋药白皮土每担为505银两；公班土435银两；喇庄土415银两；波斯（金花）土430银两。浙江当地自产鸦片也可卖到

290银两一担，比1880年每担200银两已上升了90银两之多。川土在宁波可卖380银两一担。

宁波之鸦片业几乎全部掌握在福建和宁波商人手中，而且这帮人在地方上权势甚大。前几年有一名汕头商人企图在此开设一家鸦片烟行，立刻遭到这里福建商的拒绝，而且暗中连宁波商和洋行也都与汕头商拒绝往来矣。

——辑录自《浙海关贸易报告》

1882年

去年鸦片之进口值为关平银3276412两，比1881年之关平银4195628两减少919216两。其中，小洋药白皮土比去年约减少9%，公班土约减少36%，喇庄土约减少27%，而金花（波斯）土却从1881年的2担猛升至380担矣。

年底进口各种鸦片积存约1900担，同时，上年之库存1452担，而若再加上去年之进口数，然后从这个总数中减去本年年初之库存，那么去年之消耗量约为8410担。因此，虽然小洋药白皮土数量在海关统计上是减少了，但事实是这种鸦片依然很多。小洋药白皮土年内之平均价为410两，比1881年减少了95两；由于它价格低廉，土药之进口对它也不会有多大影响。而土药之价格仅180两一担，到本年底就有一半积压。正如浙海关统计数字中所示的，那来自印度孟加拉省之公班土和喇庄土，都有了相当数量之减少。本来浙江北部嘉兴和湖州之鸦片商，都与宁波鸦片进口公会有过协定，规定供应以上两地每月每种不少于50箱孟加拉洋药。岂知后来湖州、嘉兴之鸦片商竟从上海直接由陆路走私来供应这两种之孟加拉鸦片。年内孟加拉鸦片平均价为关平银400两，1881年是430两一担。波斯来的金花土已乏人问津矣，那是因质劣并含有危险的杂质。去年以来已大有改进，几乎可与小洋药白皮土媲美。最近来的波斯土也做成球状，几乎可以放到小洋药白皮土中乱真。市面上波斯土仍是供过于求，去年卖关平银350两一担，而1881年只是230两一担。由于其价格低廉，也就很有可能成为小洋药白皮土之劲敌，除非小洋药白皮土继续保持现有低价不变。

1883年

鸦片已为进口洋货中之首要产品。计本年之进口货值为关平银2971624两，比1882年之3276412两减少了关平银304788两；比1881年4195628

两又减少了关平银 1224004 两。所有各种进口洋药，至本年底尚积存约 1658 担，连同去年 1900 担，若再加上本年进口净额减去 1658 担，那么去年之总消耗量约是 8205 担，约比前年减少 200 担。小洋药白皮土之平均价约为关平银 380 两一箱，即比 1882 年减少了了 30 两。另外，浙江省内土药之价格年内上涨了许多，导致其他洋药如公班土和喇庄土保持在关平银 400 两一担不变。总之本年之鸦片商不搞投机，只是进行合法交易，所得之利润还算是不差的。

1884 年

1884 年鸦片进口 7926 担，比去年减少了 518 担。1884 鸦片进口量之减少，并不能据此推论消耗量之下降，可能因海关统计上有出入。鸦片从上海、杭州经由陆路走私运入宁波的，也根本无法统计。另外，中法关系破裂影响货运；浙江省内鸦片丰收，亦减少对进口鸦片之需求量。

1882~1883 年，有好几百担金花土从波斯运抵宁波，至年内已降到 2 担。据说是香港那边对波斯（金花）土价格看好，大量吸进分运至华南一些口岸去了。

1885 年

1885 年鸦片之进口数比七年来之平均数仅少 34 担。

宁波鸦片进口业之萧条，原因不一。最主要原因是鸦片厘金之猛增。年初一直都是每担 32 银两，到了 5 月 14 日猛提到了每担为 52 银两，到了 6 月 13 日，竟一跃再跃涨到 86 银两一担。这样，进口鸦片之价格也就水涨船高，浙江台州产之鸦片就销售范围扩大矣。另一原因，乃是有些原由宁波供应鸦片的市场，如今经由芜湖，那里的鸦片厘金比宁波的低。要是各地厘金都采用统一税率，那么对宁波是有利的。

1886 年

1886 年鸦片进口总数计 8244 担（除了 1881 年进口 8628 担）乃是近 10 年来净进口最多之年。小洋药白皮土本年进口 6504.24 担，比去年减少不到 200 担，但是公班土却增长 196.23 担，以上两项几乎抵消。然而喇庄土（去年 365.40 担）以及波斯之金花土（去年 15 担）两项分别为 1258.20 担及 16 担，超过 1885 年。据悉，小洋药白皮土乃是受人青睐又为瘾君子好求之鸦片，年内之减少乃是去年库存过多。从鸦片之价格来看，年内还算是稳定的。本年与去年进行对比，有一点不容忽视的是，厘金已涨到 86 银两一担，当然影响了进口鸦片之消耗量。虽然拿不出精确可靠之统计数据，但众口如一，这二三年来尤其是台州和象山，罂粟之栽植面积越来越大矣。土药之竞赛同时也带来了逆反应。在这种情形之下，鸦片之进口贸易，更显得具有惊人之活力矣。

1887 年

1887 年鸦片进口已从去年之关平银 300 万两下降到 160 万两。

1887 年鸦片进口情况

单位：担，%

品名	1886 年进口	1887 年进口	减少量	比 1886 年进口减少的百分比
小洋药白皮土	6504	4288	2216	34
公班土	465	38	427	92
喇庄土	1258	85	1173	93
波斯（金花）土	16	—	16	100

变化来自《芝果协定》附则之实施。浙江北部之杭州、嘉兴、湖州，简称杭嘉湖，乃是浙江之最昌盛之三个城市，比起宁波来离上海更近，而且与上海河港水网密布，水路交通也极为方便，因此也就从上海那里获取大部分之进口洋货也。唯独鸦片不在此列，以前有过规定，只批准宁波能从上海进口鸦片，那段时间管得很严。在江苏、浙江北部毗邻上海边缘地界，厘卡林立，严防从上海陆路或水路走私鸦片绕过宁波而入浙江。这样就确保了十年来截至 1886 年 12 月 31 日止，平均每年进口洋烟 7740 担到宁波。

自从《芝果协定》附则修订后，就允许浙江北部杭嘉湖直接从上海进口，那当然储仓费等都比从宁波进口节省多了。结果，过半之鸦片供应就直接转向上海了。年内就有共计 751 担小洋药白皮土、593 担公班土等从上海进入本省（浙江），那仅是年内四季度由上海通过上海、浙江边界之枫泾和南河检查站的记录数据。

1888 年

1888 年最令人注目之特点，就是本口鸦片进口业之复苏，已从去年之

4546担回升到本年之6111担，但这个数字，要是与前几年之数相比，只是在平均数之下矣；除了复出口70担，进口净额只是6041担。小洋药白皮土净进口数为5787担，比去年增长了1521担；公班土120担、喇庄土130担，计各增长82担及45担。本年在去年是零的基础上进口的波斯（金花）土有4担。近两年来，浙江之洋药量已相当稳定，所有之变动，也只是进入本省路线有更动罢了。

1889年

1889年鸦片进口净额为5932担，比去年减少109担，但又比1887年增长了1521担。根据设在江苏、浙江交界地之鸦片查缉分卡所供给之资料，1888年有在上海缴纳关税厘金之3597担外国鸦片，从陆路经浙江内陆路线运入本省，而1889年之进口数为3059担，计减少538担。

1888~1889年鸦片进口数量

单位：担

	1888年	1889年
经由上海江海关	3597	3059
经由宁波	6041	5932
经由温州	134	218

1890年

洋药比去年增加了94担，但是从鸦片检查分卡照江海关之税单和厘金单之汇总数看，非但没有增，还减少了200担，而温州将与宁波同样出现下降情况。这一行业在本省是在走下坡路。本年之市价均低于去年，那是由于洋商与宁波洋药行会馆所达成之新规定，即货抵达宁波后必须在三个月内发货；宁波之鸦片业据说并不谋利，如今已有几家打算停业。

1891年

外国鸦片之进口几乎与去年相同，只是上下相差1担而已。

据关卡记录，从上海经由陆路入浙江之洋药年内为2836.40担，致本省之总消耗量达8863.80担，再加上进口温州那一部分。

1892 年

1892 年运来宁波之外国鸦片计达 6198.55 担，而从上海由陆路运入浙江的，计有 2539.13 担，使供应浙江之外国鸦片总数计达 8737.68 担，再加上少量运温州者。以上之数额中，有 1400 担运往江西、福建、安徽三省；也许只是一小部分办了证的运往上列一些地方。

1893 年

1893 年进口之各种外国鸦片 5829 担，这是江苏与浙江交界之边缘地界设立在枫泾和南寻两地之鸦片检查站登记过的数字。从上海经陆路运入浙江之外国鸦片为 2468 担，再加上从温州进口的，合计共 8315 担，那么年内进口之外国鸦片比去年减少 423 担。下降之原因，是汇兑所造成的，因印度卢比升值所致。小洋药白皮土一箱在 1892 年底就增加了 90 元。洋鸦片身价抬高后，并非宁波之瘾君子要多出钱，而是土烟越掺越多了。

1894 年

1894 年进口鸦片之净量为 5565 担，而从上海陆路经浙北杭嘉湖地区进口的洋药 2213 担，合计 7778 担，再加上温州进口之洋药，1893 年之总供应数为 8315 担。小洋药白皮土之宁波 1891 年底价为每担计 675 元，到了 1892 年上升到了 705 元，到 1893 年底 795 元，到本年底 855 元。如此，本年比去年上升 60 元，而比前三年上升了 180 元。价格之上升是由于货物之进口量下降。

1895 年

1895 年之进口洋货中，鸦片乃是唯一下降之商品也，已比去年减少 400 担。洋药之减少，已由土药之增加进口所弥补。由于汇率问题，白银汇率猛跌；如今国内之瘾君子被形势所迫，不得不改吸土药，迄今也已习以为常矣。据一个老鸦片烟客告知：平日吸 3.5 钱川烟者，只需洋烟 3 钱就过足烟瘾也，要是吸土烟就可以节约 30% 费用。目前，宁波一箱小洋药白皮土（一般都是进口这一品种）的当地价为 589 海关两，而去年只是 547 海关两。年内净进口 5164 担，加上从浙省北部边界两个鸦片检查站来的 1796 担，合计 6960 担。

1896 年

1896 年进口外国鸦片 5001 担，此外还要加上 1646 担已在上海纳了税从江浙交界地由水道运来的。从有关资料来做比较，印度鸦片在宁波之消耗量已稳步下降，因国内产之鸦片价格低廉，大有取而代之之势。1886 年正月新货小洋药白皮土在上海开盘为 402 银两，到 1896 年正月为 560 银两，而到 1897 年正月，已达 596 银两。

1897 年

1897 年洋药进口 3811 担，比去年又减少约 1200 担。由于洋药的涨价，国产鸦片乘虚而入，此外，还由于后者品质近来已有改良。

1898 年

1898 年进口洋药 3584 担，（比 1897 年）又减少了 227 担。

1899 年

1899 年进口洋药仅 3393 担，比去年减少了 191 担。

1900 年

1900 年进口洋药 2559 担，比去年减少了 834 担。

1901 年

1901 年从外国进口鸦片 2357 担，比 1900 年减少了 202 担。原因是洋药消费量下降，价格昂贵。

1902 年

洋药仍照前减少，1902 年只有 2025 担，去年有 2357 担，其故皆由上海直运杭州。查洋药较本地所产之浆价甚昂贵，是以减销。

1903 年

1903 年进口洋药共 2207 担。1902 年为 2025 担，增加了 9%。

1904 年

1904 年进口洋药共 2209 担，1903 年为 2207 担，洋药共值 1609321 两，以视去年 1473841 两，其数较增。

1905 年

洋药进口数稍减，各土共有 1793 担，与去年比减少了 18.8%，估值亦少一成之谱。亦白皮土较上年少 438 担，公班土、喇庄土增 43 担。

1906 年

1906 年洋药需求并不殷切，乃与皇帝下诏有关。
1902~1905 年鸦片进口情况如下。

1902~1905 年鸦片进口情况

单位：担

1902 年	1903 年	1904 年	1905 年
1989	2177	2209	1419

1907 年

1907 年各种进口鸦片共计增加了 44 担。小洋药白皮土从 1350 担增至 1390 担，公班土从 47 担增至 66 担，喇庄土从 22 担下降到 7 担。

1908 年

进口之洋药计减 135 担，合一成之数。白皮土行销于本处市面为独多，其价在六月间每箱 740 两，九月间 1050 两，至年终 830 两。按价而论，销路自减，但销路虽减，其用处亦未能同时递减也。

1909 年

洋药之减少实为功令严紧，1909 年之减似觉可贺，洋药进口共有 936 担，比上年减少 387 担，小土价值每箱在春间计 830 两，至年底涨至 1070 两。

1910 年

洋药进口，1910 年仍见减少。而其估值则不然，进口小土计 449 担，大土计 56 担，两相合计估值关平银 799202 两。上年小土计 889 担，大土计 47 担，合计估值关平银 768157 两。

1911 年

洋药进口本年仍见减少，进口小土计 393 担，大土 19 担。上年小土进口 449 担，大土 56 担。三月初间，华商闻洋药税行将加增，所以三月望后洋药进口有 80 箱之数，统计似可销用三月。从四月以来，洋药进口约计每月 21 箱之数，较上年统计之数减少。

1912 年

洋药进口，年初有小土即白土皮 9 担 11 斤。1 月 26 日以后洋药本关未见进口，上年数目计有 412 担，因本邑严禁吃烟净尽。

上年净值关平银 8102383 两，今年只有 6562473 两，其皆因 1 月 26 日之后，洋药买卖已停，计洋货估值所减之数，洋药要占到 50%。

1913 年

洋药进口绝无仅有。地方官以严法禁之，禁烟大有成效。

——辑录自《宁波口华洋贸易情形论略》

洋布进口贸易

1868 年

1867 年全国通商口岸进口本色洋布之总数为 2398000 件，而该年宁波进口 221585 件，约占 1/10。1868 年比 1867 年增长了 73650 件，与各口岸增长额持平。

最近五年（1864～1868 年）匹头之增势如下表所示。

1864~1868 年进口匹头数量

单位：件

1864 年	1865 年	1866 年	1867 年	1868 年
135023	137703	165320	294558	408325

下表显示 1863~1868 年毛织品之进口数量。

1863~1868 年毛织品进口数量

单位：件

1863 年	1864 年	1865 年	1866 年	1867 年	1868 年
10718	15570	14543	12450	29136	33101

上列毛织品中以西班牙冲毛呢、毛纱、羽绫和羽纱为主，宁波当地人从以前穿皮货、毛货慢慢改为穿毛呢者日众。而这些宁波人特别是经济条件好的，喜穿丝绵的一时还不习惯用毛呢。以往罗宋粗毛呢年销约 5000 件，到了 1867 年猛降到只有 59 件，到 1868 年就只有 46 件。

1869 年

棉制品几乎每项都比去年有了增长。本口去年进口棉制品总值估计为 973000 银两，而本年已达 1155000 银两，净增 182000 银两。

1870 年

进口货匹头中之本色洋布居首位，计 295427 件，比去年之 319317 件减少了 23890 件。漂白洋布增长 7551 件，染色洋布增 6544 件。标布继续看涨，计 131616 件，比去年 120352 件增加了 11264 件。

斜纹布，包括英、美、荷制，已增 56926 件，细斜纹布 2619 件，印花棉布 1978 件，丝绒及棉制丝绒 735 件，市布下降了 256 件，手帕下降了 656 打。

1870 年毛织品中，所有主要品种有了全面之增长，如英制羽纱 1462 件，宽呢及其他毛呢 697 件，染色冲毛呢 965 件，羽绫 820 件，小呢计 1179 件，有光呢和奥理良呢本色及花色者 8744 件。

1871~1872 年

棉制品匹头进口数量逐年稳步增长。1870 年进口 560963 件，1871 年

645700 件，到 1872 年 684029 件，而 1868 年只是 408325 件，1864 年仅 135023 件。

本色洋布，1871 年进口数为 358299 件，1872 年 349784 件，分别比 1870 年之 293887 件增长了 64412 件及 55897 件，却比 1871 年、1872 年之平均数又减少了 8515 件。

白市布 1870 年进口 17666 件，1871 年进口 17257 件，1872 年进口 21834 件，进口数字一年比一年大。①

染色布不如白市布行销，而且销量逐年下降。1870 年进口 7696 件，到 1871 年为 5698 件，1872 年降到上年之一半以下，计 2460 件。

标布之销量也是逐年上升。1870 年进口 131616 件，1871 年 168818 件，到 1872 年就上升到了 203482 件。

斜纹布有英、美和荷兰制三种。1871 年比 1870 年减少了 22884 件，但是到了 1872 年却超过上年 11844 件。

印花布 1870 年进口 8784 件，1871 年进口 7054 件，到 1872 年就下降到了 5314 件。

丝绒（经绒）和棉绒（纬绒）1870 年进口 3866 件，1871 年进口 2669 件，1872 年进口 3075 件。

围巾进口增长不少。1870 年进口 4810 打，1871 年进口 7014 打，到了 1872 年进口 8688 打。

1872 年毛织品进口略有下降。1871 年进口 45929 件，1870 年进口 41669 件，1872 年则为 39645 件。

1873 年

布匹业除了手帕进口 9726 打，增长 1038 打，其他各项已增至 75892 件。匹头业已站稳脚跟，并且与年俱增。毛织品比去年略增 960 件，总净进口数为 40605 件。

1874 年

1874 年进口各种棉制品 696822 件，比 1873 年减少了 54647 件。减少原因乃是国内棉花收成极佳，而棉花之价格也特别低廉。毛织品与去年相比下降了 9460 件，本年总进口数计 31145 件。

---

① 1871 年进口数量少于 1870 年，但囿于史料原稿如此，未做改动。

1876 年

1876 年棉制品进口超 1874 年，计 24744 件。因本年中国浙江地区棉花歉收，为此供应当地棉纺织之原料就减少，对进口洋棉制品之需求理当增长。但是，事实上并非如此。

本色布和漂白洋布稍有回升，染色布略有回落，洋标布也有所下降。而市场上那些比较牢实之棉布，经磨耐洗，深得用户喜爱。棉花之利润不大，靠薄利多销。当前市上价格 6 磅和 7 磅市布为银圆 1.75～2 元，那些牢实棉布则自 2.3 元至 3.4 元，洋标布自 1.4 元至 2.3 元。

匹头本年之总值为关平银 1179963 两。其中本色洋布 402918 件，比 1875 年 377412 件增加了 25506 件，其他品种也都有增加。

毛织品总值关平银 182397 两，大多数品种都有减少。

1877 年

棉制品匹头占贸易总额之 10%。与 1876 年相比原色布匹头下降 5 万件，标布匹头下降 6 万件，英制斜纹布下降 2 万件，进口总量几乎与 1874 年相同。其他大部分之棉制品如细斜纹布、荷产粗斜纹布、花布、天鹅绒、棉绒和充开士米厚棉布都减少了，以及凸纹条格细平布、家用织物（衬衣、毛巾、床单等）及平纹细布，以往几年经常列入海关统计而到 1877 年就不见进口。而杂货之进口货值也不足 1000 海关两矣。

1879 年

所有匹头（棉制品占 9.4%，毛织品占 0.9%）之进口总值为 1345205 海关两，其中原色布、标布、漂白布和花洋布四项计值 250600 海关两。

1880 年

匹头占贸易总额之 10.5%，棉制品匹头与毛织品匹头之比为 11.2∶1。1880 年运来宁波之匹头占英国运来中国全部之匹头 4.5%。整个棉制品中除了色布、棉绒两项大幅度下降，共计达 10 万件，占 15%。

1880 年各类棉制品进口情况

市布	计减少 41000 件	占 10.5%
标布	计减少 44500 件	占 25%

续表

细斜纹布	计减少 6500 件	占 16.5%
印花布	计减少 1600 件	占 37%
手帕	计减少 760 件	占 12%
棉绒	计增长 755 件	占 65%

毛织品也减少很多，惟独英制羽纱增加。

1880 年各类毛织品进口情况

英制羽纱	计增加 120 件	约占 7%
呢绒	计减少 540 件	约占 28%
斜纹呢	计减少 230 件	约占 9%
小呢	计减少 2 件	—
有光呢	计减少 1850 件	约占 22.5%
冲毛呢	计减少 40 件	约占 2%

1881 年

1881 年棉制品进口总值计已达 1220349 海关两，比 1880 年增长了 25837 两。

原色布从 1880 年之 297330 件已增长了 34539 件，到了年内已达 331869 件；漂白洋布已达 35031 件，计增了 5032 件；染色洋布已增至 44284 件，1881 年内已进口 51936 件，而 1880 年只进了 7652 件。以上这些均印有各种图样为妇孺所喜爱乐用。标布已增长了 7535 件，英细斜纹布也增长了 3650 件，洋红布增长了 2691 件。有图样图案之花布、手帕也十分畅销，计花布已增 1524 件，后者也增了 1473 打。惟独荷兰细斜纹布从 1880 年之 3210 件回落到 1881 年之 960 件，其他所有之棉制品或多或少都有增长也。

1881 年毛织品进口总值计达 118937 海关两，比 1880 年之 106647 两增长 12290 两。其中黑色直贡呢从 712 件上升到 1172 件；有光呢下降了 497 件至 5545 件。服装用英制黑色直贡呢，由于质地优良，较有光呢更为畅销，而有光呢则前途暗淡已乏人问津矣。然而，英制羽纱质与有光呢相反，倒略有回升。

——辑录自《浙海关贸易报告》

1882 年

1882 年棉制品进口总值计关平银 1225526 两，比 1881 年增了 5177 两。本色洋布本年进口 348583 件，比去年增 16714 件；漂白布进口 43733 件，比去年增 8702 件；标布进口 158480 件，比去年增 17730 件。英制斜纹布进口 19485 件，比去年增 9624 件；美制斜纹布进口 13910 件，比去年增 7720 件；英制床单从 490 件上升到 864 件；美制床单从 3111 件上升到 4925 件；围巾从 6923 打上升到 9029 打。唯一主要下降的品种之染色市布从 44404 件猛降到 7532 件——比 1880 年之进口数稍低。

毛织品也呈增长之势，本年进口总值为关平银 127570 两，比去年的 118937 两增长甚微。但只是在个别几种毛织品上有均匀增长，有少数只是数量上减少。

多少年来匹头业都是完全由华商操纵的。

1883 年

棉布 1883 年进口总值为关平银 1249462 两，比 1882 年增长关平银 23936 两。计原色布就下降了 23274 件到了 325309 件；漂白布减少了 1389 件到了 42344 件；标布增加了 20205 件到了 178685 件；英制斜纹布从 19485 件升到 24060 件；而美制斜纹布从 13910 件下降到 6127 件；美制床单从 4925 件上升到 7869 件；围巾从 9029 打回落到 7370 打；染色洋布从 3677 件上升到 11209 件，但仍比 1881 年之 51936 件低得多。

总之，棉制品是呈上升趋势，而毛织品却是回落矣。毛织品 1883 年之进口总值为关平银 117641 两，比 1882 年之 127570 两减少了关平银 9929 两。

1884 年

1884 年 8~9 月由于法军在邻近省采取军事行动，宁波也有大批人离去。由于时局动荡，影响了市场活跃，但棉制品之进口并未减少到令人关注之地步。

毛织品也是逐年减少。从 1877 年 26223 件到 1884 年已下降到了 10602 件。据华商透露，消费者愿购置棉制品，因其价格比之毛织品便宜；另外华人御寒，上层人士习惯于采用丝织品如缎，对毛织品并不热衷。

1885 年

1885 年进口棉制品比去年减少 5 万件计值近关平银 2 万两。

1885 年毛织品进口也不多，本年虽稍有增长，但比起去年之下降数那是相差甚大抵消不了。

1886 年

1886 年进口棉制品 742569 件，计比去年增加了 151881 件。其中本色洋布进口总数 407233 件，索赔 82427 件。去年进口 17 项主要品种中只有三种即美制标布以及荷兰和美制细斜纹布稍有回落。但到去年秋季大丰收后棉制品更是销路畅旺，这方面之进口商也就财源亨通，对来年也增强了信心。

毛织品（本年进口 13626 件）计增加了 2000 件，几乎有近一半之增长来自染色冲毛呢（计本年进口 2328 件），除了企头呢一种外，其他都有增长。

1887 年

1887 年棉制品进口货值关平银 1241396 两，比去年计减少达 10 万两以上。进口总数量乃 740810 件，比去年约多 7000 件，除了 1876 年之进口数系 20 年来最高数。而价格之降低，原因是最近进口一大批质量极劣之本色布。其他上升的有本色市布，本年进口 426755 件，计上升 19522 件；漂白市布进口 64629 件，计上升 2730 件。此外，还有美、荷细斜纹布进口 13875 件，增 5825 件；另外 32 寸宽标布，从去年之 80314 件下降到本年 73895 件。

1887 年毛织品进口 12215 件，比去年减少 1411 件；有光呢和奥尔良毛纱两项从 3411 件下降到 2136 件。

1888 年

本年本口棉制品之进口总值计达关平银 1348699 两，比去年之 1243830 两（1887 年当年的记载为 1241396 两）几乎增长关平银 10 万两。所有各项棉制品之总进口数为 744826 件：其中围巾、毛巾就已达 10628 打；棉纱、线计 109 担；原色布 421226 件，计下降 5500 件；细斜纹布 16630 件，下降 6104 件。除了这些以外都是回升：漂白市布 72329 件，计上升 7700 件；标布 142626 件，计上升 6800 件；斜纹布 21759 件，计上升 2100 件；床单布

21520 件，计上升 4500 件；印花布 11440 件，计上升 3000 件。

据宁波匹头公会在本口之业务负责人士称，宁波之匹头价喊得高，致年内该业遭受损失。但从贸易统计来看，情况并非如他们所说的那样。

毛织品仍保持原来水平。本年进口 13230 件，比去年 12215 件略有回升。

1889 年

棉制品与毛织品之本年比去年下降率仅只是略高于 3 个百分点，原因有两方面。一方面是内地遭灾难；另一方面是省内大部分地区洋货均由上海供应。

1890 年

棉布比 1889 年回升了 31000 件。其中市布计达 74.50%，与前几年相比似乎是平稳的。染色洋布（5 码以下在港、穗染色）之短节者计有 15676 件是 1887 年进口的，到了年内在海关记录中就消失了，宁波当地染房就替代了华南（港、穗）之染工。毛织品继续疲软，本年比去年减少了 361 件，但比 1881 年减少了 5484 件。毛织品回升者有意大利呢，从 1881 年之 1172 件到 1890 年之 312 件，而有光呢和奥尔良毛纱均有回落。宁波当地人对意大利进口之毛呢情有独钟，因为其牢实。

1893 年

棉匹头进口额为 1432194 海关两。棉制品匹头本年内仅进口 639800 件，比去年之 888975 件下降了 28%，主要原因是汇率下降，货价提高。匹头中除了绝大部分是日本制棉法兰绒、棉羽绫、棉薄纱、棉手巾、手帕、围巾之外，其他从欧美进口全部棉制品都回落。

洋货布匹既然惨落，就得扩大国内生产，也必然扩大对印度棉纱之需求量。从此前两年，印度棉纱就在进口业中占有重要地位。英领印度的金融法制，使得印卢比与银圆比价之升值，印度出口之鸦片、棉纱也就狂涨。结果是棉纱进口从 1892 年 16944 担到年内下降到了 7761 担。这些数字中还有 1892 年的英国棉纱 102 担在内，以及本年内英国棉纱 96 担和日本棉纱 21 担在内。如今自然就产生了一些这样的问题：本年既然比去年棉匹头减少了 25000 件，棉纱也减少了 9000 担，这样大的不足，不是要设法从国内来弥补吗？若是，则这么大量之土布又从何处去找呢？又要不影响国内之棉花出口，又要突然增加那么多的土产品，两全其美的事谈何容易？其实，年内之原棉出口数量之大乃是空前的。看来要解决这个问题，也只有号召大众要新三年、旧三年、补补连连又三年了。若是，则下一年对洋货匹头之需求就更为殷切。据说，在上海以及附近地区，已考虑建立好几家纱厂、棉纱厂，为救燃眉之急，并从日本进口棉制品。看来由于汇率问题之阻碍，欧、美来之棉制品，短期内也许不会再进口；那么西方不亮东方亮，失之东隅就收之桑榆。从中日制造者竞争中，最近棉制品之价格接近以往水平。

1894 年

1894 年第一季度布匹业似有复苏迹象，查去年接近年终时布匹之进口量已落到了最低潮。在第四季度中原色、漂白市布、标布和床单之进口数量都大大地超过 1893 年同期之进口数量；但第二、第三两个季度之进口数量又低于 1893 年之同期进口数量。总之，本年之布匹全年进口之总数已经下降到比 1893 年还要减少 51413 件。这也不足为奇，因为还有大批供应国内自织用的洋纱呢，年内就比去年增长了 2841 担，虽然与 1892 年相比那还差得远。上述之进口棉纱中有 1376 担是日纱，有 660 担是华纱。

1895 年

棉布匹头显已复苏，进口了 186413 件，数量超过去年。原因众多：买卖双方即匹头商与消费者，都一致认为低汇率会保持相当长之一段时间，从此也就不再抱观望态度。岂知正当中日酣战之时，所有存货已逐渐告罄，商人也无意在兵荒马乱中冒风险去进货，待时局平靖后再作打算。同时也想到在不久之前，已经进口来本省之大批国外制牢实的斜纹布以供军用（军装和帐篷）。毛织品之进口与去年出入不大。

1896 年

棉布匹头增长，而匹头中之增长，主要又是原色布和标布，计达 929655 件（其中包括 1 万件系从汉口及上海棉纺厂而来的）。国内产品有长足之进步，其中以机制棉纱更为显著突出，计已进口来宁约 18000 担，比 1889 年之 62 担真是不可同日而语矣；如今至少有 1 万担系宁波棉纺厂之产品。上述之约 18000 担中有印度棉纱厂供应的近 12000 担；日本供应 4793 担；而上海棉纺厂只是供应了 1381 担。上海本年供应数只占去年之 3963 担供应数的 1/3。

1897 年

1897 年棉纱进口比去年减少，计进口 7139 担，计关平银 140993 两；而 1896 年为 16822 担，计关平银 325201 两。

1898 年

布匹进口 815817 件，计值关平银 200 万两，虽比 1896 年、1897 年低，可仍是最好年之一。洋纱之进口，1892 年为 16944 担，至本年仅只 4004 担矣。棉纱稳步下落，因当地国产纱之增加。毛织品计进口已达 13123 件，计值关平银 142237 两，确实是良好之一年也。

1899 年

外国棉制品 1899 年进口达 918063 件（计值关平银 230 万两），比去年略低，但比以往其他各年都高。毛织品 13441 件，计关平银 156000 两，乃自 1892 年以来最高之数。

1900 年

布匹之下降主要是原色布下降了 78420 件，标布下降了 21400 件。至于英美制之斜纹布和美制床单、宽幅平布也都有一定幅度之下降。棉制品之不景气，部分是由于华北动乱，另一部分是由于上海之棉布进口商要求一手交货一手付款，不搞赊销。

1900 年棉纱进口 9516 担，其中英制 195 担、印度产 1899 担、日本产 3277 担，上海厂出口 2415 担，比去年增长了 813 担。

1901 年

英制纤维产品，上浆过厚，不牢实，不如美制者也。而美制货以往价格过于昂贵，如今已逐渐向英、荷制品之价格看齐矣。

1898 年与 1901 年英美斜纹床单布之变动情况

单位：件

品名	1898 年	1901 年
美制斜纹床单布	61606	105664
英制斜纹床单布	12725	6325

1901年，英制棉纱进口了250担；而印度棉纱自1896年以来下降甚猛，而年内又卷土重来，已进口7022担之多。从这些新近之竞争来看，很奇特，国内有上海棉纺厂，还有宁波当地之棉纺厂，仅宁波棉纺厂一家，就每年供应市场达25000担之多。

毛织品年内总共进口12000件。这一行业是在走下坡路，因为最近几年入冬以来，无论是从欧洲还是日本进口之棉质法兰绒，已取而代之用来御寒矣。

1902年

棉匹头货之匹数较前减少一成，皆缘金银汇兑中之亏耗。然以数计之亦寥寥无几。唯上等匹头货如斜纹布、粗布、意大利等布甚为通用，日臻畅旺，殆亦因布质精美、坚厚故耳。至于棉纱，唯印度棉纱销路最旺；英国棉纱线较之虽细而价太高昂，进口之数有1136担，前两年不过200担至250担不等。前云甬上之织布厂虽用洋纱，其中亦揽合土纱，织成布匹绒匹头货。与上年相较在伯仲之间，缘宁地销路有限。

1903年

匹头货估价共有372816两，种种俱见生色。内地销用大见加增，其最大者原、土二布去年只有403349匹，今岁则有55431匹。粗细斜纹布去年只有34554匹，今岁增至46763匹。洋棉纱用制土布，去年计有10631担，今岁增至24211担。

1904年

原布则短25000匹。花旗土布则短33000匹。白布、冲白布、美粗斜纹布俱见生色。洋纱约短6000担，间有东洋棉纱短至1000担。诸数虽亚于去年，然胜于往年。绒匹头货、绒棉货依然如故，本棉布生意大优，以致上洋货之细耳。

1905年

棉匹头货本年颇佳，获利亦多。棉匹头货之进口大概均增。最显然者唯美粗布，共有93000匹，去年只有52000匹，其表明本口抵制美货无甚效验。原布、白布、大小系布、美粗斜纹布亦俱见生色。绒匹头货毋庸论，进口数与十年前比较，不相上下。棉纱进口较前甚少，其所少之缘由亦难详解，谅内地做色土布者销场缺乏之故，因此去年进口16877担，今年只有8802担矣。印度棉纱计少5000担，东洋棉纱计少3000担。

1906年

原色布减少5%，总计进口42万件；漂白洋布减少3%，总计123000件；标布减30%，计进口35000件；美制斜纹布减4%，计进口39000件。匹头商说，是年内竞争激烈，利润菲薄。

1908年

原布1907年448954匹，1908年只有347235匹；白布上年139933匹，1908年只有112330匹；美国粗布上年87815匹，1908年只有23627匹。

1910年

布匹类总数估值较上年约增674000两，即23%。本年匹数估值二项均推原色布为首，虽匹数较上年减少46255匹，而估值则反较上年约多出千两。白色布、粗布、粗斜纹布、意大利布以估值而论为次，匹数均有增加，其余各色布匹统计进口匹数亦略见加。棉纱一项以日本为多，因本口纱厂出纱不多，故洋纱大加进口以承其乏。

1912年

布匹类进口计64万匹，其数若照向来每年就地销场所需之数，相形见绌。

1913年

布匹类以原色布为大宗，仍比上年多107160匹。其次则为白色布，亦增31629匹之多，余者亦颇有起色，计匹头类共值3550730两。本年绒类进口，共值不过87195两而已。

1914年

布匹类内，原色布为最紧要之款，跌去15489匹之多，其余各款进口，均皆减少。本年布匹一业，贩运进口者，均皆不甚得意，生意难做，金镑兑价奇涨，索价一高，买客即裹足不前。棉纱进口12557担，2/3均系日本货。日本货一来竞争，使本埠纱厂所出之纱价钱跌落。呢绒类与上年不相上下，所有进口各种呢绒之总值，达 87635 两。

1915 年

布匹类，除素棉、意大利布增加外，其余俱有减少。原色布少 102000 匹，即 26%；白布少 3 万匹，即 24%，本地销场实形欠缺。日本粗布进口之数，仍几如上年之多，日本粗斜，亦仍有增无减。各项棉纱进口，俱见跌缩。本埠纱厂所出之纱，与之竞争可称劲敌。

1916 名

布匹类，日本粗斜纹布及英国细斜纹布大见减少，由 46808 匹、14640 匹，跌至 31900 匹、4586 匹。手帕多 11502 打，除此项外，其余货色大半减逊，其显易见者，则外国棉货类之短细，实因同类中国制造品争胜，市面上已占优美地位。英国棉纱少 66 担，印度纱少 216 担，而日本纱反增 3426 担。绒货类、大企呢因价格太昂，册载中竟付阙如。

1917 年

进口布匹减少者多，其最显著者为原色布、粗布及粗斜纹布三种，唯印花布因日本出产日盛，故进口本埠者亦较多。其余如法兰绒、棉剪绒均有起色，手帕一项销路甚广，似仍能维持其往年之盛。毛织物则相形益细，稽之关册，全年进口仅有羽纱 81 匹及羽绫 620 匹耳。

1918 年

棉货类贸易如常，其中唯原色布、白色布两种，当春夏两季价格稍跌，进口大盛，与去岁相较，一增 6 万匹，一增 3000 匹，自是以后，到货锐减，推原其故，盖因欧战未已，运输艰难，采办非易，来源自少。而日货销场得以推广，绒货价值昂贵，际此经济窘困之时，其贸易自不能不形萧索。

1920 年

浙江省各处向由本埠采办日货，今则设法改由上海输入，此细彼盈，理所当然，即以下例进口之棉织品观之，则此说亦非无因。

1918～1920 年棉织品进口情况

单位：匹，打

品名	1918 年	1919 年	1920 年
本色市布	331745	224823	191958
漂白市布	75197	53590	57817
粗布	171500	141086	158827
粗斜纹布	40340	34037	31015
棉法绒	20686	10446	7549
手帕	21994	12041	4734

1921 年

棉织品本埠市面仍行需用，本色市布进口共 169200 匹，漂白市布共有 54858 匹，日本粗布共有 15100 匹，日本粗细斜纹布本年亦有进口，计粗斜纹布有 9806 匹，细斜纹布有 14930 匹，美国粗斜纹布、英国细斜纹布进口之数，与日本成反比例，美国粗斜纹布由 12025 匹减至 3230 匹，英国细斜纹布由 18015 匹减至 8852 匹，羽绫与日本斜羽绸合为一类，自 1771 匹增至 15364 匹，棉法绒自 7549 匹增至 14299 匹。

1922 年

布匹类如本色市布、粗布、细布、漂白市布及粗细斜纹布进口甚旺，大半于年尾数月向上海各行拍买而来，因本地商人鉴于棉花价格高涨，国外汇兑银价渐低及新修进口税即将实行，故皆尽量购办，为一时投机之业以期日后价高，至于本地市面需求，实无若是之盛。

1923 年

1923 年外国棉货输入，日本原色市布自 13920 匹加至 46555 匹，英国原色市布则减少 56695 匹，其漂白市布亦自 44680 匹减至 32366 匹，元素羽绸等自 19576 匹加至 32658 匹。

1924 年

外国棉货就大体论之，较有增加，唯英国出品输入减少，其虽亦由于汇兑不利，而抵制日货风潮平息实为其主要原因。英布减少中之最显者为本色市布，自 141061 匹减至 97854 匹，而日本棉货增进迅速，计本色市布自 46555 匹增至 74120 匹，粗布自 25400 匹增至 55010 匹，元素及色素羽绸，近 4 年来亦大有进步，计 1921 年共进 18493 匹，1922 年共进 28540 匹，1923 年共进 45437 匹，至 1924 年则增至 106603 匹。

1925 年

抵制英国匹头货，本年夏季仍始终不懈，英粗棉布则尤甚，同时日本棉布虽亦受排斥，而以全体论之，尚未受重大损失。惟本年呢绒货进口大增，此乃由于中等以上之居民，渐用呢织品以代棉衣。

1926 年

各国匹头大致均稍有增加，计英国本色粗细布自 83861 匹增至 114203 匹，漂粗细布自 14381 匹增至 23791 匹，唯日本本色粗细布，自 102037 匹减至 62378 匹。棉花之进口因本省棉花收成欠缺，和丰纱厂不得已购买印度次花，较之去年增加 10258 担。

1927 年

洋货匹头统计大减，此抵制英日货之结果也。英国本色市布及粗布，自 114203 匹落至 71160 匹，而漂白市布及粗布则自 23791 匹落至 17346 匹，日本本色市布及粗布在去年丧失地位者，本年复见减少，自 62378 匹落至 37178 匹，羽茧（五线组）之输入减少 242897 码，其羽缎、羽绸及冲西缎减少 8667 匹，罗缎及波纹缎减少 3950 匹。棉花毫无进口，因和丰纱厂于夏季数月中，受工潮之扰而暂行闭歇也。

1928 年

洋货匹头统计又见减少，自 5 月间人民组成一严厉之反日会，日本货品完全绝迹。英国本色市布、细布，自 71160 匹减至 52864 匹，而英国漂白市布、细布则自 17346 匹稍增而至 19173 匹，日本本色市布、细布则自 37178 匹再减而至 30359 匹，日本本色粗细斜纹布自 11460 匹减至 4180 匹，然日本漂白市布、细布计尚增 594 匹。羽茧（过五线组）去年曾大跌，本年又跌 392886 码，罗缎、波纹缎减 4131 匹及羽茧（五线组）减 34757 匹，染色市布、细布之进口，则增 8462 匹，而羽缎、羽绸、冲西缎亦计增 7850 匹。本埠和丰纱厂自工潮告终，复兴以后，印度棉花之进口遂达 4425 担。

——辑录自《宁波口华洋贸易情形论略》

五金和洋杂货进口贸易

1868 年

宁波之五金业规模是相当大的。1868 年进口货值计 55 万银两，占通商口岸进口总值之 1/5，其中锡为主要项目。1867 年所有通商口岸进口 31758 担，宁波 23043 担，其剩余之 8715 担为其他各口岸锡进口数。1868 年锡进口数上升到了 45121 担，宁波 23072 担，超过总进口数之半。

1863~1868 年宁波进口锡之担数

单位：担

1863 年	1864 年	1865 年	1866 年	1867 年	1868 年
25916	6976	17404	22307	23043	23072

五金业中之钉头铁 1868 年比 1867 年多进口 11140 担。1868 年各通商口岸进口钉头铁 163839 担，其中宁波进了 21646 担。

1863~1868 年宁波进口钉头铁之担数

单位：担

1863 年	1864 年	1865 年	1866 年	1867 年	1868 年
10901	15188	11324	14476	10506	21646

1868 年宁波进口之铅比 1867 年少 1200 担。1867 年实际进口数 6232 担，而 1868 年为 5014 担，那是由于 1867 年进口量过大，远远超过该年实际之需要。

1869 年

说起五金，1869 年已超过去年货值 55000 银两，也就是大大地超过 1867 年。主要增长品种乃是钉头铁、铁条、铅和锡。

锡本年进口数为 27000 担，比去年多了 4000 担。而镀锌铁皮却略减少，本年只是进口 573 担，计 2000 银两；去年是 926 担，计 3000 银两。这项进口产品在宁波和其附近一般用来制罐、听、灯、盒、箱等其他家庭日用器皿。当前，消费量比较小，但以后就会日益重要。去年，宁波之进口量为全国总进口量的1/6——进口数量超过上海，除宁波当地留下使用的以外，全部都复出口。而1868年所有镀锌铁皮进口，除了有些例外，几乎都被天津、福州和宁波三个口岸所吸收，而其中以天津为最多。镀锌铁皮在中国商业上又叫"马口铁"［由澳门（Macao）传入，取其谐音，故名马口铁］，说不定当初镀锌铁皮是从澳门运入中国的亦未可知也。以前宁波盛行白螺器皿，而如今已被马口铁取而代之也。连宁波城里许多店铺门前的雨篷也都采用马口铁，但这又经不起雨淋日晒，不久就生锈通洞。那些精明节俭的宁波人又想办法改用波纹铁（又名瓦楞铁皮），的确又是一项既实用又有利可图之进口物资。

翠鸟羽毛本年进口虽不及去年，但是供求仍属平稳。该产品绝大多数是制妇女头饰之用。宁波之银匠不乏能工巧匠且闻名国内，有些到过宁波的欧洲人称，墨西哥土著所制羽毛束饰和这里的羽毛束饰各有千秋，且有异曲同工之妙。

本年靛的进口比前几年中任何一年都要多，各省之消耗量也不同。本省也好，本口也好，海关之统计数据在这项产品上并不能确凿显示出来。绝大部分从台湾出口之靛都是由民船进口的——据说"台湾靛"一半以上是由民船进口的，比洋货轮载来的多。此外，尚有一小部分是马尼拉靛和广州靛——主要是来自印度的产品，是色泽、质量俱佳之珍品。"广州靛"中干货价较高，每担10银圆，最低者为6银圆；"马尼拉靛"色泽较深，进口时多系液状，每担4～7银圆；台湾来的靛大部分都掺有泥巴和糖渣，由于其售价低廉，每担3.6～5元，尤其是湿货更受宁波市场之欢迎。

查本省靛的消费量甚大，上述三种靛本年进口数为7000担，而那通过民船运来的也不会低于7000担。此外，还有土靛，到处有人用着，每年之消费量甚大。说起靛，本是发源于中国之土产，连中国古老的《诗经》中也经常提及。在中国北方直隶省也产靛，且深孚众望。浙产亦多，主产地系在浙南、浙西诸县。钱塘江畔临杭州之富阳乃是本省靛之市场也。宁波之奉化也产靛。靛一名靛青，旧称蓝淀，为古来所用天然染料之一，由蓼蓝、松蓝等叶发酵制成，故名。其主要成分为靛蓝，或称靛精，此外含有多数不纯物，如蓝胶、蓝褐等。靛蓝为不溶性青色粉末，还原之，则成溶解于碱之靛白，露置空气中则氧化而复为靛蓝。故以靛蓝染色时，先以碱性溶液使靛蓝还原，浸布于其中，使饱吸靛白后，曝于空气中，则氧化而为不溶性之靛蓝，即达染色之目的也。蓝淀即靛或称靛青，名见《本草纲目》曰："淀滓渣澄淀在下者也；亦作淀，俗称靛。南人掘地作坑，以蓝浸水一宿，入石灰，搅之千下，澄去水则青黑色，亦可干收，用染青碧。"在浙江宁波蓝淀装入竹筐，每筐计重80市斤。要是华人能善加培植和改进提炼制造，则靛之出口有厚望矣。

进口之所谓鱼胶中有好大一部分并非地道鱼胶，即使有真正鱼胶进口，其价格之昂贵也鲜有人问津也。海关税所列之鱼胶乃是指印度恒河中一种鲤之鳔等所制之胶也。而通常所称之鱼胶乃是指透明薄页专用在瓷器上作彩色之一种发光体，用来制墨汁等，非食品之用途。此外，从日本进口之大量石花菜，是一种半透明之藻类，可制成洋菜供食用，也列入此一品目内。

本年胡椒进口比去年有了增长，也是设关以来最多的一年。从最近这几年来看进口多多少少有些变化。而1867年又是特别多之一年，是年暹罗来了许多船只运来了大米和南洋的许多产品——到了1868年又是低落之一年。

运入中国之胡椒每年为4万至5万担，其中一半为汉口所吸收后又转至四川、河南诸省，宁波也进了一部分。特别是白胡椒更是各口岸之首，说是专供药用，可以祛烧，为民间常用之药也。当地进口商和药材商均误认黑、白胡椒为不同之品种也，其实不然，黑胡椒浸泡于石灰水中不久即成白胡椒矣。在欧洲或印度，凡是印度西南海岸、马拉马海岸的产品均视为上品，其价格也较高。在中国则不然，不分产地，一律一个价也。目前，中国除海南岛一处外，据说均没有适种胡椒之地方。尝试栽培的地方不少，都未成功。华人中有一传说，说洋人是有心计之人，胡椒出口前就制过，使购者无法种植而保留了洋人生意。药材中之川椒或花椒，有祛毒健胃作用。1280年，马可·波罗曾提到胡椒入金山（浙江杭州）。马氏曾询问一名驻金山元朝陆关关员，当时每年进口之胡椒估计已达28000担。可见当时消费量之大。

红树皮本年比去年进口增长了许多。厦门是红树皮进口最多之通商口岸，当然也包括其复出口在内。本年宁波的进口数量为31000担，比去年之13000担几乎增长了1.5倍，尽供本地消耗。提取红树皮汁液，以染渔网和当地民船之帆、索以防霉和潮湿。但也有以金合欢树皮运抵宁波以充红树皮者，而其色泽和效果均逊之。红树皮在英伦用作糅制之用，但由于不能填塞皮革之毛孔而日益减少用户矣。这类红树皮价甚低廉，仅1~1.5银两一担，在北欧，一些运铁杉、栗树、橡树皮去欧美者价格都在5~8英镑一吨。而这些是否能取红树皮而代之，有待通过切实试验而后定也。

火绒在全国仅只是在宁波和厦门两口岸才不断进口。虽然火柴已日益普遍，而宁波人是全华最迷信和保守者，因此，火绒仍在浙江有其销路。宁波1868年进口火柴920罗，而本年已达2560罗。而在天津1868年就进口86000罗，到1869年之头上三个季度之总和已增到了107000罗矣。

虽然火柴在浙江家庭中成为不可或缺之日常用品，但在本省之男女中到处可见挂着的打火链、火绒、燧石盒。这地方火绒之替代物有若干种：一种是用向日葵杆之髓，晒干后浸在硝酸钾（又称智利硝石）之溶液内，这种比较少；另一种用朽柳或其他树之髓或干菌脚者和艾草叶晒干冲碎，以及菖蒲或干纸浆等。

本省进口之火绒尽系来自马来群岛［在东南亚，包括印尼（印度尼西亚）、婆罗洲（加里曼丹岛）、帝汶、新几内亚及菲律宾］所产之椰壳棉质纤维。据说，进口之火绒之优点乃是不易受潮湿，易燃。

火绒在宁波当地人中还用作止血、收敛和作为对抗刺激剂。此外，在寺庙僧尼受戒时在头顶烫香洞时也采用它。说起火绒就会想到火石，兴衰交替，由此可见：火绒从1868年510担，计值20500银两，降至1869年368担，计值14000银两；而另外火石从1868年2800担到1869年猛增至6400担。这么大之增长也许是当年水脚下落，而另外一原因乃是这类货物被视作压舱物。

本口之木料进口乃标志着本省和宁波地区繁荣之恢复也。尤其是最近五年来之进口数量巨大，但仍供不应求以修复那些曾罹太平军所毁之建筑。而本省及本口对木料之需求既有如此异常之迫切，而省内又难以保障供应，为此就不得不求助外洋和南方诸口岸矣。

1869年所产仅系松、枞之类，以供家具和棺木之用尚可，而进口中乃以乌木、苏木和檀香木为主，而后者系供烧香供神迷信用品。去年就进口了578担，至本年已升至1400担矣。太平军对本省森林破坏乃肆无忌惮、任意肆虐。总之，凡其所到处，所有郁郁茂盛之山，均成童山秃岭。浙江省当局也应虚心向英属印度总督学习其在任内把绿化北印度作为施政迫切任务之一。从欧洲和印度获得了经验教训：凡是遭森林破坏地区必然会导致自然灾害，而破坏农业生产和使农田变成不毛之地。本省杭州湾以北由于森林砍伐频繁，虽然浙江境内河川密布，纵有天然良好灌溉网络，一旦特大洪灾来临也厄运难免。从高地看，以前都覆盖着密密丛林之地，而如今因受种栽茶叶这类吹糠见米高收益之诱惑，纷纷毁林种茶，其后果则不堪设想也。

1870 年

1870 年钉头铁、铁条均不见起色，比去年下降 8691.46 担。原因为年初进货过多和废旧业之利过薄。废品旧货业系建筑、修缮业之主要供应者，而这些年来这里被太平军所破坏损毁者迄今已修复得差不多了，因此需求也并不怎么迫切矣。

铅已下降到 1011.43 担，它是与茶叶出口业休戚相关的进口物资。

钢倒是略有回升，也仅只是 72.64 担而已。

锡进口 32235.16 担，计增加 5072.15 担，以及马口铁进口 767 担。锡主要来自上海、香港，而从海峡殖民地和暹罗的进口额只有一小部分而已。

红树皮作为染色剂，是乃船帆、渔网、索绳以及渔民之主要用物，本年略下降了 266.06 担。

胡椒本年在英属海峡殖民地价高不落，而暹罗航运也有所衰落，以致本年减少达 3104.92 担之多也。

乌木 1870 年进口增长了 1831.73 担，是从英属海峡殖民地和上海运来供制家具、座架和筷子之用。1870 年进口数计 10901.04 担。

红杉比去年进口增加 1159.60 担，计达 3761.43 担，它是从海峡殖民地和暹罗进口供做家具、装饰品等之用。

檀香木进口 3181.48 担，比去年增加了 1632.73 担。

苏木进口增加了 912.67 担，也如红树皮一样，具有稳定之需求，是项物资乃是用作染粗纤维之用也。宁波之苏木系直接从暹罗、海峡殖民地和香港运来的。

本年桐油进口 14309.69 担，比 1869 年减少了 1033 担。

白蜡 1870 年进口 902.96 担，比去年 794.41 担上升了 108.55 担。

1871～1872 年

1871～1872 年，铁（器）、钉头铁、铁条等进口数额显平。铁 1872 年进口了 33423 担，比上一年上升了 4477 担。钉头铁、铁条 1872 年只进口了 27667 担，比 1871 年减少了 5757 担。造船业、建筑业都需用进口洋铁，本省内除了温州和衢州两处产铁，可自产自给外，其他地区不用土产之铁，因为既稀又贵。

茶业之兴衰多寡，决定铅进口多寡。铅也供应锡镯器皿制造业。1870 年共计进口 10142 担，1871 年进口 9146 担，1872 年进口 10873 担。铅用来制作装茶叶之箱的内衬，以加强包装之牢固和持久，这项操作主要是在绍兴，其次乃是在宁波进行。

1871年钢材进口减少了685担，1872年增长了243担。此项产品并不引起人们之注意乃是由于用途不广，多系华人在制刀、剑和其他刃具时才用之。所有工匠之工具在制造时就全部用钢矣。

最近两年来锡进口均下降，1870年进口32042担，1871年进口22729担，而1872年为22132担。最近进口之下降，乃是因1870年进口过多。这项矿产品需要量稳定。华人用来打成箔后制迷信纸，需求上下不大，年年都是如此。最近两年从暹罗、海峡殖民地运抵澳门一种未经精炼过的名叫"混合物"的劣质品，内含铅太多，平均售价每担为16银两，而马六甲产锡则要27银两一担，这类混合锡并不太受人欢迎。1871年只进口712担，1872年为1934担。

这几年来内地城市对窗玻璃需求下降。太平军毁坏的房屋也快经修复。中国人很保守、守旧，宁愿用纸裱糊也不愿花些钱买几方玻璃。中国这一带之中产阶级似乎还察觉不到开埠后西方文明为他们带来之益处。那些人家之房屋建筑既不合理又不舒适，夏天炎热，冬日酷寒。他们明知道也承认西洋建筑之优良，却对现状听之任之，没有人敢出头来批评和要求按西方模式来改进。1870年进口之玻璃279590平方尺，1871年为198400平方尺，1872年只有191350平方尺矣。

靛在1871年就大幅度下降，到了1872年需求量恢复上升，计1870年为3097担，1871年为2575担……本口之染坊甚多，耗用大量靛。此外，茶叶烘房也用来烤出口绿茶，其用量也很大。从福建沿海那些非通商口岸通过民间货船装载来的靛的进口数量也许比洋商轮船运来的要大得多。

进口火柴之增长特别引人注意。1870年计5995罗，到了1871年就上升到了15625罗，至1872年又跃至24786罗。火柴之大量进口，就把绝大多数城市里依旧法取火用之火石之类一套淘汰了。当时火柴都是瑞典制的无磷安全火柴，价格便宜，只需5钱银子一罗，零售也只是10文一盒，大家都买得起，深受大众之欢迎。

1873年

五金业仍维持平均需求。唯铅与钢材略见回落，但铁制品（铁条、钉头铁）已从去年27667担增加到本年之34018担，净增6351担。

1871～1873 年金属进口数量

单位：担

品名	1871 年	1872 年	1873 年
钉头铁	27873	23729	29043
铅	9448	11752	10096
锡	22247	20264	22613

1874 年

1874 年五金洋杂总计进口了 59006 担，比 1873 年减少 3108 担。五金中钉头铁减少 5760 担，而铅、锌分别增加了 1936 担、801 担。

从新加坡及海峡殖民地进口之货（1）

单位：担，关平两

品名	数量	价值
铁条	50.00	100
铅	166.00	747
锡	109.96	2199

从新加坡及海峡殖民地进口之货（2）

单位：担，关平两

品名	数量	价值
白海参	24.44	611
墨海参	20.15	806
红树皮	12970.15	10376
黑胡椒	71.90	719
白胡椒	63.00	882
藤	692.92	3464
红杉木	710.08	2430
苏木	723.17	1446

从暹罗进口之货（1）

单位：担，关平两

品名	数量	价值
锡	183.20	3664

从暹罗进口之货（2）

单位：担，关平两

品名	数量	价值
干贻贝	244.00	2928
黑胡椒	610.70	6107
白胡椒	20.80	291
大米	641.00	961
红杉木	1252.40	3757
苏木	1297.10	2594

1875 年

进口铁制品，尤其是钉头铁进口已超过 1874 年而达到前几年之平均数之上。

铅已下降至 2000 余担。锡比去年进口增多了 3000 担。一半以上之锡都是办了运照运入内地。绍兴是锡、铁最大市场，其次乃是处州，该地长久以来是进口铁者；锡运杭州的也不少（除了绍兴）。说到铅，绝大部分是运往邻省安徽省之徽州去的。

五金之价格：钉头铁平均价每担 3.10～3.70 元，铁条 3.10～5.70 元，锡 25～26.80 元，铅 8～8.40 元。

1876 年

1876 年五金总值关平银 467487 两，比 1875 年的 658259 两减少了 190772 两。其中锡就进口了 17467 担，关平银 282463 两，比 1875 年 26477 担 442953 两减少了 9010 担 160490 两。

1877 年

五金占贸易总额之 3.8%。铁是五金业中唯一稳步和巨大之增长之品目。钉头铁从 1874 年之 23000 担上升到 1877 年的 38000 担，而铁条也是同期从 4000 担上升到 7000 担。本年增长数巨大。铅和钢之进口量几乎年年如此。锡和铜锡化合物均持续稳步回落，锡的价值为五金中之最大者，已从 1875 年之 26000 担到本年之 16000 担。

宁波是所有通商口岸锡消费量最大的地方，而宁波进口锡之减少是受上海之影响。这可以从上海、宁波这两口岸之洋货运入内地之统计中发现。上海1874年锡运入内地5700担，到1876年为10200担；同期宁波运内地的锡则由11800担减到5200担。此外，杭州乃是最大的锡消费城市，那里的锡是从这里运去的。可是杭州也与上海有许多往来，不论是有或无入内地验单者，锡之总进口量中约有40%是从口岸运入内地的。

铅之进口已回升到9000担一年。其中三四成是用在宁波附近，余下运往集散地绍兴，后去兰溪，以及徽州产茶区。

以前温州和处州都产铁，主销省内，价在7~8元一担。现在进口铁行销，无论是打钉还是铸农具，价格都合适，此外，还有子口税票之保护。因此，铁从上海大量注入宁波有增无减。而1877年内进口者多有投机性，并非从真正需要出发。

自1874年以来火柴消费量倍增，而其价格却只是减到当初之半，市上之瑞典火柴已受到来自日本火柴之强大压力。

煤油之用途和使用范围越来越广泛，也日益显著，以往还听得到来自保守方之评议说是危险，易致火灾之类，危言耸听，而如今已成过去。从1874年进口4万加仑货值达8000银两，到1877年则近104000加仑计货值为3万银两。不仅是小康住户以及商店字号，连干道路灯也点起煤油来了。奇怪的是连因用户疏忽或粗心大意而造成事故者也鲜有所闻矣。当地之制烛业和植物油经营业确实受到影响，被煤油业取而代之，惟独豆油业，因北方受灾，货源缺乏，价格仍坚挺如常。

日本二级人参和花旗参每年进口数量稍有变动，货值约在8万银两。一级高丽参和日本人参系由邮包分批少量运入，以逃避人们耳目。也有牛庄人参从华北由民船走私进口者。

乌木进口猛增，从5300担已增长到14000担。事实上1877年一年内进了两年之供应数。用途：烟管轴、筷子、家具、各种架子等。几乎都是由民船复出口到山东、天津。宁波所需者为极品墨檀都是从锡兰科伦坡运来的，据悉，比暹罗、（中国）台湾产者为佳。几乎所有乌木是从上海由汽轮转口来的。

藤进口已从1万担回落到6800担。其中有1/3是办了入内地验单运绍兴者。为了与宁波竞争，有好大一部分凭上海发的洋货入内地验单运至杭州及其近邻地区。

这几年上市之海藻每年约为5000担。1877年几乎全部——4600担办入内地验单。大部分运往本省西南部去交换闻名国内之金华火腿，而很大一部分运江西。

1874年进口窗用玻璃178000平方英尺（1平方英尺=0.09平方米），1876年231000平方英尺，到1877年又翻了一番。这产品办验单运往内地者甚少。凡需用者均系小康以上建新屋用来装置玻璃窗之用。价格倒比1876年下降25%。

红树皮已从26000担下降到了1877年之20000担，凡做直接贸易生意者近两年亏了大本。为此，这项产品就从马来西亚之槟榔屿等地运上海后转来宁波。

黑胡椒不直接从暹罗、南洋英属海峡殖民地直接运来宁波。以前，宁波是黑胡椒之集散地，如今已事过境迁，昔日来此求黑胡椒之江西客商也都改道去上海矣。年内该项产品已从1900担猛降至300担矣。以往从宁波由民船运此去福建也已成为历史矣。

1878年

五金占总额之35%。迄今本口最重要之五金进口产品是锡，其次乃是铁制品、铅、钢及铜也。

1878年经本关办理手续的各种人参货值在109000银两以上，从货值看，该项进口产品已列入主要进口货项目中矣。

藤1878年进口10600担，系自1875年以来之最多的一年，而1877年也只有6800担也。

1878年红树皮进口量极大，计已达50200担，比1877年之20000担计增长150%之多。

1878年乌木进口达12200担。

海藻的进口量从上海来宁波的轮船几乎与海关登记民船各载其半。以往是5000担，而年内突然翻了一番。

1878年苏木进口达6600担，而1877年为6100担，1876年为9000担。

1878年进口窗用玻璃仅3300箱，比1877年之4600箱减少了1300箱。

1878年进口洋煤1426吨。

1874年进口煤油3953箱，值7900银两。到了1878年猛升到27829箱，值54000银两。

1878年进口火柴71800罗。

1879 年

五金业占进口业之 3.2%。此业也与匹头业相似，没有多大起色。铅之进口大为减少，唯钢、铁稍有回升，但锡之进口年内仍属重要项目。去年进口 13600 担，只是 1875 年之半数，锡比上两年就减少得很多。此乃是由于厘金当局作祟。自 1878 年 6 月起，锡之厘金税率每担下降五钱白银，而且还承包出去。为了鼓励锡的进口以及其承包人还准许给每担 8 厘之酬金。

在这样安排实施之前，凡是供宁波当地消费之锡就得缴厘金，至于那些运入内地者就一律免缴，但须出示子口税票。

而如今把锡的税金承包给承包人，不管是供当地消费还是运往内地，凡是进口的锡一律全部照征厘金不误。推行这种新的安排措施的结果乃是要把绍兴、杭州的锡之购入户与宁波脱钩，把他们推向上海去购买矣。年内，入内地验单之锡就比去年减少了 75% 之多。

1879 年煤油进口 774000 加仑，计值 109342 海关两，是六年前进口数之六倍也，为 1878 年之进口数之三倍。现在，村村庄庄，家家户户，都可从洋杂铺里，花几小文铜钱就能买得，既方便又便宜。迄今，其进口之货值已名列前茅，除鸦片、锡、原色布和标布外，也可列为榜首也。华人对煤油情有所钟，其价之廉非一般植物油脂所能比拟，其所发之光亮也非其他油脂所能及也。

各种品种之参，1879 年进口已达 71364 海关两，其中花旗参（美国产）约占近半，其次乃从日本进口之参约占四成。花旗参进口数量稍有回落，而日本参则有增长，且日本参本年之价格则猛降到去年之半。

乌木（黑檀）之进口量大增，在去年之庞大进口数上又增五成。

1878 年红树皮已大量进口，而 1879 年却不比 1878 年进口少。

藤器最近五年来都保持了平均进口数量。

1877 年火柴进口达 72000 罗，到本年已增长到了 104000 罗，计值 41000 海关两。市上行销的不下于三种，最贵者为"白梅牌"，每一小盒为 24 文。此类产品远比其他牌号优良，大小尺寸也比其他的为大，最大特点是防潮，在潮湿气候中也照样可擦着。此外，还有那些盒子较小，较为低廉而不防潮者仅卖五六文一小盒。

小商品要想在中国这么大一个市场中打开销路，站稳脚跟，最紧要的一点还得是价格"便宜"。

关于那些低廉火柴，职所见过者不下七八种，大致相似，有些连标签都难分辨。1879年,利润每件(50罗装)为一银两。杭州、绍兴两地消费量特大,比1878年之价格略有下降。

1880年

五金占贸易总额之4%。宁波在五金业中几乎占全国消费量之10%,也就是在全国19个通商口岸中其消费量占第二。1880年,五金业已减少了17000担,而货值倒反增长73548海关两,约占17%。

1879年宁波进口锡比上海进口锡约少2000担。上海、宁波两地所进口之锡约占由洋轮运来之总量之半。而如今宁波锡的消费量已超过上海而名列全国第一。进口锡几乎全部由宁波消费,用在当地一项大工业制神纸上。

1879年与1880年相比锡进口情况

单位:担,海关两

品名	增加量	增加额	减少量	减少额
锡厚板	1608	75820	—	—
锡合金	165	2179	—	—
锡平板	—	—	505	3003
总值	1773	77999	505	3003
减少数	505	3003	—	—
合计	1268	74996		

铁在数量和货值上显示的都是减少,其进口数量也是逐年减少。

1879年与1880年相比铁进口情况

单位:担,海关两

品名	增加量	增加额	减少量	减少额
钉头铁	5437	1657	—	—
铁条	2439	2912	—	—
废铁	—	—	608	2539
铁丝	—	—	103	620
铁钉	—	—	74	372
钢缆	1108	1876	—	—

续表

品名	增加量	增加额	减少量	减少额
总值	8984	6445	785	3531
减少数	785	3531	—	—
合计	8199	2914	—	—

铅几乎年内增长货值之10%，为327担，计值4427海关两。这与茶叶之出口有关联也。

铜数量减少，但货值增加。此结果乃是包铜所致也。

1879年与1880年相比铜进口情况

单位：担，海关两

品名	增加量	增加额	减少量	减少额
包铜	97	6657	—	—
铜丝	—	—	25	609
废铜	—	—	14	440
日本铜	—	—	72	979
废包铜	—	—	134	1848
总值	97	6657	245	3876
减少数	—	3876	97	—
合计	—	2781	148	—

钢减少293担，计值775海关两。数量、货值俱减。

锌也如钢一样量值均减。计减少20担，计值139海关两。

所有各项杂货货值减少了44000海关两。其中除了煤油、火柴、海藻，其他杂货数量减少，而煤油、火柴两项连货值也减少。乌木却是数量减少，货值倒反有增。煤油1880年比1879年数量增11%，货值却降低5%。

1880年乌木数量减少极少，但货值增了27%。

1880年与1879年相比乌木进口情况

担	海关两	减少（担）	增加（海关两）
18195	79513	479	16706

1880年火柴数量增长11%。

1880 年与 1879 年相比火柴进口情况

罗	海关两	增加（罗）	减少（海关两）
116052	41197	11655	45

1880 年海藻增长数甚少，但货值却增长不少。

1880 年与 1879 年相比海藻进口情况

担	海关两	增加（担）	增加（海关两）
6300	30210	91	15974

藤、人参、海参、煤、苏木、胡椒、红树皮数量和货值均减少。

进口汞仅 2 担，价昂贵，计值 5146 海关两。

1881 年

1881 年五金进口总值 679924 海关两，比 1880 年增长 181531 两。五金业之情形与匹头业相同：进口货物数量大于其货值之增多矣。1881 年铁器中之铁条、钉头铁两项极为低廉。1881 年钉头铁已进口 39427 担，比 1880 年增长 15427 担；铁条已达 8893 担，也比 1880 年增长 3816 担。铁条之大量进口，据说是由于投机。据传五金业也逐渐为行会所垄断，对锡、铁和煤都推行厘金征收承包制度，把洋商排挤出竞争之外。

1881 年供应绍兴的大批锡（该地系省内制造锡箔之最大市场）都由宁波供应，因为从宁波运绍兴路上关卡较经由杭州为少。厚锡板增加 5844 担已达 21059 担，薄锡片进口已达 343 担，锌片增长了 175 担已达 419 担；镀锌雨水槽近来在中国之建筑业日益广泛用来替代竹制的了。

此外，钢、铅锭、废铁、铜纽、铜线进口都有所增长。包铜增长了 25%，去年是 287.11 担，到本年已达 317.68 担。另一有显著增长之进口品种是汞，1880 年只是 2 担，到年内就增至 33.60 担。而锡化物却从 446 担下降到了 216 担，据悉，是因制造方为安全设想已将铅锡化合物中锡之成分减少了。

1881 年进口洋杂计值 734018 海关两，比 1880 年增加了 86251 两。

液靛增势喜人，从 406 担猛增至 6967 担，以往多系由民船从台湾运来，但由于台湾去年歉收，所以也就从日本和广州由轮船运来。从土货进口统计中可以看出该项已从 766 担增至 2930 担，这项产品投机性极大，也许在当地的货栈里尚有雄厚的存量。

红树皮已从 15292 担增至去年之 19653 担,那是专用于染渔网之用,而去年鱼汛特佳,红树皮用量也较往年为多。

由于 1880 年藤器之存货极少,为此该项产品之进口量就从 6021 担翻了一番至年内达 12989 担;海峡殖民地之价格低廉乃是进口商大量进口原因之一。

年内檀香木进口为 1880 年之双倍以上,计已达 1066 担。由于 1881 年内宁波境内到处修缮庙宇,供奉佛像;而檀香木乃佛像开光、点烛烧香时不可缺少之物。然而,由于价格昂贵,进口已不如以前之多也。

苏木从 5178 担又回升至了 8522 担,乃是 1880 年库存甚薄所致也。

红杉和花梨木,从 3079 担增到 5279 担,其原因是兴建寺庙,而民间富贵大户之宅中家具也大量采用此类木料。

进口煤虽逐年增加,但洋煤却日益减少,这类洋煤尤其是指澳洲进口主供铁匠铺之用者也。

多少有不同程度增长的洋杂有:海参、砂仁、染料、鹿角、火柴以及火绒等,主要是由于价格低廉。

洋杂中进口减少者有贻贝干从 244 担下降到 153 担,因当地产品价格相当便宜;煤油减少了 115729 加仑到了 756091 加仑,近来因煤油而引起之火灾迭有发生,群众产生畏惧,但在内地却并不见减少。乌木从 1880 年 18195 担到年内已回落到 5180 担,主要原因是民船运乌木往华北口岸均不获利。查此类木料在华北是用来制烟斗,而如今烟斗多改用铜制矣。

——辑录自《浙海关贸易报告》

1882 年

五金业本年之进口值为关平银 630067 两,而去年为 679924 两。五金中增长的有废铜、钉头铁、铅锭以及锡之化合物。此外,绝大多数都在减少。钉头铁由于 1881 年投机者大量收进,库存过剩,价格疲软,本年进口大量减少。其他五金产品也有与此类似情况。

年内进口洋杂之总值为关平银 849705 两,比去年上升了关平银 115687 两。其中,如液靛本年已猛升到 12145 担,去年只是 6967 担,而前年仅只是 407 担。

红树皮已猛增至 53760 担,去年为 19653 担,前年为 4360 担。

进口之洋煤本年仅略有增长。火柴上升到了 165255 罗，去年只是 116695 罗。煤油已从去年之 756091 加仑上升到 989000 加仑。

乌木（黑檀）从 1881 年之 5180 担增长到 1882 年的 15898 担。

1883 年

五金业总值从关平银 630067 两下降至本年的 595006 两。除了钉头铁以及锡和锌化合物有上升外，进口的其他五金产品普遍回落。看来五金业已越来越明显地落入沪商操纵之中矣。中国社会有句俗话叫作"穷算命，富烧香"，当人们富有时，就会将钱花在神坛、祭坛上。所以锡乃是社会上衡量富裕上下之气压表，越富有耗锡就越多。

洋杂进口本年内计值关平银 740313 两，比 1882 年减少了 109392 两。液靛进口 3109 担，比去年的 12145 担和前年的 6967 担都少。本年之所以进口锐减乃是因去年之大量进口为的是这里歉收，到本年则变成丰收。当然，此外，还有不少数量之靛由民船从台湾运来就未被列入海关统计之内。

红树皮从 53760 担下降到 22448 担，也是因为去年进货过多到年终还有大量积压，有 5000 担之多。

进口之洋煤年内就大幅度地减少，此业甚呆滞，看来短期内不会出现转机。以前，当载煤货轮抵埠时，煤可以在船边交割；但如今必须先卸入库后再以吨零售。看来，这种交售办法明年也不会变更。

此外，还有些主要进口洋杂在减少进口。

火柴从 165225 罗下降到 152125 罗；煤油从 989000 加仑回落到 816400 加仑，到 1882 年尾上海之煤油价格极低廉，而投机商企图吸进，但未能得逞；乌木从 15898 担下降至 10780 担。

1884 年

1884 年之煤油需求超过以往任何一年，而迄今用户愈来愈多。从 1875 年 98200 加仑至本年已达 1144700 加仑。民间对煤油之价廉、明亮很喜爱，但由于不慎造成火灾之案件也不少；为此，煤油供应地点就指定为某些安全地点。零售价每市斤 32 文，若是用豆油、花生油或是其他植物油就得 84～88 文一市斤。

火柴虽不如 1882 年、1883 年两年之迫切，但迄今已日益普遍采用矣。10 年前之进口数为 39080 罗，迄今已达 173085 罗。

1885 年

从海关贸易统计数字来看，1885 年五金业货值已达关平银 86000 两，比 1884 年增长约 15%。

煤油进口量虽然比 1884 年稍小，但仍比前几年大。

出冷门的有液靛，这项进口产品很不受人注意，而本年则突然猛增，原因是本年省内减产。

1886 年

钉头铁 1886 年进口 33653 担，比 1885 年增加了 18%；废铁从 8000 担上升到 1 万担；但铁条就下降了不少。铅锭本年进口 7461 担；厚锡板本年进口 18449 担；铅、锡各减 1600 担。锡减少是由于进口商坚持卖高价，这样一来本年就增加了 1700 担云南锡，但据悉不受欢迎。

粗麻布袋和红树皮本年增长甚大，但最显著之上升乃是煤油，计 1540100 加仑，比去年增长 1/3。

此外，液靛也达到 8649 担，原因是当地歉收。关于装饰木材，主要来自海峡殖民地和婆罗洲（加里曼丹岛）等地诸如菲律宾之克马贡木，年内就进口了 11781 担，而 1885 年只是 1688 担。此外，紫檀木、普鲁木、红杉、红木、花梨木等大量进口，说明宁波之精雕细琢木工家具之盛，细木工制品乃是其主要工业之一。

1887 年

液靛 1887 年进口 4396 担；红树皮从 56868 担下降到 18792 担；煤油本年进口 1072840 加仑，比去年约下降 50 万加仑。原因有二：（1）温州市场（包括闽北和浙南）一直系由宁波供应，直至最近已由上海直接进口矣；（2）价格之上涨，从 1.15 银两 10 加仑到本年 11 月份起涨到 1.37 银两 10 加仑。

檀香和苏木本年分别进口 583 担和 4816 担，以上两项都比去年少。

此外，还有从菲律宾进口之克马贡木 14150 担专供镶嵌细工家具之用，极受华人之青睐，计增长近 2400 担，但红木却下降约 2400 担。普鲁木 1887 年进口 1106 担，约计减少 1000 担。其他如乌木进口 3618 担，花梨木进口 1311 担，都无增减。

1888 年

1888 年五金进口总值关平银 935054 两，比去年回升 161239 两。主要是锡厚板本年进口达 25061 担，比去年回升 7000 担。据悉，由华人锡进口商闻欧洲之锡业大集团倒闭就搞投机在此大量买入所致。

铅本年进口 10205 担，比去年回升 1991 担；此项矿产品主要是用在茶叶罐内，到茶叶旺季时就更是吃香。

钢和废铁也都有相当之增长，但是铁条、钉头铁 1888 年进口 33770 担，已比 1887 年减少 2000 担。

煤油 1888 年进口 1471560 加仑，实际比 1887 年增长了约 40 万加仑。由于每箱 1.37 银两之价过高，但是 1887 年之煤油还是照卖不误。据悉煤油之库存到 1887 年底还是充足的，公司有意保存不卖为的是提价，听说很快就会出笼。到年尾也来了一点点俄罗斯煤油。

火柴 1888 年进口 239675 罗，红树皮进口 33246 担，这两项都有增长而且还增得相当多。

1888 年最突出之下降要算那进口供装饰用木材和木料了（如乌木、菲律宾之克马贡木等），从去年之 20735 担已降至年内 14119 担矣。此外，液靛本年进口 3571 担。

1889 年

铁制品中之铁条、钉头铁已下降了 9092 担，那是因内地需求减少。锡中之厚锡板，继续坚挺上升了 1614 担。

1889 年煤油进口比去年增加了 352780 加仑，要是比 1879 年那就增长了 1050212 加仑。

俄罗斯煤油之所以受青睐那是因为价格较为低廉，但因含有硫酸腐蚀马口铁听，所以在原装听内不能置久。

火柴之进口也非常可观。日制火柴价格便宜，颇受广大用户之欢迎。从价格看日本产的火柴要比瑞典和德国制产品平均低 20%～30%。

1890 年

煤油业方兴未艾，迄今其输送载运归帆艇独揽，这就给夹板船很多承运机会以至迄今不衰。俗话说：同行是冤家。原先行驶于沪甬线的招商局轮船公司和美商中国航运公司之间经常发生龃龉。及至年内三月一家英商印支公司之柯兴号又加入沪甬线，投入运办业务后，从此龃龉诉洋，钩心斗角，相互拆台。最明显者如降低运费：把鸦片从每箱2.50元降到0.50元；茶叶从每吨2.50元降到0.50元；匹头从每包0.75元降到0.40元；金银从每千元2.50元降到0.50元。此外，夹板船之运费也参照轮船之率，按比例下降40%～60%。

1891年

1891年本口之五金业比去年有了极大幅度之增长。如钉头铁、铁条、废铁、铅、铜和钢为主要之需求，在年内显见上升。

靛运往内地从去年之114.85担上升到本年之4947担。这是随着从外国进口之大增而来者。

火柴虽然进口量大增，但运往内地却见下降，即洋火从去年之20900罗下降到了955罗矣。而日本火柴却从38800罗而上升到了46100罗。本年内地贸易中崭露头角者非煤油莫属。从去年之554650加仑增加到了884410加仑。以美制煤油为主，但俄制煤油也有相当的增长，从9790加仑上升到65760加仑。

1892年

煤油从245913箱下降到212916箱；此外，火柴、豆饼之进口也分别下降到16944罗和1920担；钉头铁和锡虽有回落，但幅度不大。

1893年

五金业中之各种铁制品骤减了近万担，其他如锡、铅则稍有回落。年内煤油之进口计209937箱，其中只有3150箱是俄罗斯产的。

1893年初春，沪甬两地商人在宁波成立一家煤油公司，与当地划艇公会订立了独家经营协议，从此获得煤油在宁波的销售专利、垄断特权，因为轮船拒运煤油。从此，煤油价格每箱就上涨0.3～0.4元之多，垄断者当即获得巨额利润。

五金业各项产品总和，从41093担回落到36360担。

1894年

五金产品1894年运入内地35277担，而1893年为36360担。煤油年内比去年下降15000担，但比1892年则下降364000担。俄产油池（油罐）

由于包装差仅销宁波当地，不便远运。

1894年进口煤油计1900990加仑，乃是自1889年以来最少的了。美国供应了1489260加仑，余下的411730加仑来自俄罗斯。以上都是经协商后得到税务优惠之油池。从俄罗斯进口之煤油中就包括在上海从油池改装成听而无木箱之煤油314380加仑在内。如今进口油池日益成为煤油进口业中之一极重要组成部分。

1895年

五金业中之从英属殖民地进口之锡，是五金产品进口中首屈一指之重大项目，进口势头在今后继续回升。此乃是制锡箔和白镯器之主要原料。铅主要是供出口茶叶之听箱之用，年内进口13578担，比去年11931担又增长1647担之多。

1895年进口煤油2513585加仑是空前的，这是由于1894年底前一家财团解散了，而个体煤油商之手脚也就放松得多矣；同时煤油受豆油价格之猛涨而畅销（豆油来自辽东半岛之牛庄，战争爆发后日军占领该地）。而且许多宁波温州之间如象山、宁海、台州、温岭、玉环、海门等南面沿海地区以往用民船运木柴等去上海，再带回所需物品，而如今则概由宁波供应矣。

1896年

五金业中之锡、铅均减少。锡进口27492担，1895年为36326担；铅进口6656担，而1895年则为13578担。至于铅之减少与茶叶之转向杭州相关。因为以往都是茶叶箱内衬铅箔。

煤油年内进口已达2411600加仑，但比去年略低一些。查阅近两年来之进口货物表，可见俄产煤油在美制煤油减少后已取得了一些进展。火柴之需求似乎已达饱和点，但今年之进口数仍高过以往几年之平均数。

1897年

杂货之增长也呈可喜之势。

人参从120担上升到262担；石膏从14280担增长到了18000担；龙眼干从3917担上升到了7429担；红树皮从52197担上升到了62460担；火柴从353838罗上升到了375325罗；药材从376306担上升到了450060担；日本海藻从12491担上升到了13230担；煤油主要是美国产已上升了480555

加仑。煤油年内绝大部分由夹板船载运者计2892155加仑，而1896年则进口2411600加仑。

1898年

铁器中之钉头铁和铁条已超过了2000担，火柴418275罗，桐油19905担，食糖239794担。

1899年

人参297担（关平银125000两）；麻16172担（关平银166000两）；液靛18718担（关平银64000两）；药材关平银486859两；煤油2893415加仑（关平银465000两），乃是创纪录者。

1900年

五金业中，来自海峡殖民地锡厚块（板）主要是用来打成锡或制造白镴器皿，计已减少了3843担之多；铅以往主要是制茶叶箱衬里之用，也减少了1838担。

俄罗斯和苏门答腊两地产之煤油共计减少328140加仑，而美制煤油年内上升超过去年70645加仑。桐油、藤器和烟叶都有增长。

1901年

直接进口之海峡殖民地锡21500担。

直接进口之海峡殖民地煤油60万加仑。年内，煤油之进口已达375万加仑，其中，美产占200万加仑，苏门答腊产占125万加仑，俄罗斯产约为50万加仑。又从日本进口12000吨煤。

美孚石油公司在宁波南面离城较远地方建一座宽敞仓库，可储藏5万箱煤油。这些煤油正常轮船均不载运，也只得依赖夹板船运输。而美孚石油公司拥有一艘美安号汽轮，专门用来载运煤油。

1902年

近年洋锡进口甚多，造锡器，各式俱有，惟人物像、烛台及香炉等件最多，各寺庙皆用以壮观瞻。以上几种产品有数百家借此营生，现约略言之。

宁波惟锡之用甚广，或作锡箔，或作锡器，其用颇多。近年欧罗巴地方用锡孔殷，所以每担价值大涨。倘出锡之处如用金钱交易，恐锡价更加要涨。锡之生意现已大减，将来犹恐再减。

进口煤油似乎稍少于前，俄国煤油本口罕见，美国、荷兰煤油各有150万加仑进口，与上年比较少20万加仑，宁地多乐用之，目下虽然生意不甚兴旺，将来可望起色。

1903 年

铅所以多者，大半因茶数多，销箱亦多。制锡所以多者为制箔用，去年每担计值45两，今则增至54两5钱，其价既巨而货又增，增至12000担。

煤亦增至5000吨，谅因内地轮舶云集。煤油则少170920加仑，价昂故也。苏门答腊油其价较逊，夺美孚牌不少。

1904 年

美煤油少有生色；俄煤油增至6万加仑；苏门答腊油增至15万加仑。

1905 年

1905年洋锡初次定价之时，其价即大涨，亦前所未有；且洋锡市价同年之中仅见其涨，未见其跌。本年进口减二成半数目，恐明年进口之数亦减，其价亦仍涨，此为洋锡所产之数少于销场之数之故，是以存货亦无耳。

1905年煤之进口有7000吨，由东洋直运而来。

美制、俄制、荷制三种煤油进口共约300万加仑。惟美国煤油较他国似乎人咸乐用，故今年进口与上年较数目增。然苏门答腊油要少30万加仑；俄国煤油已至最少之数；但美煤油本处经营图利者亦不少，故市面价值忽跌忽涨，不时增减进口。

纸烟、罐头、牛乳、洋皂、洋烛均见渐加。日本自来火虽少96000罗，然市面为之把持。

1906 年

煤油业不景气，本年比去年差得太多了。美国产煤油与去年相似，即进口1168250加仑。另外，苏门答腊产煤油在上海装听的已减少了50万加仑，仅进口1152170加仑，而去年则进口1690600加仑。

近来香烟之需求量相当巨大，而进口之香烟仍是有增无减地大量倾入。目前，英美烟草公司推销香烟之广告在宁波城里、乡下到处都张贴着，已是比比皆是也。

1907 年

煤油稳步回升，年内进口达 277 万加仑，其中美制 1662400 加仑，苏门答腊产 1107600 加仑。干果、香料等类，共计关平银 1329277 两。

1908 年

锡价便宜，进口者约有 29000 担，估值虽少，然进口比上年增二成半。所有中国进口之锡销于本口有 4%，大抵转运于绍兴作锡箔之用。去年装载轮帆等船出口锡箔之数约有 26000 担。铅之一物为茶叶衬箱，今年价亦较廉，进口增 2469 担，亦多二成半之数。

1909 年

洋锡进口价值约减少 42 万两。

1911 年

锡砖条，上年有 17503 担，今年减至 7054 担。此项锡多半为锡箔纸之用。

美国煤油反增，共进口 2038330 加仑，较上年约多 50 万加仑，较历年为多。

1912 年

美国煤油进口减少 468000 加仑，但生意反称如心。本年起初，存货颇多，约有 50 万加仑之谱，实为上年进口数目较多，及至本年销出苏门答腊油少 4 万加仑。然而，波罗岛油从 71630 加仑升至 278590 加仑，为历年之最多数，尤为增加。

1913 年

进口五金类共值 924007 两，仍然以锡为最，共进口计 11821 担，值 513192 两。

煤油进口共计 2402110 加仑，美国煤油多 34895 加仑，波罗岛油少 9225 加仑，苏门答腊油少 210345 加仑，岁暮油价顿昂。

1914 年

各业中最获利者，首推五金业，锡块系重要之款，增多 8180 担，其大宗用处，系制造神纸之锡箔。进口之锡块，大半运往绍兴，盖绍兴为本省锡箔业之中心点，赖以生活者数千户。

纸烟日益增多，上中下等人几乎无人不吸，其进口额由 1908 年 299629 两，至本年一跃而至 678068 两，这足以表示今日溺于抽吸纸烟相习成风之一斑矣。

制成靛之进口，为 15991 担，下半年竟成为市上所注意之物品，上春每担不过 40 元，欧战开后，增加一倍，至年底抛盘踊跃，每担之价，涨至洋 130 元。

煤油较上年少进口 148593 加仑，美货增 48752 加仑，而波罗岛油减 76995 加仑，苏门答腊油减 120350 加仑。煤油为照夜之燃料，今成为人人不可少之物品，亦因金镑增长，下半年油价实地增长，零售现需每听 2.05 元。

1915 年

锡块价格既高，运输又艰，而进口之数能达至 17126 担，实因宁波为洋锡不败之销场。运至绍兴，用以制造神纸、锭帛，较胜于云南所产者，以其槌薄性较富耳。

靛青由 15991 担减至 1701 担，皆因德国来货不到，去年每担价涨至 350 元，现时则已至 500 元，由是本地种植土靛之举复盛，他处亦然。

波罗岛煤油稍见短少，但美油及苏门答腊油，稽之册记，已增加 25%，油市涨跌不定堪为奇异，竞争时零售每罐价跌至 1.40 元，后渐复原，几至 2.50 元。

1916 年

五金类中足资讨论者，惟锡块而已，此锡采自南洋群岛，由香港转运本口，本年进口超过上年 8406 担，大半运往绍兴，因该处为箔业中心点。

纸烟几增多 125 万两，价格虽高，然销场极旺，大概从前吸鸦片者，得此亦足以过瘾耳。

日本煤跌去 12556 吨，俱因来货及船舶稀少。

靛青一项，复出口至 792 担，年初售价每担增至 500 元，后跌至 250 元。

日本自来火，上年 100170 罗，本年一跃而至 145447 罗，东汇较小，售价自廉，况日货质良，故本地火柴厂所出之品，不得不贬落矣。

各种煤油进口俱见锐减，2月间每箱售洋高至8.40元，旋售6元，全年如此，其结果则使买主贫乏，不得已用较廉之土油，以作燃料。德士古煤油，年内初出现于市上。

1917年

五金类惟铁碎板增1669担，其余各种皆有细无盈。

日本自来火上年进口额为145447罗，本年跌至55000罗，国产自来火因在汇兑上获利，得占优胜。

美国煤油本年约计增100万加仑，其价格与上年略同。日本煤油共进9965加仑，此与德士古煤油，同为输入增加之原动力。

1918年

五金项下，锡块进口大为减色，计短8000担，价值之高，每百斤竟达关平银百两之多，销路因之不及昔年，各种工业中，昔之用锡者，今则以铅代之，虽铅之质较损于锡，然价格低廉，足可抵充，故本年铅块进口之数，有3341担之巨，上年只有2707担。

自来火之由日本国进口者，较去年少18000罗，商人由于市上银根紧急无力多购，而杭州光华厂所出之自来火，由火车运往绍兴者，其数颇巨，实为外产之劲敌，故识者谓日本自来火事业，将从此不振矣。

英美烟公司在中国制造之烟，价目低廉，为大众所欢迎，其在美国制造者，值此欧战时期，工资既高，运费复昂，欲其渡太平洋而来，成本之大，将不适于东方市上矣。

煤油进口量，去年为2638915加仑，今年则为2037664加仑，每月销数较上年少5万加仑，其故在于船只缺乏，到货未可预算，故今年各行供给内地各经理分销之数，远在定额之下，且近来油价奇昂，贫穷之家多有改用土制植物油者，是亦煤油销路阻滞之原因。以上情形，乃本埠美孚行总理向予述之。

1920年

五金一类，锡之运入多为制锡箔之用，去年进口计54232担，本年仅有29089担，此盖为去年售价低廉，此业者预购存储，本年运入之减缩殆由于此。铅之一项事亦相同，去年运入计11429担，今年仅3150担。

杂货类中纸烟一项，其销路大有一日千里之势，进口数目与上年比较，竟由 189105000 支骤增至 303514000 支，纸烟行销之牌名各乡不同，其迎拒亦因之各异，往往有同种牌名甲乡欢迎之，而乙乡或反鄙弃之，各纸烟公司为竞争，专以改出新牌为其注意之焦点，如预知某牌销路将减即速出一新牌以代之，改装其外观之封套，取一新奇耀炫之名目，又加以不惜重资之广告而推销之。上等纸烟在本口销量甚少，中下等各牌则发达异常。

煤油本年进口数目，与 1919 年不相上下，全年销路尚称平稳，其所异于往年者，即次等油种数较多。本年有美国新牌煤油数种上市，与美孚、亚细亚两行互相竞争。近来轮船工厂等，用烧油引擎者日多一日，故燃料油与滑物油需用仍广；油蜡之数，由 3349 担增至 4766 担。榜皮一项，多为榜制渔网之用，闻今年因产地歉收，价格每一担增加 2 元，进口数目亦由 67501 担减至 52983 担。人造靛去年进口数目仅有 476 担，本年竟增至 2482 担。

1921 年

锡之一物因存货无多，是以锡箔业者本年均购入，计共有 38593 担，上年只有 29089 担。

榜皮系为榜制渔网之用，本年进口大盛，计由 52983 担增至 78256 担，此中所亟应注意之点，即进口货多足为本口渔业发达之明证。外国所制纸烟，因受土制纸烟之竞争而有减色，其进口数目，自 305514000 支减至 282440000 支。煤油市面不甚发达，因零售之价太昂，是以本年进口减少有 552550 加仑之多。

1922 年

五金类中，锡进口总额上年为 38593 担，本年则减至 25630 担，其价格则每担自 65 元涨至 95 元，是以锡箔业者均不敢多购，而其营业恐亦因之不佳。

纸烟因各公司竞争激烈，其进口由 28244000 支一跃而至 494836000 支。煤油业亦发达，本年共输入 3467596 加仑，上年只有 2215249 加仑。各色染料进口渐多，大有恢复昔年兴盛之势，在进口洋货要品中或可再占位置。本年输入额较上年多 21439 两，惟榜皮进口略行减色，自 78256 担跌至 74583 担。

1923 年

外国五金输入铁条及钉头铁自 3832 担加至 4688 担，剪口铁亦自 9090

担加至10090担，此后本埠能修理船壳及机器之工厂日渐发达，五金销场必更推广，可以预料，现在行驶内地之小轮船，除一二大船外，其余均于每年至江东地方即在海关对岸，进坞修理，偶遇机器损坏，皆赖本埠工厂为之修理。此等工厂均用汽油机以运动车机，以故汽油机之用途益广，今且见之于著名僧院天童寺中，以为碾米之用，此实堪注意者也。

关于外国杂货输入，查各色染料在本关统计表中早已恢复其欧战前之地位。民国2年时，进口靛青值关平银31390两，在民国9年仅值6030两，民国10年一跃而为20310两，民国11年达41849两，至本年则又增至52162两。就本地销路而论，榜皮尤为更重要之染料，本年进口量较上年稍逊，自74583担降至70745担，前曾有人于此地竭力推销儿茶以代榜皮，但未见成效，实则以儿茶为染料，较榜皮多有利益，需费低廉一也，易于使用二也，而所得结果亦甚良好，乃本地渔民甚为守旧，但知沿用旧法以楮皮染网，关于此节，现有一事颇堪注意，即本省所销榜皮竟占全国进口额1/3是也。

1923年外国纸烟输入，曾由494836000支减至420799000支，可见纸烟营业，自本省征收20%特税以来，大受打击，不特此也，因有卷烟特税，今且发生种种问题，例如宁波城区一向认为通商口岸之一部为各项捐税所不及，今则欲视为内地，外商烟公司在内地租屋设栈历有年所，今则奉省令封闭之，又勒令本城北门外日商所开雇用女工甚多之席厂停止营业，以示外人不得在指定居住界外开行营业焉。

煤油进口，本年共计3503058加仑，较上年略见增加，其中以美产居多数，尚有波斯油257410加仑，则由亚细亚公司报运进口也。

1924年

外国五金需求仍巨，铁条及钉头铁自4688担增至5169担，钢铁制品自18346担增至21692担，惟锡输入自24499担减至23816担。

外国染料，民国12年输入极多，以待善贾而沽，洎至本年价格未涨，而商人不得不售脱存货，以故本年各色染料输入之值自关平银52162两减至15167两。楮皮为染渔网之重要染料，本年输入亦形锐减，自70745担减至28756担，缘向日此货之输入本埠者，大约一半复运往定海、高亭二处，今据调查所知，大宗榜皮已由上海直接运往该处矣。

1924年煤油输入计4224320加仑，较诸民国12年约多75万加仑，由于煤油日渐普及，尤以下级人民为甚。

外国药材输入之值民国12年为关平银38257两，而本年则有51399两，此乃由于泰西药品近来销用日多,本埠城内现有大药房数家,内备各种药品,营业均发达。

1925 年

若英美烟公司之纸烟,因于夏间城厢内外遍张抵制外国纸烟之揭帖,本年在本埠之销场渐减。其他进口洋货中德国染料之销场甚佳,因之进口数目大增。美国及波斯煤油输入之数亦尚佳,惟婆罗岛(加里曼丹岛)及苏门答腊之煤油抵制之故,大受影响。细毛皮、窗玻璃、钟表等,本年输入亦加增,足证本埠人民较前富庶。此外,外国各种金属品,除少数种类外,本年输入均减少,此于本埠机厂及铁工大有妨碍。

1926 年

外国五金销量仍巨,其中各项均有多少之增加。

纸烟之进口,虽以万县案件曾遭抵制而幸未持久,故由去年之 336 兆 65000 支减至 314 兆 807000 支。

外国药品虽未见进步,而在本埠城内设有西药房多处,其销量亦日渐加增。

各色染料因磅价不利于购方,以致本年最末数月销量为之锐减,而人造靛油及靛浆进口之增加者,乃本地农人种烟叶较种靛可获厚利之故。

若夫本年柴油进口较去年增加 331 吨,又以供给本埠碾米机需用所致,此项碾米机附近各乡渐多用之,其数目迅渐增加。

1927 年

锡块之用为制造锡器及锡箔者,自 27043 担升至 29238 担,其增加之故为沪杭铁路因军事行动停止运输,致斯业在平时经由杭州关者改途而至本埠耳。

纸烟减少 47453000 支,暂时抵制外国行家及晚近征收特税。

杂货项下包括制帽原料即金丝草等,其价从去年之关平银 136299 两升至 236796 两。煤油贸易如故,不过苏门答腊油及波斯油大增,而美国存货减少耳。

1928 年

锡块进口,较去年之异常,数量减少 8055 担。

煤油贸易大体满意，惟婆罗岛（加里曼丹岛）、波斯及苏门答腊3处来货稍示短缩。

自草帽工业发展于近区以来，进口之女红用品（内有旗纱布等堪为制帽材料者）其估价增加一倍以上，计关平银592617两。

——辑录自《宁波口华洋贸易情形论略》

粮食和食糖进口贸易

1864 年

中国的商规与别处是相同的，当一个地区的居民需从外地去购买基本食物时，他们对于其他商品的购买力就削弱了。就大米的进口量而言，今年达到了1911143担，比上一年增加了几千担。像我们所看到的那样，目前浙江的情况离从前有能力出口大米的时候相去甚远，全省自产大米只有319909担。农村的状况稍好于城市，物价也相对低一些，那里的大米自产自给，这已大大减少了苞米的进口量（1863年进口苞米达77000担），那是供给因太穷而买不起大米的人食用的。1865年，粮食又将歉收，原因是缺乏劳力，大量土地荒芜。只要暹罗湾的粮荒不把中国粮商的计划打乱，明年宁波港的粮食进口量可望有大幅度增加。浙江产粮的数量若要恢复到以前的水平，至少需要三年时间。因此，在近几年中，浙江的粮食进口虽然会逐年减少，但还是大有市场。

浙江今年进口小麦43377担，同样用以填补粮食缺口。

1867 年

1861~1867年食糖进口情况

单位：担

品名	1861年	1862年	1863年	1864年	1865年	1866年	1867年
红糖	52902	7865	134098	113260	100963	126028	151722
白糖	20928	7892	68251	29967	51909	32910	50518
砂糖	4859	1339	10294	6701	3597	5510	5276

1867年从头至尾就有大量大米进口，那倒并非缺粮，因为该年暹罗粮食过剩，而粮价又低。

1861~1867年大米进口情况

单位：担

1861年	1862年	1863年	1864年	1865年	1866年	1867年
194533	194533	1916051	1911144	575783	154645	311077

1868年

1868年宁波大米进口比1867年减少了7万担。原因是浙江省这几年来逐渐已恢复元气。当太平军入驻浙江省后，1860~1863年大批人口外逃，大片土地乏人耕种，导致1862年、1863年、1864年粮食大量进口。至今百废待兴，外来进口粮食自当逐年下降。1863~1864年棉花价格之抬高时期已过去，从此以后浙江又将恢复农业以粮为主的自给自足的本来面目。1864~1865年朝廷光复省城杭州后，本省又恢复每年向朝廷按每担145斤总计大米61万担上缴。1866年由100艘民船运去大米20万担，1867年由120艘民船运去大米36万担，到1868年用150艘民船运去大米40万担，这些都是杭州湾北部各地以实物上缴之数。而宁波及其以南各县则一律折付现金上供朝廷。

1869年

本年糖进口79000担，比去年之99000担减少了2万担。最近这七年来，宁波之进口糖，除了1867年几乎与1863年相等，其他几年乃是年年下降。那是因为华北开放了几个通商口岸，而现在洋船已不再运糖到宁波这个集散地，再从这里由民船装糖北运矣。北方口岸初开埠时一段时间内一切照旧运转，可只是短短几年时光，这样劳民伤财的转运也就告终矣。浙江种甘蔗之历史相当悠久。13世纪马可·波罗在其《东方见闻录》中也提到当时浙江已大种甘蔗，且供不应求（元朝税收大部分来自杭州近郊产的甘蔗和制糖），以后另一英人也在其记载中说到钱塘江流域，普遍栽有甘蔗，高达8英尺（1英尺＝0.3048米）。一些来华记者、公使馆人员于1792年和1816年也提到，说当时甘蔗只是较多作为水果，榨糖之事因未见也就未提矣。

1870 年

1870 年春、秋两季五谷丰登，从暹罗、海峡殖民地和香港运来之大米就减少了 43088.60 担，仅进来 1651.38 担国产大米——靖江 1593.38 担，上海 58 担。

红糖乃主要大宗进口物资，计洋糖 321.48 担、土糖 2297.12 担，英属海峡 993.20 担、马尼拉 325 担、暹罗 4016.98 担。而从香港运来的也很可能是国产糖，计 172 担。在 69604.13 担之土产红糖中，台湾 63797.60 担，广州 584.90 担，厦门 4471.51 担，上海 750.12 担。

洋白糖下降甚多，去年进口 4348.92 担，而本年就猛降到 1084 担，也就是说减少了 3264.92 担；土糖也下降了 1866.78。本年之进口洋白糖中有 436.20 担来自暹罗，而另外 647.80 担来自香港。土糖中台湾 10828.35 担，广州 7338.37 担，上海 1669.40 担，厦门 1686.77 担。砂糖总进口数为 7572.58 担，计增加了 1499.48 担，其中只有 93 担来自上海，其余 1406.48 担均系来自厦门。本年食糖进口非但无利可图反而蚀了大本，原因是去年年尾进货过多，市场既已充斥又滞呆。有一家较大糖行从而连累了不少钱兑店和小钱庄。这家糖行就是"三茂号"，在本省较大城市设立了分支行，不少是财大气粗之字号，资金竟一度达 30 万银两之多。据说，所有糖店都与该行建立了密切关系，如今"三茂号"周转失灵就造成一动百摇矣。

1871～1872 年

白糖进口已从 1870 年之 15267 担增长到 27849 担，到 1872 年又下落到 4898 担。红糖也是回落，从 1870 年之 60429 担到 1871 年之 38515 担，1872 年又到 28369 担。只有砂糖保持稳定，三年来没有多少升降。

最近三年来，大米进口减少，足以证明本省已日趋繁荣，无须求助外援矣。1870 年进口大米达 51376 担，到 1871 年仅只进了 1000 担，到 1872 年为 4972 担。这 4972 担大米是从日本的兵库县（Hiogo）直接运来宁波找买主的，价格比宁波当地最好之大米低。从日本运大米来宁波，这乃是第一次。其实这个国家（日本）以往都是进口大米的。

1873 年

食糖本年略有减少。去年进口净量 38918.19 担，而本年只有 21901.12 担，计减少了 17017.07 担。那是因红糖减少约 20127.13 担。白糖和砂糖各增加 1114.52 担和 1995.54 担。本年通过洋货轮从台湾运输产品全部停止矣，而如今主要是由广州通过沿海汽轮运来。本年直接载糖运宁波船只有三艘，共计 825 吨。从台湾和大沽运糖 14376 担来宁波。而以往在宁波商界占有重要地位之糖业自 1871 年遭到严重亏损打击后，迄今已无资本和劲头矣。

大米 1872 年进口 5382.94 担，本年 8233.02 担。1873 年之持久干旱致使宁波之头季稻谷 3/4 受损，而二季稻谷颗粒不收，看来下一步是要雇洋轮从法领交趾支那之首府西贡和印度运大米来矣。以上预料并未言中，后来就从江苏靖江一带由国内船只运来大米，虽然价格从每石（计 150 市斤）3 银圆已上涨到 3.40 银圆，幸好还未罹饿死人等不幸之事发生。本省大米产区主要是杭州、嘉兴和湖州三处，而每年北运之贡粮也是从这三处经由大运河运至上海，然后由轮船运到天津。贡粮是不经过宁波的。令人百思不解的是，宁波缺粮却不求救于本省杭、嘉、湖三主产地，倒反去向江苏省靖江求救，那里水道交通密如蛛网十分方便，而且对缺粮地区是有求必应，也许此亦所谓在之近而求诸远也。

1874 年

本年由洋轮载运进口大米 2566 担，比 1873 年减少了 5667 担，虽然从江苏靖江有些大米运来，其数量乃是不足挂齿者，因为 1874 年全省粮食普遍丰收。

本年食糖进口 42798 担，比去年增加 10847 担。宁波及其辖区年耗量约 20 万担，以往是项产品均由洋轮运载，而如今已由轮船承运矣。

1875 年

除了白糖减少外，砂糖增长了相当大的数量，红糖稍有增长。遗憾的是海关统计并不够全面，那只不过是通过洋轮运来之部分。本年有运照入内地者红、白糖合计 6856 担，比 1874 年略低一些。而邻省安徽省的徽州获得了超过半数之红、白糖。

宁波之红糖价格，洋货每担 2.40 元，土货每担 2.60 元；土白糖特别是台湾来者每担 6.40 元，而砂糖每担为 6.25 元。

1877 年

1876 年大米每石 3 元，到年内为 4.20 元。由于福建遭水灾，就向靖江购买大米，价格在福建上升。而宁波毗邻地区情况也不见妙，连自供自给都难保。

土洋食糖和冰糖占贸易总值1.6%。1874年本关之食糖41652担，1875年也是这个数，到1876年就大为减少，1877年32000担，比1876年略有回升。白糖自1874年13000担至1877年已近2万担；红糖从21000担下降到了6000担；冰糖每年上下不大。白糖不论土洋都增长，而红糖与白糖相反，土洋都下降也。

红糖之价格比1876年每担上涨1~1.50银两，而白糖约比1876年每担上涨2.5银两，冰糖上涨幅度较大，比1876年每担回升3.4银两之多。

糖业尽系华商一手包办，洋商无法插足；从宁波进口之食糖绝大部分是用民船运来，洋轮运来极少。洋轮载糖主要经由上海，但也有些从台湾、厦门来的帆艇，还有一些白糖是从广州通过定期航班运来的。以上合计只是占二成之消费量，而80%都是由帆船运来，主要又是来换棉花回去者也。

前几年，白糖多系由台湾进口，现在从香港进口，因为可享受子口半税运入内地之优惠也。1874年以来，从香港进口之数量从1500担上升到3600担。

从福建来的红糖与从马尼拉或是南洋英属海峡殖民地来的价格相同，但福建红糖乃是畅销货也。

从食糖来看，水脚、税收以及由民船运载等均比洋轮优胜和合适。自1874年以来洋货入内地红糖验单已从6700担减至2600担矣。

1878年

土洋食糖和冰糖占贸易总额2.2%。1878年食糖进口净值之记录见下表。

1878年食糖进口情况

洋白糖	6250担，由上海之轮船或海关注册民船运载
洋白糖	1048担，由香港六艘轮船运来
土白糖	8688担中一半多由上海轮船或海关注册民船运来，有3/8是由广州轮船运来
白糖	合计15986担，计值109311海关两，或每担6.84银两
洋红糖	5865担，由上海轮船和海关注册民船运来
洋红糖	530担，由香港汽轮运来
土红糖	13968担，由上海汽轮和海关注册民船运来，但其中3746担系从台湾、600担系从广州运来
红糖	合计20363担，价值98701海关两，或每担4.85银两

1874~1878年白糖、红糖、冰糖进口情况见下表。

1874~1878年白糖进口情况

	1874年	1875年	1876年	1877年	1878年
数量（担）	13027	8272	9341	19700	15986
货值（银两）	58518	37323	35044	121368	109311
每担（银两）	4.49	4.51	3.75	6.16	6.84

1874~1878年红糖进口情况

	1874年	1875年	1876年	1877年	1878年
数量（担）	20925	21738	13455	5819	20363
货值（银两）	62775	61240	26452	18806	98701
每担（银两）	3	2.82	1.97	3.23	4.85

1874~1878年冰糖进口情况

	1874年	1875年	1876年	1877年	1878年
数量（担）	7700	10294	7111	6434	7617
货值（银两）	61597	57749	43095	60971	78730
每担（银两）	8	5.61	6.06	9.47	10.34

1879年

食糖（土、洋）和冰糖约占进口业总额之1.8%。食糖绝大部分是中国产，不过香港而来就被列为洋货。

1877~1879年食糖进口简况

单位：担，海关两

	1877年		1878年		1879年	
	进口量	进口额	进口量	进口额	进口量	进口额
红糖（洋、土）	5819	18806	20363	98701	23167	84389
白糖（洋、土）	19700	121368	15986	109311	14662	88720
冰糖	6434	60971	7617	78730	7313	67593

1879年乃是红糖进口数量最大之一年。1879年红糖价低，为了设法大批运来，就一改过去通过民船载运而是用轮船载运。年底库存大，白糖已回落。不论是红糖还是白糖，运入内地者，年内数量都稍大。

1881年

食糖进口变化，相当特别和特殊。宁波进口之各种食糖，几乎都是载自华南和台湾。而海关统计中所列之进口洋糖和土糖，乃是看该批糖是否经由香港运来而定。土糖经由香港运来，就在统计上当作洋货进口看待，若运往内地就可享受子口半税之优惠。除了由洋船运载进口的货物外，有许多由民船载来的大批货物，都向常关纳税，因为常关征收之税远比海关所征要低。拿糖业来说，有一段时间，从厦门、台湾来的民船，赚了不少钱，如今已完全消失矣。

只有一些福建商行，还拿食糖作为与豆饼、豆类、棉花物物交换的主要物品。

兹将1880~1881年之土、洋食糖之进口品种、数量记录如下。

1880~1881年土、洋食糖之进口情况

单位：担

品名	洋糖 1880年	洋糖 1881年	土糖 1880年	土糖 1881年
红糖	2583	4312	300	1280
白糖	10804	8007	1882	1877
冰糖	—	—	7280	7153
合计	13387	12319	9462	10310

注：1880年土、洋两项食糖之进口数为22849担，而1881年则为22629担，计已回落220担也。

1882年

说到食糖，1881年之贸易报告中已提到过，恕不赘述。红糖、砂糖各增16414担、272担，惟独白糖减少了38担，总计增加16648担。此外，乃是些比较次要者也毋庸评论者也。另外，土货进口去年之值为关平银1782941两，至本年则成为1797576两，计增长14635两。这些统计数据都是洋商轮船公司所供给者，一般常关均未收集汇总。

1883 年

洋糖与土糖合计减少了 1327 担：红糖一项单独就减少了 8703 担，而白糖增加了 5932 担，冰糖增加了 1444 担。若是年内棉花收成丰饶的话，那么冰糖之进口数量将会大得多，为什么呢？因为棉花可以与冰糖交易。

1884 年

从马尼拉及香港进口之食糖 10 年来约已翻了一番。1875 年只有 8981 担，到本年已达 17118 担，但食糖不论土洋，在过去 10 年里增长并不多。

1885 年

红、白糖之进口，本年比去年增长 1500 担，要是包括土糖进口在内，那么本年比七年来之进口平均数增长 39000 担。

1886 年

食糖平时归入洋货，也归入土货进口之列，问题不大，反正都是回升，计红糖比去年约增不到 16000 担，白糖就增近 2 万担。

1887 年

红糖 1887 年进口 32217 担，比去年减少约 30%；白糖比去年增 2000 担，已达 56634 担。冰糖 1887 年进口 12231 担，而去年则是 9320 担。

1888 年

最近三年（1886~1888）食糖（土糖、洋糖）进口是一年比一年减少。1886 年为 102000 担，1887 年为 89000 担，到了 1888 年只有 7 万担矣。其原因是好多以前是宁波供应的市场，如今由上海供应了。此外，还有从华南来的更大数量的食糖，是用民船装载后到常关（土税关）那里去缴税矣。

1888 年红糖总进口量为关平银 23498 两，不论是洋是土，已减少了 8700 担。洋白糖比去年增长了 16600 担，可是土白糖本年进口 46597 担，使增长之部分变成纯减 1 万担。也就是说，去年之土白糖进口数为 73197 万担（注：此为推算数）。

1891 年

食糖中之白糖，从 34347 担上升到 50521 担，而红糖则从 8710 担上升到 18949 担。在内地贸易中，红、白糖除了棉制品之外，其货值已列为第二矣。许多运入内地之白糖，都是在香港精制的中国货食糖。年内内地贸易之总值计为关平银 1134989 两，比去年增长关平银 64095 两，是有史以来最高纪录。

1892 年

食糖进口继续呈现增长之势头。年内已达 134844 担，售价每担已上升 0.2~0.3 元。所有食糖进口商都已赚到不少。

1892 年大米进口计达 93599 担。

1893 年

在土产进口项目中，粮食中之大米属量最大者，计本年进口 204354 担，计值 429145 海关两。

1894 年

洋糖、土糖之进口计达 180397 担，其中红糖 77972 担，白糖 102425 担。该行业逐年稳步发展。年内秋收又是个大丰收，粮食富饶充沛足以自给，所以进口粮食就比去年减少 175000 担。

1896 年

本年食糖进口 183746 担，其中 17 万担被列为洋货，不是从上海转运来就是直接从台湾来的，年内进口之总数比前两年大见减少。本年进口之大米仅 1 万担，那是一个极小数字，而绝大多数从靖江用帆船运来的大米，年内计达 60 万担。

1897 年

从香港、台湾来之食糖，从 174322 担上升到了 222371 担。

1899 年

1899 年进口食糖 299499 担，计关平银 1443000 两，数量超过了前几年之进口数。

1901 年

从香港直接进口之红白糖 6000 担，这使 1901 年之直接进口总数为 22 万担。

1902 年

洋糖进口数目有 45 万担，其中有 20 万担系车糖，由香港直运而来；又赤糖 13 万担，由吕宋、台湾两处运来；另有赤糖 11 万担，系由香港及他处地方转绕上海运来本地销售。车糖每担价格 5 两至 5.5 两，其行销均在内地绍兴等处；吕宋所来之糖，其价每担 3 两至 4 两，行销于上江、徽州等处。惟福建所产之有名泉州糖，向来宁波市面销场甚佳，今则泉州糖为车糖所分销路，遂形减色。台湾糖之生理减色，据云日本将甘蔗运往东洋之故。今岁宁地糖之生涯阻滞，一因市面存货竟积过多，一因运往内地之糖落地捐加重，向来每包 240 文，自去年始改为每包 360 文，是此，糖业不堪设想。

1902 年米商忽然改弦易辙，均由他处购办，从汉口运来 20 万担，由南方运来 13 万担。

1903 年

白糖、青糖、车糖、冰糖自申转运，缘申市面不佳，购办俱需现银。不过此地批发有期，较为便宜。故种种糖件运于申者共少 132556 担。

1905 年

进口美国面粉 16396 担，较去年少 6000 担。

糖之进口为宁波一大宗货物，今年生意亦颇巨，故今年进口 334000 担，估值关平银 160 万两，内有车糖 162000 担，系由香港太古火车糖公司运来；吕宋青糖其价不昂，其色亦佳，故得坚持市面销场尚大，由吕宋径行此处满载而来船只日见其增。惟台湾糖寥寥无几，因吕宋青糖便宜以至价跌。各种糖之贸易，据云惟香港运来之车糖尚得利益。今查各色进口货有增二成二之多。

1906 年

1906 年进口红糖 278973 担，精制糖 117611 担。由于日本之竞争，以后还会源源不断而来。有一家日本商行，年初与中国掮客订立合同，以精制糖低于市价 5% 供给。头一批进口糖质量很好，但以后进口的就不尽如人意了，结果需求下降，所有都以赔本处理掉。1906 年糖商被搞得焦头烂额，手头仍有大批存货，卖又卖不掉，既要付货款利息，又要付昂贵之栈租等。

1907 年

从香港和菲律宾进口的食糖大大地扩展。绍兴一带年消费精白糖计关平银 100 万两。此外，钱塘江流域之各大城镇则行销红糖以及菲律宾中部怡郎白糖，总值也近关平银 100 万两。食糖进口商卖得好价，糖行等零售商也赚得多，皆大欢喜。

1908 年

各色糖上年 469559 担，今年只有 396424 担。

1910 年

洋糖为经由外洋进口货物之大宗也，上年共计有 386327 担，估值关平银 1857613 两，而本年只有 244417 担，估值关平银 1216951 两。据经营糖业者所云，因本年金融紧急，不得不将营业范围缩小，随买随卖不能存积矣。来年信用恢复，必得多数进口该货。

1911 年

糖亦为本口大宗进口货物，今仍旧兴旺。车糖进口约 177000 担，上年 145000 担，该货 65% 由香港运来，秋冬其价大涨，五年内为最。日本糖上春生意颇好，售出约有 66000 担。吕宋青糖进口计 4 万担。

1912 年

本处市面容易销售日本糖，共有 5 万担。

1913 年

若杂货类仍以洋糖为最盛。赤糖进口共 196520 担,倍于上年。

1914 年

糖于外洋经运进口货品中仍首屈一指,此项生意并无实体之变更。赤白糖虽较上年稍跌落,犹能及前数年平均额。至论车白糖,上春每包 135 斤,售洋 8 元,旋即飞涨,至今价在 13 元之巨。宁波现有日本糖行两家,所开价钱,终较别家为廉,而所做生意,约占全甬 2/3,本年由日本直达装来有好几次之多,担位甚巨。

1917 年

赤糖多自小吕宋直接运入,近因船只甚少,吨位难定,较之上年约少 46000 担。白糖、车糖、冰糖三种糖来自日本、(中国) 香港,其总额与上年略同。总之浙西一带,近以车运便利多取道沪杭,于本埠进口商务不无影响。

1918 年

赤糖进口货额大有进步,以本年表列数目,比较去年增 9 万担,其故系业糖者因恐市面之糖供不应求,故从吕宋购来甚多,以冀日后市价之涨也。所不幸者,获利之家绝无仅有。处此钱市竭蹶、利率高大之秋,存货久积,欲免亏折难矣。车白糖大都自香港运入,今岁进口额能加 46000 担者,莫非年内水脚低落所致,其市价较去年跌 1/3。冰糖一项,市面平平已非一年。

1919 年

赤糖,去年进口共 228819 担,本年仅 91755 担。

1920 年

洋糖进口数目,去年为 196723 担,今年为 180302 担,共少 16421 担,其中由吕宋运入之赤糖,约占 1/3,余均来自香港。

1921 年

糖之价格略为便宜,所以糖业中人格外多备存货,本年进口 335309

担，上年仅有180302担，其中约有1/3为吕宋次等赤糖，初意以为价格低廉销路必能畅通，今则不然，殊出于意料之外。

1922 年

1922年有大批食米自香港及外国各埠输入，共计927174担。1921年仅进口73069担耳。

1923 年

外国面粉因可久藏不变，销额渐大，1920年共输入4481担，至1923年竟增至96214担。1923年共输入外国谷类100万担，其中米为最多，可以补民国11年遭受水灾后民食之不足。查本年洋米入口之多，实为从来所不及，此外尚有中国米50余万担，由他埠运来云。

糖业盛衰，通常视为内地人民生计否泰之标志。1923年则衰疲殊甚，为数年来所未见，进口总额较之往年约少20万担，虽上年年底存货颇多，然不能以为两年相差甚巨皆源于此也。

1924 年

1923年进口货中，有外洋食米1009573担，计值关平银4041724两，而本年进口之米仅有3582担，计值关平银11165两。

1924年糖价每担约跌银2~3元，于是商人乘机多购备存，以致输入总数几多20万担。

1925 年

本埠食米时见缺乏，以故此项紧要食品本年多由南方各省经香港转运来甬接济。不过所有进口之食米中，复出口运往舟山群岛者有105339石，因之本埠食米每石价竟涨至12元。惟罐头食品本埠销量大增。

1926 年

巨额食米之进口，计本年共有1080782担，估值关平银4331987两。而去年进口则仅有176280担，估值关平银704795两。麦粉之进口，亦自15983担增至41540担。

糖之进口，因本年甘蔗受风灾虫害甚巨，加以赤糖、白糖价高，其贸易大受影响，独车白糖价廉（每袋计重135斤，售银7两），且上半年曾有大宗运入本埠，一则售出以求目前之利，一则存储以待来年善贾而沽也。

1927 年

洋米进口，自 1080782 担增至 1238225 担，其所以大见增加者，因去年本地收成歉薄。

车白糖，自 216288 担落至 162205 担，一因去年存货甚多，一因该货价格日跌，商人恐大宗存货或将不得脱手。本地糖行德和号，于 12 月中忽被迫倒闭，盖因投机于糖业市场，而受 80 万元之损失也。

1928 年

洋米之进口，去年为 1238225 担，估值关平银 5174295 两；本年减至 411769 担，估值关平银 1707047 两。

车糖计短 81427 担，一因抵制日货致某次有日轮一艘，由日本直接装糖来甬，未能卸货而开往上海；一因香港太古制糖厂暂时停闭，于是营斯业者因无他处来源足以供给，乃转而注意于爪哇结晶粗白糖，用机器磨细使其粗硬，形质变得柔软。此项爪哇白糖，在年终 4 个月内大量进口，遂使白糖之全年数量，由去年之 32524 担增至 119642 担。赤糖大都来自吕宋、爪哇两处，共 227968 担，计增 107840 担。

——辑录自《宁波口华洋贸易情形论略》

1930 年

1930 年粮食进口之多殊堪惊讶，回忆 1923 年，适值两年荒歉之后，益以匪祸蔓延，内争剧烈，其全年进口洋米不过 100 万担，本国米亦不过 50 万担，已为空前最高之数，而本年所输入者，本国米虽仅 68547 担，但洋米则竟达 2362518 担，亦云奇矣。

1934 年

西贡、曼谷之米源源输入，竟达 525000 公担之多。回溯去岁，则毫无进口。岁聿云暮，上等洋米每石售价不过 10 元，土米则须 11.50 元，无怪乎洋米得以畅销也。

国产食米进口之数，已由上年之 265000 公担，降为 231000 公担，殆为上述大批洋米输入之所致也。

——辑录自《海关中外贸易统计年刊（宁波口）》

茶叶出口贸易

1864 年

茶叶出口有大的发展。1863 年只出口 36438 担,而 1864 年已达 59117 担。茶叶主要来源于绍兴,绍兴南方和西南方的山里盛产茶叶,有一条叫平水河的河流流经此间,因此在它的流域出产的茶叶,也被命名为平水茶。有两条河,一条就是平水河,它流经诸暨附近,源于金华山中;另一条是曹娥江(或叫上虞江),它的流域也是一片茶叶生产区。从杭州至严州的乡间也产茶叶,同样从宁波港出口。温州和台州地区也生产大量茶叶。至于奉化地区的茶叶,因质量不佳,未被列入出口产品。在很长时间内,中国茶商将茶叶销往上海,但是外国茶商却习惯于去产地采购茶叶,因此大部分茶叶贸易在宁波港进行。平水茶最受美洲人青睐。

1865 年

本口茶叶已增 13105 担。若确实是从徽州运出 24000 担而都是运往宁波这个口岸的话,那么还达不到去年的数量。

1866 年

平水和徽州绿茶已超过 10 万担,计总值 400 万两关平银,折英镑 130 万镑。

1861~1866 年烘茶与毛茶出口数量

单位:担

年份	1861	1862	1863	1864	1865	1866
烘茶	44019	5178	20990	53809	70661	102782
毛茶	8036	9371	15447	5307	1492	956

1867 年

1867 年茶叶市场除了几小宗平水茶有了洋商主顾外,其他绝大部分去上海市场之宁波茶叶商均系华商。这些宁波商人对 1867 年茶叶之产量均甚满意。据悉，今年数量虽多，但制茶后之质量乃是历年之最差者。而今茶叶市场上有一特点，买方只要抢到手，就不管质量和价格。

1867年绿茶总出口数为115268担，比1866年多12185担，平均价格为每担35银两，总值4034380银两，折合英镑为1344760镑。

徽州茶经宁波者与年俱增，看来成为本口贸易的重要部分是不在话下矣。

1867年因逢干旱，影响了茶树之生长，也影响到蚕丝之产量。但是这项大宗出口产品，主要是通过杭州那条路线转运去上海的。

1869年

1896年本口茶叶出口远比去年多。1868年茶叶及碎茶出口计达125877担，值3873785银两；而本年为149950担，值4647000银两，计增长24073担、773215银两。

奇怪的是，本年宁波茶叶出口增长数，恰巧又是九江口岸的茶叶出口下降数，此乃纯属巧合也，但盈亏消长各有其因。宁波之增是由于其种植面积扩大；九江之减乃是歉收、洪涝以及其他之因。又如徽州茶多少年来都运沪直接出口，如今绝大部分改来宁波出口矣。去年宁波出口之茶叶，约有1/3多乃是浙西之平水茶。徽州茶改上海来宁波直接出口，主要原因不外乎是杭州撤销了"堤工捐"也，同时，宁波之仓栈储藏费用也都比较低廉，而且只需在宁波缴纳出口税。

从安徽东南部产茶区到浙江钱塘江畔杭州对岸之义桥有水路，是顺水急流，抵达义桥后又有河道通往绍兴以至宁波。此外，安徽茶区有水路经杭州而抵上海，这条路阻碍就少矣，可是每担茶叶除了"厘捐"或是台炮费外，还得付一银两税金。若是往宁波那边运，就没有这笔杂七杂八的税捐矣。虽然从安徽运茶经杭州去上海，对浙江省财政部并无收益，但修筑杭州堤坝，投资甚巨，又须浙江独自承担，所以浙江当局对安徽出口茶叶没法拉过来从宁波出口一事，虽收不到"堤工捐"而至少可以收到出口税，是乃"失之东隅，收之桑榆"之计也。从安徽来说，本省迄今还无一通商口岸，而长江上游江西九江，又不能与宁波相匹敌。至于安徽省沿长江之芜湖是否以后会开埠，那是将来的事了。

安徽茶来宁波出口似碍于法，那是硬争来的。政治上也好，地理上也好，都有些牵强附会。而且，虽然宁波海关收到很大一宗出口税，对本省之实际贸易发展并无多大裨益，而是仅在宁波存储到听命沪方处理为止。

1871~1872 年

绿茶为宁波对外贸易中最主要之出口产品。这两年来，出口量分别为 15463 担和 14856 担。1871 年出口茶商所获之厚利，诱来了 1872 年之几家新茶行如雨后春笋般相继成立。而茶商向当地钱庄贷款，从此也就有求必应，不费吹灰之力矣。然而好景不长，从茶季开始，茶商之角逐也渐趋白热化，预示前景多险情。在农村中，茶农和茶叶贩子早已风闻去年出口商利市三倍，也就奇货可居，纷纷抬价，有高达往年之一成五者。从此经营出口之茶商因亏损较轻而罢手，而绝大多数则随波逐流，听从市场内放出之消息，如有美国取消茶叶进口税之流传，而诱导他们纷纷加码，致上海茶叶出口市场出现活跃局面。结果，以后之出口茶商由于愈陷愈深，创巨痛深。据悉，1871 年茶商获利约 50 万银两，而 1872 年亏损就不下 100 万银两，洵乃赔了夫人又折兵也。年内有两家茶行倒闭。吃一堑，长一智，茶商们排除了冒险投机，而今迈步从头越。查宁波现有茶叶烘烤、分拣人员每行平均为 355 人，男女共计约 9450 人。男工主要来自邻近省安徽，女工都是绍兴地区的农村妇女。而华人中之安徽人，又是出名的好骚动。不同省份、不同性别之男女混杂，自然是非滋生。为防患未然，宁波当地每年指派一名专业民事官员，处理是非曲直和巡查有无违法乱纪情况，以做到防微杜渐。这位官员并非挂名的兼职，如劳资间发生资方对劳方的诈骗、欺凌等等，其在履行职责中，若调解不合工人之意，就会遭到侮辱和非难，甚至受皮肉之苦。特别是一些妇女，至少在中国这个地方，她们是软硬不吃，有时她们把来调解的官员从其轿椅内强拖出来，交给激动的暴民来泄愤。这类事情发生后，茶行总是吃亏，往往就屈从肇事之不满者所提出之条件。每当劳资纠纷闹僵时，劳方总是采取罢工这一招，以待资方之屈服。

1873 年

1873 年共出口 156993.91 担茶，绝大部分是绿茶，其中仅只有 4965.28 担叶子茶，比去年减少了 24167.70 担，那是绿茶下降 24751.40 担，叶子茶上升 583.70 担。去年几家新成立之茶行中，有几家受到严重损失，以致本年初茶业前景暗淡。有两家华商茶行营业惨淡，一直拖到农历春节才关门大吉。而在安徽与浙江接壤之茶叶产制市场屯溪，就有不下 28 家烘茶作坊，也同时在农历新年时停办。从本年茶叶收成来看，据报头获就不佳，质量都差，不如去年；到了二获尾只是一小部分出口，显示已不如往常。

后来上海方面需求有所提高，从此出口又逐步增加而达到往年之数量。以上所述之今年头获茶叶据证仅只是质差，其量与往年并不相上下。但由于夏末秋初，长江两家汽轮公司相互降低水脚来竞争，而徽州茶商受低廉运价之诱，就发送了4万至5万件经由九江之出口茶叶。从目前之趋势看，今年新年就胜过去年，再也不会出现倒闭停业之类事矣。据悉，安徽茶净利为3%，而平水茶就略有亏蚀。本年除了有12.55担芝珠绿茶运广州外，其余的茶叶统统从宁波出口去上海矣。

1874 年

绿茶本年出口154242担，比去年增加了2213担，比前年减少了22538担。1873年、1874年两年从宁波运上海之头获茶，茶商都赚了大钱，但是到了两年之年底就都不行了，宁波当地的茶商惨遭损失。年内从宁波送一些茶叶去上海与日本茶掺和烘烤，结果还不如在宁波单独烘烤的茶叶呢。

1875 年

1875年出口茶叶共计129197担。其中绿茶125980担，其余都是大叶子茶。比1874年减少近3万担。因本地无茶叶市场，因此全部运往上海，运费25分一吨。本地茶商也渴望冒风险就地脱手，但却又乏人问津。目前，烤茶之平均价包括当地各种税金、包装、运费等在内，约计每担关平银26两，这个价格比1874年开盘价还低10~12两。

1875年茶季，茶叶界都忧虑重重，怕省上对税收有变。以后茶叶从宁波改往其他地方出口。

1876 年

茶叶自1874年后年年下降。本年绿茶出口为119811担（其中有10万担是徽州茶），比1875年之125980担减少了6169担。另外，红茶和大叶子茶本年出口126756担，比1875年130126担减少了3370担。

红茶系最近试制成功之出口贸易品种，1875年从江西河口制成了929担红茶供出口。但在上一季收茶季节，宁波来了些广州人，办起了两家烤茶作坊，制成一共3795担红茶供出口，据说赚不到什么钱。这两家烤茶作坊的茶叶是从绍兴的南山和北山来的，以往市场上的绿茶就是从那儿来的。正如裴式楷先生在去年贸易报告中所述及的，徽州茶运来宁波出口乃是不得已而为之，主要是由于杭州那边开征海塘捐，不得不绕道也。

1877 年

绿茶、乌龙茶、茶叶（除绿茶、乌龙茶之外的茶——编者注），这三种茶叶共计货值 3194033 海关两，占本口之全部贸易额近 26%。

1874 年出口绿茶 15.4 万担，到 1875 年下降到 12.6 万担，到 1876 年又下降到 12 万担，但到本年又回升到 14.5 万担。这 14.5 万担中有平水茶 4 万担、徽州茶 9.5 万担，余下之 1 万担来自浙西之严州、淳安、开化县以及开化县境内华埠镇。严州府内以建德闻名，其他都来自浙西与安徽东南部接壤地。

所有这些茶都是取道宁波而运上海的。

1877 年茶叶出口之增加，显示比往年茶季装运得更快捷。一般在往年运到上海之时间均为 3 月或 4 月，为了水脚低廉就乘机行事，便抓紧在 1878 年元月 1 日运费涨价之前就全部运去上海。

那些不杀青茶叶日见式微。1877 年之出口数仅达 1876 年之半。此类茶之产地在宁波东面名曰"天童"的地方，毗邻"柴桥"和"寒林"，这种茶运往上海和日本的茶叶掺混。看来，此茶已濒于绝迹矣。

乌龙茶年内出口还不及去年 3800 担之半，仅计 1500 担。

据浙关狄妥玛先生在 1876 年年报中提到的，"制红茶在宁波乃系创举，而 1875 年江西九江河口那里曾有出口"。至 1876 年绍兴以南制成后运来宁波烘烤，年内宁波并未出口红茶，因 1876 年之试制后成本过高无利可图而作罢矣。但是从浙西之开化和平水倒是烘烤后装箱出口过。

年内从宁波运往上海之茶，都是从下列四个地区来的，区别鲜明，即徽州、淳安、平水和天童。

徽州种植的茶叶全制成绿茶。其烘烤地方有屯溪，那里在 1877 年就建立了 58 个机构。另外一处在屯溪之南、徽水之畔，离屯溪约 3～6 英里（1 英里 = 1609.344 米）之享都（音），有烘烤房 13 处。

以前在屯溪就有烘烤房不下 80 个，还有 30 个在享都。而徽州境内之烘烤房绝大多数由徽州人经营，但也有三处系由广东人创办。凡是烘烤房内雇用的工人，都是清一色的当地人，而且也都是烤茶里手。

除了上列安徽境内之烤房外，在宁波又有广东人控制的三家烤房，主要烘烤徽州茶叶。从屯溪西北之黟县及其附近把未经制过之茶叶，由筏子或是那种一叶扁舟运到屯溪。要是从近慕云（音）的贡旺（音）来的未制天然茶叶就麻烦多了，须经 10 英里长一段水陆联运后抵达新岭，把茶叶抬上小舟运到屯溪。待茶叶经制和包装后，就从屯溪由水路运到杭州附近的义桥，这一段是直达水道。然后，由陆路把茶叶运到绍兴运河，又从这条运河运到曹娥江，一直到百官，把茶叶摆渡后又上岸，陆运一段又入甬江后抵宁波。如此，从屯溪到宁波，装四次小舟，走三小段陆路。

若是这批茶叶从杭州南岸义桥直接从运河运往上海，就只需走一段陆路抵杭州，以后就只需换一次小舟就行了。从花费的时间来说两条路线是相等的。从费用来看，从义桥到宁波也和从义桥经由杭州去上海大致相同。

关于这两条路线的问题是从宁波运上海之轮船费用比较少，要是经由杭州就得缴纳海塘捐。关于海塘捐一事三年前（1874）就提出来讨论其减免、取缔、停征问题，可是夜长梦多。要是停征海塘捐，那么宁波就要失去10万担茶叶的税收和运费，当然，所引起之后果远不止这些，还带来了许多连锁反应。

徽州以西与之毗邻的是慕云和祁门，都是多年来以产绿茶闻名并借水路交通之便而达江西九江由汽轮通往上海。但是祁门最近有了些变化，也许几年之后就会扩大到徽州。同样在许多年之前，九江以南之莫宁（音）地区就放弃制造绿茶改制红茶，所以安徽之祁门也就步其后尘。听说绿茶赔本，因此1877年内祁门有五六家烤房就制红茶，迄今已增至二十七八家。若是红茶赚钱，而绿茶依旧在市场上没有转机死气沉沉，那么宁波就有失掉徽茶的危险。要是徽茶改制红茶，当然再也不会来宁波，而是经由九江去汉口，那是不在话下的。弃绿茶转向红茶之趋势也波及浙西淳安。此外，芜湖附近之太平于1877年内也亦步亦趋地把制成的绿茶硬改制为红茶。

皖南徽州与芜湖之间乃系崇山峻岭，看来徽州地区也不会去找芜湖出口物资，因为那须翻山越岭并不容易。

平水在1877年内出口约4万担茶，这些茶在平水当地烤制，但包装主要还是在宁波进行。平水有烘烤房三处，绍兴也有四处。另外，在宁波就有18处，其中只有三处由宁波人经营，都是烤平水茶；广东人拥有三处，徽州茶、平水茶均烤，而他们所雇用的烤工都是从安徽招来的里手。据称在平水、绍兴，商人烘烤平水茶之损失计达二成。可是宁波商人以平水茶为主（约75%）再掺入价格比较便宜之天童茶叶约25%，就不但不亏损反倒赚了钱。有些平水茶叶就拿来掺入在当年的新茶叶中使用。

天童，上文已述及恕不赘述。

淳安，本文所指者为淳安、遂安和开化，即浙西之三县也。该地区约产1万担茶叶，由钱塘江而东往至义桥以后也如徽州茶一样运宁波。这1

万担中，淳安占半数，遂安、开化合计约 5000 担。以往这地区茶叶是运往徽州去制，最近 18 年来就不运安徽去了，就在当地烘烤矣。说到烤房以淳安居多数，其次乃是开化也。淳安 1877 年内都是烤制绿茶，但开化那里在 1877 年只有两三家红茶烤行，其他的烤行均制绿茶，到后期发生了变化，本年绝大多数烤行都制红茶。这里制成的茶叶由筏子从淳安运出到钱塘江，以后转装入小舟外运，开化茶也是用筏子转改小舟运常山县。

1878 年

绿茶占贸易总值之 22.7%。在本贸易报告中最令人注目的，要算绿茶出口之逐年减少矣。以下系八年来每季出口按担比较表。

1871～1878 年绿茶每季出口数量

单位：担

1871 年	1872 年	1873 年	1874 年
161142	180033	146402	162032
1875 年	1876 年	1877 年	1878 年
120542	130394	129720	103206

注："季"者系自每年 4 月 1 日至下一年之 3 月 31 日。

茶的分类若按各地区来的比例来分则更难了。而根据上海出版的《茶叶传阅》就把绿茶分为：慕云、屯溪、徽州、平水以及"上海装"。而除了最后"上海装"与这个口岸风马牛不相及外，其他四种就分述于此。"慕云"是徽州、屯溪间一个地区，这里产的茶是经由江西九江运往上海的。慕云茶近三年来已从 165000 箱下降到 135000 个半箱。所以绿茶出口不仅是宁波减少，其他地方的出口量也在下降。茶商所谓之屯溪茶、徽州茶说实在的都是一码事，这两个名字也只是工艺上的区别。屯溪的制法要比徽州做法质量上略胜一筹。从地理上来讲，两地毗连，实际上都是在屯溪制茶的，根本没有徽州制的茶，然而徽州是这个地区主要城市也是州府之所在地，名声大，当然那个"慕云"也包括在内。屯溪茶和徽州茶只是工艺上之称呼而已——都是经由宁波而运往上海去的。平水茶已经介绍过多次，也毋庸赘述，这类茶都经由宁波外运。上文已经谈到了所有平水茶，可说绝大部分是在屯溪或在屯溪附近制成的，而且工艺上讲就称之为屯溪茶或徽州茶。从 1878 年税收中就能看出，绿茶出口显示回落不仅是指一个地区，而是指所有各种茶。目前，英、美两国对绿茶消费愈来愈少，这就使得中国必须缩小绿茶供应范围、减少之数量，而且做绿茶的茶叶改为制工夫茶，或是不改就内销。

听说无论是在中国或是英国，装走的茶叶都是最差的了。今后怎么办？产茶地方人也摊牌了，说他们对改进茶的质量无能为力，除非外国人出高价。看来改进无望，今后茶叶前途茫茫，供应稳步减缩乃是意料中之事也。

正如1877年贸易报告所评述，若干绿茶产区曾做多次由茶叶试制工夫茶之尝试。特别祁门和华浦（音）两地，当地茶商对试制结果深感满意。目前，华浦工夫茶在上海市场里每担23～27银两，比绿茶每担可多获5～8元。这些茶都是经由宁波运往上海的。华浦之红茶试制成功对宁波也有好处。而祁门茶就因地理关系，都经由九江出口。关于徽州茶，情况比平水茶略胜一等，为的是不会在国外市场上被排斥到站不住脚。要是以后红茶生产逐年增大，重振雄风是大有可能的。

乌龙茶约占总贸易额之0.2%。1878年出口量比1877年增长一倍，但与1876年相差甚微。茶叶之出口已降到不足挂齿之数量矣。下表系自4月1日至第二年3月31日之出口担数。

1875～1878年乌龙茶出口量

单位：担

1875年	1876年	1877年	1878年
929	3796	1541	3805

1879年

绿茶占贸易总值之28%。下表系1875～1880年绿茶按季（即从上年之4月1日至下年之3月31日）出口情况。

1875～1880年绿茶每季出口情况

单位：担

1875/1876	1876/1877	1877/1878	1878/1879	1879/1880
120542	130394	129720	103206	126760

1880年

茶占本口贸易总值之31%。宁波在全国通商口岸茶叶出口中名列第四。1879 年宁波出口之茶叶数量约占全国出口数的 6.5%。

1879 年、1880 年茶出口数量

单位：担

品名	1879 年	1880 年
红茶	2154	1027
绿茶	232	614
毛茶	—	380

1880 年内从宁波出口之红茶增加，比 1879 年增长了 986 担。

1881 年

要是不分茶叶之品种，那 1880 年和 1881 年差别极少；若分红茶、绿茶来看，红茶就显著回落。

1881 年，红茶出口 684 担，比 1880 年减少了 3333 担。近几年来，徽州总在不断试制红茶，但结果还是失败，不及绿茶之获利之多。据说是技术不够，操作欠慎所致也。对这类试制品，上海茶商说是太邋遢、粗、苦、涩，又不经泡。结果是投放在这项产品中的钱很多，有些甚至一、二、三而到四、五次把产品送去汉口，但仍无济于事。总之，茶商一定要做到其所制造之红茶质量过关，否则该项产品之出口就没有希望矣。

去年平水绿茶加工者赚了一大笔，今后之烤茶厂会逐渐增加，是意料中之事也。要在挑选烘烤工人中严格把关，凭熟练技术来考查是否合格，切莫把那些不学无术的一般苦力拉来滥竽充数。从伦敦来的许多人怨诉，平水茶在包装前对烘烤不够认真，筛分也马虎。去年之平水茶出口计达 70347 担，比 1881 年之 67083 担回升了 3264 担之多。

另外，徽州茶之烤烘者说他们赔了钱，这也许是事实，虽然这两年来徽茶出口倒是增加（1880 年出口 80586 担，1881 年为 90448 担），但从货值之统计看 1880 年为 1961022 海关两，而 1881 年却只有 1926551 海关两。由此可见，出口数量增加了近万担，而卖得的钱反倒减少了 34471 海关两。

从平水茶来讲，卖了好价，从最近两年之价格差别来看那就更明了了。去年平水茶出口总值为 1373998 海关两，1881 年则为 1752441 海关两，而去年比 1881 年之出口数量却超过约 3300 担。这确实是反常之实例也。

——辑录自《浙海关贸易报告》

1882 年

1881 年出口红茶 684 担，到 1882 年下降到 60 担。

绿茶去年就减少出口 20625 担，其中平水茶 10604 担，徽茶 10021 担。除了以前所说的原因外，最近绿茶在美国惨遭冷落，也给平水茶和徽茶之出口商以很大之打击。到 1882 年终，还有 8000 担待运上海去完成季度之出口任务，但是由于绿茶出口商行之减少，到下季可能还会有变。

1883 年

红茶从今也只是做试验和试探性之少量外运。此外，还有少数带有同一质量戳记的红茶在汉口市场上出现，冒充是汉口产的茶。据说那些打入汉口茶叶市场的冒充红茶赚不到什么钱。

虽然绿茶中之平水茶在商人口中说赚不到什么钱，但是出口后也从来没有亏蚀过。

年内茶季初期，出口美国之绿茶遇到麻烦，说是不宜消耗，为此上海洋商就拒购这类绿茶。一直等到新茶上市又运美国，情况大有好转。从拒收到乐于收购，前后相隔两个多月。在拒收那段时间里，茶叶加工（熏、烤、晒）作坊从 25 个关闭了 6 个成为 19 个。在徽州产茶区，对茶农很优待，不克扣，对制茶加工者就不优待矣，所获不多。据行家估测，1884 年这类茶叶之出口会有回落。

红茶 1882 年出口 60 担，到 1883 年就回升到 306 担。但绿茶去年减少了 13730 担，其中平水茶为 2218 担，徽州茶为 11512 担，到年底前有 3000 担交上海。

1884 年

本口之主要大宗出口货如绿茶，乃是运销美洲市场。1884 年 7～8 月平水茶出口获利不薄，可是因贷款利息比去年高，茶叶出口业就赚不到什么钱。

1885 年

茶是出口中主要之大宗产品，本年出口大增，复出口除外就有 1666 担，除了 1872 年以外，比哪一年都多。这一行业，惟独制茶、烤茶这一环赚不到什么钱，茶农、茶商都赚了不少钱。

1886 年

有两种茶叶出口减少：小珠茶（又称芝珠绿茶），本年出口计 148214 担，比 1885 年减少了 33699 担；大叶子茶，本年出口 911 担，比去年出口已减少了一半。嫩熙春本年出口达 25956 担，比去年增加了 5251 担。雨前茶本年出口 19357 担，比去年增加了 7935 担。大（或圆）珠茶本年出口 9613 担，比去年增加了 2118 担。

兹摘录本口茶叶出口商戴维森对此行之一点看法。

"季初，据伦敦茶叶市场传来之信息，由于上海茶叶市场之耽误，伦敦持有人之不耐烦如此之多以至于以本土商民之名义先发首批茶叶去美国，结果未达成。上海洋人茶商对平水茶无兴味，因为头批到货掺杂太多。要等到外国来了回音后就把茶叶样品送去经审定后再谈交易。当市场开盘后，茶市相当疲软，茶商（烤制人）均盼高价。据报，本茶季茶商（烤制人）亏了本，但到后期总算挽回了一些蚀亏。有几株茶样已由茶商（烤制人）以自己之名义送交美国，目的并非想卖高价，只是想把手头存货脱手。这里之烘烤茶叶作坊本年已有 23 家去年只有 19 家。目前，仓库里约有 2500 担。关于徽茶除已述者外，别无可以奉告者。这里华人茶商也听到消息说洋商要把茶叶市场往后拖延几周，使他们之收购减少。要是这些茶商万一受损，也不会大。下一茶季乃是胜利在望矣。"

1887 年

1887 年绿茶出口 134027.87 担，但是有 11.35 担是从上海运来回炉的还得送返者，那么实际出口数是 134016.52 担，比去年减少了 14200 担，比 1885 年减少 32700 担。宁波自诩本年为出口最好之第二年。与去年对比：雨前嫩茶（20621 担）下降 5300 担，早春（熙春）（15466 担）下降 3900 担，芝珠绿茶（小绿茶）（88819 担）下降 4400 担。年内茶季乃是极坏之一年，日本茶也出来与我争夺市场，情况堪虞。经营平水茶之出口商年内至少蚀掉 10 万银圆。徽茶出口每担也下降了 3~4 银两。可是刚到年底，需求骤升，尤其是上品，抓住这次机遇者非但不亏还尚有余利。年底茶叶在货栈之库存仍是不小。

1888 年

年内出口绿茶 156997 担，比去年的 134017 担增长了 22980 担，这倒是料不到的美事。到了1887年终，华、洋茶商各执一词、互相指责。洋商说华商之茶叶质量低劣，而华商又指责洋商把茶价压得太低了，这样低的收购价连付额外加工费都不够。所以1888年还是不会有起色，尤其是年初，到处传说茶叶烘烤行更不像话了，也不拣、不分等。幸好，这些道听途说都是瞎扯瞎诌。

以下系由人供给之有趣听闻之摘录：

"……我看本年出口（指茶叶）大于去年。"某甲："绿茶运上海是从宁波和九江……那个茶商说绝大多数的茶叶都运来宁波，而运九江的少……"某乙："本年茶叶比去年那季多了。茶商赚足了钱，为了满足市场之需要，他们已把货运出了。实际上，今年比去年少，照目前之估计4万箱中只装满了大约2万箱，出口英国和美国的只有18000担，但是今年包装比较重，也许不足额会……""头上几批收到货物都是经过精制，精心分类分级的，后来几批就回落了，总之收成超过往常……大体上，农村产茶之价值一年比一年高，另外，平水茶开盘高，收盘回落。""日本茶在市场上是少多了，一度出口超过300万磅，其中不少是去美国的，使当地即纽约之绿茶价格维持稳定；而去伦敦的太少了，简直不够其需要。"

1889 年

头获茶极差，以后几获才上中等水平。本年出口158476担，比去年减少638担。宁波当地茶商今年一年流年不佳。原因是：第一，早获质低劣；第二，对以后之收获估计过高，期望出高价收购，而上海洋商则以质论价。从此，这批宁波人不得不赔了血本，把茶叶最后脱手。除非宁波这些茶商对平水茶在制作上多加注意，否则今后则是自绝于出口市场。

1892 年

1892年总计有162493担绿茶出口，其中就有75235担是徽茶，另有258担是平水茶。年内早期，宁波茶行和上海茶商之间达成一项协议，即年内限制平水茶运上海，不超过14万箱。此协议之结果不知，但是平水茶一担比去年上涨了1~2银两，结果是以平均价20银两一担卖出，茶商赚到了一些钱。沪甬两地茶商所订之协议于年内十月份到期，从此宁波茶行就暂停了一段时间。但是宁波和绍兴两地，尚留有约3万箱茶叶。因此，宁波茶行认为当初与上海茶商共同所定的限制1892年运上海平水茶14万箱，也并非一成不变。其实，在这批留下的3万箱中，有一部分属于上海商议协定之参与人所有，余下属于局外人。1892年12月初就把13513担茶叶运往上海。头上几批在上海卖21两一担，待以后又陆陆续续运去，价格也就从19两、18两一路回落直至无利可图。12月运上海之茶叶中，有六成是在上海变价，有二成以华人货主之名义运销美国，还有两成到月底年终还是无人问津。

1893年

所有之茶叶全部运往上海出口。年内上海平水茶开盘甚早，于6月初就开始。稍好的平水茶每担22~26.50当地银两，有些特等货，也有高至30上海银两一担的。今年之开盘比去年约高一成。据说去年在伦敦和纽约海关禁止劣等茶进口，因而在上海茶叶市场里也乏人问津。到了8月后期又运往纽约。好多批茶叶一改以往以上海茶叶收购商之名义，而改为宁波当地茶商，即系由宁波茶商自负盈亏——此一招始于1892年年底，因上海杀价造成宁波方不满而采取之对策。到了9月份又有消息传来说，伦敦海关又不准若干批平水茶进口，理由是不合格。这消息让宁波有平水茶发往英国之茶商深感不安和焦虑，上海市场手中有质量较好茶叶的茶商抓紧外运。在九月、十月两个月中，一批又一批平水茶以宁波方的名义继续外运。洋商仅垫付寄销品之货款，但对能否进入外国市场就不负担任何风险。有几次在国外遭拒收，都是由于质量太差。而平水茶中之质量较好者，仍然按去年六月份之价格处理掉了，那是指在纽约市场同时赚了一些，可是在伦敦市场就不同了，生意难做令人失望。

1894年

绿茶年内仅只有23343担。头上几批外运之平水茶品位高质优良，在上海很快就脱手，运往美国市场，价格21~36银两一担，比去年开盘时上升了许多。后来之几批质量就比不上了，但是售价仍保持不变，也就继续运往美国，销量也未见下降。至7月又有几批质量可能是有问题的茶叶，抵美时大部分被美国海关检后退关；旋经仲裁，结果只是少数几批遭拒收。上海之发货人对美方海关稽查提出了严厉之批评，理由是许多美方所挑剔出来者，都是相当不错的茶叶，而美方对应收、拒收之茶叶，也缺乏确凿可循之标准。要是有的话，那么在上海之代理商就能就地断定，哪些该运哪些不该运，以免远涉重洋，劳民伤财也。从价格看，美国对绝大部分茶叶之收购价还是很优厚的，虽然汇价是如此之低，但本地茶商也好，洋商发货人也好，对本年平水茶之处理，双方都是皆大欢喜。

1893 年那种不顾后果、把劣质茶大量外运所罹之教训，迄今尚有人好了疮疤忘了痛，于年内竟又故技重演，结果又有数千上万件此类垃圾茶在国内被挡下，这是本年年尾之事也。年内出口之平水茶仅 85812 担，比去年的 110086 担减少了 24274 担，由此也说明，那些滥竽充数以期鱼目混珠之劣质茶还是不少。另外，徽茶从宁波出口数为 74545 担，比去年之 73801 担增加了 744 担。较好之徽茶在上海极受欢迎，一般在 1893 年之同等茶叶之上，可多卖 3~5 银两一担。初来之几批徽茶均不达标，以后到的就比较好了。

1895 年

绿茶出口达 188770 担，其中徽州茶计 90380 担，其余 98390 担系平水茶。华商在交割徽州茶中损失惨重，据说每担亏 4 银两，个别的也有一担亏达 16 银两者。事实上，华人买主首当其冲，由于尝到去年赚了不少的甜头，利令智昏，就忘乎所以地高价大量吸进，正当此时，国家因为国难深重，国币空乏，因此，在战争后将厘金提高两成。这无疑是一当头棒喝，从此也就头脑清醒，利润已成井中之月矣。到了第四季度，洋商以有史以来之最低茶价吸进徽州茶，纵使不赚也赔不了。而平水茶则情况较好，但利润却极薄。

1896 年

年内出口 97024 担平水茶，浙江产略低于去年之出口量。据悉，本年平水茶已大有改进、力求纯净。而以往几季，由于平水茶掺杂过多而自绝于市场，特别是 1895 年。由于质量提高，又由于价格降低，这就对茶商、发货人都有利可图，皆大欢喜。但也有些宁波茶商抱怨说是亏蚀了。关于徽州茶，过去几年都是从安徽省绕道而来，本年则运来 78660 担，而去年为 90379 担，据说经营这类茶的当地华商有利可图。

1897 年

徽州绿茶仅只进口 12468 担，计值 251850 关平两。而 1896 年为 78660 担，计值 1573194 关平两。这些茶叶，在宁波完全失去了市场以后，就只有经杭州去上海了，目前在宁波之茶商仅二三人矣。

而平水茶也从 1896 年之 96897 担、计值关平银 1120734 两，至本年

61579 担、计值关平银 1724767 两。此业多灾厄，年底尚有积压在上海 4 万半箱卖不出去。另外，还有从美国退货回来的数批，说是不合消费者。从 1892 年就有限制平水茶在 14 万箱之建议，经营平水茶之茶商，也都一致同意，但就是不执行，协议成为一纸空文。拿平水茶来说，质味精美，就是做工差，掺杂过多。要是注意和改进，投放到市场之数量压缩到 6 万至 7 万担，那么在美国茶叶市场上仍能占有一席之地也。

1898 年

徽州茶是肯定转向杭州去了。平水茶仍如去年遭厄运。从今年茶季开盘看，是 31 两关平银一担，确实是卖了高价。那是因为那批茶叶的质量特好，当时在上海市场上，说是 30 年来最佳者。但由于当时美国与西班牙交战，茶叶成交甚少。

1900 年

去年平水茶减产达 79005 担，计值关平银 1461593 两；而年内又减产 68633 担，计值关平银 1355496 两。而且安徽绿茶已在宁波市场里销声匿迹矣，那是因为已转向杭州运上海也。

1901 年

平水茶之出口，年内已下降 8600 担，计出口数为 6 万担，而 1900 年则为 68600 担。平水茶一般正常好茶年产量也只是七八万担。这些出口也不算少了，与前几年相比出口数量上倒是大大地增长。但质量上就不好说了，杂质太多，简直不像样，难怪美国海关不准那批低劣茶叶进口。上期出口据说很好，卖得好价。

1902 年

茶叶，自从 1896 年以来，出口之茶不能如前时之数，然此中茶商有无获利，未可悬揣。向来平水地方系产茶之所，每年可出口 12 万至 13 万箱，今年及他处所产共出口 20 万箱，全年统计价值每担约 34 两。去年每担 26 两，较今岁价值少 8 两。其初出之茶运往美国，色味俱佳；次出之茶经美国评定，茶叶式样验出大不相符，或商人搅和进下等茶叶亦未可知，故色味均劣。稽考昔时亦有此等事端，所以载往美国之茶均不销售，此皆茶商牟利心重，罔知振作，反大亏折，洵可谓自取之咎。

1903 年

平水茶出自宁、绍二郡，自光绪十七年（1891）为始，至今于斯为盛，共计 114222 担，揆其故，半由税则减征。然运数虽巨，而生涯并不见佳，何则？本地进口价虽优，外方市价仍细，卒至茶商贸利，相较往年只获五成耳。徽茶自光绪二十六年（1900）而后未见也，兹则有 225 担。

1904 年

徽茶绝无所见。平水茶短至 16000 担；毛茶短至 200 担。所短如此，虽在杭地报数，可半补之。要非独为生意支离故也，亦有别因者在，即因市价一低，不免积储以求善价；否则或销于本地。当开盘时乃望甚奢，以秋收既渥，运往申者为数亦多，不幸一跌其价，市上壅塞，两月间茶商停运；迨停而复运，价仍不高，卒至关盘，付之三叹矣。

1905 年

平水茶上年出口 98000 担，今年为 87000 担，所以本年出口之估值亦为之减少。

1906 年

平水茶之出口已减少了 4209 担。据说质量相当优良，绝大部分均获利但不多。

1907 年

平水茶出口计 105836 担，去年为 82820 担。茶叶收获甚佳，但不中看。

1908 年

本年新茶上市在端午之前，散市于重阳时候。今年天公不作美，其细茶较往年细。所出口者次等之茶为多，应美国之销路为相宜，然亦因美国银根紧急，不嫌货之优劣，惟求其价廉，故有此也。计出口之茶共有 105201 担，率行销上海市，非特向装运外洋为然。即向装帆船运往北路，所有次等之茶，现均行销上海为多。本处茶商初次所出之茶，生意未见起色，以致亏耗，幸后出之茶，其价每担 25～27 两，亦可稍得补之。

1909 年

头次平水茶尚佳，第二次不佳，四五月之间天气亢旱，第二次茶抽芽迟缓，随后雨水较多，碍于采叶，因而过时，其叶已老。装运出口有96948担，比上年出口之数少8000余担。

1910 年

头次平水茶有九成之收成，色味俱佳，其中第二次日霉茶，只有六成收成，本年共出口110763担，自光绪二十九年（1903）以来，当推本年为首屈一指。传闻向由杭州出口之茶叶，本年有由宁波转运者，凡种茶者均得善价，而贩运者装运申市销售，获利甚微。绿茶估值关平银2436776两。

1911 年

平水茶出口照上年多4848担，十年以内，今年出口之数可谓最巨。头茶收成尚佳，其货品较二茶亦优。二茶为久雨所损，以致收成减色。所有宁波茶装运上海居多，由上海转运美国。此间做茶业者，犹如代上海茶行经理装运耳。茶头批装运上海在五月初六日，货到上海后，适值美国食物不许掺和禁令实行之时，头批茶到申甚有难处，据云该茶后多改运俄、英两国。

1912 年

平水茶出口数目有114969担，上年出口数目最多，1912年与上年相仿，茶质颇佳。头批茶获利后，为银价涨高外洋销流濡滞，据云因此尚有5万箱存沪栈房。

1913 年

出口茶共计93133担，即少于上年21836担。平水茶头二次收成甚好，此后则不如，且茶质不佳，不合外洋销售。本年6月2日，头一次装茶出口，开盘定价每担规元银28两，后跌至23两，适乱事骤平，市面复活，上等茶价再升至每担规元银28两，茶商竟如愿以偿。

1914 年

平水茶出口总数达103252担，较上年多1万余担。茶叶上市之初，上海购者甚形踊跃，开盘每担 30 两，旋即跌至 27 两，欧战一开，价跌落至 25 两，直至本年末次装茶时，仍在 25 两，通盘筹算，收成既佳，种茶与贩茶者，据云均有获利。

1915 年

平水茶因天气合宜，头二次收成颇佳，产额超过 20 万箱，每箱 50 斤，大半运往外洋。后批所采之茶不佳，大都由帆船装至北地销售。本届茶业受欧战之激动力者，俱因战地需求增多，且俄军禁止饮酒，销路因而推广。印度产额，据说歉收，华茶亦为一振，开盘价颇高，每担规元银 35 两，后涨至 40 两，及至季末，价稍松动。销路既畅，稍次之货遂现于市上，寻常种类亦以重价脱售。上季茶叶之运往外洋者，税率降低 20%，欲观减税之结果，则彼时实非适当之期，因销路固已推行无阻矣，降低之税率，每担不过关平银一两。负担至轻，业茶者对此应如愿以偿，此后当聚精会神，思有以改良茶质之纯洁则可耳。

1916 年

平水茶出口减少，而估值则反增加，出产总额较常年约逊一成，故出口之数亦减去 11905 担。头茶收成尚佳，二茶因阴雨连绵大见减色，本年产地收价甚昂，而洋商方面又因航路阻梗，水脚加重，先令高涨，茶税亦增，多改由从日本、印度、锡兰就近购办，故华茶贸易颇受牵制，开盘每担规元银 31 两，逐渐跌至 25 两，约较上年贱售 10 两，上年茶商所获之利，本年已亏蚀大半矣。季末市面稍兴，茶户收价较廉，以脱存货，故业茶者得占余利。

1917 年

平水绿茶输出额约少 25000 担，头茶因春季天气寒冷，受害匪浅，二茶收成虽迟，出产颇旺，其销量全赖俄人需求急切，以致价格陡涨，每担高至 38~42 两，故本年茶叶，虽存货未能全出，获利颇厚。

1918 年

1917 年平水绿茶，出口总额为 78142 担，今年则退至 75254 担，价值每百斤售洋 37~40 元，无乃市面沉寂已极，虽卖价低于原本，亦不克将本年所产之茶尽数售脱。总之茶业一项因欧洲战争、吨位不足、运费高昂以及钱市滞疲、金价低落，其发展之势皆为阻滞。

1919 年

平水茶收成与品色均较上年为佳，本年收获共 9 万担，装运出口者共 88955 担，比去年多 13701 担、甬市价目每担平均银洋 30 元，在上海每担售规元银 22~30 两，此项茶叶几乎全销外洋，盖国内销路绝无而仅有。本年因银价奇高，汇兑不利，故至年终尚有 3000 担未能出售，存于上海。茶叶出口免征关税，于 10 月 10 日方始实行，为时未免太晚，茶商受益不多。实行免税后，出口之数仅 7603 担。

1920 年

平水茶去年出口 88955 担，今年仅有 74190 担，且其中半数尚停滞于上海栈房，以待销售，据闻为汇兑不利所致，实则华茶一业已成强弩之末，纵竭力整顿亦难免于淘汰。夫茶之一业，其销路原视乎普通时尚为转移，譬如惯吸埃及烟叶者，虽有最佳之美国佛及呢烟叶，亦弃之如敝屣焉。华茶之销路，全恃其含有一种特别香味，惟少数鉴赏家好之而已，彼饮印度茶者，喜其味厚，习惯已成，断难令其舍彼就此。本口贸易论中，对于茶叶一项，屡劝种者改用新法栽种，否则将有滞销之患，无如言者谆谆，听者藐藐，虽每况愈下，但推销与保持之计划仍毫不注意。若辈固见识浅陋，于外间市情毫无所知，而茶商仅于春令下乡一次；收买之价，仅足供采茶人之工资，欲冀种法之改良，戛戛乎其难哉。

1921 年

平水茶前存上海甚多，嗣因美国需用颇广，故存货均行销脱，茶商因频年受损，本年新茶出产繁盛，均喜形于色，宁波茶价通常每担约值 18 两，闻得上海售价每担由 26 两至 30 两不等。本年出口茶叶共计 84581 担，较诸上年出口数目加至 10391 担。

1922 年

当茶市初动时平水茶叶均纷纷装运，故本年出口有 11920 担之增加。

1923 年

1923 年平水绿茶出口稍形减少，计 96072 担，上年则有 96501 担，但各商获利尚优。

1925 年

本境之平水茶 1925 年收成最优，其市价每担为上海规元银 36~41 两，于 6 月 2 日曾有第一批装运出口，绿茶及未经烘烤之生茶，本年出口之巨，均为前所未有，惟茶末之销场稍为跌落耳。

1926 年

平水小珠绿茶，于夏季时出口甚形增加，毛茶及未经烘烤之生茶出口亦稍增，惟茶末较之去年稍有跌落。平水茶价在上海市价开盘时，每担售规元银 40 两，后因上海太古公司货栈失慎，烧毁茶叶 10 万箱，宁波与其附近一带因天气不佳，收成歉薄，不能供给急需，竟涨至每担规元银 64 两，统计本年出口各种华茶，估值均见减少。

1927 年

绿茶之收成平平，其质品又不及去年之标准，于是巨量之下等茶叶存而未售，因其不合欧洲市场之需要也，又因与俄国断绝外交关系，通常次等茶叶出售于彼邦者现已不能售出。茶叶价格，本年在规元银 25 两至 63 两，去年则在规元银 39 两至 61 两。

1928 年

各种茶叶因收成丰富，运输出口均见增加，珠茶多 12152 担，毛茶多 3693 担，茶末多 7665 担，惜当发芽之时，雨水过多，山户不能往采，致所产茶叶质地不良，其售价平均约在上海规元银 28 两至 38 两。

——辑录自《宁波口华洋贸易情形论略》

棉花、棉纱和丝绸出口贸易

1864 年

1864 年棉花出口量总共为 89100 大包。如此大量的对外出口棉花还会继续下去吗？每一位商人都打着自己的算盘，对此我们不便干预。总之，宁波港的棉花对外销售一旦中断，生意便会转向南部地区。浙江和江苏是棉花的货源地，江浙两地近几年大量种植棉花，总要允许开辟一些向国外销售的途径，如对印度的孟买等地大量出口棉花是经广州转运的。再者，即使宁波失去棉花出口权，那它就会赢得棉制品的出口权，而且价格定会下降。

浙江的棉花几乎全部产自钱塘江口和杭州湾一带，钱塘江的大量淤塞形成大片大片的土地，在它们尚未足够肥沃可以栽稻子以前，农民们便先在这些土地上种植棉花。就拿棉花种植发展最快的余姚地区来说，他们对钱塘江淤积滩涂的围垦，是付出了大量劳动的。他们先筑起第一道围堤用来挡住江水，等到江水退下更多时又筑起第二道围堤，以保护已得到的新土地，后来又筑起第三道围堤。目前，已有五道围堤蜿蜒护卫着新形成的土地。在这些新围成的土地前面，又会出现大片淤滩，它们被开发成盐场。这说明河床趋向于越缩越窄。

除了诸暨县有广阔的绿色桑地外，湖州、嵊县、新昌县，还有上虞江两岸，乡村里村前屋后到处都是桑园，就像中国南方的竹园一样。这些地方从前能供应上万大包的丝绸。1863年出口63大包，1864年出口1171大包。目前，要恢复到原先的状况，得有三四年和平时间，预计下一个生产丝绸的高峰（1865~1866）会有3000大包。

1865年

蚕丝出口1865年已比去年翻了一番。据当地业中人士估计，1866年也会不相上下。

1861~1865年从宁波出口之蚕丝数量

单位：担

1861年	1862年	1863年	1864年	1865年
6655	1507	57.63	948	1914

宁波1865年出口棉花数仅33563担，与1864年之103201担相比只是其1/3。

1866年

1866年宁波出口蚕丝减少之原因，一部分归诸杭州、绍兴经休养生息后很快恢复了绸缎生产，其产品绝大部分经由福建去的民船载运福州。同时上海的一些杭州、绍兴坐庄也把货运往上海。因此，影响了本口这项大宗出口产品从宁波出口之数量。

1861～1866年蚕丝出口数量

单位：担

1861年	1862年	1863年	1864年	1865年	1866年
6656	1507	52	949	1914	1039

1861～1866年棉花出口数量

单位：担

1861年	1862年	1863年	1864年	1865年	1866年
5849	19648	125155	103201	33568	33727

1867年

1861～1867年蚕丝出口数量

单位：担

1861年	1862年	1863年	1864年	1865年	1866年	1867年
6656	1507	52	949	1914	1039	935

由于香港棉花价格低落，致使本省棉家弃棉从粮者日益增多。1867年，为数不多而质量优良之棉花在少数人手中，奇货可居。计运往汉口之棉花41055担，往香港者仅12802担，由民船运温州者计53000担，包括沿海其他非通商口岸在内。

1861～1867年棉花出口数量

单位：担

1861年	1862年	1863年	1864年	1865年	1866年	1867年
5849	19648	125155	103201	33568	33727	65643

1868年

宁波棉花出口1863年为125155担，而到了1868年，降到44180担矣，1864年为103202担。

蚕丝出口1868年比1867年多了约600担。

1869 年

1869 年本口棉花出口 51284 担，计值 769105 银两，比去年 44180 担、749646 银两略增了些。

蚕丝本年出口下降了 650 担，去年计出口 1530 担，而本年仅 880 担，下降近 50%，而其他各通商口岸也是如此，乃是普遍下降之势也。原因是国外丝业市场买方冷淡，价格低落，产量下降。按本年入夏以来阴雨绵绵，加以洪涝之灾侵袭致幼蚕于难境。而欧洲由于引进日本蚕卵后生产量提高了 1/4，当然对中国蚕丝的需求产生了不良影响。本年夏季时，需求几乎停滞。迄至本年 8 月，从上海运往欧洲之生丝仅 14330 包，而去年 8 月下旬就达 25840 包；1869 年包括宁波出口生丝在内者，也不过是 30130 担，1868 年系 39188 担。

宁波出口之生丝乃来自富阳、绍兴和杭州湾南岸各乡村，而杭州湾北岸地区嘉兴、湖州所产大宗生丝，都是直接运去上海出口。蚕丝出口就不如茶叶，哪里方便有利就往哪里出口，不设障碍限制。丝商以不含税价格从各产丝地乡村中收购后，向省税局缴纳各项合法税金，按每包 80 市斤应纳银圆 22 元（包括每包 4 元堤工捐在内），丝商就到产丝区串乡闯户，就地向蚕农零星收购后，由商人把蚕丝打成包。从蚕农手里收购的生丝每市斤就高达 3~4 银两。据悉，生丝价格自 1842 年迄今（至 1869 年）已翻了三番，丝商叫苦不迭，说是利薄，生意难做。

1870 年

棉花已在本地区大面积种植，而且本年无论是质量还是数量都是极佳。这项产品历来汉口有大宗需求，而本年却比去年减少了 12772.61 担。总计出口数为 38511.15 担，计运上海 16187.90 担、香港 8226.80 担、汉口 3971.20 担、九江 378 担、厦门 6316.40 担、日本 2220 担和台南 1210.85 担。价格最佳者是余姚棉，每包 120 市斤银圆 22 元。

生丝出口 1303.40 担，比去年增加了 421.49 担。这项产品在宁波这一口岸的出口数量不足挂齿，因为大宗生丝从浙江内地到杭州，经苏州最后抵达上海。

1873 年

1871～873 年主要出口货物数量

单位：担

品名	1871 年	1872 年	1873 年
棉花	45933	50081	43127
本色棉布	536	314	159
绸缎	135	108	144
生丝	1107	583	779

1874 年

1874 年通过洋货轮出口棉花 54728 担，比 1873 年出口增长了 11601 担。1874 年仅有 517 担生丝出口，可说是最近八年来最低之一年。

1875 年

生丝增长量很小，还是达不到往年之平均数。绸缎本年出口只有 270 担。丝织业并非宁波之正常手工业。

1876 年

生丝增长关平银 426637 两，绸缎增长 30532 两（丝及绸缎两项之值为关平银 3096512 两），以补偿茶叶之减少关平银 225831 两（总值 3096512 两）。本年生丝出口计 1321 担，比 1875 年之 717 担增加了 604 担。棉花出口 33315 担，比 1875 年 57731 担减少 24416 担。

1877 年

1877 年生丝出口 440 担，只是去年出口量之 1/3，比起 1874 年或 1875 年来回落甚大。

1878 年

棉花占贸易总额之 1.60%。

1874~1878年棉花出口情况

	1874年	1875年	1876年	1877年	1878年
数量（担）	54729	52689	26357	30092	21031
价值（两）	437828	534533	285819	315210	203362

1874~1878年从宁波出口上海之生丝情况

	1874年	1875年	1876年	1877年	1878年
数量（担）	517	717	1322	440	413
价值（两）	191412	179869	606506	139936	134688

每年从上海出口到外国之生丝为4万至5万担。由此可见，从宁波出口去上海的生丝，在上海出口数中所占的比例是何等之小。宁波出口的是绍兴丝，属于低劣档，商场行话称之为"长卷"。每年供上海洋丝市场约2000担，其中约有1500担并不经由宁波，而是由绍兴从运河运到杭州，去上海那段也是通过运河。洋人对此知之甚少，因为他们只知上海怎么收发、买卖和价格是多少，伦敦市场上价格是多少；只知道生丝是从中国运往欧洲去的。从前挑拣严格，但近来低劣档生丝充斥市场，因为上好生丝经重绕后，远销美国市场。在宁波还有一些商人，通过易货或现金购买一些生丝，那是准备运往广州，以便在那里织制一些粗糙丝织品。此外，偶尔也会有一些运往南洋英属海峡殖民地和暹罗曼谷者。

杭州也产丝供应欧洲，年出口数约4000担，是从杭州由内河水道运往上海去出口的。

1874~1878年由汽轮载运出口绸缎情况

	1874年	1875年	1876年	1877年	1878年
数量（担）	146	270	228	138	123
价值（两）	93321	124143	155151	108800	80576

从数量来看已逐年下降。对本口绸缎之进出口情况做如下介绍：一大部分之各类绸缎是本口与上海的贸易，而另一部分又是与广州之贸易。

海关1878年统计中有18.38担绸缎，计值12437银两，是由汽轮载运来的，其中10.17担来自上海，8.21担来自广州。

出口就大得多了，计123.48担，计值80576银两，其中一半多些运往上海，其余都运往广州。就上海而论，以上这些连实际贸易数之一半还不到。为什么？问题出在什么地方？航班轮上之水手、杂役、司炉等等这些都是坚持不懈的走私里手，而绸缎又是体积小价值大的走私物品。年内4月底就破获一宗走私案，发现有一伙人至少这三年多来，相当活跃且频频得手。这次还缉获到了该团伙的走私账册，详载此勾当中之收发，及其与上海之同伙间书信往来等等，其中泄露了经常光顾和有往来的几家宁波绸缎店铺、纺织厂和衣着鞋帽店，真是有千丝万缕之瓜葛也。经从账簿、书函来往中核对，有牵连者不下44家；又从发票之类审核中，计偷逃税课在2700银两之上。走私物品中，绸缎一项就达八成左右，从上海进口之绸缎和南京绸缎为走私热门物品；其余二成则系宁波之绸制品，为走私出口之主要产品。估计汽轮之下层服务人员水手、伙夫、杂役诸色人等，所占之数就难以稽核，看来也不会超过海关实际统计数之半。这些是他们的"近水楼台"，也是公开之秘密。此外，还有很多苏州之顾绣、绸缎、金陵之丝织品，由内河自然运来宁波，再有从舟山载石板来的帆船，卸货后从吴淞返回时就带了不少绸缎、丝织品。

1879 年

棉花占总贸易值之1%。去年之出口量为21000担，那是设关以来数量最小之一年，可是到了本年就降到空前之低数12000担。

生丝。本年此项产品出口很少，仅343.53担，计值114000海关两。

绸缎。年内出口极少，仅达96担，计58000海关两。

1880 年

1880年棉花收成特好，广州、汉口棉花市场上，宁波棉花畅销，获利丰厚。本口1880年价格每包（1.2担）为16元，次等为15.40元。

1881 年

从1881年棉花出口来看，从21754担猛跌到9357担。这么大的回落，真如以前已述及的，乃是受霪雨之影响，那去年之9月尾，绍兴、余姚和三北等大面积之棉田受害，计损失达四成之巨也。首当其冲者无疑是棉农，损失惨重。而经营棉花之商人，也因物以稀为贵，棉花价格扶摇直上，居高不下，即使冒险高价吸进，但出口也不会牟利。此时，印度棉花乘虚大量向香港出口，因本口已自顾不及矣。而本口把仅剩之大部分交割予福建一些棉花行，拿去换取食糖。

绍兴之蚕丝，无论是从数量还是质量上均不足与浙江湖州媲美，但其绝大部分经杭州运往上海，每年仍有一小部分流入宁波，连货样也不预约就运来，也就不得不接受，因为蚕丝也如棉花一样歉收。

——辑录自《浙海关贸易报告》

1882 年

棉花出口到 1881 年已降到 9436 担①，而 1880 年达到 28497 担，本年则只有 3909 担。1881 年从上海进口来宁波的 448 担棉花又复出口，通过民船载运到泉州及厦门两地。

1883 年

1880 年棉花出口 28497 担，到 1881 年就回落至 9436 担，1882 年为 3909 担，到 1883 年只出口 935 担。1883 年只有 188 担（1882 年有 448 担）从上海进口来宁波，又由帆船载运去福建省之泉州或厦门。

1887 年

1887 年棉花出口 11627 担比去年增加了 6249 担，这些棉花都来自宁波西北之余姚平原。去年棉花丰收计达 8 万包，约 96000 担，到 1887 年年底库存尚有 24000 包。头获棉花质地优良可卖得银圆 17.60 一包，后来因久旱而致质量下降，只卖得银圆 15.80 一包。经过本关之棉花数量极少，绝大多数系由民船载运至华南各口岸特别是福建省沿海一些口岸。

1888 年

绸缎本年出口 302 担。

1889 年

1889 年棉花出口大增，虽然 1889 年之收成倒是极糟糕的一年。据说，由民船运载棉花出口去厦门等地已大大增加。棉花出口是本省一项发展中

---

① 关于 1881 年棉花出口量的记载，在《浙海关贸易报告》中为"9357 担"，而在《宁波口华洋贸易情形论略》中为"9436 担"，存在不一致。本书为遵从各自记载，未做统一。——编者注

之行业，很有可能其重要性会与年俱增。

1892 年

原棉出口大大增加。从宁波输出之棉花达 49811 担，今年乃是自 1875 年至今之最多之一年。棉花主要是运华南沿海口岸，有一大部分复出口从上海运销日本。

绸缎之质量不如前几年，而且需求也有回落，因此一担价格比去年下降 50 银两，而出口数量比平均年高，绸缎商赚不到多少钱。

1893 年

1893 年出口原棉 99616 担。自从 1863～1864 年美国发生内战就没有棉花出口，从此也就促进了其他国家生产棉花。目前，日本国内对华棉之需要量与年俱增，而且在那个国家里，还建立了许多棉纺厂，同时也促进了宁波地区棉花种植业的发展。这里的蒸汽轧花厂在本年内就轧清了 6 万担以上之棉花。与此同时，还从日本进口成千上万之轻便手轧棉花机，分发到一些小厂、小作坊去使用。此外，还从本口运去上海 99000 担棉花，经过江海关由民船运往福州及其以南各口岸约计 5 万担。在运往上海的棉花中，其中 16000 担运往中国口岸，主要是厦门；另外 83000 担绝大部分乃是复出口去日本。年内，绸缎出口计 448 担，乃是 1861 年迄今绸缎出口最高纪录。绸缎价昂积小，为此极易走私外运逃避海关之监管。

棉纱线年内入内地 1298 担，比去年减少了 931 担。

1894 年

棉花出口一项占了下降之总值一大部分，这项大宗出口产品从去年之 99616 担猛降到本年之 44229 担，计差额达 55387 担，货值差额计 559403 海关两。虽说本年棉花出口比去年少，但仍比以往几年之平均数要大得多。从 1893 年之棉花收获到 1894 年之大部分出口，之所以大量减少是由于天公不作美；另外受战事影响，销日本市场之棉花也相应减少，大部分原棉就由民船载运至华南一些口岸，也就不列入本关贸易统计之中。

1895 年

刺戳或未刺戳的蚕茧运出内地 119 担，计值 4800 海关两，另外，有乱丝头 46 担，计值 926 海关两。

1896 年

棉花出口 88728 担，比去年减少了 1 万担，但是宁波棉纺厂就吸进了 15000 担之多。年内产棉区一片丰收，棉花质量也好，而且日本之棉花需求愈来愈大，而印度棉花由于价格受汇率之影响居高不下，以致促使宁波地区所产之棉花价格也稳步上升，年内从每包（120 斤）18.50 元，至年终以 22.00 元收盘。

1897 年

棉花出口已达 108993 担，计值关平银 1492819 两，比前几年增长了不少：去年为 83834 担、955708 两，1895 年 99738 担，1893 年 99616 担。从价格方面看也卖得好价，一般每包（1.2 担）从 21.60 元到 23.20 元不等。

绸缎 450 担，计值关平银 225050 两，比去年有所增长，但年内不见生丝出口。

1901 年

棉花减少出口，1900 年出口计 115984 担，1901 年则回落到 69784 担，相差 46200 担，计值关平银近 65 万两。

1902 年

1902 年出口棉花有 13 万担之多，1901 年只出口 7 万担，相去悬殊。目下宁波、余姚两处犹存三四万担宁郡棉花，市价每包 30.8 元，较 1901 年棉花市价升一成之数。溯十年以前之棉花，每包只售 17 元，以今较昔，棉花之价倍涨，是以生意日盛，业此者莫不获利倍蓰，各货价亦继长增高。

1904 年

出口之货惟棉为最，1904 年又优，较之 1903 年添至 7000 担，估值增至 33 万两。秋收既丰，市价亦优，而销数尤稳。

1905 年

棉花甚为歉收，其故在春秋两令雨水过多。上年出口 124000 担，今年只有 88000 担；而棉花之质地亦为雨水所伤，所售出之市价较 1904 年亦减。

1906 年

棉花收获平平，外运达 104590 担，比去年增长了 18%，主要是运往上海和日本，获利匪浅。

1907 年

1907 年棉花业获大丰收，计达 154748 担，外运比去年 104590 担增长 50158 担。近年来，浙江产棉区大有扩展，浙棉在国内已列为最佳品种之列矣。

另一项有外销广阔前景之产品是棉纱，都系当地棉纺厂产品，计达 5395 担。

1908 年

棉花报洋关出口有 169461 担，历年以来惟今年最多。其出产之处惟余姚、龛山，可称首屈一指矣，在上海、日本两处销路颇广。市价至年终涨至每担 16.8 两。

本口纱厂所出机器棉纱，在本处所出口大宗货物中可列第三，上年 5395 担，估值关平银 171823 两，今年 20316 担，估值关平银 713701 两也。

1909 年

棉花歉收为天气不佳所致，然而出口数目共有 172537 担，内有约 41000 担系上年所收之花，出口之数较上年故而加增矣。

1910 年

棉花估值关平银 3671236 两，棉纱计占一成有余，估值关平银 1061386 两。棉花收成尚称丰稔，出口之数较之上年所多无几，而价值较昂，以致本年之估值足增 9%。棉纱市面由本口纱厂言之，未见畅盛，出纱之数既形成短绌，而装运出口之数亦减 4000 担之外。

1911 年

棉花 1910 年出口 173992 担，1911 年只有 40528 担，计减七成半有余。闰六月间本埠风潮，损坏收成约七成之谱，安昌、余姚损坏有八成之谱，萧山、山阴损坏有五成之谱。宁波棉花公所步上海商会整顿棉花掺水办法发出章程，凡做棉花生意者，须依章程而行。本处所出棉花有八成装上海转运日本，此等棉花掺水甚多，宁波棉花公所洞悉此情，力为整顿，若照新章程办理，虽不能全除积弊，总可挽回不少。宁波棉纱出口今年多7000担之则。

1912 年

棉花收成极好，约计2万包，每包重120斤，出口共有95786担，照1911年多55528担。1912年报常关运往台州府、福建省等处共有25000担。

1913 年

棉花本年不过出81632担，去年则95786担。棉花收成颇佳，但经理未甚得法。访闻本年江苏省通州地方棉花少出，本埠销场本盛，其初每包昂其价至40元之高，商人遂以次花流销市面，意谓若是，则其留存未售之上花，将来价值必更贵，不料买主遂不枉顾，以至大失所望，只得将其积存之货减价求售，至每包36元。至若掺水棉花之恶习，仍有所闻。

本埠棉纱厂有两处，曰"通久源"，曰"和丰"，皆昼夜兴工。通久源厂较老，创设于前清光绪二十年（1894），有纺轴15000支，每日闻可出纱60包。和丰厂有纺轴17000支，近来加设2000支，闻每日夜可出纱85包。该厂设于前清光绪三十一年（1905），装置甚为完备，亦颇获盈余。

1914 年

棉花载运出口计93791担，虽较上年增12000多担，仍不及前数年之平均额。棉花大半运赴上海，转运日本，上半年花价每包120斤售洋33元有零，年底日本并不采办，存货甚多，价跌至30元。

本埠两厂所出棉纱，已成出口单上重要之款，计装运出口64575担，计值关平银1469077两。棉纱捆载成包，计有三种大小，大者300斤，中者186斤，小者仅155斤。

1915 年

棉花为出口大宗之一，大半产于绍兴，其著名者，为其色白质韧耳。上春棉花盛销于上海纱厂，后因江苏省歉收，日本购货又旺，贸易遂畅，花价每包120斤涨至40元，据说花价高昂，种者大为获利，花商所赚无几云。棉纱现列出口货中第三,几增多9000担,该业渐有蒸蒸日上之势,足可与他处来货争胜。

1916 年

棉花出口之大增为其特色,由 91715 担跃至 149471 担。

1917 年

棉花上市较往年为晚,收获亦不如上年之丰,故出口总额,视上年不足 3 万担。日人以汇兑不利,观望停办,亦一因也。本地纱厂虽曾停工数月,而棉纱出口竟能超出 1 万担之多,实属意外。

1918 年

棉花出口较去年大见兴旺,由 115877 担一跃至 158748 担。本年各业大抵获利,植物收成尚称惬意,而各种原料,高贵一如昔年。棉纱出口额减少 16434 担,其最大原因多系春季外国需求不急,以致市面滞涩,装运上海之货,入栈存积,出口之减无足怪矣。

1919 年

本口输出品之受损最巨者,莫若棉花,因天时不正所致,8 月间棉花将熟,暴风突起,海潮冲入棉田,损失极大,只有三分年成,更兼棉质不良,故本年输出之数尚不及上年 1/3。

和丰纱厂所出之棉花纱,出口数目所增甚巨,大都运往长江一带及沿海各口,亦有运销外洋者,本埠销路亦因停销日货而增广,虽本年棉花收成不佳,而该厂除供给本地需求之外,其运出之数尚能倍于昔年,良足多矣。

1920 年

和丰纱厂所出之纱,市面需求颇广,去年出口数为 61876 担,今年增至 71268 担。棉花原为本口出产大宗之一,去年 8 月间所受风灾,迄今尚未复原,出口数目仅 28901 担。

1921 年

和丰纱厂所出棉纱,本年出口为 6431 担,上年计有 71268 担,该厂本年亦有利益，以 90 万元之资本，而获盈余 70 万元。棉花出口上年为 28901 担，本年为 49116 担，其进步实因余姚各乡棉花收成较好。

1922 年

和丰纱厂所出棉纱经本关出口者，在上年为 64011 担，本年则减至 56567 担，但该纱厂因就地人工便宜，且棉花存货原本低廉，全年获利约 27 万元，虽视上年盈余之 70 万元大有逊色，然本年纱业各处不振，该纱厂尚能获此厚利，亦可表示满意矣。

1923 年

1923 年和丰纱厂所出棉纱经本关报运出口者，自 56567 担减至 35744 担，该厂年内因纱市衰疲，停工 3 月有余（自 6 月至 9 月），先时预购棉花，故本年营业仍获盈余。棉花出口额自 45521 担一跃而为 143432 担，由此可见本年棉花收成之佳足偿前两年之失。

1924 年

棉纱自 35744 担减至 28285 担，因棉花价昂，和丰纱厂自 1 月至 4 月停工。本地所产之棉花多运销日本，本年收成极佳，故其出口量自 143442 担增至 171325 担。

1925 年

1925 年宁波邻境之山北及安昌所产之棉花，只敷本处纱厂之用，其由本埠出口者，大半来自余姚县之龛山，该处每年产出棉花约有 12 万担，其棉纱之出口在去年为 28285 担，而本年增至 40192 担。上海纱厂工人之罢工，益增宁波棉纱之销路，惟以本埠棉纱市价较去年低廉，时将年终，尚有巨数之棉纱存积于本埠栈房内，以待善价。但本年中运棉花出口较为有利，以故出口之数甚巨，计有 175230 担，此项货物出口特盛较之去年增多 3905 担。

1926 年

宁波棉纱出口，由去年 40192 担增至 1926 年的 59455 担，此或由上海纱厂工人不时罢工，因而甬纱销路益增所致也。

1927 年

1927 年棉花输出之数，较去年增加 89469 担，出口贸易额平添关平银 2315159 两，故本年之数目足以反映棉花收成之丰，而棉花一物，常为宁波出口贸易之主要品，又为余姚、三北等产地富庶之要因也。

宁波棉纱自 59455 担减至 36994 担，原因为本地纱厂由于工潮而暂停。

绸缎出口额大增，自关平银 132840 两至 510600 两，由于铁路运输阻梗，杭州贸易移转于本埠，白丝就出口 137 担。

1928 年

棉花为本埠出口之大宗，本年有一部分为飓风摧残，故收获不丰，其出口数量较之去年减少 69279 担（价值关平银 2086444 两）。

和丰纱厂自去年发生工潮平静后，产额逐步加增，本年经海关出口者，较之去年竟超出 15066 担之多，由于抵制日纱，就地出品因之勃兴，惟产额虽大而棉纱市价较去年低廉，故其出品总值反较去年减少。

——辑录自《宁波口华洋贸易情形论略》

草制品出口贸易

1867 年

草席是宁波城里有名的手工品，已逐年增长。其原材料种在近郊，每担为 10 文铜钱，当编成草席后，每百张重 2 担，可售得 7 两银。该产品胜过粤产，畅销欧美一带。

1868 年

宁波 1868 年草席出口比 1867 年多达近 5000 张。每张长 6 尺，100 张为一捆。9/10 乃是经上海运广州。那些席子都是供上述两地之用。而广州一地也编地席，每张长达 40 码。1867 年共出口运销欧美计 9 万张，合计 360 万码。同年，广州又从宁波进口每张 2 码之席子 166000 张，合计 332000 码。宁波和广州只是编织上有差异，广州在编织时把草剖成两瓣后再编织，而宁波则不剖开。现在宁波也效法广州编织办法以便今后在欧美市场上有一席之地。

1874 年

草席出口 659232 张，比去年共减少了 171335 张。

草帽出口前景看好，本年出口 2614400 顶，比去年上升了 1375300 顶。草帽乃是由本地广大沼泽地区所产之灯芯草茎编织而成。本地出口之草帽系妇孺在农村之副业产品，按质分为三种，第一种独根草编成，第二种则用两根草编成，第三种则用三根编成。其价格则分为海关银 3 两、2 两及 1.3 两一百顶。这三种中以最后一种居出口之众。这项手工产品绝大部分由夹板船先运往上海，后远涉重洋运往美国加利福尼亚州、纽约以及英国之伦敦。这项产品，价廉物美，前途无量。

1875 年

草编制品也是宁波出口产品之一。原材料是灯芯草，与山东或欧洲所采用麦秆、稻草之草不同。宁波之蒲席一项之出口，本年比去年就增加 30 万张之多。这些产品许多运往厦门、广州以及海峡殖民地。另外，宁波之手编草帽是项很有外销前途之产品，行销美国、新加坡、澳洲等地，颇受欢迎。草帽只卖两分多钱，非常吸引买主。

1877 年

草帽这项手工业制品发展之快，应回顾一下它的发展史才能得知其趋势和前途。10 年前 1868 年之发物时仅不足 4 万顶，价值也约为 400 海关两，从宁波出口。过后四年 1869 年、1870 年、1871 年及 1872 年这几年之海关统计中均不引人注目。到了 1873 年出口额达 1239000 顶，约 12400 海关两。翌年，1874 年又翻了一番；到 1875 年竟达 4098000 顶，货值超过 51000 海关两；到 1876 年回落至 3444400 顶，46000 海关两；到 1877 年骤跃至 13725000 顶，183000 海关两——竟超过五年前之 10 倍。为此，编草帽用之原材料灯芯草茎就普遍培植起来了。连种稻谷的田里也种上了灯芯草。入秋后，把田整成长行，行距间隔 1 英尺，把此草以束将根栽入土中，灌水并以后需勤洒水，此草极需水分，生长甚快，来年开春后即能高达 4 尺。春风吹来时即见田间是绿油油的草浪滚滚，美不胜收。至夏初，即可刈割，置阳光下晒干至棕黄色即可。编辫成帽乃是宁波妇孺之专业也。参与此项手工业者有成千上万人，此外，还有以此草茎编草席者也。草帽发往伦敦主要是供欧洲大陆诸国，发往纽约者则除供应美国南部劳动者外还有一部分运销南美洲、拉丁美洲诸国。也有一部分经漂白后供纽约等地之富裕者之用。由于1877年大量出口倾销后市场已出现呆滞。这与茶叶以及还有许多行业情况与结果一样，需求多了出口量就扩展，那么，老毛病——拼命追求数量，重量不重质，一味生产，结果是粗制滥造自欺欺人，自断后路。今后，下年可以预测是个回落之年也。

1878年

1874~1878年草帽出口情况

	1874年	1875年	1876年	1877年	1878年
数量（顶）	2614400	4097800	3444391	13724822	11251000
价值（两）	25997	51381	46410	182626	174388

1874~1878年草席出口情况

	1874年	1875年	1876年	1877年	1878年
数量（张）	659232	934721	688368	724282	870863
价值（两）	65922	71229	55904	71718	83671

1878年草席出口值是1874~1878年来之最大者也。

1879年

草席去年出口特多，而年内则比去年出口数量更多，乃是八年来之最高数也，出口1023147张，值85000海关两。

草帽自从1877年之大量出口已超过1300万顶，到本年约出口4054000顶，预计6万海关两。前几年，草帽畅销达到顶峰时，每顶可在国内得到20~22文，但是去年由于上海库存充足，需求也就并不殷切，编帽手工业者只得每顶8~10文。

1881年

草帽仍是出口重要产品之一，年初看似有回落；至8月突然来了一大批订单，至年终依然是供不应求。此业尽系妇女从事，据称，相当利厚。

1881年连草席也出口兴旺，小批小批出口每张长达40码之地席。由于售价极为低廉，该项出口前景看好。

——辑录自《浙海关贸易报告》

1883年

草席之出口数量略有增长，但草帽却有回落，计从12221400顶已降至2636020顶。几个月来，供过于求，囤货过多矣。

1885年

自1882年草帽出口锐降后，一直至本年才又活跃起来。国外市场草帽畅销，前途看好。灯芯草，用不着肥沃土地，也用不着精心培植，是个懒庄稼，只要有市场，货倒是不成问题的。

1886年

关于草帽，其中一缏编织成的草帽1886年增长达399000顶，而二缏帽却回落40万顶，也就基本相抵。另外那三绸帽由于价廉有了极大之增长，计增长2639000顶，其中一半以上运销勒阿弗尔港，其余则销伦敦。1885年很赚钱但货主们啧有烦言，说买方挑剔过严，尽把好的拣了留下次的等等。今后一、三缏草帽有望增大出口。

1887年

1887年出口之灯芯草编草帽计达11542690顶，比1886年减少了38195顶。减少的都是那些三缏编织成之草帽，原因是缺货一时编不出来，说到销路那倒是畅通的。另外，那些种灯芯草的地方罹受时疫，霍乱流行，后期又是干旱，由于缺水灯芯草也难生长。而大批质劣之草帽售价也低，迄今（至1887年）尚有大批积压。但是那独缏草帽出口本年已增长到了321746顶；二缏草帽本年也已上升到105600顶。

除了草帽以外，另一灯芯草编制品就是草席，本年出口8878张，去年只有2886张，而1885年仅有934张。

经过两次尝试和试探性的草制品出口之结果显示，宁波之草席不亚于广州低档便宜席。为此，在出口项目中乃是前途似锦之产品也。

1888 年

草制品中草帽总出口数几乎已增长到了近 270 万顶。各种品种之增长如下。其中一缏帽增长了 120 万顶，二缎帽增加了 88.4 万顶，三缏帽增长了 58.6 万顶。由于产品畅销，不愁卖不出去。生产者发觉那些编织得又快又松的草帽也同精工细制的一样容易脱手，当然编制者就尽量赶而放松了对质量的讲究。而草帽市场里已形成"不怕编织差，只怕没有货"之局面。这样一来，由于产品日益增多几乎已到泛滥之地步，而某些简直编织得实在太差那就真正成为卖不出去的积压货了。事到这一步，忽来转机，许多发货人或收货人纷纷拒收订货，因为质量太差。这类货不要说是外销，连内销运上海也销不出去。这叫自走绝路。当然从税收观点来看出口之减少乃是意料中之事也。最后，还得阐明一点，并非所有草帽出口前程都毁了；说清了，那些低廉等级的即二缏以及三缏的确是不行了，但是一缏的草帽质量确实是很好的。

草席本年出口 1277632 张，比去年下降 54500 张。这些草席是供国内市场者也。因为货源短缺，灯芯草价格几乎翻了一番。

地席本年共出口 7787 卷，去年是 8878 卷，都是运销欧美，都蚀了大本，原因是质量不如以前出口的几批，据悉，这项出口在质量上加以改进后是大有希望之一项出口业。

关于草制品编织业如帽、席、地席等都是极好挣外汇之手工业制品，具有廉、轻、洁、美之特点。今后要注意把好质量关，否则出口前途甚虞矣。

谈谈草制品之原料灯芯草：从田里拔起隔年之灯芯草根，将其分成小段后栽在放满水的田里，如栽秧一样间距约一尺见方。时间是在农历八九月间。开始施肥，每亩要施 4000 文值之肥料，后放水入田内越多越好。宁波去年就是因为雨量少，长出来的灯芯草就达不到平日之尺寸。此外，田里要清除杂草等等。至来年六月初就开始收割，收割时要择天气晴朗之日，这样收割后三天内草就干了。要是干得迟，草就会变色；而在太阳光下晒得过久，草就枯焦而弯曲。要是收割还未干透而遇到下雨，那么这草就用不成了，报废矣。收成一般每亩有 12 担灯芯草，市价是 1400 文一担。平均每个编织工每天可编织 4 顶（12 寸三缏）草帽。要是随便一些每天可编织 8 顶之多。像这类三缏草帽按尺寸大小而论可得 7 文至 12 文。二缏草帽内地可售 12 文至 16 文一顶，而那一缏草帽可售得 18 文至 40 文一顶。

1889 年

1889 年出口草帽 6291270 顶比去年减少之数为 7921835 顶，此业之厄运竟成事实。1890 年之瞻望已是凶多吉少。从欧洲市场来不单是囤货过多，似乎是已对此类帽子闭，即使质量提高也无济于事。总之，草帽出口业当时裹足不前。

1895 年

草席出口 1484223 张，比去年增加了 243836 张；但草帽之国外需求减少，也就比去年减少了 387130 顶。

1897 年

草帽出口 481087 顶，计值关平银 36617 两。此业起伏甚大：1882 年出口 1200 万顶，到了 1888 年为 1400 万顶；1889 年就大有降落；到了 1890 年没有出口量；而到了 1891 年又重新有 1652350 顶出口；1892 年为 2129500 顶；1893 年为 2614200 顶；1894 年为 280 万顶；1895 年则为 2413390 顶；1896 年为 2189572 顶。

草席 1897 年出口 1507419 张，计关平银 150742 两。

1901 年

最近五六年来一直畅销之草帽、草席都是用宁波邻近所产一种灯芯草来编织的。据悉，1887 年以前，这些产品销售量很大，有一段时间简直是供不应求，后来就粗制滥编，以致用劣货充斥，自断销路。最近，吃一堑长一智，痛改前非，讲究质量、尺寸，此业似又要卷土重来。此草编业年内之销售总值已达关平银 238144 两之多。

1902 年

草帽、草席业，今岁格外兴隆，出口估价 325000 两，较之 1901 年 262000 两增 63000 两。除本地所出席草外，另有日本运来最好刨花与席草。草辫可作西式女帽，其物美而价廉，每 1000 顶估值关平银 35 两，运往法、美两国最多。其余温州所出之席草甚细，可作西式男帽之用，其价较女帽尤廉。

1903 年

日本刨花销用甚广，杂以本地茅草，草编织帽销于洋场极周，其草帽之旧式者渐少。锡箔运出之数今岁居最，共计 6635 担。草帽生涯今年亦见兴隆之象，因用心制造、精益求精。本年所出有 340 万顶，较去年增一半之数，其巨数由法商装赴欧洲。

1905 年

草帽生涯今年亦见兴隆之象，因用心制造、精益求精。本年所出有 340 万顶，较去年增一半之数，其巨数由法商装赴欧洲。

1906 年

草制品中之草席、草帽出口，过去几年都有发展，而这些产品销路看好，今后出口量有增无减矣。

1907 年

年内宁波草帽在法国、美国市场上相当走俏，外销价值计达关平银 7 万两，这些都是经由上海转口直接外运者也。

1912 年

草帽出口，每百分中增有 175 分。草帽生意从前最为兴旺，近 10 年以来再现兴旺之兆，草帽出口数目，本年为数甚茂，计有 10824000 顶，可称最满意。席草收成较好，但因春雨缺少，未能十分长大，因此做大草帽不免受到阻碍。单丝、三丝草帽销场颇佳，出口数目亦盛。从前草帽畅行椒眼帽，现畅行单丝、三丝帽，运往欧美作女帽之用。木丝刨花帽，乃日本木丝所作，销场甚稀，此帽均系女子所做，并不光洁，且不合式样，退回之货过多，故价目亦随之而昂，难得获利，次等刨花帽尚有生意。

1913 年

草帽本亦出口货之一要宗，惟比上年少出 4170534 顶。上年出产之盛，实为罕见，出口 10804525 顶。本年最少者为椒眼帽，其余单丝及三丝帽亦相形见绌。草席出口计 2786748 张，是年，业此者皆获利，盖中国销场甚广也。

1914 年

草帽为出口大宗之一，大为减少，只有 3229396 顶装运出口，上年乃有 6633911 顶，大部分装运欧洲销售，故此次欧洲开战，草帽业受剧烈之影响。

1917 年

帽业统计，奇绌可惊，查民国元年输出量，达 1200 万顶，本年则仅有 150 万顶，即与上年相较减少 150 万顶。推原其故，识者谓华工不求精巧，所织之帽其粗陋殆类米筛，而于大小广狭又少注意，近时沪、甬二埠以及美国之承办商人，因买客嫌货粗劣定而不取，以致存积待售者比比皆是。况自欧战发生以来，水脚高涨，货位难得，此种粗贱庞大之物欲其输入欧洲各国，其难几同被禁，然制作不精实为第一原因，不然美国买客何至拒绝提货，彼此交易当方兴未艾也。

1918 年

草帽一业，于本口颇为重要，兹特详论之如下：清同治六年（1867），本埠已有草帽出口，妇孺之辈以编草帽为业者何啻累千，而尤以法商永兴洋行所雇为夥，该行在甬开设，已历 40 年之久，帽业之发达其有功焉。夫草帽事业，在昔年于本口商务中，已占有一席地，当时编织装置均有外人监视，经此数十年之经验，出口既良，销路自广。岂料华工自恃昔年销场之畅，渐渐草率从事，几致该业一蹶不振，良可惜也。且欧战期中，水脚保险等费靡不飞涨，兼之军事扰乱，运输不便，如斯种种，于帽业贸易俱大有窒碍者也。幸年中三个月间，大有恢复原状之象，获利亦颇可观，将来水脚渐减，草帽进口复为欧洲各国所不禁，则明年出口运往美、澳二洲及英、法诸国者，为数当不少也。

1919 年

今年，草帽之运销欧洲者，足占 4/5。木花帽则全销欧洲，所有欧战时期未能输出之存货，为之一空，较之上年草帽多 320 余万顶，木花帽多 57000 顶。木花帽系用日本木花编成，由于停销日货，殊无进步可言，本年输出之数，悉系上年存货，苟无停销日货之举，其数当更不止此，因无编织原料，遂有供不应求之叹。

1920 年

草帽一项出口数目，由 4491942 顶增至 5216156 顶，其中 4/5 系法商永兴洋行采运出口，内有织花帽 20 万顶销往巴黎、纽约，按草帽销场以纽约为最，惟美国汇兑不佳，其所定之帽均为次等，惟大半尚未售脱，欧洲市面大略相同，因洋价高抬无利可图，由此推测，其前途诚未可具乐观也。此外意国币价汇兑低落，亦为帽业衰败之一原因，若长此不改，欧美等国将改由佛罗兰士购办，缘其价格较廉而货品亦较佳于本口所出之货也。木花帽，本年出口共 119486 顶，去年为 132420 顶，此等木花帽昔年皆用日本原料纺织，后因停销日货，该业竟为全然停歇，业是者，试以本地木花代之，乃获如是优美之结果，可谓幸矣。

1921 年

草帽自 5216156 顶减至 4854049 顶，惟至年底之时因汇兑略有起色，是以美国亦来订货。手织线网一类，与贫苦女工极有生机关系，本关出口货物亦添入此项名目，本年出口共值 130697 两。

1922 年

各种草帽，因汇兑得利且欧美各处需求日多，故其出口能自 4854049 顶增至 10968479 顶，实为数十年来最高之销数。草席一业与草帽业相近，而历史则较古，本年亦极发达，出口总量共 4037474 张，在民国 10 年仅有 2851494 张，此项草席大半运销日本，该国商人特派专门人员到甬采办，以求货色之能适合日人应用者，但利之所在，趋之者众，少数无经验日商亦相继投资购运，其所采办者又多系劣货，于是外国市面不免减色。

手织网线为新近事业，本年出口值自 130697 两增加至 232131 两，其发达情形概可见矣。

1923 年

本埠出品虽统称之曰草帽，惟所用原料种类颇繁，有用麻及棕树之纤维者，有用普通蒲草者，有用纸为原料者，俟织、制成帽，即可为巴黎或纽约市上大商店中之陈列品，其他新奇原料，无论为国产或来自外洋，无不一一试用，最近出口中以稻草制成者最有成效，光泽可爱，而问其价则每顶仅银三分耳。宁波草席自日本地震工业停顿以来，销路极好，本年共运出 5046473 张，比之上年所出 4037474 张，显见增加。花边出口，估值亦由关平银 232131 两增至 251229 两，在本关出口货中已占重要地位。

1924 年

各种草帽自 9093807 顶减至 4984101 顶，缘外国顾客对于本埠输出之货，常不满意，是以装运不多，且因货色不良，屡被退回。花边出口自 251229 两减至 196672 两，虽经理诸公司竭力推销，希购者终较前减少，且价值不高，无利可图。日本自地震以后工业复兴，故本埠草席出口不多，自 5046473 张减至 3191771 张。

1925 年

本埠之蒲草帽出口亦增长 30%，此乃外国市场欢迎东方式样之故。按制帽与制花边两项工业，实为多数人民所仰赖以生者，尤以妇女居其大多数。制花边者本年获利尤巨，出口较前更多，是其明证。惟时将年终美国销场锐减，此或美国进口税增加之故。再本年草席出口略为减少，一因本地人民反对此项货物最要之市场日本，一因日本金洋兑价之不利也。

1926 年

镂空花带及花边在欧美之销场亦甚畅，不过在本关统计中，此项货物估值增加，乃缘近来花边加宽，且以粗纱制之，以致估值提高。余如锡箔因市价每担由 150 元涨至 200 元，购方无利可图，且以其长江一带之重要销场，因战事发生顿形断绝，本年出口自去年 11563 担跌至 8761 担。本埠正大公司所制之火柴，因不合沪上销路，以致其所出之货几乎全在本埠行销，本年出口亦由去年之 127000 罗跌至 110500 罗。又蒲草席出口半因时局不靖，半因日本销场不畅，亦见减少。

1927 年

蒲草帽及草帽计自 4014648 顶，值关平银 203139 两，激增至 4971279 顶，值关平银 315692 两，以应欧美市场活泼之需求也。此项制帽工业给大多数人以雇佣之机会，尤以女子为多，兼有在家中工作者。蒲草席与草席之贸易大部与日本来往者，减少 249000 张，盖因抵制日货。

1928 年

各种草帽增多 325572 顶,以应外洋需求,但运销外洋之草帽现已免纳关税,故此项工业虽见发达,然于关税则不复有何等裨益。草席出口增 10 万张,皆运销外洋焉。

——辑录自《宁波口华洋贸易情形论略》

墨鱼和土杂货出口贸易

1867 年

墨鱼是重要出口项目之一,这类产品洋商不感兴趣,经营者全系华商,行销华北和长江沿岸各城市,获利不薄。墨鱼之渔场,很大一部分由舟山帮经营,而干这一行的又主要仰仗杭州和其附近沿海的制盐厂。

1861~1867 年墨鱼出口数量

单位:担

1861 年	1862 年	1863 年	1864 年	1865 年	1866 年	1867 年
7214	32512	37118	27922	37581	22427	41740

1868 年

墨鱼出口自 1861 年之 7214 担 4 万银两,至 1868 年已达 42000 担 17 万银两。

1869 年

1869 年出口产品之明矾已下降。产地不准外来船只靠岸,载运明矾已完全通过民船矣。如今,通商口岸中宁波乃是当今唯一有明矾出口之口岸也。1867 年所有口岸出口的明矾合计 24781 担,其中宁波就占了 23569 担之多。到了去年,宁波占了 9/10。

据常关报称,1869 年有 4 万担明矾入宁波,全是通过民船运来的,其中有 8550 担由洋轮复出口去上海,其余供当地消费也。据报称,该产品来自平阳之松阳山,毗邻温州。当地之造纸、染布和水泥石工都需用它,消耗量甚大。在宁波之银匠和白烛制工也用明矾。此外，入药、硝皮、滤水也用之。明矾品种有多种，但不论是白矾、皂矾还是胆矾，其主要成分乃是硫酸。

1870 年

以舟山群岛四周浅水洋面之墨鱼、石斑鱼等为主的渔业已有稳步发展也。在欧洲地中海，渔民把墨鱼之墨囊取出晒干后调作墨汁出售，而浙江舟山一带渔民却把它视为废物。墨鱼骨在浙江磨粉后入药用，每担银圆 1 元。

烧酒本年增长了 4042.08 担，主要是供应华北几个口岸，如天津一处就运去了 5687.79 担之多。奇怪的是，上海的消费量乃是最小者。烧酒这一行包括享有盛名的绍兴酒和其他宁波酒。宁波酒质次、味差，但外销中也就冒充绍兴酒卖了好价。宁波当地有好几家酒坊显已获利 3 倍矣。

墨鱼，因恶劣天气无法晒干而变质，也就不得不丢掉。今年出口计 18038 担，比 1866 年还减少了 4393 担，可说是从 1864 年至 1870 年以来最差的一年矣。

1873 年

墨鱼 1873 年出口数量为 57818.74 担，比去年增加了 31519.96 担，计值关平银 289094 两。

墨鱼出口之抵达地及数量

单位：担

抵达地	数量	抵达地	数量
运往上海（其中一部分转口去汉口）	50481.69	运厦门	764.85
运汉口	3585.50	运广州	271.60
运九江	2039.40	运香港	675.70

1871~1873 年草制品与土杂货出口情况

品名	1871 年	1872 年	1873 年
铜钱（吊）	41154	84120	—
纸扇（面）	759213	545882	698626
草席（张）	712176	661191	830567
烟叶（担）	568	2285	2408

1874 年

渔业方面，本年墨鱼出口已达 86688 担，比去年增加了 28869.26 担。

1875 年

1874 年墨鱼出口计达 86668 担，到 1875 年连一半都不到，仅有 37245 担。

宁波出口品中扇子也享有盛誉，并占有一定地位。1874 年出口近 100 万把。1875 年仍继续出口。

1877 年

1877 年是出口墨鱼量最低一年。经由洋轮运载出口者恐不到出口总数之半也。大部分不论是舟山群岛或宁波都是由民船运往福建。从收获来看，1877 年乃是最糟糕之年，好多捕到的鱼由于连绵阴雨再加上冷风劲吹，大好到手之商品眼看着变成废品。

1877 年出口极少，而价格犹如芝麻开花——从 5 元、6 元到 13 元、14 元一担，那是 7 月价格。年内之出口数竟低于 1871 年，那是多年来所未见过的。

1878 年

墨鱼出口额占贸易总额之 1.60%。

1874～1878 年墨鱼出口情况

	1874 年	1875 年	1876 年	1877 年	1878 年
数量（担）	86688	37245	56667	17270	22769
价值（两）	260064	174586	258292	140882	204346

铜钱。

1874～1878 年铜钱出口情况

	1874 年	1875 年	1876 年	1877 年	1878 年
数量（千枚/吊）	36015	3624	889	91103	77289
货值（两）	19808	2174	557	61439	45229

1877 年与 1878 年铜钱出口数量相差巨大。这些铜钱不光是来自宁波一地，来源多矣。以上海为中心，以后运北方，计运天津约占七成，三成经

由汉口。荒年受灾时，铜钱之用途有二，其一是赈济以买华北产品。南方铜钱并不紧，都是用来买北方土产，不论是轮船或是帆船都是从宁波运铜钱出来。

宁波出口之铜钱主要又是从余姚、绍兴收集来此，也如收棉花一样，那两地积聚多了就往宁波输送。但是有三成以上是来自温州，由两只悬德旗夹板船长安号和印度号运载来宁波。据悉从温州购入一枚银圆可赚15文。

1879 年

墨鱼出口额占总贸易额之1.4%。1879年出口达34000担，计19万海关两，乃是1876年以来之最大数量。

1881 年

1881年从事捕捞之船只约有3500只之多。捕鱼期自5月5日至6月21日约一个半月之久。捕获量总共为6万担约为上年之倍。从气象来看也是晒鱼理想之天，鱼价为几年来之最低者。大部分运销九江、汉口，也有不少是运往厦门和香港者也。

纸扇经由香港再运销外国，售予国外之华工，价极低廉。

烧酒已找到两个新市场，即汕头和暹罗。两船满载烧酒运往广州，偶尔也会出口厦门约3000担至4000担。

——辑录自《浙海关贸易报告》

1882 年

墨鱼1882年出口13458担，乃是开关迄今最低之一年，去年为32623担，减少了19165担，计值关平银151034两。

1883 年

1883年墨鱼季节还算不差，渔民满意地把鱼交售给鱼行，而鱼行出口往九江、汉口就亏了。当时，也就是渔季之初之行情为每担8.50元，到季尾就上升到10元，去年是13元一担。

1884 年

墨鱼1884年出口30805担，比去年回升17347担，计值关平银84162两。

1886 年

墨鱼本年为 52409.84 担，增长了 16000 担。渔民之捕获量极大，销售后收入丰厚。但渔商在运往汉口途中部分产品由于腌制差而变质发臭，在运抵长江口岸时不得不忍痛丢弃。

出口货之杂项中之纸扇有 2925869 把，一级纸有 1278.93 担。

这次出口增加的 250 万把纸扇系来自杭州，是有意经由宁波而不经由上海之试探性之举，为的是可以节省厘金支出。可是这一招行不通，看来以后也就不会来宁波出口矣。

1887 年

墨鱼本年出口 47881.46 担，比去年减少 4500 担，但比往常好多了。年内之捕获十之八九是满获，可是自鱼汛初期由于市场贸易萧条，特别是那些贫穷渔民急于脱货求现，情况更是不妙。惟有那些远销长江口岸和广州之鱼行获利丰厚；发货往厦门、福州者却都亏蚀。

白矾本年出口 61224.61 担，比去年增加了 1 万担。这些都是运往上海和长江沿岸，用来滤净清水和供染坊在染色时用。

如去年贸易报告中所预测，纸扇之出口数去年是 2925869 面，今年则已减到 1547374 面，计实际减少 1378495 面。

1888 年

由于渔季适逢气候不佳，墨鱼本年下降 4000 担。

1889 年

1889 年对渔业来说并不理想，捕获之墨鱼仅只是往年平均量之 7/10。本口之墨鱼约有 2/7 是由福州民船直接运回福州。由此可见还有约为平均年产量之半供当地消费和出口，而且鱼价已按比例上涨。年内之墨鱼出口量已是少于前几年的了。

1892 年

1892 年出口花生油 21720 担，比去年减少了 5700 担。这项出口物，以往老是踏步不前，近来才成为出口大宗产品之一也。

1893 年

1893 年墨鱼收获令人沮丧，是乃天时之不济也，出口数竟比 1891 年还下降 25%。明矾倒是扩大了出口，至于其他出口产品则毋庸评论矣。

1895 年

墨鱼出口也减少了 39906 担，年内其捕获量也不差，但比去年——墨鱼最多之年则略逊一筹矣。汉口为墨鱼主销地之一，年内开盘时每担为 9 元至 10 元，而去年只是 6 元，因此今年获利匪浅。汉口又是供应四川之墨鱼集散地，四川是墨鱼消耗量相当大之一省，由于年内四川发生动乱因而输入受阻，但是汉口渔商仍一如既往地进口，因此利润就受影响矣。此外，尚有一部分由民船载往福州以及南方一些口岸。

1896 年

墨鱼、咸鱼以及水产品中之鱼胶、鱼鳗等出口共计值 353773 海关两。花生油出口 21800 担，计值 119898 海关两，都是破格地南运到歉收地区。

1897 年

墨鱼出口 27531 担，计关平银 234011 两，比去年减少了 1 万担，但这行业每年波动甚大。

1900 年

墨鱼增长达 19813 担。

1901 年

墨鱼业去年销售了 36850 担，到年内为 22485 担，竟减少了 39%，原因是天公不作美，五六月多暴风雨，鱼少而腌制极为困难，产品多臭烂变质。

1906 年

舟山群岛之墨鱼捕捞业也有了改进，捕获量日益增长。鱼汛为 4~6 月，气象对此业非常重要，也可说成败取决于天气之好坏。年内出口 2 万担，最近五年来如鳔、鱼胶之出口也比以往大有起色。

年内烧酒已增至空前之出口数量，计已经达到 13516 担。

1913 年

本埠当墨鱼盛出之候，捕鱼者结队联群，扁舟云集。本年大失所望，计出口仅 14487 担，视上年之 25529 担，未免瞠乎其后矣。

1914 年

鱼鲜出产，逾平均额远甚。螟脯鱼汛，自四月至六月间三个月，收成之佳为数年所未有，凡操其业者，无不均有盈余。装有出口，计有 37565 担，较上年册载多 23078 担，大半装赴扬子江下游一带。

土酒 1914 年出口 29617 担，增多 7000 担。

1916 年

天气阴霾，渔船频遭盗劫，故墨鱼出口缺少 2227 担。

1920 年

墨鱼由 6381 担增至 25205 担，鱼胶由 1030 担增至 1937 担，鱼肚由 640 担增至 659 担，鲜鱼虽无表例可考，而由本口装水桶运往上海者，每年最少亦不下 6 万担，估值在关平银 20 万两以上。

1921 年

墨鱼为本关出口货物表列大宗之一，上年仅有 25205 担，本年增至 42275 担。

花子饼出产及装运出口两项均有加增，去年出口 38294 担，本年为 58765 担。乳腐亦大有加增，自 24659 担加至 27071 担。锡箔则自 19380 担减至 12494 担。纸伞自 58860 柄减至 55190 柄。

1922 年

墨鱼产额上年颇盛，本年则又见减少，计出口短去 20276 担。

纸扇一项则较前更形退步，自 227554 把减至 207648 把，大有江河日下之势。

1923 年

渔业产品，如墨鱼、鱼胶、鱼肚等亦似恢复原状，盖因天气适宜，捕获丰盛也。各种草帽因国外汇兑率高涨，故出口总量由 10968479 顶减至 9093807 顶，但本年秋，此间著名商行曾有一时接收订货单甚多，大有应接不暇之势。

土酒以绍兴酒为最佳，上年出口共 18948 担，本年则增至 21374 担。锡箔亦为绍兴之特产，自 9407 担减至 8443 担，纸伞则自 51660 柄增至 53230 柄。

1924 年

1924 年天气最宜于海产，由本埠出口之鲜鱼、干鱼较常年为多，均系运往上海。

锡箔纸出口自 8443 担增至 19781 担，宁波、绍兴及杭州近处之民从事制造锡箔纸者约 10 万余人，用古时简单之法，将云南之小锡块槌打成箔，其薄如纸，其槌打之法以铁锤、铁板猛力击之，及至小块之锡打成箔叶，再用光石将锡箔研于纸上，始成为锡箔纸，工亦良苦也。此外纸伞出口量自 53230 柄减至 38700 柄，因装运外国者不多。

1925 年

宁波在中国为各种鱼类最紧要之市场，由宁波出口之鱼类几乎遍至中国各口岸，亦有运往外洋者。本年鱼类出口除干墨鱼稍减外，其他各种渔产均较去年加增，不过本年出口渔产中有去年所积存干咸鱼之一部分耳。

锡箔之出口亦见减少，在去年有 19781 担，而本年跌至 11563 担，其原因系为本埠锡箔业公所抗议锡箔税率之改订，未曾确定者有数月之久在此期中，此项出口贸易当亦有多少之停顿。本埠之纸伞曾因各处销路畅旺，并与被抵制之日本伞相竞争，本年出口数目加增。但纸扇之出口则不如往年之多。宁波制造壳纽厂之生意亦有发达之景况。各种豆子因收成丰稔，本年出口亦多，惟以他埠豆价较本埠高昂，留作本埠自用者稍为不敷。本埠正大火柴公司本年获利颇丰，所制之火柴半供本埠之用，半运温州、福州两埠销售，而日本火柴则完全绝迹于本埠市场矣。

1927 年

墨鱼业亦减色，出口数自去年之 33805 担落至 13466 担。

1928 年

墨鱼因天气合宜，产额甚大，1928 年出口增多 8518 担，计值关平银 145150 两。

纸箔出口自 15581 担降至 5431 担，一由于箔类特税局征收特税，一由于制造纸箔中心地之绍兴出品，复由内地经杭州转运上海，不向宁波转口也。本埠正大厂所出火柴增多 151450 罗，在长江一带销路扩大，多半由帆船装运。

——辑录自《宁波口华洋贸易情形论略》

药材进出口贸易

1864 年

在我们的统计中，药品也占一个重要的位置。但是药品的交易几乎只在中国人之间进行，外国人能从中谋取利益的只是从那些装运这些货物的商船中赚点运费，而且贸易量也止步不前，1864 年只有 21000 担，而 1863 年为 23000 担。

1867 年

浙江省生产之药材，面广而品种多，主要出口市场是汉口，而宁波近郊最近广种木香。

1868 年

1868 年宁波之出口贸易总值为 6073709 银两，其中药材计值 239559 银两。

1864～1868 年药材出口数量

单位：担

1864 年	1865 年	1866 年	1867 年	1868 年
20296	21740	25827	28008	30229

以上出口数量以浙江省产品为主，有很大一部分属非浙江省产品，乃是经由上海、汉口转来之四川产品经由宁波出口。

本口出口药材中足足有 1/3 是白及，产于绍兴，系名治风湿之良药也，每担价在 10 元至 15 元之间，主销四川、河南两省。

1864～1868 年药材进口数量

单位：担

1864 年	1865 年	1866 年	1867 年	1868 年
18878	19446	18323	17270	18948

1869 年

药材在本口之出口贸易中占有相当重要地位。本省所生产的许许多多植物之根茎都是从宁波出口运往全国各地。有很多法定药用植物，虽不见西方药典，但在当地医生中却享有盛誉，奉若至宝和圭臬。当然其中不乏可以运输欧洲之品种。

白术。1866 年经宁波出口者计 16800 担，计值 100800 银两，收出口税 5040 银两。为多年生草本植物，茎高 2 尺至 3 尺，叶大，椭圆形，下部之叶，3 裂至 5 裂不等，7 裂质硬，有微锯齿，秋日开筒状红花，头状花序。根同于苍术，为块根状，肉黄白色，味微甘，有特异之芳香，可入药。多产于浙北，以杭州府之於潜县为最佳。

另一种药材苍术，山蓟也，山中处处有之。根如老姜之状，苍黑色，肉白，有油膏，微香。另一种多年生草本植物，有缠绕茎，叶子长心脏形，夏日开筒状花，紫绿色，果实褐色，卵圆形，全草有特殊臭味。果实入中药，有清热、止咳等作用。

木香，草类也，本名蜜香，因其香气如蜜也。缘沉香中有蜜香，遂讹此为木香，昔人谓之青木香，后人因呼马兜铃根为青木香，乃呼此为南木香、广木香以别之。今人又呼一种蔷薇为木香，愈乱真矣。

延胡索，本口1869年出口1980担，计值15840银两。中国不少地方都有，以浙江金华产为上品，为清血之主药也。延胡索科，多年生草本植物，有大叶、小叶两种。春月生，高五六寸，三四月开花，碧紫色，总状花序，至5月叶枯，根如半夏，色黄，供药用。

贝母之出口本年达2200担，值11000银两。贝母主要来自四川，名曰川贝，与浙产有很大差异，价值每担120银两；而浙贝仅每担5银两。贝母，多年生草本植物，叶子条形或披针形，花被黄绿色，下垂钟形。鳞茎入药，祛痰、止咳。

元参本年出口3379担，计值6758银两。据称，此药与满洲、山西所产之人参除色异，其品质均同，中国各地普遍都产。乃是用作产后退烧之药。

麦门冬本年本口出口339担，计值4746银两。简称麦冬，百合科，常绿草本植物。须根之端如连珠状，叶长一二尺，阔三四分，花茎长尺余，花紫红色，穗状。果实球形，黑色，根供药用，名见《神农本草经》，有乌韭、马韭、羊韭、禹韭、禹余量、不死草等异名。浙江余姚多麦冬。出口主销汉口、广州。可入药，是滋补强壮剂，又有镇咳、祛痰、利尿等作用。

茱萸肉产于杭州府，运销汉口、广州，本年出口333担，计值3400银两。为亚乔木，树高10英尺，有小白花，似梅树。果实如小野枣，可入药，味涩可作饮料，以前作止血收敛剂之用，现在中国用作退烧剂和驱虫药。

扁豆，一年生草本植物，豆科。茎呈蔓状，卷络他物上，叶为复叶，有三小叶互生，夏日开白色或带紫蝶形花，短总状花序，果实为荚扁平，如镰状，长约二寸。豆熟后，晒干，可入药健胃。这类豆子国内普遍种植，故出口极少矣。

石菖蒲产于杭州、绍兴、宁波，运销长江沿江各口岸。石菖蒲，为多年生草本植物，根茎硬，横生在地下。叶子条行，花小而密集，蒴果卵圆形。入药祛湿、解毒。石菖蒲之根据《神农本草经》载，治伤风、咳嗽以及其他肺病，并为恢复健康之补剂。

篓皮是乃浙江产一种葫芦之皮也，出口长江沿线各口岸作泻药用。将植物之根晒干，粉碎后亦是一泻剂，名曰天花粉。

山楂，落叶乔木。叶近卵形，有3～5裂片，花白色，果实球形，深红色，有小斑点，味酸，可吃，也可入药，野生于宁波以西山上。山楂熬煎后内服治痢，外搽可治皮肤病。山楂状如小花红，晒干后只有板栗大，剖开后则见成对硬坚子房。

白芷系多年生草本之地下茎，产于长江以南沿海省份。其叶呈淡红色，花带黄白色，地茎根入药镇痛，烧之则驱蚊。白芷以前被欧洲人药用，如今停用而改作香料用之莺尾根。白芷之内心较其外皮白。产于杭州，出口汉口。

桑白皮系桑树根之内皮层，出口到长江沿线口岸，入药可清血。

夏枯草系多年生草本植物，一二尺高，花紫色，成熟时穗似小麦。国内到处都有，主要用治疮毒。

春花系木兰之花蕾，在未开展前即摘，入药作兴奋滋补剂，据称能克毒。产于浙西金华府，出口到上海及长江口岸。

前胡产于绍兴，出口到汉口。前胡为多年生草本植物，秋日开紫黑色小花。根入药主治哮喘及呼吸道引起之疾病。

白及，多年生草本之块茎，生于大山之岩间。块茎分泌胶质，光泽而略示透明状，味苦，供药用可清血。出口往上海及长江各口岸。

黄菊花产于杭州府，连花托摘下花穗，晒干入药，熬煎后其汁可治头昏目花，有退烧降温作用。

天门冬，多年生草本植物。地下块根半透明肉质，长约3.5英寸（1英寸=2.54厘米），入药能发汗、祛痰，并能治肺病，解热和渴。亦有制成蜜饯者运销上海和长江沿岸。

蜈蚣，节肢动物，有天然和人工培养者。中医能驱毒和治疮毒。焙干烧脆以酒泡制，据说饮之能驱体内之寄生虫也，万试万灵。

粉蛇也叫白花蛇、五步蛇，身长1~3英尺，多产于直隶以南沿海各省，多发现于丛林、多岩处和房屋内。七八月间，农民就捕捉之，受惊即盘绕，极易捕之。捕到后，去其内脏后洗净，用竹片钉住，烤以文火。然后中医配上其他药材，据称入药后能分泌至全身各部位。

1873 年

1871~1873 年药材进口数量

单位：担

品名	1871 年	1872 年	1873 年
药材	18697	21861	27461

1877 年

关于药材进口，其数量、货值每年变化都不大。数量约 28000 担，货值在 32 万至 36 万海关两之间。桐油进口 18000 担约为本口每年正常需要量，主要是从汉口由夹板船载来，但也有由轮船或海关注册登记之民船从上海运来的，其价格一般为 4.80 海关两一担，而 1877 年价格特别高，即 5.72 海关两。干龙眼七八成是由广州的轮船运来，而还有一二成是由上海轮船或民船运来，1877 年运来数量甚大，价格很低。此外还有 4000～5000 担烤烟，有些烟叶数量也在 4000～5000 担，烤烟是通过广州汽轮运来，1877 年之价高达 20 海关两一担，烟叶从汉口和上海以同样数量运来，还有较少部分从广州运来，1877 年平均价高达 10.28 海关两。

1878 年

1874～1878 年药材出口数量与价值

	1874 年	1875 年	1876 年	1877 年	1878 年
数量（担）	34929	37712	31579	31159	31795
价值（两）	193365	237112	214433	161686	177823

出口的中药材，品目繁多。1878 年出口的药材品种多达 118 种，其中就有 9 种之值已达 139500 银两，占总金额 177823 银两之 78%。

1879 年

药材出口额约占贸易总额之 1.6%。不包括复出口之总值，为 20 万海关两，而数量则比去年超过 5000 担。

1880 年

药材。1880 年内出口 36610 担，计 233467 海关两，品种之多已达 118 种，其中，约有一半系本省土产。

宁波出口之六种主要药材是：麦冬（麦门冬）、白术、土贝、黄肉、元胡（延胡索）和元参。

麦门冬，……根据球根之大小分为：苏清，计值每担 12 银两；苏面，计值每担 8 银两；贡面，计值每担 6 银两；包面，计值每担 2 银两。

麦冬在余姚已有栽培，但大量产于杭州附近。年内，出口1839担，计值13676海关两。

本口中药材出口品种中以白术为最重要也。白术亦名枸杞蓟，产于杭州於潜为最上品，又名於术。其平均价每担40银两。白术主要是经由上海运广州。年内出口13447担，计值102611海关两。白术在中医中乃是强身滋补剂，许多配方中均普遍采用也。鲜白术经常出口销上海。

另外，术分苍术、茅苍术和莪术（系来自汉口）。

贝母或称土贝，桔梗科植物，产于宁波邻近地区。其球茎似蒜头，供药用。土贝市价只是每担4银两，而从汉口运来之川贝之价格就是每担100~140银两。贝母能治多种疾病。一般处方中均配有贝母，主治退烧、止咳化痰、止血和治积石，妇科中常用于产后催乳，此外眼药膏中也常调配治疼。

1880年土贝出口4253担，计值17218海关两。

萸肉（或称茱萸肉、山茱萸），花后结实，长椭圆形，紫红色，似枣，味甘酸，供药用，据称有益中补气之功。浙江严州府淳安县和绍兴府新昌县之山上常可见也。能医多种病，诸如治退烧、阳痿遗精、驱虫和治聋等效果甚佳。市价每担10银两。

元胡（又名延胡索）系本口重要出口产品之一。延胡索系多年生草本植物，羽状复叶，小叶倒卵形，花淡红色或紫色，总状花序，地下有球形块根。可入药，镇痛、止血、收敛，妇科中用于清血之良药也。省内主产地是绍兴和金华，运来宁波出口。价格每担8两、6两或5两不等，越大越贵。

宁波还有一种大量出口之药材是元参。其有滋补、强身以及促进兴奋之作用，中医配方中经常用之，是退烧以及治疗心、肝和肾脏之良药也。主产于浙江北部。市价：上品每担4银两，次品较小为每担2.5银两。

1884年

本年药材之需求不如过去之三年来任何一年。10年前，即1874年出口值为关平银198000两，至本年已增至关平银308192两。而海关统计中之宁波药材进出口贸易之合计值为553000两，占本口进口货、出口货合计货值之1/12。

1892 年

药材主要来自汉口，年内计进口总值达 456290 海关两。经营此类产品均是极其昌盛而且获利不薄。

1919 年

宁波药商在中国药业中实占重要位置，外埠交易极广，今虽不能如往昔之特雇帆船径往川省直接转运，然尚有数种药材，仍为把持，所以本埠进口复出口药材如是其多也。

1921 年

药材进口一项，计多关平银 12800 两。药材进口甚为发展，其价由 301924 两加至 428752 两，宁波可称为中国药材聚散之中心点，盖各种药材有从远省进口再复出口往他处者，且非独至中国各口，即外洋之有华人旅居者亦无不运往。

1922 年

药材进口减少，上年估值 428752 两，本年则跌至 305710 两。

1923 年

药材则自 499105 两增加至 556916 两，宁波向以药材著名，凡世界各国有华民居住之地，即有甬人开设药铺，药品齐备，故中国各省所产药材无不运至本埠，再由此间药商配制，装销各处。

1924 年

药材出口甚旺，其价值自 556916 两增至 932945 两，盖以民国 12 年存货颇多，及至本年货质损坏，不得不售出之。

1925 年

宁波药材亦著称于全中国，大都均系植物制成或为干燥之药草，其出口贸易年见加增，1925 年出口之估值计由去年关平银 932945 两，增至今年关平银 1269822 两。

1926 年

药材尤大形锐减，计由去年之估值关平银 1269822 两减至 899183 两，长江一带销路顿绝，实为其独一原因也。

1927 年

药材因扬子江流域贸易状况不顺，其价值又减关平银 119359 两。

——辑录自《宁波口华洋贸易情形论略》

1861~1948 年浙海关验放进出口货物总值统计

年份	进口洋货净值	进口土货净值	出口土货值	共计
1861	3034124.4	—	5934987	8969111.4
1862	3228184	—	2023914	5252098
1863	16073285	—	6981934	23052219
1864	6196552	3806561	6250306	16253419
1865	4968397	2242363	5085255	12296015
1866	4069829	2339222	6435810	12844861
1867	4746215	1984741	5516879	12247835
1868	4720063	1808661	6073709	12602433
1869	4939256	2128212	6617587	13685055
1870	7317457	—	7296576	14614033
1871	5190789	1847821	8976484	16015094
1872	5922646	1635503	10351148	17909297
1873	6312646	1618714	7721672	15653032
1874	5998926	1533539	7013845	14546310
1875	6180252	1682131	4982932	12846315
1876	5761476	1607048	5035897	12404421
1877	5967638	1874807	4609208	12451653
1878	6452924	1926660	4271018	12650602
1879	6410259	1656138	4869972	12936369

续表

年份	进口洋货净值	进口土货净值	出口土货值	共计
1880	5693549	1558852	5131929	12384330
1881	6948856	1782941	4537223	13269020
1882	6109280	1797576	3763870	11670726
1883	5674046	1682576	3560428	10917050
1884	5353484	1295633	4773272	11422389
1885	5655854	1718215	5107028	12481097
1886	6245897	2192033	4810377	13248307
1887	4481687	2039361	4444484	10965532
1888	5554647	1946446	5657732	13158825
1889	5697317	1798942	5177781	12674040
1890	6107790	2087035	4874590	13069415
1891	6157435	1802906	4911963	12872304
1892	6694707	2176701	4944334	13815742
1893	6996717	2192662	6288626	15478005
1894	7141334	1843342	5615081	14599757
1895	8019267	2110533	6396155	16525955
1896	9016551	1991463	6115430	17123444
1897	8990251	2065390	4986495	16042136
1898	8217007	2208750	3992777	14418534
1899	9208444	2740467	4314351	16263262
1900	7601778	2679606	4945996	15227380
1901	9568960	2834467	4560928	16964355
1902	9015088	2862510	7481666	19359264
1903	11149448	3119788	7970857	22240093
1904	10343657	2952614	8001141	21297412
1905	9868282	3143604	6151744	19163630
1906	9688899	2489106	6739353	18917358
1907	12435440	3484929	8940474	24860843
1908	10474478	6938966	9229679	26643123
1909	9076801	3293920	9923477	22294198

续表

年份	进口洋货净值	进口土货净值	出口土货值	共计
1910	9210409	4061120	10319536	23591065
1911	8102383	6255028	7863141	22220552
1912	6562473	6824268	8915469	22302210
1913	9622298	7404194	8787509	25814001
1914	9813633	7917012	9436897	27167542
1915	8672989	7327229	10609551	26609769
1916	10590405	7909365	11153784	29653554
1917	9388309	5035134	10684080	25107523
1918	9901828	5919129	14141813	29962770
1919	9280846	7241819	11811577	28334242
1920	9509952	8992952	9904980	28407884
1921	13591958	10035986	10788892	34416836
1922	16273189	9398995	11796427	37468611
1923	15275194	12329482	14014681	41619357
1924	13546199	14162156	17168339	44876694
1925	15400867	13342340	18202834	46946041
1926	20270580	14090331	16205494	50566405
1927	19065246	14720209	18513011	52298466
1928	14976691	20923571	16397990	52298252
1929	15737351	15528166	16913688	48179205
1930	22728184	13756264	16735755	53220203
1931	10950688	19417497	13800526	44168711
1932	7294126*	17282567	15911459	40488152
1933	2106318*	14337643	16016273	32460234
1934	5948145	—	17273	5965418
1935	8059920	—	8765	8068685
1936	1844739	—	6211	1850950
1937	2121213	—	25617	2146830
1938	1212111	—	4767845	5979956
1939	1667080	—	9816332	11483412

续表

年份	进口洋货净值	进口土货净值	出口土货值	共计
1940	10596709	—	46024291	56621000
1946	133847	—	—	133847
1947	60966	—	—	60966
1948	45034	—	—	45034

注：①1861～1933年计值单位为关平银两；1934～1948年计值单位为法币元。

②1941～1945年为日军占领期间，关务活动中止。

③进口洋货净值包括由外洋及各口岸进口的洋货数值，不包括往外洋及往各口岸复出口的数值。

④进口土货净值指土货进口总值减去土货往外洋及往各口岸复出口数值。

⑤出口土货值指土货往外洋、往各口岸出口数值总计。

⑥*洋货进口（由外洋）总数。

新中国成立以来货物吞吐量

新中国成立初期，宁波港的进出口货，以农副产品为主，轻工产品，如棉纱、食盐、卷烟之类，所占比例微乎其微。这与当时宁波港腹地的工农业生产水平基本一致。鉴于这一状况，宁波港自1953年开始，对港口腹地的货源状况，以及产品的流转渠道，包括水陆交通、衔接地点，进行了详细的调查。据1954年10月统计，当时调查的范围占3个地区14县、市。这些县、市的主要产品如下。

粮食类：稻谷、大小麦、玉米、大豆、甘薯、蚕豆。

经济作物类：棉花、络麻、苎麻、橘子、西瓜、茶叶、水蜜桃、竹笋、桐油、柏油、花生、木材、金柑、黄豆、大蒜头。

水产类：黄鱼、带鱼、勒鱼、白鲞、细海蜒、香螺、泥螺。

工业产品类：纺织器材、卷烟、火柴、面粉、纱、布、酒、盐。

手工业制品类：木器、竹器、草席、草帽、竹浆、丝棉。

药材类：元贝母、珠贝母、麦冬、丝瓜络、薄荷。

矿产类：火黏土、砩石、锰矿、铅。

上述产品，除在区间内互相调剂外，主要流向是上海、江苏、山东、河北等北方省市，向南的很少。

1953年宁波湾粮食调出（入）及流向

种类	种植面积(平方米)	年产量（万斤）	调出（+）调入（-）	主要流向
稻谷	515	12403	12.3（+）	上海市、江苏省
杂粮	274	2881	9.7（+）	上海市、江苏省
小麦	56	4.6	0.7（-）	江苏省
黄豆	30	2.1	0.39（-）	山东省
蚕豆	57	4.2	1.2（+）	上海市、南京市、天津市

1953年宁波港主要土特产外销数量及流向

种类	地区	外调量（吨）	主要流向
烟叶	新昌	900	上海、国外
烟叶	嵊县	—	—
草席	鄞县	6000	上海、北京、广州
草席	临海、黄岩	1200	山东、河北
大蒜头	余姚	940	上海、大连
毛笋	奉化	2450	上海
毛笋	鄞县	2250	上海
毛笋	慈溪	500	上海
毛笋	余姚	100	上海
笋干	奉化	180	上海
笋干	鄞县	90	上海

此外，1953年自宁波港腹地外调上海、杭州、嘉兴等地的棉花，约计4650担。调往东北、上海、江苏、天津、广州等地的轻工业产品，计棉纱2422吨、卷烟2890英吨。

宁波港的货运吞吐量，从1949年到1956年递增率为38.74%，其中以煤炭、矿建材料、木料、粮食、燃料和建筑材料的增长速度为最快。

1951~1956年宁波港沿海货物吞吐量

单位：吨

年份	合计	煤炭	石油	钢铁	矿建材料	木材	盐	粮食	水泥	化肥农药	其他
1951	206215	15118	—	—	3566	—	2914	28740	2249	6112	147478
1952	245112	12453	3496	—	45369	11744	2428	51913	—		117709

续表

年份	合计	煤炭	石油	钢铁	矿建材料	木材	盐	粮食	水泥	化肥农药	其他
1953	447236	37287	7837	—	44460	28951	2195	89381	12358	23197	20570
1954	462266	43012	9616	3316	39703	32212	2030	83061	—	—	244313
1955	483378	32536	12566	3285	56825	26409	2148	67843	—	—	281767
1956	583163	35732	11547	5817	60440	76531	1116	81168	—	—	310812

在这些进出口货物中，宁波港的木帆船运输占有很大的比重。

1951~1956年宁波港轮驳及木帆船运量对照

单位：吨，%

	1951年	1952年	1953年	1954年	1955年	1956年
总计	215034	299112	447236	462266	483378	583163
轮驳船	97666	146534	227993	282275	239677	288791
木帆船	117368	152578	219243	179991	243701	294372
木船占比	54.43	51	49	40.5	50.3	50.40

根据1957年统计，仅宁波市在1956年社会主义改造高潮中组织起来的外海木帆船就有175只，计4573吨。这支木帆船队伍在轮（驳）船运输还十分紧张的情况下，是一支重要的外海运输力量。

1957~1960年的四年，是宁波港发展较快时期之一。白沙第三装卸作业区的建成，水铁联运的开辟，港口运力的增长，使宁波港的吞吐量在新中国成立后第一次突破百万吨大关。1958年达到89万吨，比1957年增长29万吨，1959年又上升到137万吨，年增长率为59.3%。1960年突破160万吨。

1957~1960年宁波港货物吞吐量

单位：吨

货物品种	1957年	1958年	1959年	1960年
煤	41067	207098	311730	315000
焦炭	—	1127	1004	8000
石油	10165	11047	7095	11000
金属矿石	—	1301	2352	4000
钢铁	5296	13918	15782	23000
矿建材料	117763	94737	349496	722000

续表

货物品种	1957年	1958年	1959年	1960年
水泥	—	4613	—	25000
木材	76759	46511	51363	40000
棉花	20501	8101	—	7000
粮食	110813	168212	228861	101000
盐	15976	10949	10199	28000
非金属矿石	—	28009	67914	71000
金属工业品	—	10119	—	7000
机械设备	—	—	2296	2000
化学肥料	—	11944	9119	8000
化学原料及制品	—	17332	—	12000
日用工业品	—	34759	—	27000
农业技术作物	—	8072	—	6000
其他农副产品	—	—	—	8000
其他	206381	207427	317526	209000
合计	604721	885276	1374737	1629000

这一时期，宁波港不仅吞吐量激增，而且货物的品种也有一定的变化，尤其是工业品的增长。而最突出的是工业原料煤和矿建材料的增长，仅此两项，1957年就占全港货运量的21.8%，1958年上升到34%，1959年又猛增到48.1%，到1960年更是激增63.7%。但棉花和粮食的运量，四年间却是不升反降，工农业比例的失调已经十分明显。三年"大跃进"，宁波港吞吐量增长了2.7倍，远远超过港口的综合通过能力，给港口装卸和运输带来极大的压力。

1961年，宁波港的运输能力转入低潮，吞吐量从1960年163万吨的"跃进"顶峰，猛跌到89万吨；1962年继续下降到75万吨。1961年的下降率达45.4%。其中输出量下降47%。主要物资如：矿建材料下降63%，粮食下降35%，非金属矿石下降28%。仅此三项，就占1961年输出量的75%。同样，在货物的输入量上，1961年比1960年下降43%，其中来自上海港的物资下降46%，来自浙江沿海岛屿的货物下降80%，来自温州港的货物下降25%，本省其他港口的来港货物下降33%。直至1963年，宁波港的货物吞吐量才开始回升。此后到1965年，一直徘徊在88万吨上下。

1961～1965年宁波港输出入货物情况

单位：吨

货物品种	1961年	1962年	1963年	1964年	1965年
粮食	83697	93596	118769	89125	75126
棉花	7882	4531	6921	9391	17161
农副产品	12996	102634	65986	70156	77615
盐	26524	23729	16193	13161	12260
日用工业品	27940	36977	43431	52772	71729
煤炭	152568	158176	55828	52744	75780
石油	18641	21835	17055	21138	21934
钢铁	25862	17958	17296	19245	20222
金属矿石	4738	589	367	700	446
矿建材料	261621	133323	305416	277169	144958
木材	37468	33146	51300	68092	59003
水泥	19403	22497	21597	33249	26322
化肥农药	10487	22555	20615	18780	62723
非金属矿石	30484	13249	25855	31902	31248
其他	170303	64598	136451	134880	170876
合计	890614	749393	903080	892504	857403

1966年以后，宁波港的货运业务能力急剧下降。1965年宁波港所属12艘沿海船舶，年完成货运量为207千吨，周转量为65994千吨公里，平均吨月产量为2135吨公里。1966年，船舶增至13艘，可是年货运量却减至167千吨，周转量下降为55285千吨公里，平均吨月产量为1729吨公里，下降幅度达18.8%。到1967年，船舶的生产效率直线下降，一发不可收拾。宁波沿海货运量（即生产量）下降到91千吨，周转量为25029千吨公里，平均吨月产量为956吨公里，比1965年下降近60%，为1962年以来的最低值。从1968年下半年开始，货运业务由马鞍形的最低谷逐渐开始回升。1969年港口的货运量为92万吨，1970年为100万吨，1971年为117万吨，到1972年已增至138万吨，超过"大跃进"1958年的吞吐量，年递增率为11.6%。

1965 年、1967 年、1972 年宁波港输出入货物量对比

单位：吨，%

项目	1965 年				1967 年				1972 年			
	小计	农业类	工业类	其他类	小计	农业类	工业类	其他类	小计	农业类	工业类	其他类
输入货运量	421011	66013	248765	106233	488150	69605	296316	122229	719526	85679	486904	146943
输出货运量	446392	103889	277860	64643	452633	69929	275218	80486	665043	69212	456598	139233
合计	867403	169902	526625	170876	940783	166534	571534	202715	1384569	154891	943502	286176
占比	100	19.6	60.7	19.7	100	7.7	60.7	21.6	100	11.2	68.2	20.6

1965 年宁波港进出口工业类物资，矿建材料占第一位，其次是煤炭、工业日用品、化肥农药及木材。到 1972 年，煤炭上升为第一位，矿建材料退居第二，盐占第三位，其次是化肥农药及日用工业品。特别是煤炭，1965 年全港进出口运量为 75780 吨，到 1972 年增长到 229582 吨，增长幅度达 2 倍以上。此外，矿建材料，钢铁的输运量上升也很快，这与宁波地区的工业结构变化基本上是一致的。

宁波港的货运吞吐量，尽管 1974 年有所倒退，而且下降幅度还比较大。但是，从 1975 年起，一直是稳步上升，到 1978 年已经达到 214 万吨，这是新中国成立以后宁波港第一次突破 200 万吨大关。

1978 年宁波沿海出口货物运量及流向统计

单位：吨

货物品种	县间	区间	舟山	台州	温州	杭州	上海	合计
粮食	16678	14398	22067	1577	2901	—	21460	79081
棉花	1621	2028	67	265	6883	30		10894
工业原料	—	—	—	—	—	—	—	—
毛竹			15		158			173
柴炭	—	861	3945	—	38			4844
其他农副产品	264	4043	11020	1478	920	210	3510	21445
盐	14622	38975	—	—				53597
日用工业品	582	7108	3817	236	179	154	1121	13197
副食品	3	1068	2137	18	109	163	304	3802
煤焦炭	3243	10216	3106	1070	1067	—	—	18702
石油	20	337	150					507

续表

货物品种	县间	区间	舟山	台州	温州	杭州	上海	合计
生铁、钢	40	1675	893	568	701	2	1373	5252
矿建材料	133	1234	15	128	153	—	1149	2812
砖瓦	2994	9855	6168	16	65	—	1500	20598
黄沙	6115	40523	8754	1295	700	—	44647	102034
石料	39304	13062	238	30	—	55	169693	222382
水泥	473	7260	3513	3024	154	—	1180	15604
木材	24	2664	11084	492	—	30	6142	20436
矿石	1485	13324	1999	9134	6013	—	2877	34832
化肥	334	13829	4283	12772	9523	184	271	41196
机械设备	—	9	93	4	—	—	—	106
其他	15474	18393	17227	7442	6542	1402	3812	70292
总计	103409	200862	100591	39549	36106	2230	259039	741786

1973~1978年宁波港海运货物吞吐构成比较

单位：吨

年份	煤炭	石油	金属矿石	铁钢	矿建材料	水泥	木材	非金属矿石	化肥农药	盐	粮食	其他	合计
1973	215864	43170	3640	34990	262353	61254	62144	44617	78520	55093	106657	409301	1377603
	15.7%	3.1%	0.3%	2.5%	19.1%	4.4%	4.5%	3.2%	5.7%	4.0%	7.7%	29.8%	100%
1974	151215	31857	2262	16861	182226	26251	39807	3833	51763	55825	101607	409201	1072708
	14.1%	3.0%	0.2%	1.6%	17.0%	2.4%	3.7%	0.4%	4.8%	5.2%	9.5%	38.1%	100%
1975	306947	40188	2198	10302	157968	30563	39591	4024	58286	51586	78254	525656	1306063
	23.5%	3.1%	0.2%	0.8%	12.1%	2.3%	3.0%	0.3%	4.5%	3.9%	6.0%	40.3%	100%
1976	321174	50125	3725	20956	216347	26850	38642	9421	77063	76678	102259	643303	1586543
	20.2%	3.3%	0.2%	1.3%	13.6%	1.7%	2.4%	0.6%	4.9%	4.8%	6.5%	40.5%	100%
1977	377899	56012	4192	44209	252089	44176	63133	11597	78829	81584	111817	590384	1715410
	22.0%	3.3%	0.2%	2.6%	14.7%	2.6%	3.7%	0.7%	4.6%	4.8%	6.4%	34.4%	100%
1978	541787	159556	10467	102580	229495	60223	91194	18821	94994	90051	101824	643094	2144086
	25.3%	7.4%	0.5%	4.8%	10.7%	2.8%	4.3%	0.9%	4.4%	4.2%	4.7%	30.0%	100%

1949~1987年宁波港吞吐量、利润总额统计

年份	旅客（万人次）	货物（万吨）	利润（万元）	年份	旅客（万人次）	货物（万吨）	利润（万元）
1949	27.06	4.25	—	1969	86.56	92.00	-44.44
1950	4.36	7.38	—	1970	85.48	99.91	93.84
1951	12.95	20.62	-2.68	1971	78.43	117.39	76.69
1952	53.99	29.91	-18.56	1972	79.27	138.46	50.01
1953	91.34	44.72	15.17	1973	91.96	137.76	117.10
1954	91.33	46.23	28.12	1974	103.44	107.27	-62.90
1955	73.77	48.34	53.05	1975	109.34	130.61	-50.60
1956	79.48	58.32	33.12	1976	107.68	158.65	-185.87
1957	82.56	59.98	26.57	1977	107.37	171.54	43.11
1958	69.74	88.53	100.97	1978	107.59	214.41	154.87
1959	65.51	137.47	375.22	1979	123.10	235.97	47.06
1960	76.93	162.72	262.48	1980	136.34	325.95	48.77
1961	124.42	89.06	184.82	1981	148.85	348.83	48.90
1962	109.09	74.94	77.45	1982	157.58	371.22	83.07
1963	78.15	90.31	107.32	1983	174.97	483.07	585.27
1964	71.32	89.25	106.38	1984	197.62	597.36	1013.50
1965	66.60	86.74	83.83	1985	282.61	1014.45	1626.63
1966	65.83	93.69	11.18	1986	276.53	1795.23	2052.00
1967	96.94	94.08	-50.12	1987	278.60	1939.90	2424.20
1968	92.50	89.00	-78.85				

——辑录自《宁波港史》第十二至十六章

航运业文献辑录

浙海关轮船往来宁沪专章

(1861)

第一款　凡商人欲派轮船往来宁沪，须先报明税务司。

第二款　凡轮船进口停泊后，将船牌及进口货物总单送关，至出口时开送出口货物总单，查核相符，即给完清税项红单，并发还船牌，准其出口。该船既领有本关红单，即毋庸再往领事衙门领单。该船所装货物均应详细开载总单，以凭将来原货出口便于稽查。

第三款　凡轮船已经进口，须俟本关巡丁到船后，方准起货及搭客、起卸行李等事。

第四款　凡轮船进口，业经本关巡丁到船准将货物卸入驳船，不得擅开。须俟该商人来关请领准单，再将该驳船开往。

第五款　凡轮船由镇海经过，遇有客商上下，该轮船必应在本关卡房码头对面暂为停止，以便稽查。如有货物装卸，须先专领本关准单。

第六款　以上各条，如有轮船故违，即将以上章程概不准照行，另照和约罚办。

——辑录自《鄞县通志·食货志》

宁波口引水专条

(1868)

——理船厅公事房内应悬一牌，将各该引水人姓名住址逐一注明。

——凡有引水人不安本分、酗酒闹事，以致所引之船损坏，或因此而有履险之事，或遇船被难而不克帮同救援者，或撤执照，或将执照撤销。

——凡引水人倘因事故而船主有馈送情事，未经理船厅准收而私自收领者，一经查出，立将其执照撤销。

——凡引水人或私开酒店，或违反海关章程，或系暂撤执照之人擅自引船，或遇船只已挂招人引水之旗而该引水不到，或船主及经管之行并税务司理船厅等谕令之事，而该引水人不遵；或引船时并非船主所准，而擅自半途离船，如查有此等情事，应罚令该引水人呈缴洋一百元；仍按其犯事轻重，或暂撤执照，或将执照撤销。如查出另有引水从中帮助者，绝罚亦同。

——凡引水船在口外引驶而有引水人在船者，听挂引水旗号，不得挂用各国旗号。

——凡补赏引水之款，或因事耽延时日，或有意外之事耽延补赏引水之各款，当以理船厅所定数目为断。

——凡引水船只，船身统用黄色船边，镶以绿色一条。

——凡引水船只，或因修理，或有别故，另雇船应用，亦属可行。惟无引水人在船，不得挂用引水旗号。如有擅行悬挂者，惟该船户是问，并送官究治。

——凡引船出口，该引水应查其船面各物件是否排列碍路，篷、锚、桅、柁有咽损坏短少，水手人数是否敷用，并查该船吃水深浅，夜间所用各色灯火及量水烧等件是否齐全。倘查有不合情事，即不得引其出口，当禀报理船厅查办。

——凡引船进口，该引水应将执照及章程取出。

——凡引船出口已至界限，倘因意外之事将引水人带出而非引水之咎者，应自开船之日起，至回宁波日止，计算每日另给该引水洋六元。其同宁川资，亦应照给。

——凡引水船倘因事在镇海等候，应以十二时辰为限。逾限则计每日另给该引水洋六元。

——凡引船时，该引水应于理船厅所发簿内随时书明。引水上船时，刻该船吃水若干深，何时起锚，铉引水何时离船，计收引费若干，一一注明。惟仍以船主画押为凭。

——凡引水人如查有已离本口、另作别样生理者，即将其执照撤销。

凡船只遇有搁浅，该引水应能其搁浅地方四至并吃水深浅、何时涨潮、何时搁浅，水中是沙是泥，何时退潮，计搁浅若干时刻，各等情一一写明，禀报理船厅。

——本口专条，所有应行管束各引水口内口外之规矩，应由理船厅随时设法妥办。

——上列本口分章专条，应由理船厅约同各国领事官酌拟，如有应行增减之处，亦可因时制宜，约同妥为更正。

——辑录自《鄞县通志·食货志》

"老外滩"来往船只管理

1861 年

4 月，新浙海关（洋关）设立，委洋人为税务司，浙海关行政权落入外国人之手。浙海关下设理船厅，后改为港务长。海关除征税外，管理外国轮船等港航事宜。

1862 年

美商"上海轮船公司"（旗昌轮船公司）在上海成立，所属"孔子号"开始行驶宁波，1 个月后改名为"西太后号"；两个月后又更名为"杨憩棠号"；3 个月后因无业务而停航。

1864 年

我们所见到的报告中所通报的吨位数，恐怕未必包括全部外国商人的贸易吨位数，在宁波港，正如在中国其他港口一样，中国人很重视利用外国商船，他们知道，外国船运期短、速度快，商品又有保险，因此他们充分利用这些方便。在此我们不妨对两年的吨位数做一比较。

1863 年与 1864 年入港、出港吨位比较

单位：艘，吨

	1863 年		1864 年	
	船只	吨位	船只	吨位
入港	1554	252587	1409	296311
出港	1664	250272	1429	299355
共计	3218	502589	2838	595666

美商旗昌轮船公司正式开辟上海—宁波航线，并在宁波建造了仓库和码头。

1865 年

过去一年，本口遭航运之厄运，有许许多多小吨位之船只夏季来宁波，为北方口岸载运货物去南方，可是到本季就门可罗雀矣。

1863～1865 年进出船只比较

单位：艘，吨

	1863 年		1864 年		1865 年	
	船只	吨位	船只	吨位	艘	吨
进宁波	1554	252587	1409	296311	910	258247
出宁波	1644	250272	1429	299355	906	250787

1869 年

1869 年船只倒是减少了。进 37 艘，出 45 艘。以吨位计，进 19000 吨，出 13000 吨。

自从华北、长江沿线相继开放设立通商口岸后，来宁波之民船就有了大幅度的减少。虽然其他几省之民船总吨位仍维持庞大的贸易，而宁波之民船航运仍对来华洋人有极大之吸引力。

泉州帆船每年要来宁波两次，满载着瓷器和纸张。据常关称，去年共来了 130 船次，载货约 23800 吨。而从福州、温州来此的木船也是计有 130 次，但只载 11601 吨货物。山东来宁波的有 140 艘，计 37500 吨。

福建来的船载有糖、纸、苏木、乌木、晶石和圆材、染料，经由厦门，把红海、爪哇以及英属南洋之货物运来宁波。那些船又从山东载走棉花、席子、豆类、墨鱼、棉布、烧酒和油。以往宁波与菲律宾、柬埔寨、暹罗和法属印度支那之东京进行贸易之民船，全都转到那些配备洋式装备之华人所有的暹罗船。过去，这些船只垄断了绝大部分载运大米来中国之运输业。目前约有 140～160 艘民船从事山东贸易，一年两趟。开春从宁波出发，以后根据气象和生意业务之发展，于五六月或七月返回。这类山东民船是来宁波民船中最大者，可载 5000 担，约 297 吨。因舱位大，船员又熟悉北方沿海一带之航道，以前是选定作为运送给皇帝皇粮之船只。这类民船，船员有 22～26 人，有船长、大副、船上商业事务负责人、办事员和水手,另外有一专人专门负责船上所设神龛前供香常燃不熄。而说到福建民船,就比山东的小了,最多也只是装 3000 担即 179 吨。

江苏北部沿长江的靖江民船,来宁波时载有大米、小麦、生猪和药材,返回靖江时,就装了晶石、墨鱼、纸张、苏木等等。

汉口来宁波民船,大多数是运药材、石膏和铜。但由于云南动乱,铜就缺乏,所以铜禁止由民船载运出口矣。

温州船载有木材、明矾和绸缎。

自从宁波被太平军占领后,当地之铁就禁止民船运载,而且管得很严,已成垄断局面。要是以后温州开埠成为通商口岸,也许会取缔这项垄断。

从台州来宁波之民船,载有大米、木材、绢丝、石材、(土)鸦片和药材。

从台湾来宁波则是大米、麻布、糖和龙眼。

1870 年

1870 年本口合计船只 489 艘,共计 191211 吨,去年 530 艘,197256 吨。本年 460 艘、185775 吨都是载了货的,而只有 29 艘、5436 吨压舱。

去年就有 489 艘、180352 吨是载了货的;而只有 41 艘、16904 吨是压舱。总进口吨减少计 6045 吨,其中 5423 吨压舱。

本年结关 484 艘、189717 吨;去年结关 530 艘、197256 吨。其中 446 艘、180552 吨都是载了货物的,只有 38 艘、9165 吨离港时压舱。外出吨位减少 7539 吨,其中 2754 吨压舱。

经营航运业之汽轮中,主要是悬美国旗的上海汽轮航运公司。入夏几个月,每天都有;到了冬季,隔天就有该公司之汽轮来宁波。这家美商航运公司,总计本年吨位 294056 吨,比 1869 年增加了 6510 吨。在航运规模上,英国在美国之后,计总吨位为 34562 吨。英国汽轮进口减少了 5277 吨,出口也是减少了 5277 吨。有时,从广州北上之沿海汽轮,也会途经而进宁波港口,但已有好久没来矣。而那些从广州北上并载有来宁波的许多货物,常常是先到上海以后,再从上海搭每日来宁波之汽轮转来宁波。我想这类通运货物是按联运运价率计了。一般汽轮来宁波都不愿意为了等候出口货而在此逗留一天一夜之久。迄今已有 18 艘悬英国旗之夹板船共计有 1380 吨来往于宁波、上海以及长江各通商口岸。由于有了定期汽轮航班,那些以往赚钱的夹板船,如今已是事过境迁。而以往是洋人洋商拥有者,如今洋商已徒有其名,实际上已完全归华商所有矣。

德国之北德轮船公司，拥有 25178 吨位之船只。进口吨位本年减少 2969 吨，出口吨位也减少 2969 吨，吨位之所以减少，乃是因德、法两国发生战争，沿海贸易不振。有三艘北德轮船公司的船只埔玛号、广州号以及玛丽号均已入了船坞。玛丽号和广州号在牛庄，冬季受冰雪吹积，埔玛号关后压舱出宁波，数月无货。

另一家是丹麦的，拥有 3124 吨。本年进口、出口均减少 104 吨。

此外，每年来宁波之暹罗船队，总吨位 3815 吨，已减少 873 吨。借夏季季风装来大米、红树皮等海峡其他产品。本年因日本缺大米，为此，夏初装大米船只有许多，都是运往日本去的，有的来宁波是为了订货。

中国国内注册的船只，主要都驶上海、宁波两地，计有船只 20 艘，共驶 232 次，14650 吨。

1871～1872 年

1871 年内进宁波船只 438 只，总吨位共计 191899 吨，其中有 5 只 1281 吨压舱；结关者计 446 只、192205 吨，其中有 13 只、4890 吨压舱。到了 1872 年，进 484 只、213658 吨，其中有 20 只、7962 吨压舱；结关 486 只、213922 吨，其中有 17 只、6048 吨压舱。

以上数字中，进港吨位增加了 678 吨，出港吨位增加 2488 吨——以上系 1871 年之统计。1872 年进港吨位增长了 21769 吨，出港吨位增长了 21717 吨。本港之船只中以悬美国旗者为最多，因为上海汽轮航运公司是挂美国旗，年中来来往往多系该公司之船只。计 1871 年该公司进出宁波之总吨位数为 13281794 吨，到了 1872 年就达 14428305 吨。1872 年比 1870 年就增加了 2630527 吨，比 1871 年增加了 1146511 吨。其 1871 年总承载吨位为 307612 吨，1872 年就上升到了 335966 吨。

其次是英国之吨位，1871 年及 1872 年之总吨数为 41259 吨及 48018 吨。

德国之承运吨位，1871 年为 13984 吨，到 1872 年就上升到了 23092 吨。

丹麦之三年来吨位数如下：1870 年 3124 吨；1871 年 1256 吨；1872 年 1168 吨。

荷兰之吨位数，1871 年 416 吨，1872 年 416 吨。

暹罗之船只，自 1870 年以来就减少。吨数三年来分别为 7630 吨、2234 吨及 2186 吨。

过去 3 年中，沪甬线之海关登记了的中国船只，每年之船只数量大致相同，那都是些夹板船（即划艇或种鸭船）之类，载运量为 60～120 吨，由于运费低，在宁波受商界之欢迎。其载运吨数1871年为14451吨，1872年为15850吨。

这些年来，本口来往船只之演变，以笨重庞大极不灵便之木船至轻便快捷之帆船，又进步到了汽轮，是航运运载工具之发展和进步。在引进汽轮之前，本港内之民船麇集，穿梭来往犹如过江之鲫，港内呈现一派忙碌繁荣气象。而如今，经常从上海来到码头停靠者，就是那一艘定期航班之商轮装卸货物，相比之下，似乎显得冷冷清清，还不如从前那么热闹矣。要是让那些在1863年、1864年来过这里的人士今天再来看看，说不定就会说是洋轮来后宁波船只少多了，没有以前那么繁华矣。要是查阅过去10年来之本口贸易统计，就会明白宁波之贸易是在逐年上升，而运输工具由许多只原始落后之木船而进步到了少数负载量庞大、航行迅速安全之汽轮，其卸装时间也大大地缩短，仅在港内停泊数小时，又乘风破浪地向目的地去矣。

两年中洋船——全系悬英国旗者——在宁波所辖水面遇难事故如下：

1. 三桅帆船海洛脱（Haimlota）号，由宁波载棉花运厦门，在镇海港口外之白鸽山失事沉没，时间为1871年1月28日；

2. 福利号蒸汽拖船，于1871年12月25日从福州去上海途中在舟山群岛之册子山触礁而遭严重损坏，结果以150银两之廉价易主。买方将拖船修理后，平安抵达上海，经当地船坞修理后又投入使用；

3. 清福公号夹板船，于1872年5月9日返厦门途中至北纬29°3′、东经122°，触礁后两小时即沉没；

4. 另一只名为"福财号"之夹板船于1872年11月10日途经捣杵山内滩而触礁，那里离金塘山甚近。

以上之事故，均未有人丧生，而附近岛民对逃生之船员和乘客均深表同情，善加接待，给衣给食，并设法将劫后余生者送来宁波。

1873年

招商局在宁波设分局，其新购之排水量为340吨的"永宁"轮自沪到甬。

船只，年内进宁波475艘，合计216459吨，其中有27艘计12129吨之船只是压舱。结关出宁波的471艘，计216191吨，其中有35艘计10990吨压舱。本年进口船只吨位比去年上升了2801吨，出口船只吨位上升了2269吨。而雇用之船只中有九艘进口的，15艘出口的，吨位均小于去年。吨位之总毛重，进出口合计汽轮者398386吨，帆船者34264吨。宁波之运输业，这几年来一年比一年多地落到了把宁波作为停靠港的那些轮船公司手中。到本年就已明显地证实，那些以前来往上海和汉口进行贸易的，几乎全部悬外国旗的夹板船都撤了，而这些夹板船，以前乃是经常以低价承运客货从宁波出去的船只。目前，行驶长江这线的老的轮船公司，遇到强有力的新同行崛起与之相抗衡，以致降低运费，结果撤去所有夹板船。所有这些夹板船，近来招徕不到客户而无法维持下去。年初尚有18艘悬外国旗的夹板船，总吨位1819吨，从事沿海贸易，到后来只剩下8艘，总吨数801吨；其他10艘又卖给华商，有许多乃是合营的。最近成立之招商局轮船公司，于9月24日驶来一艘小汽轮永宁号，乃是该公司开辟沪甬定期低廉航班之先锋。

船只等失事。本年5月31日，一艘来自汉口装茶叶去伦敦之英国轮船特拉蒙城堡号，在舟山东南因遇雾触礁，船上有一部分船员被一艘汽轮搭救，送返上海去汇报遇难经过。英国船萨拉米斯号及蓟号赶赴出事地点后，发现余下遇难船员平安无恙地撤离去一岛上，并受到岛上华人居民之款待和照顾。

1874年

船只除了吨位显有减少外，其他均与过去一样。年内招商局轮船公司之永宁号来过几次，另一只洞庭号只来过两次。以后，由于运费高，反应冷淡，这两轮就停驶宁波。说起那永宁和洞庭两艘汽轮，哪一点都无法与江西号和湖北号相比，难怪那停驶的两艘招揽不到货运，只好停驶矣。要是华商轮船公司想颉颃，务必要拥有优良的船只，也像洋商轮船一样有遵时、慷慨等等优点以赢得乘客及货主之信赖。招商局在宁波购得英商广源土行的洋楼一座，仓栈两所，建造码头一座。

夹板船运输业经过一度衰落后，去年又东山再起，有七艘悬外国旗之夹板船投入航运。其中，英国的四艘，美国的两艘，还有德国的一艘。另外，还有两艘领有江海关发放证件的船只也加入沪甬线来矣。

1875年

1875年来往宁波之华洋航轮展开竞争。5月10日初次来宁波之汽轮大禹号以后就经常定期来了。该轮虽然说不上是"一流"，但是载货搭客时没有空位，所不足之处是客货（运率）收费要比美商的高。大禹号是挂招商局轮船公司旗号者，据说该轮绝大部分乃属于宁波商人所有。而招商局里有好几位董事都是由宁波商人担任。现在这条沪甬线航道上就有两家轮船公司在互相竞争着，一家是中国华商，另一家是美商上海汽轮公司。后面这家美商的，数年来就已垄断这条航线。1875年就有好长一段时间在沪甬线上竟出现三艘一起航行之局面。……实际上宁波之出口或进口货物，只要有一艘轮船川流不息地穿梭来往沪甬这一线也就绰绰有余了，而一只还空着，再来二三艘，那不是你死我活的竞争又是什么呢……

此外，又有一家英德轮船公司来往香港、上海，路经宁波靠岸，船上装载着鸦片。这艘悬英国旗货轮所运来之鸦片大大增加了本口之进口税。

如今，宁波对西洋装备帆船如夹板船之类几乎已是不怎么热衷，因为轮船水脚现在很低廉又稳妥。可是夹板船运输业迄今还未退出历史舞台，继续是宁波对外运输工具。到目前还有24艘夹板船照常承担运输业务。其中有英国七艘，美国五艘，德国两艘，其余10艘都是中国的……

自8月以来，只是来了一艘悬英国旗的夹板船，而年初据说是悬过美国旗。此外还有两艘又转手给宁波当地华商了……根据1875年之商船法，那些洋式夹船不是闲置就是易主。因为测量师监督细致严格，不如及时脱船求财为妙。

有不少艘夹板船远远达不到AI标准，但是这些马虎船只是行驶风平浪静的沪甬线，或是从宁波到长江沿岸一些口岸，或是沿海岸线行驶不出远海，不经历恶劣气候，尚能凑合也。

1875年除了（中国）香港，直接从外国来宁波之船只计有四艘：新加坡一艘为一中英混血儿所有，另一艘是来自澳洲的装煤船，还有两艘都是来自暹罗曼谷，装有一般杂货。而结关去外国的仅两艘，一艘是往暹罗曼谷，另一艘是去日本的领港（引水）汽轮。

……有关本口民船贸易的一些资料如下。

1. 宁波与福建省之往来进行贸易之民船计有130艘，总吨位约52000吨。进口货一般有纸、橄榄、橘和木材，而宁波出口之货物有来自北方的豆饼、豆类、苏打、土棉制品。

2. 宁波与江苏靖江之贸易船只计大小不等200艘，以1000担至2000担不等，总计约15000吨至20000吨。进口货主要是大米，其他为粮食和生猪。回靖江时载有糖、纸、席之类。这200艘都属于宁波船只。

3. 宁波与温州和台州进行贸易之船只共100艘（都是属于温州和台州者），那是从1874年来宁波者，100艘中有600担至2000担不等，总计吨位至少是5000吨至6000吨。进口来宁波之产品为木炭、明矾、生猪、橘和棕纤维（作棕席和蓑衣之用）。回温州、台州时就载药材、籽棉、棉籽饼和油类。

4. 宁波有110艘帆船与华北进行贸易。这些乃是民船中最巨大者，有许多只可载万担或万担以上。多往渤海湾包括天津、牛庄和芝呆，并运大量大米给京都，总吨位约5万吨。

进口来宁波的有豆子、豆饼、粉丝、枣、花生及花生油。返回时一般就去上海把货卸掉或是留下极少量之货。然后就装上由浙江北部或杭州运去上海之大米，但是留下20%之吨位用来装宁波或是上海之货物——如药材、纸、明矾、竹竿、手杖和木材。当这些船上载了大米后，余下所装的杂货就一律不予征税矣。

5. 此外大约有130~140艘福建省拥有之民船来往福建、宁波之间展开贸易，有许多船只载运量是相当大的。来宁波进口货有糖、龙眼和靛；宁波出口去福建的有棉制品、草席、豆子和豆饼。

6. 另外，约有1800~2000艘宁波小船从事打捞、捕捉和腌制鱼类（渔场离岸约有30余英里）。捕到之鱼先用冰冷藏，以后又再腌制，然后才出口或供当地消费。

估计在舟山群岛从事渔业之各种大小船只约有万艘，本省直接或间接靠滨海渔业为生者不下100万人。

夏季数月，招商局大禹轮和美商上海汽轮航运公司之湖北号，载去普陀山岛朝山进香之观光客，从上海、宁波来回往返，计大禹轮三次、湖北轮四次，大约每次约有外国观光者30人。据说，像这类由轮船载旅客去旅行观光，此乃是第一次，听说并不赚钱。

1875年本口并未发生洋轮失事案件。年初有一艘运载石头之民船与英轮宁波号相撞后沉没在江浦附近江里，8月有一艘来自牛庄载豆子之小民船，因遇狂风，被吹上白鸭山后全毁矣。船长、8名船员幸得到了灯塔值事人荷瑞及其中国助手们之援救，全部无恙。

为参加美国百年博览会之一大批收藏品已整装待发。其中绝大部分是宁波当地一名叫孙新聪之匠人之家具，精雕细琢，独具匠心。是项展览品之总值为12000元至15000元。孙师傅还带了七名木工去美国费城，其中有几名是作为博览会中之木工，还有几名是去博览会上表现雕琢技术者。

1876年

关于进出本口之船只吨位从1875年、1876年这两年以来受到两家

（招商局和美商上海汽轮航运公司）汽轮公司竞争之严重影响。如1875年进口之吨位减少了269475吨，1876年减少了243758吨。悬中国旗之船只吨位1875年增长了46280吨，1876年增长了79296吨。

1877年

太古轮船公司在宁波设分公司。

招商局在宁波江北岸修建铁木结构的北京码头，可靠泊千吨级以上轮船。英太古轮船公司的1艘317吨的轮船开辟沪、甬、温定班航线，每月停靠宁波2次，一次往南，一次往北。

宁波也如其他通商口岸一样，来往之船舶分为两大类：洋式船舶（汽轮快船）和当地帆船。当地帆船，非属于海关管辖，恕不在此论述。所以仅对洋式船舶进行报告。

1877年，来往本口洋式船舶可分为五类：

1. 主要是沪甬线定期每日来往之轮船；
2. 从广州香港半月来此经由上海之汽轮；
3. 一些小快艇如夹板船、海关登记船只，来往宁波、汉口或上海者；
4. 约有十来艘快艇，主要来自南洋载运当地货物，或是从华南运食糖来者；
5. 刚行驶不久之沪—甬—瓯定期航班之汽轮。

兹就以上五类做如下简扼评论。

第一，上海定期航班轮船——沪甬线定期航班之滥觞，由洋商上海轮船公司之两艘汽轮承担渡运业务。当初是每周日下午4时从上海、宁波各发一轮对驶至翌晨，在白天装卸完毕又于下午4时离岸。从此，渡运成为制度，以至客货业务两旺，宁波邻近地区也沾了光，日趋繁荣。多少年以后，上海就成为全国航运业之中心，而上海也变成了宁波的一个大市场。从此这家洋商上海轮船公司独揽了沪甬定期航班，气焰更为嚣张，排挤、扼杀所有异己，称霸一方。1871～1872年怀特先生曾有文记载表白称："甬江轮船犹如众星之月，前后鸭尾船、左右夹板船层层排列在甬江之一边，好繁荣热闹贸易盛景。"

外商独霸沪甬航线轮船行驶局面。到1873年，有一家华商投入一艘汽轮互相颉顽；到了1874年，华商又再投入一艘；结果，因失败而告终。到了1875年，又来了招商局轮船公司，并从其以前之劲敌那里购得一艘汽轮。直至1877年，洋商上海轮船公司与招商局两家在沪甬线上争得一个平分秋色之局面。当时华商招商局有汉光轮，而洋商上海轮船公司就有一艘名叫江西轮者与之对抗。到了元月份淡季，招商局之汉光轮撤离此线，剩下江西轮一艘独来独往。到了3月，华商招商局把那家洋商上海轮船公司之所有汽轮都买了回来，并把那只江西号改名为海山号，还是行驶沪甬线。此外，招商局还派遣大禹来沪甬线与海山号对驶。到1877年3月，原沪甬线悬洋旗之轮船从此就改归华商也。同年4月，招商局又买下了一艘湖北号，后改名江田号，代替大禹。从此以后海山号（574吨）和江田号（1079吨）就一直在沪甬线交叉行驶直至年底。

到了6月21日，有悬美旗之苏州号（368吨）也参加沪甬线，直至8月底。后又为悬英旗的东兴号（610吨）至9月，也被另一艘悬英旗北京号（1274吨）所接替，一直行驶到年终。以上这些悬英旗均属英商太古轮船公司所有，每周驶三个往返航程，与华商平分秋色。从此，华、英商之客、货价，就有了竞争。所以，1877年2月份沪甬线只有一艘轮船；1~5月就有二艘；6月至年底就有三艘。

第二，广州香港与宁波轮船运输。1877年内来往绝大多数是一艘厦门号（英旗，814吨）和另一艘中国号（悬德旗，648吨）。这两艘船每半个月从广州香港载来许多货物，主要是糖、烟、荔枝、龙眼、扇、玻璃器皿、藤器、银朱、铅黄（氧化铅）、铅白（碱式碳酸铅）、各种灯具、铜纽和靛。这两艘就驶上海，以后返南方时就不再来此地也。在前两三年和1877年年初数月，这些船从香港载运鸦片来宁波，都是与英国公司邮船抵达相联运。自华商招商局轮船公司控制了沪甬航线后，就把鸦片从上海运宁波，水脚从每箱0.4元提高到每箱2元，而香港线也如此办理。这样就使宁波之鸦片进口商在其余几个月里停止从那线进口鸦片矣。他们就利用太古洋行之汽轮从香港运去上海了。从那时起，去宁波就有敌对之两线，看哪一家水脚低就找哪一家。

第三，海关登记民船和夹板船。共计有海关登记民船六艘，平均容积量为60吨，全年行驶沪甬线上，到了下半年又增添了一艘。这些民船都属华人拥有并由华人操作，属本关而不是常关管辖。年内每月计有八九个行程，来时满载五金、煤油、窗用玻璃、火柴、海藻以及苏木之笨重泡货，离去时压舱。秋冬两季离去时就载棉花。

夹板船大多数系华人拥有，雇洋人任船长，悬洋旗，以与汉口贸易为主。来宁波时就满载桐油、麻、兽皮、草烟、菝葜、大黄、植物油脂之类。返回时从宁波这里装载之货物甚少，多系进上海去载货。

一般来往汉口宁波之夹板船一年约计九个来回。有八艘平均吨位约125吨，是定期来此进行贸易者。海关注册民船和夹板船之营业是随轮船水脚而变动的。上半年轮船运费居高不下，那么夹板船和海关注册民船之承运业务就多；到了下半年轮船水脚大幅度下调，但是那些民船还是生意不差。夹板船中船名叫长安号者已去过新开关的温州几次矣。

第四，从南洋海峡殖民地来的帆艇和沿海港口间贸易船（又称沿海商船）。如上所述，沪甬线汽轮运输几乎把本口之帆艇都挤走了。年内，有一艘393吨的最大的帆艇继承号从科伦坡港（锡兰）装了一船之黑檀木来此，还有一艘是从新加坡来的装有红树皮、槟榔果壳和木料等。另外，有从暹罗曼谷直接来的船，装有红杉、苏木、大米、黑胡椒等；另一艘也是从曼谷经由厦门而来，载了红木（黑檀、紫檀等）、阔叶硬材、菲木、锡等以及厦门的白糖。还有从淡水装煤来的帆艇一艘，从台湾装糖和龙眼的两艘帆艇，从厦门运载冰糖、毛绒和暹罗土产的一艘，又有一艘从牛庄装豆类。其中有一艘压舱去日本长崎，一艘压舱去牛庄，两艘载烧酒去天津，两艘满载石板、棉花、烧酒、纸伞、草席、墨鱼、小麦、石膏和陶器去厦门；还有两艘的货物与去厦门载的货物相同，是运到曼谷去的。由此可见，宁波的帆船所载运之货物是既繁又杂。

第五，来宁波停靠的汽轮，唯一行驶沪—甬—瓯航线的是征服号（悬英旗，317吨），每月停靠宁波两次，一次往南，另一次往北。

该轮年内只是从5月至8月行驶了四个月就不再来了，看来是无利可图。

1878年

查阅1878年船只表就可以看到，1877年英国、美国之汽轮大为减少，而德商和华商之汽轮变化不大。这是因为英国的东兴号和北京号以及美国的苏州号原先都是行驶沪甬线，撤走后再也没有替代的汽轮，不论是英美或是其他国家，都没有船只来沪甬线矣。1878年比1877年减少了116艘汽轮，那是由于1877年互相竞争，汽轮来得太多而造成供给过剩。至于帆艇，英、美两国之帆艇吨位减少，而德国、西班牙、暹罗以及华商的都有所增加。这就说明，西班牙夹板船、华商海关登记民船和暹罗船今年来宁波贸易的比1877年的多。与此同时，美国夹板船、英国夹板船和沿海汽轮就越来越少了。

1878年有九艘从槟榔屿、新加坡或是曼谷来的装有红树皮、苏木、红色颜染料、乌木等木材和锡、胡椒的船。来自台湾的一艘装有红糖、花生，来自上海的一艘压舱，来自牛庄的一艘都装了豆类。此外，有来自暹罗曼谷者载有厦门的食糖。

有五艘这类船只都是以压舱结关，计一艘去山东芝呆，一艘去牛庄，还有三艘是往日本者。

余下七艘中，一艘装烧酒、竹子去天津；一艘去厦门载棉花、草席、明矾、烧酒和石膏；另一艘也是载如上物资运往广州。此外，有四艘装有石板、草席、纸伞、烧酒和豆饼运往暹罗曼谷的船。又，从香港来宁波的芬脱华号汽轮，载有红树皮、藤等，结关去厦门和新加坡装的出口货也有藤和红树皮。

沪瓯线来宁波靠岸之汽轮——中国国营招商局轮船公司那艘324吨的永宁轮到了年内12月份才投入沪瓯线运输，年内仅来过一次。查沪甬线早已每日都有定期汽轮航班，显而易见，为了节省沪甬那段，不如永宁轮专驶宁波与温州之间比较妥当。听说是发货人不愿意让其货转运之故也。

1879 年

1879年进来船只计达340艘，汽轮总吨位合计272823吨，帆艇239艘，25800吨。船只数与去年略同，但吨位数有了上升。这船舶总吨位之65%系属华商，英商占28%，德商占4%，余下为其他国家者约占3%。

1. 宁波与上海轮船运输

1878年，沪甬线航运只有华商招商局轮船公司一家，其轮船有江田号（1079吨）、黑山号（574吨）、黑安号（710吨）和江平号（368吨）。

如往常一样，除了星期一没有来宁波之轮船，其余六天，每天都有。从本年开始贯彻执行一套新办法直至年底。为了利益均沾，华商招商局轮船公司和英商中国航运公司双方达成协议，即每家每天行驶一艘。结果，各家就竭力设法派出吨位大的轮船投入沪甬线之航运中。计从年头至年尾，招商局就派遣江田号，而那家英商就派东兴号（610吨）。

2. 宁波与穗港之轮船运输

这线与过去几年相似。年内那家洋商西姆逊轮船公司已驶了21个往返航程，而该公司之中国号（648吨）就行驶了15个往返航程。两次是从上海装棉花、草席等去港，计1月、10月各一次。另外19次是从穗、港去上海，约有5770担，其中之1290担系外国鸦片进口。1月至9月都是这些轮船直接从香港来，其他各月乃经由上海而来。到了第四季度，就没有或是很少有直接从香港来宁波运鸦片来了。

3. 海关编号之民船和夹板船

与1878年相同,有11艘海关编号之民船往来上海与宁波之间,而第12次仅只有单程。这些船只之都只是50~97吨,平均吨位为72吨。这些船只全年合计达166次来回航程。而那些常驶者每只行驶15~18次来回航程。

夹板船共计14艘,不同国籍,其中有两艘系属西班牙,英、德、美各一艘。另外丹麦一艘乃是定期来往长江口岸和宁波。其中有一艘印度号已来往甬瓯一线达三次来回。这些夹板船之吨位为73~193吨,平均131吨。经常来往最多者计五艘,是去汉口,年内行驶五次返宁波,另一艘行驶了四个往返航程,还有两艘驶了三个往返航程。有些在长江定期行驶之夹板船就从西班牙旗改悬了丹麦旗。

4. 帆艇和从英属海峡殖民地偶尔来之轮船或从中国沿海口岸来之轮船

合计有20艘,其中属英国的11艘,德国的5艘,美国的1艘,暹罗的3艘,还有一艘芝罘号轮船。船只之大小从224吨至853吨,有3艘吨位都是在500吨以下。

有四艘是从基隆运煤来的,有五艘从上海压舱来的,有六艘从槟榔屿或是新加坡来的,主要是装红树皮,也有檀香、藤器和铁器,有一艘汽轮是从打狗运糖和龙眼,有一艘是从日本长崎载煤和木料,有三艘从暹罗曼谷和厦门装大米、苏米、胡椒、锡、糖和火绒。这些船只之结关情况如下:有五艘装了石板、烧酒、豆腐(腌)、草席和油纸运往暹罗曼谷,有四艘去厦门装载小麦、烧酒、棉花、草席、陶器和油纸伞纸,另外两艘去厦门和曼谷装运之货物与以上四艘相同,去牛庄的四艘都是压舱,还有一艘压舱去上海,一艘压舱去日本长崎,去加拿大西南温哥华岛的也是压舱,一艘去天津装了木杆,最后又装运烧酒、杂货去香港、广州。

5. 沪瓯线轮船途中入宁波靠岸

有招商局轮船公司之永宁号,去年一年里行驶来宁波靠岸者达50次。该轮从上海来此除了载运旅客外,其他就一无所有。

从宁波去温州永宁号也只是装载了少量之药材、杂货,那些都是原系上海和广州之土货,此外也还有一些土布,数量极少。那么,该轮从温州带来宁波些什么呢?很显然是那些从上海运去温州而不合销的进口匹头。

实际上,甬瓯之间根本就没有什么贸易。

1880 年

1880 年比 1879 年船只吨位增加了 9000 吨。计汽轮增加了 21000 吨，帆艇减少 11000 吨。由此可见运输业中之船只吨位增加。而华商汽轮之吨位增加了 29000 吨，计 12 个行程。因为悬英旗之 7500 吨汽轮也略有增加，计行程为 30 个。此外，还有年内夏末之一只小汽轮琼州号。年内悬德旗汽轮锐减。在穗港沿海汽轮中，原先悬德旗之汽轮占整个航运业之 3% 至 4%，如今连 0.5% 都不到矣。

从总的航运业看，华商和英商各占 68.5% 和 28%，那么 96.5% 由华英两家汽轮所垄断，余下的 3.5% 就归不列颠群岛、德国、美国、丹麦和暹罗等之杂七杂八各种大小之船只。

第一，日常汽轮。此类航运终年有华商招商局之黑山轮（625 吨）行驶正月、二月，另一艘江田轮（1368 吨）从三月至年底。此外，有英商太古洋行之东兴轮（610 吨）。到了年内十一二月东兴轮就进船坞修理，但是另外有一小艘悬英旗之汽轮琼州轮（159 吨）属于麦边所有。琼州轮与太古东兴轮同时抵达。琼州号小汽轮，烧煤成本昂贵，又不适合载客，竞争了一两个月后就知难而退矣。

第二，港穗沿海来甬汽轮。这些西姆逊轮船公司之汽轮来去无定期。如今，这类美国汽轮就很少来宁波了。像这类汽轮来此惟有悬德旗者已减少了 1500 吨，年内来此的也只有中国号，只是年内来过三次，去年倒是来了 15 次之多。

来宁波的英国船没有多大变动，年内只是来了六个回程，计总吨位数 4788 吨。

第三，夹板船和海关登记注册民船。后者，即普通帆船，在海关登记领有海关执照，出入应向海关而不是常关报告。宁波海关发执照的这类帆船共计 12 艘专来往于沪甬线，平均吨位每艘为 76 吨，规定每年航行 12 次。

此外，在海关码头不远正对海关窗口，熙熙攘攘一片人声、嘈杂声中可见一群欧式船身之三桅帆船，来时把货堆过半桅，去时也把货装得满满的，共计也有 12 艘，即有 976 吨之容积，来去都是载得满满的。抵达时总是三三两两停泊在指定位置。据悉，这些夹板船多来自长江口岸，如汉口等。过去生意兴隆繁忙，入夏后稍差。……五年来，只听到出过一次事故，那是年内 5 月底，有一艘八十八号夹板船触礁，就不得不将一部分货物抛弃以后才平安入港。浙海关税务司和浙海关监督会做出了共同海损理算书,才把纠纷解决掉。该夹板船之船坞费计48银两,船主承担2/3,计32两,他也心安理得矣。像夹板船之类船只,一般保险公司均不予承保其海上损失。

目前,来往宁波和长江口岸之夹板船共有12艘,平均吨位为128吨,有英国四艘,美国四艘,德国两艘,丹麦两艘。其中只有一半是经常行驶的,每年约五至六个回程不等。这类船经上海就靠岸,并装载和汲取货物。

第一,沿中国海岸或南洋来之帆艇。这类帆艇几乎全被轮船所逐矣。1880年这类船只入本口者仅八艘而已,其中两艘来自槟榔屿装有红树皮、苏木、黑胡椒和槟榔果,其中一艘结关压舱去上海,另一艘载了几千根藤杖去芝呆;一艘从印尼(印度尼西亚)之巴达维亚装煤、米、槟榔果,卸后,装载烧酒、瓷器去曼谷;来自上海三艘有载煤、压舱的,也装火石。头上两艘去曼谷的都是装石板、烧酒、油纸伞,另外装药材去广州、香港;一艘来自基隆装煤,结关压舱去牛庄;一艘从芝呆来是装豌豆类,结关去汕头就载去瓷器和烧酒。

第二,沪瓯线依靠宁波之轮船。永宁轮进入宁波定期停靠已达60次,来宁波则是带来一些旅客,也有一部分运送物,或是"铜钱"。从宁波来一般是没有什么货,除了几小件复出口去温州之匹头货。这艘沪瓯线定期轮船还不如改驶甬瓯线更划得来,据说是温州商人反对他们的商品从宁波转口给他们。

1881年

1881年进出本口船只之吨位合计328058吨,乃是设关以来之最大吨位数。其中:轮船354艘总吨位309503吨。这354艘中有洋商148艘103335吨,其余为华商所有206艘206168吨。

这些轮船专驶沪甬线者有华商152艘和英商139艘,合计两者之总吨位281119吨。此外,有一艘华商汽轮325吨系在宁波靠岸来往沪、瓯两地者,计全年来宁波54次。还有六艘英轮共计4902吨来自穗、港,经宁波而去上海者和一艘德轮1944吨每年来宁波三次。

与1880年比,年内为354艘,比361艘少七艘;但是在吨位方面却比去年大26813吨,共计282690吨。英轮少了10艘但吨位却增加了18792吨,华轮增加了三艘,吨位增加了8021吨。

帆艇总吨位只有28556吨,比去年之总吨位20326吨增长了8230吨。

年内有9179吨悬外国旗，去年有8986吨悬外国旗者。1881年悬英旗10艘2349吨，去年13艘3576吨；悬美旗22艘3309吨，去年16艘2100吨；悬德旗七艘1607吨，去年八艘1155吨；悬法旗一艘226吨，去年则无；悬丹麦旗两艘262吨，去年九艘1193吨；又悬西班牙旗1426吨，1880年则无。

1881年有经海关登记发照之中国民船18973吨，比1880年22511吨减少了3538吨。其中行驶沪甬线230艘18392吨，而1880年是287艘22013吨；此外是甬瓯线七艘581吨，而1880年是六艘498吨。

沪甬线定期航班年内已更遵时，商界、金融对发展业务更增强了信心，营业也就蒸蒸日上。轮船、帆艇各有各的货源主顾，营业上虽有竞争，但并不激烈，也不完全排斥。一艘轮船载运之货物比较值钱，讲究时效，需要保险，不在乎运费比较昂贵；另外那些付不起高运费的如火柴、煤油、煤、铁器、药材（体积散、价格低廉的）、苏木等等则多系民船之主顾。而有些洋商之夹板船在长江一带有时会同轮船争货源，但那些船所承揽之货物，多半系轮船所不愿载者，如桐油、菌类、鱼类和一些笨重药材之类，一般装卸比较费时。

西洋船艇、帆艇近来在宁波就不多见了。如从（中国）台湾、澳洲运煤来宁波运费是划不来的；又如从南洋海峡殖民地载废铁和红树皮来的；以及从暹罗运各种笨重木料来的；还有从华北运豆饼、豆类等等来的；有运烧酒去港穗，运瓷器、陶器去暹罗以及运各种土杂去南洋等等。各逞其能，各得其所，相互没有多大妨碍也。

1881年发生海上事故较多。

7月15日，定海岛沙门外岛沙岛一艘三桅英帆触礁，六名船员遇救并于20日抵甬。

同时，一艘美国纵帆船贺尔号也在狂风中在大陈山沉没。经吉安号炮艇将遇救船员护送来甬。

8月28日，从宁波往上海之76号夹板船在大赤洋小载山附近遇台风沉没。船上13人仅有四人漂到大洛口遇救去上海。

9月8日，一艘悬英旗帆船克里米亚号从宁波返新加坡经黄岐时遇狂风桅樯遭毁。后由一艘实丽号路过将其拖往上海修理。

10月18日，中国炮艇元凯号船经岱山触礁，当时宁波道台也在船上，后经吉安号炮艇拖往上海船坞修理。

同时，宁波道台之汽轮，由一艘昭武号炮艇拖着至黄蟒山连同驾驶人沉入海中。

10月28日，在镇海虎蹲山江田轮与一只帆船相撞。

11月8日和11月25日，芜湖轮也有两次相撞。以上三次相撞都是轮船与帆船之间，幸好都比较轻微，双方也就很快圆满解决。

——辑录自《浙海关贸易报告》

1882年

1882年进出宁波船只吨位合计339858吨，增长11800吨，是乃开关以来最大之一年。本年洋轮进出数为164艘，合计103003吨。1881年为148艘，103335吨。中国汽轮221艘，合计214603吨，去年为206艘，206168吨。而中国汽轮吨位之增长，并非因航运业务之扩大所需，而是由上海驶宁波、宁波驶温州之定期航轮暂时替换所致。本年之洋商帆艇计62艘，比1881年增长了11艘；中国帆艇为119艘，比1881年多了两艘。从宁波驶上海以及其他口岸之运费，没有变动。宁波当地汽轮，惯常都是每周来回三个航程从未间断，而从去年起，又与广州通航定期航班。去年对出海之西式帆艇已增至21艘6043吨，1881年仅只是10艘3253吨。宁波与长江一些口岸之洋式帆艇贸易，近来已日见减少，有两艘洋帆艇已售给华商，并悬起了中国旗矣。

关于在宁波之贸易，民船1882年与1881年同样数量。

1883年

1883年进入宁波港之船只总吨位数计达343294吨，结关吨位数达342476吨，与去年相比上升2500吨，乃是开关以来最多之一年。

外国轮船1883年计168艘（109734吨），而去年为164艘（103003吨）。部分原因乃是原驶沪甬线定期航班之同心轮，因入上海船坞待修，并改换一只比同心轮大一倍之货轮行驶之。

中国汽轮现有212艘（216151吨）而去年为221艘（214603吨）。外国帆艇36艘（6454吨）进，出35艘（6311吨）。中国帆艇120艘（10955吨）进，出115艘（10280吨）。年内外国出海帆艇减少了许多，计年内只到了五艘（1815吨），而1882年就有21艘（6043吨），1881年有10艘（3253吨）。

1884年

除了年内访问本口之七艘英国沿海汽轮外，所列之汽轮吨位，乃是指来往上海与本口之间之汽轮吨位之总数。及至下半年英国船只之吨位已比去年有了增加，另外中国汽轮吨位数就开始大幅度减少。同时，近七年未见之美国船只又重新出现，那又是怎么一回事呢？说穿了无非是中国招商局的汽轮船队改悬了美国旗之结果。

说起帆艇，如夹板船、无横帆装配船只，往返于本口与长江口岸之间，特别是那几家华商之夹板船，需求仍然日益增多；虽然汽轮之货运价并不高。10 年前华商之帆艇吨位，进出本口者仅 16578 吨，而如今已达 25867 吨。而 10 年来中外各国之帆艇总吨位仅增加 2872 吨；但是那些横帆的用作运鱼船，所有沿海贸易全由汽轮承担，而夹板船和民船就被用来从事宁波与长江口岸之间之运输矣。

1874 年之进出本口之汽轮总吨位只是 378950 吨，到 1884 年已增至 703496 吨。各国参与宁波进出口贸易之船只吨位百分比如下：英国占 32.14%；美国占 26.69%；德国占 0.51%；西班牙占 0.31%；暹罗占 0.16%；中国占 40.19%。若按吨位总计是 19180 吨，分国别计如下：14 艘英国船 7825 吨；7 艘美国船 4191 吨；4 艘德国船 1872 吨；3 艘西班牙夹板船 580 吨；2 艘暹罗三桅帆船 632 吨；此外都是中国的，20 艘其中有 2 艘是汽轮，总计 4080 吨。

1885 年

自从 1885 年 3 月 1 日有 4 艘法国军舰抵达镇海海面那天起，沪甬航线就告停顿。为了防止法舰入港，就在镇海之甬江口沉下许多帆船。而 3 月 1 日上午，沪甬班航轮江标号抵达港外，还来不及卸货，到下午战斗就打响矣。为此，江标号即于 2 日返沪。从此足足有一个月没有从上海来之轮船。到了 4 月 2 日，有一艘美商的永宁号汽轮在镇海外卸乘客和邮件后，于 3 日就放空返沪矣。

虽然甬江口封锁了，但只是对汽轮之类吃水深之大船起到阻碍作用，然而载重较小的帆艇，仍可找到甬江南岸一处缺口而冲过封锁线，来往上海、宁波之间通行无阻。但是那些中立之来甬轮船，都须经法国之分遣舰队之盘问和检查；对来往沪甬线之民船和帆艇如夹板船之类，却视若无睹，任其来来往往、进进出出。到了 4 月 10 日，有两家轮船公司开始每周往返沪甬三次，有行驶沪甬线的英商轮船公司之宜昌轮，还有怡和号拖船牵引着，那只拖船是两家轮船代理人用来拉从镇海锚地到租界这段 13 英里远之货船。年内第一艘通过封锁线之缺口者，就是一艘去温州途经宁波的永宁轮，该轮系属螺旋桨推进者，时间是6月26日。而这条航道在涨潮时可通行轮船，另外一艘定期航班汽轮江田号，于7月1日抵租界，自那天开始，就络绎不绝地有轮船进入宁波锚地矣。直至7月16日，船钞部总营造师韩得善奉令把阻碍中心航道之沉舟炸毁掉，从此沪甬航线又恢复通航矣。

和约于6月9日签订。11日，法方吕纽少将通知镇海城防总司令欧阳将军，自当日起，法方已不再威胁宁波海上安全。

1885年由于受中法交恶之影响，船只进出宁波一段时间就全部断绝，为此，今年船只吨位之减少乃是意料中之事也。自年内3月中法双方剑拔弩张，定期航班汽轮已全部停航，该月中来宁波的只有民船和夹板船，总数只有八艘。到了4月，汽轮才开始正常来往。但是班次就减少了，本来天天班改为一周三班，从此船只吨位就都减少。在这段时间内，帆艇倒是数量、吨位均有上升，也只是限于西班牙和华商之夹板船和民船。因此，在3~7月，汽轮受阻停航，应运而起之帆艇和民船之货运业务，也就忙得不可开交，如民船急忙增加航次，夹板船从长江口岸纷纷改道赶来沪甬线。

年内招商局从美国罗素轮船公司再购入汽轮数艘，从此就影响了进出本口之船只、吨位和国别统计数矣。

目前，来宁波三家主要航运公司之运输吨位百分比如下：华商41%，英商35.29%，美商22.08%；船只数：华商52艘，英商24艘，美商12艘。但是华商之52艘中，应减除六艘已改悬美国旗的了。

1886年

1886年进出口船只共计762艘706540吨，与去年比有很大增长，那是因为中法交恶（见1885年报告），有四个月所有往来宁波直接轮船运输全部停顿，或是被搅乱。比1884年略增3044吨，也许是温州那条航线上，改换了一艘吨位较大的汽轮。帆艇计380艘，共计46554吨，仍在增长。1884年294艘，共计34912吨；1885年320艘，共计35866吨。增长之原因，乃是绝大多数华商之夹板船，从上海和长江口岸转来宁波。这些夹板船和民船，载来了大量汽轮所拒载的如煤油、火柴之类易燃物品，或是那低值且笨重之物资，如石膏、红树皮和那些价格低廉之中药材等，划不来付高运费由轮船来载运。年内，宁波船坞里建造了两艘夹板船，约每艘投资银圆1万~1.2万元，可见夹板船运输业之空前盛况。宁波造船工匠之心灵手巧，确实是令人钦佩也。以上两艘宁波自造之夹板船，主要用途是载货，并非搭客，因此其外貌和靖江海关之灯塔运输船一样，美轮美奂，就是欧美有经验之设计师，见后也会称赞的。

1887 年

1887 年进 368 艘计 369308 吨，出同。以上均系汽轮之进出本口之数，其中 9/10，系沪甬航线定期航班之汽轮吨位数。而另外之 1/10，乃是沪瓯定期航班路过入甬之汽轮吨位数。其次乃是帆艇之数量与吨位，也从 380 艘 46554 吨减少到 323 艘 40631 吨。其中就有一艘从新加坡装木料给镇江炮台的奥地利三桅船罗曼号 922 吨。绝大多数这类帆艇运输，系由宁波往来于上海或长江口岸之华商夹板船承运。

1888 年

1888 年进汽轮 375 艘，共计 359155 吨，全部结关离去。到年底，本口之航行运输，均照过去之老规矩行事，即每日来一艘沪甬线航班之汽轮，每月来六次沪瓯线之汽轮，往返都经宁波靠港。此外，还有一家广州西姆逊轮船公司的汽轮，偶尔也会有汽轮来宁波停靠。1888 年 12 月初，台湾贸易公司之卡斯号汽轮来宁波。该轮是现在联合公司之沪甬班航轮对驶，今后会出什么样之局面，就难以预料矣。

1888 年来之帆艇 179 艘共计 22907 吨，结关同数。有 5 艘外国帆艇靠港，其中有三桅船 2 艘去广州和厦门，载的都是烧酒。

此外，还有一种越来越少而行将绝迹之老装"挂号船"，其行驶地段地点限沪、甬线，执照须由海关监督发放，此类船只之收费，每年仅需缴纳关平银 100 两为展期费，当然，以上这类船只就严格限制在以上两口岸矣。另外，中式夹板船（由中国国内仿西洋样式）就得一次付关平银 300 两之注册费，悬中国国旗，就可行驶至各通商口岸。所以在注册时，把船只列为夹板船就划得来了。

1889 年

1889 年汽轮之吨位增加了 13522 吨，主要来自台湾贸易公司之卡斯轮，从 1888 年 12 月起，就参加沪甬线航运。当然，那另外沪甬线上之两家轮船公司联合起来之力量，远远超过这家台商是不在话下的，因此，由于赚不到什么钱，也就于 2 月底主动退出角逐。

1890 年

1890 年进口、结关之船只，总计 1363 只，总吨位 1052662 吨，比 1889 年增多 237 只 280273 吨，约增长 36% 以上。主要是汽轮之增长。英商汽轮增 23.51%，而华商轮船却减少 22.98%。英商主要是 1890 年 3 月有印支轮船公司之柯兴轮投入沪甬线定期航班，以与其他公司互相颉颃，而在华商方面，乃是撤掉一艘吨位较大的江田轮，而改换一艘吨位很小的汽轮。帆艇表中显示，本年比去年增长了 2135 吨。要是本年与 1881 年比，那么华商轮船之吨位，已完全超出洋商所拥有者：中方已从 1881 年之 18973 吨至本年增到 41128 吨。华商所拥有洋式帆艇，当地人称之曰"夹板船"（又名鸭尾船或划艇），一年比一年增多，而且在装置等级等各方面，都比以前有了改进和提高。另外，"海关登记编号之帆船"正在越来越退化，而不久将成明日黄花。

1891 年

年内航运业间竞争激烈。在已降到这么低的运费时，又于 11 月底再度对某些货物之费率又下降 50%。有一家轮船公司把鸦片之运费降到每箱 0.25 元；茶叶 0.75 元一吨；棉花 0.125 元一担；火柴 0.30 元一大箱；0.50 元运 1000 银圆。运费下降并不标志着贸易之扩大，本年之进出口总值比去年减少了，似乎比 1888 年还大一些。而航运业也是赚不了钱，当前是粥少僧多，以往只是两艘轮船走沪甬线；货源并未增加，参加沪甬线的轮船增加到四艘。由于互相竞争，运费率又是大降特降，处于这种情况下之航运业，可说是前景堪虞也。

尽管轮船业降低运费，这对夹板船承运业影响不大，因为这类帆艇对承运煤油之类拥有垄断权。除此之外，还载运大宗之火柴、废铁和其他五金产品，以及那些笨重泡货如明矾、墨鱼、石板、木柴以及诸如此类的一些出口商品。虽然夹板船之数量也在逐渐下降，但近来它们还是比以前难找到货源。而所有夹板船承运业如今已是清一色的华商经营。

英商轮船日见增长，而华商迄今已占航运业之 47%。

1892 年

1892 年 2 月航运界竞争停止。沪甬线上之印支轮船公司和招商局轮船公司之轮船各自撤走后，就只有招商局和中国航运公司之两家一艘交叉对开，而运费率升了一倍，某些货物也提高到三倍或四倍不等，那是1891年之情形。1891年鸦片之运费为每箱0.50元，一度还曾降至0.25元；到了本年，就到了2.00元。茶叶自0.75元提高到2.25元一吨；棉花从1891年0.125元一担，而到本年加了一倍，改成0.25元一担。

英商轮船主要承运绝大部分之鸦片和茶叶。此外，其他货物由英商和华商招商局两家平分秋色。

轮船之货运率上调后，有好大一部分货物就移转到帆艇业去矣。最明显的有汉口之夹板船，以前也不定期来宁波，如今已有为数不少之船只，来此招揽承运业务。

年内，有厦门之麦尔凯卜洋行所拥有的一艘北京号小汽艇，于春季从台南直驶宁波试航，返回台南是经由厦门靠岸；来回之货运也都是满载，只是行驶了两次就放弃了。也许是那汽轮之载运量和吨位太小，跑长途不合算之故。年内有一艘夹板船在宁波下水和登记注册。本年进来的船只总吨位是494493吨。其中挂中国旗的254653吨；悬英国旗的237722吨；悬德国旗的2118吨。

1893年

船只分三项：第一项是沪甬线每日定期来往之轮船；第二项是沪瓯线途经宁波入宁波港口靠岸之轮船；第三项从事上海、汉口和宁波之间运输业务之帆艇如夹板船。

除此，还有从日本运煤来宁波之四艘轮船，3艘从台南运糖的，一艘从基隆、一艘从香港，还有一艘从厦门来的。计悬英国旗的船只162艘，悬中国旗的215艘，悬挪威旗的3艘，悬德国旗的1艘。帆艇夹板船航运业，不论是上海或汉口，均各守各位。

1894年

1894年8月，有2～3个星期，沪甬线定期航班中断。迄至正式宣战之前，沪瓯经宁波航线也从未停航过。自8月1日后，沪甬线航班从此告辍，而且连沪瓯经宁波这一航线，偶尔或不定期之船只也不见矣。这时仅有一只小汽轮北京号来宁波靠过四次岸，是从厦门经温州而来的。此外，还有从日本以及香港经由台湾来的两只。当正式宣战后，招商局轮船公司的江田轮就撤离沪甬线；而一家英商中国航运公司，就乘机派其小汽轮北京号取而代之，约半个月后，该英商就买下了招商局的江田号，后改名为蒙宁号来沪甬线。从此，来宁波这一线之悬中国旗之轮船就绝迹矣。从此，这条沪甬线海面上，帆艇、夹板船就来回自如，频繁一如既往。8月1日开始，甬江口埋下了水雷，而且也不提供绕避水雷之引水员，所有汽轮之装卸货物，得在镇海以外地方进行。来往之旅客、货物，都赖民间小舟驳运入宁波。甬江入口处，筑在江面上之堡寨边留下一隙缝。汽轮之抛锚地，在镇海外2.3英里处，遮蔽差，装卸货物既慢又艰难。当气候恶劣时，根本无法进行。这样一直到了12月3日那天，才在某些规定之条件下，允准从上海来的轮船进江和停泊在镇海以北指定地点，但是不得来宁波。抵此新锚地之汽轮，乃是历尽艰难化险为夷之境也。然而又不得不雇驳船从镇海来宁波，这样运费率就增加了三成。

1894年，帆艇中之夹板船运输业生意兴隆。当汽轮无法来宁波时，夹板船就取而代之，往返自如。今年宁波造船厂建造了五艘平板船，三艘驶汉口至宁波，两艘驶沪甬线。

1895年

1895年进出轮船676艘总计922678吨，帆艇315艘40088吨。

轮船中有从日本运煤来的四艘，一艘从香港运杂货的，余下是沪甬线之航轮，此外还有沪瓯线途经宁波之25次往返行程。帆艇系是夹板船来往汉口、上海、宁波者，其总吨位比1894年增加58187吨。如1894年浙海关贸易年度报告中所述，上海来宁波之轮船受战事之阻，只准进甬江停泊在镇海以北之江面上，这种情况一直延至6月8日封锁禁令撤销，那艘北京号汽艇，才被允准停在外滩之太古行浮桥边的老地方。

招商局船公司之江田号，战时改悬了英国旗并易名为蒙宁号，直至7月3日，又把江田号之名恢复了，并又挂上中国旗矣。轮船停航时期，夹板船就大有可为，财源滚滚。年内已有3艘夹板船入水。这些夹板船对轮船所拒载之煤油，就义不容辞地从上海运送来宁波。

1896年

与1895年比，今年进来的汽轮增加89艘，帆艇（夹板船）增加8只。增长之原因，部分是宁波与沿海非通商口岸之间开始建立通航关系；另外是沪—甬—瓯之定期航班航次之增加。6月，华商汽轮海门号177吨，救命准予来往宁波，系运载布匹、棉纱、煤油等洋货，以及干鱼、咸鱼、渔网、棉花、笋、橘以及油类等，营业也还可以。除载运货物外，还从宁波搭客去定海、石浦和海门。

与此同时，另有一家汽轮公司之一只小汽轮行驶宁波、象山和石浦，仅只行驶数次就遭难矣。一不做，二不休，又从香港造船厂那里订了一艘。到5月开始驶往余姚产棉中心。经历了一二次之中断后，以后就定期正常行驶这一航道。有一段时间，竟出现两艘小汽轮交错轮流。到最后剩下一艘，隔日驶离宁波矣。此外，夹板船年内运输业务也相当昌盛。

1897年

从上海来的每日轮船，有从日本运煤来的7艘，有从台湾运糖来的汽轮，还有一艘177吨小轮，专驶宁波和其他非通商之沿海口岸。此外，还有从上海、汉口来宁波之夹板船，有些是属于中外合营的，但船员却是清一色的华人。

有英轮成亦腾号，从日本门司去香港途中遇台风沉没，有11人遇救，搭民船于8月来甬。年内入甬之兵舰共6艘，英国3艘，俄、美、日各1艘，入港时间短暂，最多不超过5天。4月有一艘42吨海龙号汽轮，来往于镇海、宁波，专门搭客。汽轮至年底从宁波去镇海之旅客6931人，从镇海返回时共计12945人。该汽轮每日开支约为9元。而客票为100文。该客轮似已入不敷出，因为搭客不多。海上灯塔，无论是固定或是浮动的，在本地区水域上都是设置维护比较优良的。为此在航行中也有了不少便利，海上事故伤亡也就相应减少。

1898年

1898年增加了36969吨，其中英国占16302吨。有9艘汽轮从日本运煤，或从香港、台湾运粮来。除了一些汽艇往返于镇海、余姚和一艘海门号来往于宁波、海门（台州之港口）外，年内还有一艘261吨的永宁号汽轮往返于海门、宁波两地，一艘49吨之吉安号专驶宁波、石浦（即宁波、海门之间沿海一口岸）。以上这些主要是载客之客轮，很少载货。

年内有两艘华轮，3月之吉安号和10月之永宁号行驶于宁波、海门和舟山群岛之间，相当成功，尤其是搭客业务获利颇厚。

1899年

1899年已增长近5万吨，从南面香港、台湾载运食糖来之（船舶）轮船和沿海船只几乎相等。谣言盛传，又要有许多轮船从宁波驶往沿海各口岸。

1900 年

1990 年进出本口之汽轮 772 艘，帆艇 328 艘，共计 996383 吨。

有 10 艘汽轮是从日本运煤和从台湾装糖来宁波。

内河之进出汽轮计达 346 艘和 1260 艘小火轮，总计 96406 吨。从宁波到内地或其他口岸之小火轮都是载客。

5 月 4 日，有一艘夹板船（清保号）停泊在甬江清水浦村，遭一艘华商丰顺轮撞沉。该夹板船之残骸已清除完毕。10 月 13 日，另一艘"清保安"之夹板船，从上海载运杂货返回宁波时，在途中之大戢山外遭海盗袭击，并抓走了老大和管账员，扬言要索赎金银圆 6000 元。据该夹板船其他船员称，海盗均属台州籍。

1901 年

杭州开关，徽州茶叶已全部在宁波绝迹，这桩年值 200 万银两货值之交易，从此落空。洋药之情况虽不如徽茶那么彻底，但已如"王小二过年"，逐年稳步下降。为了制止这一不利局面，宁波商人只有另辟蹊径，把目光转向富饶之贸易中心绍兴。约在 15 年之前，水路可以从宁波通往绍兴，距离约 90 英里的路程，货物也可由内河船只运载，甚至到绍兴以西更远的地方，那是通过河道、运河。据说大约是 1885 年那一年，在曹娥江上水陆联运处发生过一次事故，死了一些人，引起地方当局之注意，并饬令以后禁止再在该江上搞水陆联运。从此，货物运到这一段就得转运，既费钱又费时，遇到气候恶劣时，连货物也会遭损，商人视此线为畏途。自从徽州茶绝迹、洋药日益减少，平水茶和其他贸易也岌岌可危，恐会重蹈覆辙。鉴此，宁波商界又渴望恢复"水陆联运"，也就不惜投放巨资，改进"水陆联运"使其更为安全可靠，杜绝事故再次发生……

主要是沪甬线每日航班之汽轮，和沪瓯线定期航班入宁波靠岸汽轮，此外是从上海、汉口来宁波之夹板船。还有从香港、台湾之汽轮计进口达 20 次，比前几年已大有增加。还有从日本运煤来之 6 次；7 次是美孚石油公司美安号载油来和偶尔从汉口运些杂货来。

1902 年

船只进出计 1167420 吨，较上年增 79794 吨，皆因南路贸易起色，往来于镇海、余姚、奉化之小轮生意亦佳。南方所来之糖船共33只，计香港、广东22只，台湾5只，吕宋6只。江天、北京两轮，宁沪常川往来；普济亦由温州开行内港。海门、永宁两轮亦照常行驶舟山、海门等处装货载客，颇为得利，惟两船太旧，行驶不甚快捷，船中客舱亦不见宽敞，故宁沪富户拟购备坚利轮船行走海门等处，欲沾利益。近年帆船往来颇多，所装载之货大都粗重，如铁丝、旧铁板、药材及油等件至四川。货物由汉口运来，现帆船与轮船虽并驾齐驱，将来恐帆船要大失所望耳。闻说法兰西行拟购办宁波、汉口往来轮船，欲为南路经营如香港所来之糖之兴盛。

1903年

船只出入计其数则有4275艘，计其吨位数则有1256792吨。去年船数乃3216艘，吨数乃1167420。至内江小轮计其数则有3089艘，计其吨则有182914吨。去年船数乃2082艘，吨数乃125468吨。除逐日宁、沪二轮及逐礼拜一次温轮外，又有来自香港者29艘，来自日本者8艘，来自吕宋者2艘，来自台湾者2艘，来自汉口者2艘，来自秦皇岛者1艘。上春别有两轮，一悬英旗，一悬日旗，拟夺往台两轮生意不果，故不数月而止。迨届年终，中国海宁轮船抵甬计107吨，请驶舟山、穿山。所有甬江内江小轮今则有7艘，其驶余姚者4艘，驶镇海者3艘。若帆商依然如故，其载货估价较去年少633两。

1904年

船只出入计其数则有5050艘，计其吨则有1292713吨。去年船数乃4275艘，吨数1256792吨。至内江小轮计其数则有3864艘，计其吨则有226163吨；去年船数乃3089艘，吨数乃182914吨。除逐日宁、沪二轮，及逐礼拜一次温轮外，又有来自香港者24艘；来自日本者6艘；运糖来自吕宋者6艘；来自台湾者2艘；来自秦皇岛者2艘；来自上海者7艘；又运煤油来自上海者1艘。迨届秋冬，德轮拟夺帆船所运山东生意，仅行数次而已。东方之煤向由东方之船运之；一有战务，由挪威船运之。5月船名永利者想与温轮角逐，然自宁而温卒不复返，显见生涯不克争胜耳。所有本港内江小轮，今则有14艘，其间海门、永宁、湖广船舶颇巨，驶行海门、台州以暨他口。湖广乃今岁购自香港者，其驶余姚者4艘；其驶慈溪者1艘；其驶奉化者1艘。此外，又有悬英旗者中号轮一艘，往返定、申。若帆商依然如故，懋迁于申扬子江口岸，蹶船333艘，相去去年324艘。

1905 年

在前三四年间相去无几，近来每年统计船只，大约载重 100 万吨。其中一华轮、一英轮每日往来申、甬，为最多之吨钞；犹有挂中国旗之一轮，每月三次行驶于上海、温州转宁波；又有小轮开行舟山、海门等处。本年有他国旗号轮船来本口，系挪威船 7 艘、美国船 2 艘、瑞典船 1 艘。闻有新创造一轮行驶于上海、宁波，由立兴洋行经理，现在造于法国，想来明年夏间可到此处开行。内港小轮共有 15 艘，本年查无添行内港之新埠小轮。

1906 年

1906 年船只吨位比去年有了增加。9 月，悬法国旗之丽他号又卷土重来，据悉那船是受法属交趾支那政府津贴者。为了竞争，该轮招揽华人搭客，将客运票价降一半，即从上海来宁波或从宁波去上海的统舱票价为银圆 5 角。由于那艘法轮又舒适又便宜，在沪甬线客运上占了绝大多数之客运量。为此，另外两家航运公司就迅速采取对策，来对付这一角逐局面。根据内港行轮章程之规定，有 18 艘汽轮登了记，其中有 4 艘是悬德国旗。目前，为防止汽轮之拥挤，已采取了特别防范措施。宁波—余姚内河汽轮的客运，由于竞争激烈，已降到最低价矣。

1906 年沪甬线轮船中，又增加了法商丽他号之竞争对手。

从日本来了 11 艘装煤的和从秦皇岛来了 2 艘，共计运来燃料 18000 吨。

1907 年

1907 年船只数量、吨数都有增长。计进出船只 1538 艘计 1731245 吨，去年为 1259 艘 1226273 吨。年内内河航行船只进出口计 4298 艘。

1908 年

1908 年商务虽然生色，而进出轮船数目、吨位则稍形见绌。揆其所绌之故，外洋直运而来之船只减少耳。若往来上海轮船仍与旧时相等，所装客货颇能获利。至内港小轮来往次数较前减少，闻余姚小轮三公司业已言明和衷共济，不再争执，是以每日减驶两艘。

1908 年 6 月 12 日，据金同大船主禀报本关，其船驶至镇海口外被盗所阻，登舟提去水手两名，勒赎洋 2000 元，嗣后以半价了之。

1909 年

船只进出数目吨位，从上年 1459 只共 1696972 吨，加至 1589 只共 1868923 吨，所加均系华商旗号。7 月，华商设立宁绍商轮有限公司，所招股本惟就地最多，与三公司竞争，三公司从前往来上海独占轮船贸易地步。宁绍公司有轮船两只，一往一来，生意甚佳，与三老公司争客位。本年挂英国、挪威、日本国旗之船只进出均减少，此等船只，从外洋不时直运进口，照内港行轮章程进口轮船吨位从 289857 吨加至 326284 吨，然而船只数目反而缩减，大概情形，此项贸易尚属得利。然不得利者亦有，两新局于本年内行驶沿海相近海岛之处，不几日即为闭歇，查两新局均属尝试，股本虚空，目下股东分文无着，小轮租主亦然。

1910 年

遵照本关总章行驶者，本年本埠进出口船只共有 1950 艘，合计载重 2314273 吨，上年计有 1589 艘，合计载重 1868923 吨。华旗之船本年较上年增 398 艘，合计载重有 469518 吨。因上年七月所创立之宁绍公司置备轮船两艘，常川来往沪甬，以与三公司竞争，自此以后，三公司遂不能享受专利焉。现在彼此角逐，以致船价、水脚大跌，闻除船中开销之外鲜有盈余。据该新立公司今年五月报告正月十一日为止之账，略殊属有亏无盈。遵照内港行轮章程行驶小轮进出口之只数，共减 32 艘，其吨位则反增 49296 吨，是项小轮业主俱获厚利，囊昔谓小轮船客位拥挤，如今此说渐息，碰撞之事亦尚无所闻。挂洋旗之小轮业已绝迹，目下行驶之小轮均领中国牌照。

1911 年

遵照本关总章行驶者，本年本埠进出口船只共有 1690 只，合计载重 1900373 吨，较上年减 260 艘，载重 413900 吨，其减少之数，多半系属法旗，因法商立兴洋行立大轮船，于四月初十日末次开往上海后不重来。该轮自光绪三十三年（1907）八月始行驶沪甬。遵照内港行轮章程，行驶进出口之只数共增 278 艘，21432 吨。图瑞轮船载重 891 吨，于七月十三日起驶本口与厦门，转温州、兴化、泉州，与德裕轮船相竞而行，生意亦不见佳。九月二十一日，图瑞业已停驶。遵照内港行轮章程行驶小轮，所载货物、客数每年渐见加增，观其情形，将来似可格外发达，目下贸易往来宁波沿海口岸、舟山等处为最。

1912 年

遵照本关总章行驶船表，本年减 64 只，重 38798 吨。因法旗大有所损，遵照内港行轮章程行驶进出口之数，计有 5241 只，合计载重 436386 吨，照上年增 1327 只，合计载重 39378 吨。内港行轮只数，吨位在 10 年内加倍尚多。8 月 27 日，华商轮船建昌注册 830 吨，由本口走厦门，转温州、兴化、泉州。

1913 年

遵照本关总章行驶者，船只及吨数皆见增，进口出口共 1760 艘，计 1942801 吨，若上年则 1626 只，共 1861575 吨而已。每日往来上海、宁波者，仍属太古洋行轮局、招商局及宁绍商轮公司之轮船，流川走云。遵照内港行轮章程行驶者，船只及吨数皆减色，计船之进口、出口共 4628 只，载重 360005 吨，上年 5241 只计 436386 吨，近来为航业竞争，得利大不如前矣。

1914 年

遵照本关总章行驶船表，查本埠船只一节，甚少特色可记，因船只之只数与吨位并无变更，行驶进出口之只数共计 1762 艘，吨数 1961226 吨，上年只数为 1760 艘，吨数为 1942801 吨。沪甬轮船班数照常，各船家竞争虽烈，而水脚据云颇有盈余云。遵照内港行轮章程行驶船表，内港行驶轮船年增月盛，本年进出之只数为 5987 艘，吨数为 494305 吨，上年只数为 4628 艘，吨数为 360005 吨，轮船主皆系华商，行驶线路竞争日益激烈，故除一两家外，余皆获利无几云。

1915 年

遵照本关总章行驶船表，吨位总数颇形增盛，若担夫及驳船行遇船到时起货迅速，吨数当更加多。总之，船只当往来繁盛之时，如到埠有意外耽搁，致碍行驶，是以租船合同因之不能成立。沪甬之轮船只数，由四艘减至三艘。7 月飓风之时，宁绍公司之甬兴轮船，在崇明岛搁浅后，该公司经理人不令继续，愿租与福建某公司，仅留一轮行驶沪甬之间而已。

遵照内港行轮章程行驶船表，各处内港行轮未有如本埠之发达者，内港轮船之只数吨位，年增月盛，竞争激烈，然航线所通之处，旅客亦无交通窒碍之苦矣。

1月21日，由沪装运美孚行煤油来甬之帆船，中途遇盗，劫去煤油981箱及衣服、木器等件，及巡洋船来救，则盗已乘小舟远飏矣。另有盗匪数名，在镇海正法。

1916年

遵照本关总章行驶船表，进口船只共859艘，计954442吨；出口共711艘，计901260吨。进出共1570艘，计1855702吨；上年共1725艘，计2070969吨。华船之减少，良由宁绍公司之甬兴船计999吨，本年并未行驶沪甬线；太古公司之新北京船，因船主等罢工，要求增薪，自5月2日至16日停轮。遵照内港行轮章程行驶船表，船只吨数，俱见短绌。属于八闽公司之建昌船计839吨，于3月22日在上海售去。本埠各经理于货色多时，租就小轮三艘，往来闽、甬。内港小轮日见增多，竞争亦益激烈。行驶上游一带之船，因内地管理不周，搭客拥挤之苦时有所闻。在上海注册日轮一艘，来甬营业，亦一特色也。

1917年

遵照本关总章行驶者，当此各处船只缺乏之时，本关进出吨数，能与上年略同，未见减少，实为难得。美船进口稍多，其故在于菲律宾境内扣留之敌船，现已分发行驶，其中一二艘专为小吕宋运糖出口之用。关册所载，篷船大都为装载煤油之夹板船。遵照内地行轮章程行驶者，营业蒸蒸日上，出入总吨数较上年超出10万吨之多，为从来所无。有新公司一组织将成，拟置一船，常川来往于宁波、兴化之间。本年煤价高贵，小轮有用废棉籽为燃料者。其在火车可通之地，小轮营业难免无旅客鲜少之忧矣。

7月10日，有美船同意号，由小吕宋运糖来甬，途中在虎蹲岛附近地方搁浅，经4日半之久，始为上海拖船引出。

1918年

遵照本关总章行驶者，本册所载吨数除数只不常到之美船、日船、英船外，余皆每日来往于上海、宁波间，各船进出之总吨数，船只表所列，本年华船进出吨数，较上年约少6万吨，此因招商局普济轮船被毁尚无代班者。本年普济既毁，广济亦只行驶至9月底而止，较上年少行20次，两轮少行之数约 5 万吨，从去年华船吨数内减去，则本年华船吨数所绌无多。英船进口只数与上年略同，美国上年进口不过 18 只，今年则增至 38 只；日船亦从 15 艘增至 23 艘。篷船出入与上年相去不远，上年共进 140 次，本年则 159 次，共得 19712 吨。篷船多为华人所有，外国篷船至埠者，仅有美船 3 艘，每艘载重 166 吨；日船 3 艘，每艘 51 吨。遵照内港行轮章程行驶者，上年为 602616 吨，本年为 525228 吨，相差似尚未远，此项船只皆悬中国旗号，内容未臻完美，不惬人意之处尚多，清洁与秩序为轮船所必要，急宜整顿，船上装设亦应改良，以利行旅。上年论略中所云将有一船，常川来往于宁波、兴化间，至今未见进行，想作罢矣。

海门在椒江之口，地理上与本埠接近，水路则处宁波、温州之间，前清光绪二十一年（1895）之时，其地与宁波、上海相隔绝，土匪猖獗、海盗蔓延，该处商人欲与宁波互通轮舶，以流通百物，压平货价。询之于法国天主教会神父，海门之所以不及他埠兴盛者，陆路则交通未辟，水程则航运未开，欲图他日发达，当于此三注意焉。今日则有小轮三艘，常川行驶于宁波、海门间，往来上海者二，而行驶内港者尚有三艘。本年 2 月，有暹罗国海军轮船，以安塞麦号在铜沙岛遇险，被难者 63 人，为美船协助号援救到埠，即由本关税务司送入医院，留养看待，请中国官长护送回籍。

1919 年

遵照海关总章行驶者，本关船只表所登录者，进出口共 1296 次，吨位共 1697010 吨，此为近 10 年内最低之数。往来本口各国船只均形减少，因停销日货，5 月后即无日本船进口。美国船只以次数论，虽增 34 次，而吨位则反少 3522 吨，推原其故，150 余吨之小轮，如美安者往来频繁，而由吕宋之大船，上年走 10 次者，今年仅走 3 次。帆船进出亦复见少，盖长江各埠水脚较高，故昔年往来申甬诸船，多有改驶长江一带者。遵照内港行轮章程行驶者，船只数目与上年相等，而来往次数则增 300 次，缘本年镇海赛会 4 日，适值天气和畅，往观者摩肩接踵，各小轮以利之所在，趋之若鹜，停驶原走航路，来往宁、镇，一日之间每轮有走六七次之多者，然本年港轮船竞争太烈，无利可图，以至停驶者有之，转卖者有之。

1920 年

遵照本关总章行驶者无可特论，盖全年进出口总数较上年仅少 200 余次，吨位则与上年无少异。往来上海、宁波间之轮船次数亦无更改，以全年水脚论尚称获利。遵照内港行轮章程行驶者，据各公司所言，因竞争太烈无利可获，而走内地沿海各港轮只，则有加无已，本年进出口数目为6731艘，共558927吨；去年为6697艘，共548803吨。

1921 年

遵照本关总章行驶者，除少数英美商轮从他口而来外，表内所列之吨位，几全为往来沪甬之船只所占，招商局之明轮江天轮船，资格最深，人所共知，于沪甬两处来往毫无间断，已有50年之久，至本年12月9日停驶，另易初造新而且大之轮船行驶，名曰"新江天"。遵照内港行轮章程行驶者，本年更为加增（专行沿海各埠居多），进出口数目共7317艘，上年为6731艘，吨位共为560549吨，上年为558927吨。本年又有一捷克国小轮船进口一次。

1922 年

遵照本关总章行驶者，本年进出各船吨数共2157918吨，较上年多453000余吨，实为近10年来最高之数，因本年宁绍公司之甬兴轮船（1000吨）复加入行驶于沪甬二埠之间，外国轮船自外埠进口者亦见稍多，今将以上总吨数按船只国籍分配之，中国船进出共989次，计1547579吨；英国船进出共366次，计575052吨；其余吨数则为美、日、挪威、法四国船只所有耳。遵照内港行轮章程行驶者，其船数较前稍减，而吨位总数则自560549吨多至569908吨，其尤堪满意者，是项轮船其船身大小稳固，均较前进步焉。

1923 年

遵照本关总章行驶之船只，本年进出口吨数，较前又见进步，共计2329981吨，上年则为2157098吨。遵照内港章程行驶之船只，近已逐渐改良以代旧船，故本年进出口吨数，曾由569908吨增至643140吨。查中国航业立法不严，亟应颁布条例切实施行，将本国船只更为妥加管理。观于本年年初，本埠金清轮船遭险，愈足以证明此举急不可缓。金清小轮本关只准载客277人，乃于3月1日，自金清港（在海门之南）开赴宁波，竟载有旅客四五百人之多，驶至海门洋面，当天气晴朗，海波平静之际，竟因载重沉覆，搭客中仅六七十人为附近帆船所救，余皆葬身鱼腹，其船主与买办二人虽被救活，然彼等对于此次遭祸实应负责，当经本地官厅拿获，判以死刑，借平众怒，本埠内港小轮人员闻知其事，相率罢工，要求宽免，嗣允解省复审，始照常开轮行驶。

1924 年

遵照本关总章行驶之船只，本年进出口吨数共计 2342299 吨，其中以华船最占多数，共计 1772101 吨，英船占 530154 吨。本年中仍有华轮三艘、英轮一艘，常川往来于沪甬之间，此外则时有外洋轮船自香港及菲律宾岛直接进口，故本埠船只，全年进出情形无甚变更也。

遵照内港章程行驶之船只，本年进出凡 7446 次，共 717986 吨。此项船只大小不一，大者系寻常海轮，行驶于沿海一带，远至温州及福建之兴化、泉州等处；其小者则为行驶口内之小轮。本年内船只遇险等事亦有数起，最重者则为"平阳"轮船沉没于佛渡岛附近之双屿港，该轮自温州开驶宁波，于 2 月 17 日经过该处触礁而沉，所载搭客幸为被经过船只救护，该沉船嗣为日本公司捞起。

1925 年

按普通行轮章程出入口之船只，本年出入口船只之总吨数共计 2171395 吨，其中大半系华商船只，计 1725353 吨，次为英商船只，计由去年之 530154 吨减至本年之 372178 吨，其减少之原因前节已述之，此外偶有日本及挪威船只载杂货来甬。至船只所遭之险变，除安吉夹板船于 12 月间在金塘海岛之洋面沉没，以及中国各帆船与按时往来本埠之轮船时有相碰，以致稍受损伤外，本年航业中并无重大意外之事。其中国各帆船所以时有与轮船相碰者，乃缘甬江宽仅 350 码，各轮船进出港内必须缓为行驶，尤以轮船过 2000 吨者为最要，否则，不免有妨害船只或其锚链之事。

按内港行轮章程出入口之船只，本年按此项章程出入口之船只凡 8565 次，共计 676739 吨，近年来用内港轮船装运货物者较前为多，因其较为安全，不若夹板船及帆船之行驶迟缓，而易遭劫掠也。

1926 年

按普通行轮章程出入口之船只，本年进出口吨数共计 2360623 吨，为近 10 年中最高之数。其中最多者为华商船只，计占 1670934 吨；次为英商船只，计占 607910 吨；此外，美国、日本、挪威各商船，年中会有时载煤、油、杂货来此。在本年 12 月初，中国招商局议决停止各路航行后，该局之新江天轮船，于12月6日后不复来甬；而在阳历新年时，三北公司即以该公司之宁兴轮船以承其乏。统计本年中，仍有华轮3艘、英轮1艘，常川往来于沪甬之间；更时有外洋轮船自香港及菲律宾岛直接进口，故本埠全年航业情形无甚变更，且除数起帆船与轮船相碰外，亦别无重大险变之事。

按内港行轮章程出入口之船只，本年按此项章程出入口之船只凡9210次，共计704690吨。近来用内港轮船装运货物者较前尤多，非特以其较夹板船及帆船运货为便捷，且以其较安全而免劫掠之虞也。

1927年

按普通行轮章程出入口之船只，本年出入口船只共1730只，共计载重2858757吨；去年则为1545只，载重2360623吨。本年之数为本埠最高纪录，其吨数最多者（2346001吨）为华商船只，其次为英商船只计有437706吨。中国招商局之新江天轮船，自民国15年12月初停驶沪甬定期班后，至本年4月始行复业，三北轮船公司之宁兴轮船，自1月2日起按期航行于本埠、上海间。计现时常川来往沪甬者共有5轮，其一属英，余属华。宁绍轮船公司之甬兴轮船，6月间曾为英轮新北京号罢工之茶房所租用，改名中山，行驶本埠、上海间，直至10月方止。其租约现已满期，该轮已不在此线航行矣。英轮新北京号于夏季曾停航两月，因该轮之洋员及华水手罢工。

按内港行轮章程出入口之船只，本年按此项章程出入口之船只凡9573次，共计717058吨。自11月15日始，达兴轮船公司乃以新三江号加入宁波温州航线，是轮净吨位计494吨，供给旅客有良好之设备。永川轮船呈报，于7月7日向温州航行中暂泊于台州时，为一装载海盗之帆船迫近，企图行劫，而轮中之军士，终得将盗匪除捕获四人外，全数击毙。

1928年

按普通行轮章程出入口之船只，本年出入口船只之总吨数，共计2940738吨，较去年增加81981吨，为本埠开一空前之新纪录，就中泰半为华商船只，计占2317306吨；其次为英商船只，计占539734吨。沪甬航线自9月间宁绍轮船停驶后，常川来往者，只有轮船四艘，而华船居三，其一则英船也。本年中船只遭意外之事，计有三起，唯均属轻微。

按内港行轮章程出入口之船只，本年按本章出入口之船只均属华商，凡16062艘共计927739吨。年内新注册行驶内港之船只计有20余艘，其中18艘为载重1吨至7吨之小汽船，专为航行由甬至内地各处小河之用，此等小汽船，每艘可拖货船或客船四五艘之多，故所有从前旧式木船之运输事业，现均为此种汽船所夺矣。年中曾有劫案数起，匪人每得携赃逍遥而去。本年内港航行中，亦曾发生意外之事数起。

——辑录自《宁波口华洋贸易情形论略》

1922～1931年

按照普通行轮章程进出本埠船只，1922年计为2155400吨，1931年增为2921200吨，其间以1928年为最巨，计达2940700吨。定期往来沪甬之轮船，现有华轮三艘，英轮一艘，各轮每周来往三次；不定期之沿海轮船，每月抵甬者，平均10艘。其载运之货物，有香港、西贡及曼谷之米，香港、爪哇、菲律宾及日本之糖，日本及海防之煤，暨由香港运来之杂货等。

按照内港行轮章程往来船只，1922年为569900吨，1931年升为1509400吨，是为本期之最高额也。

本期经由舟山群岛及象山湾往来宁波及沿岸非通商口岸（南至温州）之定期轮船，增加七艘，合旧有者，共为13艘。沿甬江二支流行驶之汽艇，增加七艘，合旧有者，共为14艘。加入甬江二支流行驶之电艇，共有四艘，而于附近河流往来之小电船，本期共约21艘，其最大者，为12吨，可拖客、货船只六艘，往来时间准确，行驶亦称迅速。上述沿海轮船，虽则按期入坞修理，但其中仅有两艘较为优良，余均破败不堪。汽艇则均系新式，电船亦佳，内仅一艘较为陈旧耳。

溯自期初以还，电船日增，旧式轮船渐少，瞻望前途，设非银价狂跌，以致本埠煤油价格趋昂，则旧式船只，势必渐为电船所更替。但欲本埠船只数目有所激增，亦恐难能，盖以沿海各处，既有沪埠轮船往来行驶，而附近内地河流，随山起伏，险阻难行，航行事业，殊无急遽发展之望也。

1929年，本埠建筑新式干船渠一处，长250英尺，宽36英尺，其门限处，大潮时水深11英尺，以备修理船只之用。但旧船坞仍有小轮及大型民船前往修葺焉。1923年，招商局曾于镇海建筑码头一处，专供旅客上下。沪埠客轮，每日必有一艘，开抵此间。

——辑录自《浙海关十年报告（1922-1931）》

1932～1935 年

经过中国人民历次的反帝斗争和在一再要求收回国家主权的呼声下，浙海关于 1932 年划分了航政与海关的权限，将船舶的丈量、检查、登记以及其他有关船舶航行等业务分割出来，归属于新成立的交通部上海航政局宁波办事处。建立之初，办事处设在镇海，至 1935 年迁移到宁波，借老外滩英国领事馆余屋办公。

1936 年

1936 年进出本埠之船只共计 2068 艘，合 2989436 吨，回忆上年，则为 2057 艘，合 3156534 吨，吨数之所以萎缩者，系由驶抵本埠之远洋海轮减少所致。

1937 年

1937 年进出本埠之船只，共达 1502 艘，合 2196257 吨，上年则为 2068 艘，合 2989436 吨。其减退主因，不外战事发生后，华籍船只一律停止航行。钱塘江大桥于本年 12 月初始行正式开放，于是月杪，其一部分即经破坏矣。

1938 年

1938 年往来本埠船只，所受军事限制日见严厉，进出水道，时而一部封锁，时而完全禁止通行，殊感不便。差幸年歌大有，农村经济续见充裕，购买能力得以提升，内地市场亦趋繁盛。至言贸易，则以长江下游各埠正常贸易无法经营，本埠商业乃见昌盛，总计进出货物共值国币 6200 万元之多。

本埠航业年内颇受阻滞，上文业已言之。华籍轮船自战事起后，即行停航。按照普通行轮章程行驶之洋籍船只，亦由 1502 艘合 2196257 吨，落为 597 艘合 591377 吨。

1939 年

6 月 23 日，本埠附近之定海岛复被日军占据，当局乃将铁壳轮船太平号予以凿沉，以为加强镇海水栅。自是以后，本埠仅有小型船只可以通航，凡往来船只需在镇海口外停泊，另雇小船转驳上下客货，不便孰甚。惟是附近沿海一带，福州及温州两埠，既被日本海军封锁，所有浙江、江西之非战区以及内地各省之商旅货物,均恃本埠为唯一出入孔道。

本年进出本埠之船只,共计 624 艘合 537893 吨,上年则为 597 艘合 591377 吨。

1940 年

溯自 1 月以迄 7 月中旬,进出船只畅通无阻,而当时邻近之温州与福州两埠则俱被封锁,以是非战区出入客货咸以本埠为转运枢纽,趋之若鹜,运输倍于畴昔。往来沪埠之货物其繁盛情形,尤为前此所未有,商家莫不利市三倍。讵至 7 月 15 日日本海军宣布封锁本埠,形势骤变,自是以至年终,海路交通悉告断绝,各项贸易咸遭塞滞。

1940 年本埠船只,仅在封锁之前六个半月通行无阻,但按照普通行轮章程进出之船只,尚达 770 艘,合 448689 吨;上年为 624 艘,合 537893 吨。分析言之,悬英旗之船只,计 374 艘,合 183171 吨;悬德旗者,计 157 艘,合 130718 吨;悬意旗者,计 100 艘,合 75799 吨。

——辑录自《海关中外贸易统计年刊(宁波口)》

1861～1933 年浙海关监管进出港船舶艘次、吨位统计

单位:次,吨

日期	往来外洋		往来国内		共计	
	艘次	吨位	艘次	吨位	艘次	吨位
1861.5.22—12.9	1087	122105	—	—	1087	122105
1862.6.4—12.3	1410	160763	—	—	1410	160763
1863	3198	503459	—	—	3198	503459
1864	2837	595666	—	—	2837	595666
1865	1816	509034	—	—	1816	509034
1866	1311	366488	—	—	1311	366488
1867	1318	356595	—	—	1318	356595
1868	1142	428027	—	—	1142	428027
1869	1060	394512	—	—	1060	394512
1870	973	380928	—	—	973	380928
1871	884	384094	—	—	884	384094
1872	9770	427580	—	—	9770	427580

续表

日期	往来外洋 艘次	往来外洋 吨位	往来国内 艘次	往来国内 吨位	共计 艘次	共计 吨位
1873	946	432650	—	—	946	432650
1874	889	410990	—	—	889	410990
1875	1084	539039	—	—	1084	539039
1876	929	487732	—	—	929	487732
1877	1097	634030	—	—	1097	634030
1878	1091	493670	—	—	1091	493670
1879	1158	597296	—	—	1158	597296
1880	1113	606136	—	—	1113	606136
1881	1048	656376	—	—	1048	656376
1882	1129	679213	—	—	1129	679213
1883	1066	685770	—	—	1066	685770
1884	1068	738404	—	—	1068	738404
1885	890	556532	—	—	890	556532
1886	1142	753094	—	—	1142	753094
1887	1059	779247	—	—	1059	779247
1888	1111	764441	—	—	1111	764441
1889	1126	771789	—	—	1126	771789
1890	1363	1052663	—	—	1363	1052663
1891	1406	1220297	—	—	1406	1220297
1892	1161	988859	—	—	1161	988859
1893	1054	918288	—	—	1054	918288
1894	972	904579	—	—	972	904579
1895	991	962766	—	—	991	962766
1896	1178	985312	—	—	1178	985312
1897	1133	968083	710	44670	1843	1012753
1898	1101	987519	1025	64695	2126	1052214
1899	1100	998787	1607	92631	2707	1091418
1900	1100	996383	1606	96406	2706	1092789
1901	1113	985896	1806	101730	2919	1087626

续表

日期	往来外洋 艘次	往来外洋 吨位	往来国内 艘次	往来国内 吨位	共计 艘次	共计 吨位
1902	1134	1041952	2082	125468	3216	1167420
1903	1186	1073878	3089	182914	4275	1256792
1904	1186	1066550	3864	226163	5050	1292713
1905	1273	1045958	4509	224998	5782	1270956
1906	1259	1226273	3788	237856	5047	1464129
1907	1538	1731245	4298	304646	5836	2035891
1908	1459	1696972	3734	289857	5193	1986829
1909	1589	1868923	3668	326284	5257	2195207
1910	1950	2314273	3626	375580	5586	2689853
1911	1690	1900373	3914	397012	5604	2297385
1912	1626	1861575	5241	436386	6867	2297961
1913	1760	1942801	4628	360005	6388	2302806
1914	1762	1961226	5987	494305	7749	2455531
1915	1825	2070969	6386	510140	8111	2581109
1916	1570	1855702	5212	504413	6782	2360115
1917	1552	1866254	6422	602616	7974	2468870
1918	1485	1797255	6394	525228	7879	2322483
1919	1398	1710281	6697	548803	8095	2259084
1920	1179	1690216	6731	558927	7910	2249143
1921	1243	1703985	7317	560549	8560	2264534
1922	1454	2157098	6761	569908	8215	2727006
1923	1467	2329981	6891	643140	8358	2973121
1924	1473	2342645	7432	711128	8905	3053773
1925	1423	2171395	8565	676739	9988	2848134
1926	1545	2360623	9210	704690	10755	3065313
1927	1730	2858757	9573	717058	11303	3575815
1928	1729	2940738	16062	927739	17791	3868477
1929	1617	2835916	13414	861220	15031	3697136
1930	1702	2829227	13329	870850	15031	3700077

续表

日期	往来外洋 艘次	往来外洋 吨位	往来国内 艘次	往来国内 吨位	共计 艘次	共计 吨位
1931	1861	2921179	12485	1059361	14346	3980540
1932	50	73040	2220	3061416	2270	3134456
1933	35	49634	1981	2927768	2016	2977402

1949 年

5月24日，宁波解放。宁波市军事管制委员会成立。

宁波市军管会接管浙海关，又接管国民党交通部上海航政局宁波办事处，改名为宁波市军事管制委员会财政部交通处航政办事处，后又改名为浙江省航务管理局宁波办事处，负责管理外海内河航政事务。

此前，国民党军队从宁波港强行劫持"江静""江建""新宁余"等大小轮船十余艘，木帆船数十艘以及夜船3只，逃往定海等岛。蒋军飞机还炸沉了行驶在甬江的江利轮，船员、旅客死难十多人；又在三江口炸沉宁波海关小汽艇1艘。

1950 年

舟山解放后，宁波港损坏和散失的船舶，由位于白沙的二军分区后勤部船舶修造厂修理和组建后，相继投入运营。浙江省航运公司宁波分公司正式成立，办公地点设在江北岸外马路34号，经营沿海及内河航运业务；同时制定了港航管理的暂行办法，如《民船运输草案》《轮船业代理临时办法》《宁波甬港引水总章并分章草案》等文件。

1951 年

招商局轮船公司宁波分公司改名为中国人民轮船公司宁波分公司，所属沿海客、货运输业务及船只，全部移交上海区海运局宁波办事处经营。浙江省航运公司宁波分公司撤销。宁波港恢复的客货运航线已有4条；运营的船舶，包括上级航运部门调拨的在内，共有28艘。沿海航线的逐一恢复，使市场的商品流通和物资供应状况迅速改善。

1953 年

华东区海运管理局宁波分局与浙江省航务管理局宁波办事处合并，成立上海区港务局宁波港务分局，旋又改名为上海区港务管理局宁波分局。浙江省联运公司宁波分公司与浙江省内河航运局宁绍管理处合并，正式成立浙江省航运管理局宁波管理处。而宁波港的进出口船舶，已由1949年的885艘次、611359吨，发展到44508艘次、3056161吨。

1954年

上海区港务管理局宁波分局接管英商太古公司在宁波的全部财产，并成立宁波港客运站，站址设在宁波市江北岸外马路54号。

宁波市内河、外海木帆船联合运输社撤销，由浙江省航运管理局宁波管理处收回三统权（统一调配、统一货源、统一运价）。宁波港共有八家私营外海轮船行和四家内河汽船企业复业。四家内河轮船企业是：同广、邮南、公平、福利。其中邮南汽船行有客轮2艘。以上12家私营轮（汽）船行，共计船舶13艘，61124总吨，其中内河轮5艘，161.19总吨。

1960~1963年

在"大跃进"影响下的宁波港，特别是在白沙第三装卸作区建成，水铁联运开办以后，港口的运力增长很快。据1957年资料统计，当时宁波港共有外海客、货轮10艘（其中客轮4艘），总计1916吨。而到1960年，宁波港的外海客、货运船舶已发展到26艘，计4760吨。

1960年宁波港外海船舶统计

船舶名称	编号	船型	总吨	所属单位	船舶原名
浙江（甬）	601	客货轮	708	市轮船公司	审浙1号轮
浙江（甬）	602	客货轮	191	市轮船公司	中浙2号轮
浙江（甬）	603	客货轮	114	市轮船公司	中浙3号轮
浙江（甬）	604	客货轮	78	市轮船公司	中浙9号轮
浙海（甬）	501	沿海货轮	638	市轮船公司	和平27号轮
浙海（甬）	502	沿海货轮	223	市轮船公司	振兴轮
浙海（甬）	503	沿海货轮	166	市轮船公司	海洪轮
浙海（甬）	504	沿海货轮	166	市轮船公司	裕展轮
浙海（甬）	505	沿海货轮	146	市轮船公司	浙机9号
浙海（甬）	506	沿海货轮	145	市轮船公司	海琦轮
浙海（甬）	507	沿海货轮	142	市轮船公司	祥太轮

续表

船舶名称	编号	船型	总吨	所属单位	船舶原名
浙海（甬）	508	沿海货轮	134	市轮船公司	海旦轮
浙海（甬）	509	沿海货轮	129	市轮船公司	浙济轮
浙海（甬）	510	沿海货轮	109	市轮船公司	平安轮
浙海（甬）	511	沿海货轮	108	市轮船公司	浙畅轮
浙海（甬）	512	沿海货轮	86	市轮船公司	利东轮
浙海（甬）	513	沿海货轮	64	市轮船公司	浙机 1 号
浙海（甬）	514	沿海货轮	64	市轮船公司	浙机 2 号
浙海（甬）	515	沿海货轮	60	市轮船公司	浙机 3 号
浙海（甬）	516	沿海货轮	60	市轮船公司	浙机 4 号轮
浙海（甬）	531	沿海货轮	154	沿海货轮	甬机 1 号轮
浙海（甬）	532	沿海货轮	800	市轮船公司	甬机 2 号轮
浙海（甬）	533	沿海货轮	170	市轮船公司	甬机 3 号轮
浙海（甬）	534	沿海货轮	165	市轮船公司	甬机 4 号轮
浙海（甬）	535	沿海货轮	175	市轮船公司	甬机 5 号轮
浙海（甬）	536	沿海货轮	170	市轮船公司	甬机 6 号轮

1961年，"大跃进"失控所导致的全国性经济萎缩，已经严重波及港口的吞吐量，宁波港进出口船舶计30908艘次，比1960年的41293艘次减少25.15%。1962年虽然有所回升，达到31231艘次，但船舶的总吨位却比1961年的4863906吨下降23.3万吨。1963年以后，由于南、北方来港船只减少，沿海木帆船增多，这一年进出港的船舶，尽管增至42321艘次，但因船型普遍偏小，总吨位4459004吨，比1962年还少17万吨。

1962年，上海区港务管理局宁波分局划归浙江省交通厅领导，更名为浙江省交通厅宁波港务管理局，并成立宁波港务管理局联运营业站。

1966~1972年

1966年，宁波港务管理局（公司）所属货轮共13艘，计2682载重吨，到1972年增加到16艘，计9882载重吨，比1966年增长2.7倍，而客货轮运力却有所减少。同一时期，宁波港的进出口船舶也由3.5万艘次、49.4万总吨增加到4.5万艘次、51.1万总吨。

1966～1972年宁波港（公司）客货轮、货轮统计

年份	客货轮			货轮	
	艘数（艘）	载重（吨）	客位（个）	艘数（艘）	载重（吨）
1966	6	251	1593	13	2682
1967	6	251	1593	9	2212
1968	6	251	1593	11	8062
1969	6	251	1593	12	8297
1970	6	251	1593	14	8532
1971	6	251	1593	15	8982
1972	5	243	1432	16	9882

自20世纪70年代开始，宁波港因吞吐量的增长，刺激了港口疏运能力的提高。从水水疏运来看，1970年宁波地区7县1市共有沿海机动货船79艘，非机动货船687艘，合计23205吨。到1978年，沿海机动货船增加到202艘，非机动货船相对减少至496艘，合计24863吨，总吨位有所上升。但沿海机动客船，到1978年才有4艘，计665个客位，吨位小、发展慢，与全港客运量徘徊不前的情况基本一致。内河，1970年有各类机动货船144艘、非机动货船2144艘，合计17563吨。至1978年机动货船增加到486艘，非机动货船3691艘，合计32278吨。内河客船，到1978年已发展到77艘5065个客位。

——辑录自《宁波港史》第十二至十五章和大事记

"老外滩"出入境旅客管理

1879年

华人乘客，头等舱、二等舱每人收费2元和1元。

搭客以华人占绝大多数。从外地来宁波之旅客，1879年人数58600人，而1878年则为68500人。从宁波出去之旅客，1879年人数达52000人。

1880年

1880年内客运人数，计华人125214人，洋人578人。收入以极保守的估算，不下 17 万元。

1884 年

1880 年之客运量为 125214 人，至 1884 年则已达 146455 人。

1890 年

1890 年比 1889 年增加洋人旅客 138 人，华人旅客 56059 人，乃是迄今之最高纪录。增加之原因，主要是客票价降低——洋人搭客每人从 10 元降低到 6 元；华人则从 2 元到 1 元，从 1 元到 0.50 元，分为头、二两等。

十年来，从 1881 年至 1890 年计增长超过 73%，一旦轮船公司之间达成协议，老的票价单将会回笼，看来再也不会保持增长。

1891 年

1891 年进出本口之华人旅客数 361716 人，比去年增加了 118254 人，同时也表明轮船客运超过以往任何一年。轮船之客票在 11 月之前，沪甬线还是每人 0.50 元。后来两家外商轮船公司——中国汽轮公司和印支轮船公司——降到 0.25 元。而华商招商局轮船公司，还照常按 0.50 元，而且还是有不少搭客。当票价未降之前，来往搭客绝大多数都是公务出差、商店职员之类正派守规矩之人；到了降低船票后，则泥沙俱下，鱼龙混杂，这些人来到宁波，使当地之治安和社会秩序都受到严重影响和破坏。另外，从宁波搭往上海的人中，有不少的搭客是"跑单帮"者，什么纸钱、锡箔和土特产之类，大批大批土杂都冒称行李作为手提物品等。总之，这些物品之运费，也就超过其 0.25 元之搭客客票矣。

1892 年

1892 从宁波去上海之华人旅客为 117895 人，从上海来宁波者 116010 人；而去年去上海者有 181795 人，来宁波有 177868 人。但是运费，1891 年是 0.50 元，过后数月竟回落到 0.25 元，从年内二月份起又调高到 1.00 元。本年之旅客情况与 1889 年相同，但是客运有了不少之增长。

1893 年

1893 年出 116438 人，入 111977 人，比去年稍有减少。查去年轮船客票，曾下降到了每人只收 0.25 元，而年内票价则为 1 元。

1894 年

1894 年汽轮时开时停，沿途又多阻碍，大部分时间又只准停泊在镇海以外，诸多不便。年内从上海来宁波之华人计 105461 人，而去年为 110492 人。从宁波去上海 109408 人，去年为 115595 人。

1895 年

从上海来的华人旅客 101575 人，而去年为 105461 人。从宁波去上海 113647 人，而去年为 109408 人。

1896 年

1896 年从宁波搭客轮去上海之华人计 139975 人，去年只有 113647 人。从上海来宁波者 127897 人，去年只有 101575 人。

1897 年

去上海之华人 1897 年为 143387 人，从上海来的华人计 140372 人。平均每轮搭客 600 人，最高数在年内竟为 1250 人。

1898 年

1898 年来往上海、宁波之旅客并无多大出入。可是从宁波到台州或其邻近之口岸者，去的旅客年内为 5810 人，来的为 7310 人。

1899 年

从宁波去上海者，1899 年为 122466 人，从上海来宁波者 120078 人，比去年来去各减少 13000 人。而新开辟之从宁波驶往本省之沿海口岸台州为 5810 人，到台州邻近口岸者 20504 人，而从台州至其邻近口岸者，从 7310 人增长到 18127 人。

1900 年

1900 年乘轮船去上海者 124768 人，从上海来本口者 159942 人。

有了轮船，宁波往浙江其他沿海口岸华人搭乘便利甚多，从这里去台州及其左右邻近之口岸。出去的旅客为 24854 人（去年是 2058 人），从那里回宁波之旅客 27823 人（去年是 18127 人）。

从6月28日至7月13日，正值北方动乱之中，客轮增加了，有甘肃号、公平号和黄埔号，又额外载来搭客5485人。那段时间运来之搭客计有26717人。

1901年

从宁波出口旅客107349人，进来宁波者119238人，比1900年人数减少，原因为华北发生危机。

1902年

旅客出口193247人，到202216人，较上年增加。内有温州、台州来宁波转上海赴杭乡试之人，其数故较上届加多。

1903年

华客出口往沪者共计185230人，1902年系193247人。由沪进口者共计174519人，去年系202216人。土人于宁、沪往来，川资率由旧章，乘上舱者2元，乘统舱者1元。

1904年

华客出口往沪者225119人，去年系185230人。由沪进口者215236人，去年系174519人。所以增者，由内地行轮林立，便于利涉耳。其于宁沪往来川资，仅在德轮数次回申际少更旧章，彼华客大都游行申江耳；而台郡及内途往者共54167人，返者共59290人。

1905年

所有华客往沪来甬者，实数甚难查，悉因水脚皆由船上面收，无票可稽。据其开单呈关之数，往沪者有151030人，来甬者有148427人。乘坐小轮往来宁波、台州等埠者，搭客稍减；据船上所报有46889人，所出口者有46663人。

1906年

1906年旅客大增。从宁波去上海之旅客为202929人，从上海来宁波之旅客为228085人。计出口增26000人，进口增4万人。年内由此运云南省苦力1300名，经海防入云南修筑铁路。

1907 年

1907 年从宁波外出者，主要是往上海 261461 人，而从上海来宁波者 246681 人，因为那两年之廉价客运票未变。而内河船只出宁波 261054 人，返宁波者计 274268 人。

1908 年

1908 年所报客数，无论往来通商口岸或内港，均与上年相仿。

1909 年

查 1908 年所刊发贸易册，除广东首屈一指之外，本口即为第二等华人旅客搭轮船往来沿海口岸及内港等处，至光绪二十六年（1900）计有 341684 人，至本年加至 1136710 人，船只之推广，在于旅客往来一边者多，于生意往来一边者少。其中往来沪、甬最盛，其原由系宁波客商寄居上海者多，上下之人不等，往返较便，沪、甬两处相近，言语相通，兼之船价便宜，遇事安适，所以旅客之盛如此。

1910 年

1910 年宁波来往之旅客异常纷纭，共计 1595018 人，上年只有 1136718 人，其所以加多者，大都由于甬、申往来轮价便宜。计三等船价每人洋 0.3 元，下等计洋 0.15 元。

1911 年

本口逐日往来上海轮船，搭客数目难以核实，就稽查者言之，本年由甬往沪客人数目有 460268 人，由沪来甬计 422875 人，因各轮船公司竞利，以致船价格外便宜。

1912 年

生意照常茂盛，往来甬沪旅客有 85 万名，船资价目仍旧甚廉。

1913 年

华人往来宁波者，日增一日，以本年为最多。来者有 826699 人，往者有 821200 人，共多上年 129493 人。船价因竞争而大减，由此往上海，统舱船费仅收 0.15 元。7 月间上海乱事起时，避难来此者实繁有徒。

1914 年

本埠行旅，生意照常兴盛，往来甬沪乘船人之总数，达到 1736031 人，人数之多为向来册载所未有。查来往人如此之多者，皆因水脚甚廉，遵内港章程行驶轮船，船只众多，来往便利耳。

1915 年

旅客之数仍然增加，船资便宜，足以引起一般人民游行甬沪之兴，休息日赴沪一次，所费不及一元，来回船票仅售洋 4 角耳。

1916 年

进出客人名数，不足凭信，惟 1916 年风声紧时，居民纷纷逃难，故客数较 1915 年多至 119314 人。

1917 年

本口旅客往来之数，系依据轮船之报告，虽其数已高，然较之确实人数，恐尚不及耳。

1918 年

1918 年华人往来宁波旅客，较少于 1917 年，沪甬交通最为重要，华人旅客乘轮赴沪者计 485030 人，从沪来甬者 485921 人，两处相隔水程，约 12~14 小时可达，超等舱水脚，来回票售洋 10 元，头等舱每次 1.50 元，房舱 1 元，统舱 5 角。

1919 年

旅沪华人宁波籍者实占多数，故往来者甚众。行驶申甬共有 3 轮，每趟搭客异常拥挤，考其实在数目，尚过于本关表内所列之数。

1920 年

华人之乘轮船往来者，在此 15 年其增加程度，可谓日新月盛。1905 年，出口数目为 394986 名，1920 年据各公司报告，列入表内者共 1844716 名。其实数尚不止此，例如旧历新年前后，或回乡度岁，或出外就业，极为拥挤，以致搭客进船几无容足之地。若以全年论，除星期日停轮不计外，平均每日旅客有 6000 人之多。中国各口进出旅客之多，除上海一埠外，无有能出其右者。

1921 年

1921 年据各公司报告，往来旅客共有 1961897 名，较诸上年多加 117181 名。本口旅客往来，1920 年业经论说，除停轮日期外，每日进出约有 6000 人之多。

1922 年

来往于上海、宁波二处者共 1166846 人，来往本埠与上海等各埠者统共 2040157 人，为记载中最多之数，平均计之本关每日须察视来往旅客 6000 人，可谓众矣。

1923 年

据各轮船公司所报，1923 年进出旅客共 2066494 人，较之 1922 年多 26337 人。招商轮局在镇海地方建筑码头，于本年 3 月告竣，今则该局轮船按班在镇海停轮，以便来往上海之旅客就近上下焉。

1924 年

1924 年进出旅客共 2237756 人，而 1923 年共 2066494 人。此项旅客多半由轮往来于沪、甬二埠，而乘火车者不与焉。自 1923 年 12 月 1 日起，本关实行在轮船码头上征收旅客行李中应税货物之税，以便旅客而利税收，计本年共征银 618 元；复自 5 月 1 日起推行于常关所辖内地之小轮，结果均佳。

1925 年

1925 年进出旅客共 2159035 人，而 1924 年则为 2237756 人，本年旅客中，大半乘轮船往来于沪、甬二埠。当抵制英轮之时，中国轮船之搭客甚为拥挤，本年夏季招商局之新江天轮船，曾特驶往普陀山游行数次，班禅喇嘛亦曾附往该山礼佛，上海华人趁此前往普陀山进香者亦大有其人。

1926年

1926年进出旅客共2370941人,较1925年之数则增加20余万,为近10年以来最高之数,其中大半系往来于沪、甬者。当本年秋间,因万县曾发生抵制英轮之事,故太古公司之新北京轮船有数次往来本埠,几无华人附乘。而本年旅客之增加者,实由本省发生南北战争之所致,盖无论何方军队,将到宁波附近之时,华人即扶老携幼搭轮赴沪避难也。此外,本年夏季招商局之新江天轮船,曾特于每星期末日驶往普陀山,以利游人,因之上海及附近四乡华人趁此机会,附往普陀山进香者颇不乏人,英商太古公司之新北京轮船,亦驶往该处一次。

1927年

1927年进出旅客共2471080人,较去年加增几近10万人,其中过半数为往来上海者。然往来台州及其他内地者,几有与之抗衡之势。当抵制英国宣传最盛时,宣传者不许华人乘坐英商之新北京轮船。

1928年

1928年进出旅客共2808098人,为本埠之新纪录,较去年殆增34万人,其大半数盖往来于内港各处者也。其往余姚及丈亭两处航线,本年增小轮2艘,往奉化及铜盆浦之线增1艘,因竞争激烈,各船跌价以广招徕,致乡人乘小轮者为数益多。本年夏季于星期日,有招商局及宁绍公司之轮船循例开往普陀山,俾本埠及上海旅客得乘此机会游览胜地焉。尚有可述者,即本埠近郊各水道之小汽船增加是也,现约有20艘,所载旅客甚多,惟其数目并未列入本关统计中。

——辑录自《宁波口华洋贸易论略》

1949~1956年

尽管宁波港在解放前夕遭到严重的破坏,但是在人民政府的领导下,只经过短短的数年时间,就治好了战争的创伤。1950年为4万人次,1951年13万人次,1852年54万人次,1953年91万人次,1954年91万人次,1955年74万人次,1956年达到79万人次。客运航线发展至8条,有大小客货轮9艘。出港旅客计36.5万人次。旅客流向的分布为:申—甬线出口

254935 人次；甬—定线出口 80898 人次；甬—定—象线出口为 6230 人次；甬—石线出口 3164 人次；甬—岱线出口 11552 人次；甬—嵊—泗线出口 720 人次。入港旅客流量与出港旅客流量基本平衡。

1961～1972 年

"大跃进"运动之后，在三年调整时期，宁波港的客流量发生变化。1961 年，出入境旅客达到 124 万人次，这是新中国成立以来宁波港旅客流量最高的一年。1962 年仍然保持在 109 万人次的水平。以后就急转直下，始终没能超过百万人次。1966 年 66 万人次，1967 年 97 万人次，1968 年 92 万人次，1969 年 87 万人次，1970 年 85 万人次，1971 年 78 万人次，1972 年 79 万人次。

1961 年宁波港客运量所以急剧上升的原因，首先是城市大批劳力返回农村，支援农业；其次是集市贸易开放，农村经济活跃，农民进城参加集市贸易频繁；最后是长途贩运人员增多，特别是草席等宁波特产，上海市场尤为欢迎。遗憾的是，这一政策只是作为渡过困难的权宜之计，待形势稍有好转，就很快停止了。这是宁波港以后客运量长期上不去的主要原因之一。

1973～1979 年

由于 1974 年以后的 5 年间沪甬线旅客的离港量变化不大，因此宁波港全港的旅客离港量也一直稳定在 54 万人次的水平上。直到 1979 年，由于沪甬线旅客离港量突破 37 万人次，于是宁波港的客运量经过多年徘徊后，才出现了一次新的飞跃，达到 123 万人次。

1973～1978 年宁波港客运航线及旅客流量、流向统计

单位：人次

年份	离港旅客合计	甬申	甬椒	甬定	甬象	甬石	甬岱	甬沈	甬瓯	进港游客合计
1973	459765	282009	5048	122014	20244	3813	22637	—	—	459832
1974	518759	321849	1994	126001	22484	5490	28666	12275	—	515663
1975	549194	337672	4056	103986	18283	5029	32884	39262	8022	544181
1976	545828	310420	979	95239	14883	7080	40898	48122	28207	530950
1977	541477	315644	—	94358	10949	7718	42832	46889	23137	532224
1978	545415	313407	—	106195	6115	6228	52162	43612	17696	530438

1979~1987 年

宁波港的客运量在 20 世纪 70 年代一直稳定在百万人次上下。1978 年，全港客运进出量为 107 万人次，到 1985 年猛增到 283 万人次，为 1978 年 265%，"六五"期间平均每年递增 15.78%。1987 年为 279 万人次，客量进出量仅次于上海港和大连港，居全国第三位。目前，宁波港有定期固定客运航线 8 条：甬申线（宁波—上海）、甬定线（宁波—定海）、甬岱线（宁波—岱山）、甬沈线（宁波—沈家门）、甬普线（宁波—普陀山）、甬温线（宁波—温州）、甬象线（宁波—象山）、甬石线（宁波—石浦）。

甬申线客轮长期以来定时进出港，1959 年由于甬江上游姚江建闸，造成甬江航道开始淤积，航深变浅，客轮发生拖底情况。1960 年以后，为保证客轮安全行驶，在镇海口外候潮进入甬江，开航时间经常变动，招致甬申旅客十分不便，反映强烈。为解决甬申航班能定时开航，交通部、海洋局均十分重视，宁波市专门组织了工作班子，宁波港和宁波市有关单位在航道测量、疏浚方面做了大量工作。上海航道局第二工程处、浙江省海港疏浚队将整个甬江航道和客轮调头区域进行挖泥。宁波港监制定了《甬江航运管理规则》，加强现场巡逻和航道管理，保证了客班轮安全出入港。1984 年 12 月 1 日开始，甬申线客班轮又从不定时到定时开航。1987 年 2 月，中外合资宁波花港有限公司又新辟了宁波至上海芦潮港的高速客轮航线，新型舒适的"甬兴"轮投入营运。5 月，为充分发挥该轮的高速优势，又决定增开上海—镇海一个航次。这样，使原来甬申航线需要乘坐 11~12 个小时的旅程缩短到只需 2~3 个小时即可到达。宁波港通航的 8 条固定航线中，甬申线旅客历年占宁波港客运总量的一半左右。

1979~1987 年宁波港离港旅客流向

单位：万人次

年份	合计	甬申线	甬定线	甬岱线	甬沈线	甬普线	甬温线	甬象线	甬石线
1979	61.70	36.96	13.02	5.24	4.74	—	1.43	0.03	0.28
1980	68.79	37.50	16.96	5.39	6.87	—	1.84	—	0.20
1981	75.41	40.83	19.56	4.67	858	—	1.71	—	0.06
1982	79.29	40.03	21.43	4.98	6.24	5.03	1.52	—	0.06
1983	87.94	42.84	24.02	5.06	6.00	8.18	1.84	—	—
1984	99.57	43.13	25.08	5.85	3.22	15.72	1.57	—	—

续表

年份	合计	甬申线	甬定线	甬岱线	甬沈线	甬普线	甬温线	甬象线	甬石线
1985	144.14	72.69	17.40	7.77	19.83	24.63	1.82	—	—
1986	140.72	68.58	10.61	7.99	19.74	32.37	1.43	—	—
1987	140.72	69.03	7.78	8.35	15.75	30.86	1.29	—	—

1878~1928年、1949~1990年江北岸出入境旅客人数统计

单位：人

年份	华客 去客	华客 来客	华客 共计	洋客 去客	洋客 来客	洋客 共计	统共
1878	—	68500	68500	—	—	—	68500
1879	52000	58600	110600	—	—	—	110600
1880	—	—	125214	—	—	578	125792
1884	—	—	146455	—	—	—	146455
1890	—	—	243462	—	—	138	243600
1891	181795	177868	359663	—	—	—	359663
1892	117895	116019	233914	—	—	—	233914
1893	116439	111977	228416	—	—	—	228416
1894	109408	105461	214059	—	—	—	214059
1895	113647	101575	215222	—	—	—	215222
1896	139975	127897	267872	—	—	—	267872
1897	143387	140372	283759	—	—	—	283759
1898	149147	147602	295749	—	—	—	295749
1899	148700	120078	268778	—	—	—	268778
1900	149622	187755	337377	—	—	—	337377
1901	107349	119239	226588	—	—	—	226588
1902	183247	202216	385463	—	—	—	385463
1903	185230	193247	378477	—	—	—	378477
1904	225119	215236	440355	—	—	1863	442218
1905	198597	196389	394986	—	—	—	394986
1906	405859	411813	817672	—	—	1885	819557
1907	522515	520949	1043464	—	—	2188	1045652

续表

年份	华客 去客	华客 来客	华客 共计	洋客 去客	洋客 来客	洋客 共计	统共
1908	538891	539977	1078868	—	—	1851	1080719
1909	571880	564830	1136710	—	—	2085	1138795
1910	799137	795881	1595018	—	—	1746	1596764
1911	817735	772791	1590526	—	—	1622	1592148
1912	777759	740647	1518406	—	—	1138	1519544
1913	826699	821200	1647899	613	891	1504	1649403
1914	860520	875511	1736031	912	1071	1983	1738014
1915	923576	941014	1864590	908	1035	1943	1866533
1916	979692	1004212	1983904	983	978	1961	1985865
1917	936081	958282	1894363	1072	1152	2224	1896587
1918	883460	900717	1784177	1081	1215	2296	1786473
1919	869008	875844	1744852	1344	1567	2911	1747763
1920	926081	918635	1844716	—	—	—	1844716
1921	978103	983794	1961897	1657	1753	3410	1965307
1922	1005476	1034681	2040157	1832	1898	3730	2043887
1923	1050901	1015593	2066494	1364	1530	2894	2069388
1924	1120213	1117543	2237756	—	—	—	2237756
1925	1069286	1089749	2159035	—	—	—	2159035
1926	1180745	1190196	2370941	1091	1345	2436	2373377
1927	1235472	1233565	2469037	964	1079	2043	2471080
1928	1376967	1431131	2808098	775	1139	1914	2810012
1949	—	—	—	—	—	—	270600
1950	—	—	—	—	—	—	43600
1951	—	—	—	—	—	—	129500
1952	—	—	—	—	—	—	539000
1953	—	—	—	—	—	—	913400
1954	—	—	—	—	—	—	913300
1955	—	—	—	—	—	—	737700
1956	—	—	—	—	—	—	793480

续表

年份	华客			洋客			统共
	去客	来客	共计	去客	来客	共计	
1057	—	—	—	—	—	—	825600
1958	—	—	—	—	—	—	695400
1959	—	—	—	—	—	—	455400
1960	—	—	—	—	—	—	769300
1961	—	—	—	—	—	—	1244200
1962	—	—	—	—	—	—	1090900
1963	—	—	—	—	—	—	781500
1964	—	—	—	—	—	—	713200
1965	—	—	—	—	—	—	666000
1966	—	—	—	—	—	—	659300
1967	—	—	—	—	—	—	760400
1968	—	—	—	—	—	—	925000
1969	—	—	—	—	—	—	865600
1970	—	—	—	—	—	—	854800
1971	—	—	—	—	—	—	784300
1972	—	—	—	—	—	—	792700
1973	—	—	—	—	—	—	919600
1974	—	—	—	—	—	—	1034400
1975	—	—	—	—	—	—	1093400
1976	—	—	—	—	—	—	107600
1977	—	—	—	—	—	—	1073000
1978	—	—	—	—	—	—	1075900
1979	—	—	—	—	—	—	1231000
1980	—	—	—	—	—	—	1363000
1981	—	—	—	—	—	—	1488000
1982	—	—	—	—	—	—	1575000
1983	—	—	—	—	—	—	1749000
1984	—	—	—	—	—	—	1976000
1985	—	—	—	—	—	—	2826100

续表

年份	华客			洋客			统共
	去客	来客	共计	去客	来客	共计	
1986	—	—	—	—	—	—	2765300
1987	—	—	—	—	—	—	2786000
1990	—	—	—	—	—	—	3000000

——辑录自《宁波港史》第十二至十六章

宁波港客运站（客运大楼）

1954年9月，宁波港务分局遵照第一届上海客货班轮运输会议上做出的关于"各港成立客运站，进一步做好客运服务工作的决议"，正式成立客运站，管辖宁波港的客运业务，结束了过去以航代港分散经营的混乱局面，特别是结束了旧时代几家私营轮船行既无统一的收费标准，又不注意船舶和港埠设施的维修，以致泊位简陋、船只陈旧、救生器材不完备、人货超载等隐患十分严重。宁波港客运站设在江北岸外马路，草创之初条件比较简陋，仅有几间平房和1座仓库。平房改作售票室、行李房，木架泥地，低矮潮湿。仓库改作候船厅，光线暗淡，一次只能接待40%的候船旅客。1975年9月，宁波客运大楼破土动工，建筑面积为9575平方米，其中主楼6218平方米、副楼2663平方米、塔楼269平方米、地下室425平方米，总造价为184.5万元。客运大楼有4个候船室，一次可接纳旅客3000人，于1980年建成并交付使用。

客运站是承担宁波港客运和宁波市区部分杂货、散杂货的吞吐任务的码头，交通部核定的年旅客吞吐量为130万人次，货运量为30万吨。随着国民经济的发展，客货运量增长较快。1983年实际完成客运吞吐量175万人次，其中出口87.95万人次，货运吞吐量53.6万吨，使原来的客运码头处于严重超负荷状态。尤其是传统的宁波—上海线和宁波—普陀山旅游线更为紧张。为改善客运状况，满足增开宁波—上海客班轮的停靠需要，尽快解决旅客"乘船难"的问题，并相应解决市区货物的运输问题，1984年4月交通部批准将宁波作业区2号、3号码头的窑船岸线位置改建为客运码头（兼营货运）。把原来使用的2号、3号码头的趸船大修后安装到车站路和扬善路之间；为满足沿海小客轮停靠的需要，总投资为200万元。

改建的客运码头紧靠客运大楼，于1984年10月28日灌注桩开钻动工，1985年10月30日竣工验收，能靠3000吨级船舶，其结构为钢筋混凝土高桩梁板式，长111米、宽22米。其中，码头宽14.5米，平台宽7.5米，码头石柱高4.6米，前沿设计水深5.5米。码头装置起重量分别为4吨、8吨的NB-15型塔吊各1台，16吨轮胎吊1台。工程共扩建3000吨级客货两用码头1座，新辟候船厅1处，使客运大楼可同时容纳3800名旅客候船休息。同时，为改变客运车辆拥挤，出口处狭窄经常出现交通堵塞的状况，于1985年2月在客运大楼前面，新拓建客运广场2500平方米，路面900平方米，绿化带绕道236平方米，基本解决了车来人往的拥挤问题，客运广场混凝土面宽广平坦整洁，焕然一新，改变了站容站貌。

宁波港客运站码头和客运大楼

港埠设施

1864年

美商旗昌轮船公司正式开辟上海—宁波航线，并在宁波建造了仓库和码头。

1874年

招商局在宁波购得英商广源土行的洋楼一座，仓栈2所，建造码头一座。

1877 年

轮船招商局宁波分局在江北岸筑成栈桥式铁木趸船码头，定名江天码头，靠泊能力由 1000 吨级扩建达到 3000 吨级，时为宁波港靠泊能力最大的码头。

英太古轮船公司在宁波设分公司。旗下 1 艘 317 吨的轮船开辟沪、甬、温定班航线，每月停靠宁波 2 次，一次往南，一次往北。

1900 年

镇海商轮公司在江北岸与镇海县望道头分别建造轮埠，其镇海轮（69 吨）行驶宁波至镇海间。

1909 年

宁绍轮船公司创办，在江北岸建铁木结构宁绍码头。旗下宁绍轮（1318 吨）和甬兴轮（1385 吨）投入甬沪航线，这是中国商办轮船公司第一次在宁波港开办甬沪定班航运业务。

1923 年

美商美孚石油公司建造美孚码头。

1936 年

宁波 8 家轮船（埠）公司共有仓库 11 座。5 年后宁波沦陷，港口库场遭受日本侵略军破坏。

1947 年

招商局宁波轮船公司修复和新建仓库 5 座，总面积 1670 平方米，库容量 6000 吨。另建堆场 1 处，面积 1000 余平方米。

1949～1956 年

宁波解放时，全港有 11 座码头，除江天、宁绍、宁兴、美孚等 3 座半（江天码头原有 2 只趸船，国民党军队撤退时拖走 1 只）尚能勉强使用之外，其余 7 座下沉的下沉，披滩的披滩。

招商局轮船公司宁波分公司的江天码头以及宁绍码头、宁兴码头，先后于 1950 年 10 月前修复。其余 8 座，除美孚码头移作军用，由部队管理和使用，以及早已披滩的泰昌祥于1952年划归港务局，重建后改为镇海码头外，剩下的6个较小的码头，随着浙江沿海岛屿的解放，宁波港南北航线的畅通，至1955年也相继由私营轮船行业主自行修缮，并投入使用。

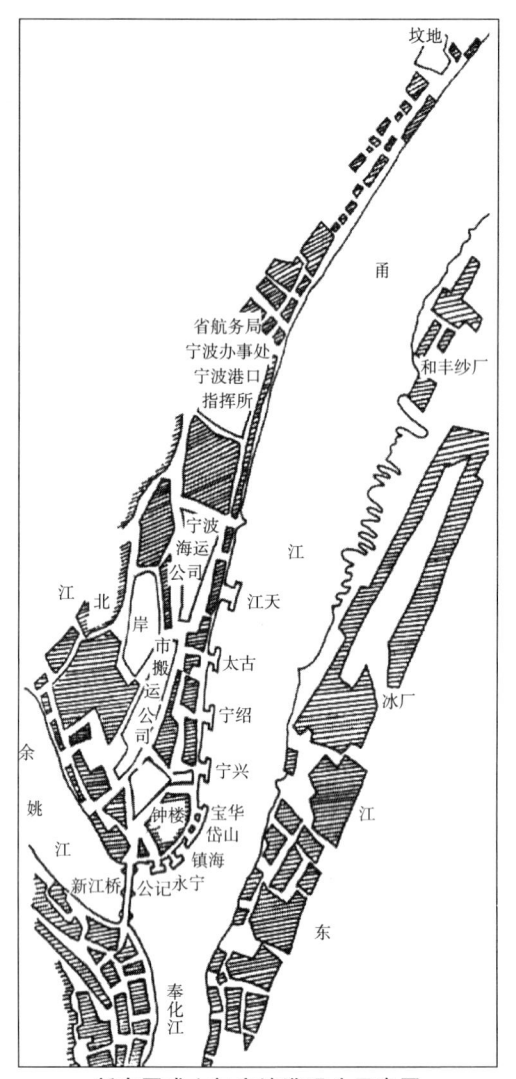

新中国成立初宁波港码头示意图

1954年5月，经宁波港务分局同意，宁波市煤建公司在白沙沿江地段建造起一座木板水泥桩平台式的卸煤码头。这是解放后宁波港出现的第一家货主码头。接着，省木材公司宁波分公司、中国石油公司浙江分公司等单位也在甬江沿岸修建起自己的码头。

1954~1956年宁波港货主码头统计

码头名称	建造年月	码头结构	码头用途	所在地段	所属单位
煤炭码头	1954年5月	水泥桩平台式码头	卸煤	白沙沿江地段	宁波市煤建公司
木材码头	1955年3月	木质浮码头	卸木材	江东	省木材公司宁波分公司
粮库转运码头	1954年	木质浮码头	卸粮食	白沙	宁波市粮食局
冷冻厂码头	1956年	钢质浮码头	卸水产	常洪	宁波市水产局
供应码头	1956年1月	石块固定式	卸杂货	常洪	宁波市储运站
石油码头	1955年4月	水泥趸船式	卸油	三官堂	中国石油公司浙江分公司
客运浮码头	1955年	木质浮码头	客运	江北岸	永利轮船行

在货主码头建设的同时，宁波港的仓容也有了相应的发展。据1951年统计，宁波港的仓库容积为9366.43立方米，其中港属仓库的容积为5314.49立方米。到1956年全港仓库的容积已增加到26510.25立方米，其中港属仓库总容积为788514立方米。港属仓库的发展速度，与货主仓库发展速度的比为1∶4.6，与货主码头的发展速度基本同步。

解放前，宁波港的港埠设施，包括码头、仓库、堆场等等，都归属于各家轮船公司和私营业主所有。因为这些公司和业主的利润主要来自航运业，故对投资浩繁、收益不大的港埠设施投资甚小，致使装卸手段落后、效率很低。这种状况一直延续到解放初。据资料记载，1952年宁波港还没有一辆钢丝车和一艘木驳船以及其他专业化装卸机械。隶属宁波搬运公司的装卸工，依然靠一根杠棒两只筐，工班效率只有5吨左右。1953年1月，宁波港务分局成立，从体制上为装卸手段的改进和完善创造了条件。

1955年4月，宁波港正式建立装卸和驳运队伍时，第一批6艘驳船，由市交通局批准，首先从宁波市搬运公司调入。接着又从公私合营的上海港内驳运输公司调入港驳（合）字型第1304号、1308号、174号、1307号等4艘，3吨汽车3辆，驳船20艘，钢丝车24辆，橡皮胶轮老虎车45辆，毛竹滑板12块。

宁波港的装卸手段除了汽车、钢丝车、塌车、滑板、驳船互相配套以外，同时对码头与码头之间、码头与库场之间以及库场与库场之间的不合理的设置，诸如道路过窄、回旋余地紧迫不利于机动车辆作业等各类障碍，进行了改造，总计翻修仓库3座、新修道路200米、新辟堆场400平方米。采取这些措施后，装卸效率有了明显的提高。

1957~1960年

1957年10月，宁波港务分局在白沙沿港兴建的第一座靠泊能力为3000吨级的钢质浮码头动工。该工程由宁波市建筑工程局同宁波修船厂共同设计和施工，至1958年2月1日正式投入使用，定名为联运1号。联运1号码头的建筑结构为双引桥钢质浮码头，宅船长50米、宽8.5米、高2.1米，两座引桥规格各为4.95米乘以6米，分别由宁波修船厂和宁波市第二平炉合作社制造并安装。

1958年第二季度，经上海海运局核准，又在1号码头的下游，建造长46.35米、靠泊能力为3000吨级的煤栈专用码头1个。该码头的建筑结构与1号码头相同，为双引桥钢质浮码头，引桥的通过能力为7.5~10吨。浮码头每平方米的允许承载压力为2吨。至此，白沙作业区范围内已有码头5座。到1958年底，白沙作业区同时建成的附属工程还有仓库15间，计1000平方米，职工宿舍1471平方米，道路4454平方米，以及夜间作业的照明设备和一应生活设施。

宁波港白沙作业区码头

码头名称	结构	长度（米）	前沿水深（米）	靠泊能力（吨）	投产日期	所属单位
联运1号	钢质浮码头	50	4	3000	1958年2月	港务局
联运2号	钢质浮码头	46.35	4	3000	1958年12月	港务局
煤码头	水泥桩平台式码头	—	3	150	1954年5月	市煤建公司
粮食码头	木桩平台码头	18.63	3	500	1955年6月	市粮食局
粮食码头	木桩平台码头	13.60	3	500	1955年6月	市粮食局

与此同时，宁波港务分局为加快本系统的物资流转，相继建造自己的专用码头。到1960年4月，又新建各类专用码头9座。这9座泊位总长计174.24米，比同时期建造的白沙联运1号、2号泊位还长77.89米。

1957~1960年宁波港货主码头统计

码头名称	泊位长度（米）	靠泊能力（吨）	前沿水深（米）	日通过能力（吨）	泊位类型	建造年月	所属单位
盐场码头	10.85	50	6.0	100	木质浮码头	1958	市盐业局
水产码头	19.70	400	4.0	—	木质浮码头	1959	市水产局

续表

码头名称	泊位长度（米）	靠泊能力（吨）	前沿水深（米）	日通过能力（吨）	泊位类型	建造年月	所属单位
渔业码头	18.30	300	3.5	—	木质浮码头	1959	孔浦海洋渔业公司
清水码头	12.00	100	3.0	100	木质浮码头	1958	清水浦船厂
镇海小码头	12.19	100	3.0	100	木质浮码头	1959	镇海航运公司
镇海小码头	14.00	100	3.0	150	木质浮码头	1959	镇海航运公司
后勤部码头	56.30	3000	3.5	—	钢质浮码头	1958	宁波军分区
渡轮码头	19.40	—	3.0	—	木质浮码头	1959	市渡轮站
巡逻艇码头	11.50	50	4.0	—	木质浮码头	1960	市公安局

1965～1972年

在艰难曲折的历史进程中，宁波港从1965年10月至1972年12月，先后在白沙和江东两区建成小型泊位5座，泊位总长130.9米（不包括改建部分），建设总投资66.83万元。这样，宁波港属码头的泊位总长由1965年的350.5米增加到1972年的481.4米。而在港口装卸机械的设置上，8年间也有一定程度的改善，宁波港的装卸机械由128台增加到237台，增加了将近1倍。

1965～1972年新建泊位统计

泊位名称	码头结构	泊位规格 长（米）	泊位规格 宽（米）	建造年月	竣工日期	投资金额（元）	说明
白沙1号固定泊位	高桩承台式	21.8	9.8	1965.9	1966.9	85600	—
白沙2号固定泊位	高桩承台式	28.5	9.8	1966.8	1967.3	120000	—
白沙3号固定泊位	高桩承台式	29	9.8	1967.5	1968.5	133000	
白沙4号固定泊位	高桩承台式	31.6	9.8	1972.11	1973.10	191150	上述4个泊位连成一体
江东二区码头	混凝土平台码头	20	8	1968.10	1969.12	138550	1972年12月4日晨7时塌方

库场的变化。1965年，宁波港共有普通仓库15座，总面积4883平方米。堆场7处，总面积34561平方米。到1972年，随着港口货运业务的变

化，宁波港的库场也有相应的调整。这个调整使堆场的面积有所缩小，而仓库的容量却增加了1213平方米。

1972年宁波港库场统计

所属装卸区	名称	数量	实际面积（平方米）	有效面积（平方米）
第一装卸区	仓库	8座	2404	1681
第三装卸区	仓库	5座	3692	3582
合计	仓库	13座	6096	4263
第一装卸区	堆场	—	3851	—
第二装卸区	堆场	—	510	—
第三装卸区	堆场	—	17740	—
合计	堆场	—	22101	—

宁波港务管理局组织和领导三区（指老港白沙作业区）扩建工程。

三区的扩建工程，虽然开始于1972年，但进入大规模的扩建和改造工程还是在1974年以后。自1972年开始至1977年，国家和地方先后6次拨款，合计投资1436.74万元。新建、改建项目以及新增设备包括：

1. 整片式固定码头4座，长453米，移装钢质浮码头1座，短船长50米；

2. 新建仓库3座，合计5773平方米，其中月台式仓库1座，计987平方米；

3. 新建生产辅助用房4幢，计2923平方米，生产用房8853平方米；

4. 新增装卸机械73台，其中门机2台、塔吊2台、16吨轮胎吊5台、汽车9辆、铲车6辆、1.5吨变幅吊20台、输送机23台、牵引车2辆、履带吊1台、3~5吨轮胎吊1台、电瓶车2辆，另有自制机具81套；

5. 购置和维修机床设备15台，另外还进行了作业区内的公路和电力线的改道、自来水管的改道、153户社员和居民的迁移等项目。

1973~1978年

宁波老港三区的扩建工程，自1972年开始到1978年结束，中央和地方共拨款1436.74万元，先后改建和新建泊位5个。其中梁板式固定码头4座，泊位总长453米；移装钢质浮码头1座，泊位长50米。

1978年宁波港务局江北岸码头统计

作业区及泊位名称	结构	建造年月	位途泊用	前沿水深（米）	靠泊能力（吨）	泊位数 长度（米）	泊位数 个数（个）	综合通过能力	备注
第一装卸区1号码头	钢质浮码头	1978年改造	客运	3.8	3000	80	1	4.4	
2号码头	钢质浮码头	1963年	客运	3.8	1000	40	1	9.3	
3号码头	钢质浮码头	1964年	散装	3.8	500	40	1	10	
石道头码头	梁板式	1976年改造	客运	2	500	36	1		由4号码头改建与5号码头相连
5号码头	钢质浮码头	1963年	客运	2	200	16.8	1	0.3	
杨善路码头	钢质浮码头	1976年改建	客运	3.8	1000	31.7	1	3.5	
车站路码头	钢质浮码头	1976年改建	客运	3.8	3000	36	1	2.0	
第二装卸区固定码头	梁板式	1970年	杂货	2.5	200	25.5	1	2.2	
水泥平台	框架式	1970年	散货	2	200	6	1	4.5	
第三装卸区浮码头	钢质浮码头	1975年改建	杂货	3.8	2000	50	1	3	
11号水泥码头	高桩梁板式	1976年改建	杂货	4.5	3000	80	1	18	
12号重体码头	高桩梁板式	1974年改建	杂货	4.5	3000	31	1		通过能力与11号码头统计在一起
13号水泥码头	高桩梁板式	1975年改建	煤炭	4.5	3000	92	1	46	
14号水泥码头	正片式	1976年改建	杂货	5.0	3000/5000	250	2	36	

自从1973年周恩来总理提出"要在三年内改变港口面貌"的指示以来，宁波港采取了港务局建港和货主单位建造部分专用码头并举的方针。1973年以前，宁波港仅有6个货主码头10个泊位，泊位总长度为180米。

靠泊能力除宁波燃料站建设的油库码头达千吨级外，其余均在500吨级以下。1973年以后，宁波港货主码头有了很大的发展。浙江炼油厂、宁波海洋渔业公司等6个单位新建和改建了6个泊位，总长共计637米。到1978年，宁波港共有货主码头13个、泊位18个，泊位总长877米。

1973年宁波港各类装卸机械概况

	型号	台数	动力形式	起重能力（吨）	产地	技术情况 一、二类	三、四类
总计	—	200	—	—	—	119	81
一、起重机类	—	86	—	—	—	34	52
汽车吊	亚斯204	2	柴油机	3	上海	—	2
硬胎吊	雷贝尔	1	柴油发电	2		—	1
轮胎吊	QL3-16	1	柴油机	16	北京	1	—
电动吊	轮胎式	2	电动机	3	上海、长沙	2	—
电动吊	塔式	1	电动机	3	上海	1	—
固定式吊	—	3	电动机	1.5-2	自制	3	—
固定转盘式吊	—	3	电动机	1.5-2	自制	3	—
变幅式吊	—	24	电动机	1	自制	24	—
简易转盘吊	—	17	电动机	0.6	自制	—	17
少先吊	—	23	电动机	0.3-0.5	自制	—	23
固定桅杆吊	—	9	电动机	0.3-1	自制	—	9
二、输送机类	—	48台/573米	—	—	—	48	—
皮带机	800mni	20台/286米	电动机	120吨/小时	嘉兴、温州、上海	20	—
皮带机	600mm	5台/25米	电动机	80吨/小时	自制	5	—
皮带机	500mm	23台/262米	电动机	80吨/小时	杭州、自制	23	—
三、装卸机类	—	3	—	—	—	1	2
铲车	w613	1	内燃机	3	上海	1	—
铲车	先锋	2	内燃机	3	上海	—	2
四、牵引车类	—	8	—	—	—	—	8

续表

	型号	台数	动力形式	起重能力（吨）	产地	技术情况 一、二类	技术情况 三、四类
	58型	2	内燃机	3	自制	—	2
	290型	1	内燃机	2	自制	—	1
	道奇T110	2	内燃机	3	自制	—	2
	四明山	1	内燃机	3	宁波	—	1
	雪佛莱	1	内燃机	3	宁波	—	1
	西湖	1	内燃机	3	自制		
五、搬运车类		23	—	—	—	22	1
电瓶搬运车	EKN改装	9	电动机	1.5	自改	9	
	新部	13	电动机	1.5	清河	13	
	立式3K$_2$	1	电动机	—	沈阳	—	1
六、起重船类	—	3	—	—	—	3	
简易起重船	—	3	电动机		自制	3	
七、其他	—	29	—			3	18
自卸车	解放却贝尔	3	内燃机	3.5－4		3	
载重汽车	—	16	内燃机	1.5－4	宁波、杭州、上海、长春	8	8
机动三轮板车	195	10	内燃机	1.5	自制		10

1973～1978年宁波港新增、改建货主码头统计

码头名称	结构	修建日期	码头用途	前沿水深（米）	靠泊能力（吨）	泊位数 长度（米）	泊位数 个数（个）	所属单位
水产码头	混凝土梁板式	1974	水产、冰	3	500	60	2	宁波地区水产公司
木材码头	混凝土梁板式	1978	木材	—	500	30	1	宁波地区水产公司
商业仓库码头	混凝土梁板式	1978	冷冻品	3.5	1000	80	1	宁波地区商业局
渔业码头	混凝土梁板式	1978	冰	3.5	1000	40	1	宁波海洋渔业公司
成品油码头	浮码头	1978	油料	4	3000	80	1	浙江炼油厂

续表

码头名称	结构	修建日期	码头用途	前沿水深(米)	靠泊能力(吨)	泊位数 长度(米)	泊位数 个数(个)	所属单位
原油码头	高桩承台式	1977	原油	13	24000	305	1	浙江炼油厂
油码头	浮码头	1978	油料	3.5	1000	42	1	镇海发电厂

——辑录自《宁波港史》第十二至十五章

姚江大闸文献辑录

姚江治理

姚江，又称余姚江，又名舜江、舜水，从浙东四明山山脉出，北偏西行，至上虞市永和镇新江口，右折东行，至余姚马渚，再右折偏南行，进余姚城区，至宁波三江口汇入甬江，干流全长107.4公里。

姚江从余姚市城关四闸以下至宁波三江口为下游。从上虞市永和镇新三江口到宁波三江口干流长86.16公里，1959年建姚江大闸后，截弯去湾头河道5公里，加上闸内引河长1.24公里，今长82.4公里。江北区位于姚江下游左岸，从慈城镇三勤村网滩自然村至姚江大闸长24.5公里，闸外至三江口3.3公里，加上湾头"盲河"5公里，总长32.8公里。

1959年大闸建成前，姚江为潮汐河道。一般情况下，潮流界在丈亭三江口以下。若连旱20~30天，咸潮上溯到丈亭；连旱40天，可上溯到上虞市通明坝。姚江下游河道宽150~250米，中水位0.93米时平均水深5.0米，干流下游河道坡降小于0.001%。姚江大闸建成后，姚江成为内河，闸内干流河道容积，水位-2.87~1.33米，容量为4042万立方米。

……

疏浚 河口建闸前，姚江干流自上虞市永徐镇新江口至宁波三江口为潮汐河道，两岸无堤防。1952年起兴建土塘挡潮，在内河通姚江口浦建闸控制，涝情有所缓解。1958年旱，今江北地区受灾14万亩，成灾10.72万亩。1959年建成姚江大闸，阻咸蓄淡，两岸农业生产受益匪浅，但因潮汐吞吐被截，甬江潮波变形，水沙关系失衡，引起闸外尾闾和甬江干流泥沙大量淤积，过水断面缩小，影响航运及排涝。1961年测量，离闸下1000米（第二医院断面）以内，河道断面面积缩小3%~7%，河底高程最深处由1951年10月测量-7.87米上淤至2.07米。离闸下2000米（槐树路小学断面）以内，缩小23%，河底高程最深处由1951年10月测量-6.17米上淤至-4.37米；离闸下3000米（新江桥外侧断面）缩小34%，河底高程最

369

深处由1951年10月-22.37米上淤至-5.87米。至1967年，各断面又分别缩小10%、45%、60%，8年时间累计淤积368万立方米，姚江大闸排水能力由设计流量725立方米每秒，减少到450立方米每秒。姚江是市级河道，从1967年起，宁波地区水利局、宁波市水利局对淤积河段进行疏浚，确定疏浚标准为河道平均断面为1400平方米，为建闸前75%左右；江底标高为-6.6米至-6.74米，可通过流量1200立方米每秒。自1967年至1984年，累计挖泥215.8万立方米。1985年起，因经费无着落暂停，河道又迅速回淤。1990年，原3个断面复测（第二医院、槐树路小学、新江桥外侧），重淤量57.8万立方米。1991年起，宁波市政府决定恢复疏浚，至2001年，共疏浚土方93.33万立方米。

自建闸后，江北区段闸内河道基本未疏浚，只对河岸加固。

20世纪70年代的姚江大闸

姚江大闸 姚江大闸位于江北区甬江街道境内，东为姚江村，西为永红村，闸上集水面积1748平方公里。按重现期20年一遇，日净雨量130.7毫米（降雨量159毫米）3天排出，设计过闸流量725立方米每秒。闸身全长165.2米，闸门36孔，每孔宽3.3米，总净孔径118.8米。闸孔净高4.4米，中间2孔升高略过船孔。闸底高程-2.87米。桥面高程3.63米，主车道宽7米，按汽-13级设计，两侧人行道各宽1.5米。闸身上下游两端各设深1.8米的截水齿，上游护坦38.7米，下游护坦61.5米，用浆砌石及干砌块石砌筑，厚度0.6米。下游设消力池。闸基为粉质软黏土，用1.2米厚黄泥垫层，上为0.8米厚钢筋混凝土底板，底板每3孔分离为一块闸室岸，后用煤渣填充，减少基础荷载。稳定控制上下游最大水位差为3.07米，挡潮3.5米。老河道堵坝长300米，坝顶高程3.13米，宽12米。工程由 1958 年 9 月动工，1959 年 6 月建成。建成后，闸内干流河道容积，水位在 -2.87 米至 1.33 米间为 4042 万立方米。姚江大闸建成后，因上游集水面积大，河槽内复蓄指数高，姚江水占江北区总可供水量的 38.98%，加上抗旱提水占 33.13%，2 项总计占全区河道供水量 72.09%，江北农业生产用水得到基本保证，但一日两次潮汐吞吐被截，引起闸外尾闾和甬江干流严重淤积，影响排涝、航运。

姚江大闸东首 245 米处建有姚江船闸，始建于 1980 年，1983 年竣工，按 7 级航道标准建设，可通航 50 吨级船舶。今姚江船闸在原升船机址上改造，建于 2000 年 10 月，2004 年竣工，2005 年通过竣工验收，按通航 5 级内河航道标准建设，可通航 300 吨级船舶。

——辑录自《宁波市江北区志》第八编第一章第二节

姚江闸与甬江航道

贺文彬

姚江，又称余姚江，是甬江的主要干流，全长 105 公里。西来的杭甬运河，在余姚县境内的曹墅桥港口与姚江相接，使姚江的下游段又成为杭甬运河的一部分。其通航里程从钱塘江南岸的西兴镇起，至镇海区口门入海，全程 250 余公里，历史上曾是宁波港物集散的主要交通大动脉。

由于姚江外通海洋，内接钱塘江。从水运的整体布局来看，又是京杭大运河富有战略性的延伸，拥有巨大的水运潜力。但令人遗憾的是，姚江闸这一庞大的刚性建筑，不但截断了甬江与姚江之间的直接联系，而且导致甬江航道不可逆转地严重淤积。

一　姚江闸建造的意想及规模

1958 年初，在"大跃进"的影响下，宁波地区和宁波市的农业水利部门，为加强农田水利的基本建设，提出在姚江下游段建闸，拦潮蓄淡，提高灌区蓄水能力的建设方案。尽管这个方案一经出台就遭到交通运输部门的强烈反对，但由于姚江的现实作用和潜在的经济意义，以及可能对甬江航道造成不良后果没有被当时的决策者所认识，这个方案很快被拍板通过，并于同年 10 月在姚江下游段、距三江口约 3 公里处动工兴建。建成后的姚江大闸长 165.2 米，高 7.15 米，坝底宽 14 米，坝面宽 10.30 米，闸底高程为1米。大坝设36孔，每孔净孔径3.3米。据1959年1月省水利厅勘测设计院计算，姚江闸建成后可增加蓄水量2800万立方米，使灌区52万亩农田能提高抗旱能力11天半。

由于缺乏科学的、总体的可行性论证，姚江闸建成后，不仅在农田基本建设上没能达到预期的目的，相反因甬江航道的迅速淤浅，闸门外水位升高，造成姚江排水困难，使洪水期间内涝比建闸前更为严重。但其最根本的影响，还在于甬江航道的严重淤积。

二　姚江建闸前的甬江航道

我国古代的四大著名港口中，泉州港、杭州港在历史上相继衰落以后，宁波港依然能独树一帜，其最根本的就是甬江航道长期稳定、水深良好。

19世纪中叶以后，随着我国轮船业的兴起，3000吨级的船舶在甬江中一直进出自如。据资料记载：1937年前后，7500吨级的"铁利马尔"和"开波马尔"轮，在减至5000吨后，进出过宁波港。

1937年日本发动全面侵华战争。翌年，国民党政府为防止日寇从水路进击宁波，曾在镇海口外打了一道梅花桩。第二年又在招宝山、金鸡山一带沉船19艘。在梅墟拗罴江沉船2艘，致使甬江局部航段发生变化。1954年在大汛低潮时，民主三号轮（吃水3.8米）通过游山至招宝山航段时，曾发生拖底现象。但经过疏浚和清理（打捞沉船），该航段至1958年姚江建闸前，3000吨级的沪甬客货轮再也没有发生过类似情况。经1956年对甬江航道的实测结果与1928年海图做比较，从河道的断面面积与河床总容积来看，二者十分接近。这说明建闸前的甬江河床及航道，虽经人为破坏，曾引起局部航段的淤积，但一经治理，就能恢复和保持原来面貌。

三　姚江闸建成后所引起的甬江潮流与泥沙运动的剧烈变化

姚江建闸后，余姚江成了一个河道水库，供水量有所增加。但自然形成的甬江潮流与泥沙运动的相对平衡状态被破坏了，由此引起前所未有的变化。

第一，潮流量的变化。建闸后，上溯姚江的潮流量被截，使甬江的进潮量大为减少。建闸前白沙的进潮量是2630万立方米，建闸后减至1330万立方米，减少了一半。镇海的进潮量在建闸前是3610万立方米，建闸后只有2160万立方米，减少40%。

由于进潮量减少，落潮的平均流量也随之大大减少。建闸前，白沙的平均落潮流量是每秒1215立方米，建闸后减至每秒629立方米。镇海也由每秒1660立方米,减至1000立方米。

建闸前后宁波港潮量变化

	建闸前				建闸后			
	进潮量（立方米）	平均落潮量（立方米/秒）	平均潮差（米）	采用资料（年、月、日）	进潮量（立方米）	平均落潮量（立方米/秒）	平均潮差（米）	采用资料（年、月、日）
白沙	2630	1215	1.58	1956.6 1956.9~8 1956.8 1957.5 1957.8	1330	629	1.88	1962.5.29~6.14 1963.10.1~10.16
灵桥	1220	—	1.58	1957.5 1957.8.17~9.5	1100	—	1.88	1962.5.29~6.14
镇海	3610	1660	1.77	计算值	2160	1000	1.84	1962.5.29~6.14 1963.10.1~10.16

第二，流速、含沙量和输沙量的变化。据实测近料，建闸前后姚江的落潮平均流速虽均大于涨潮的平均流速，但由于进潮量减少，沙相应地减少了。特别是含沙量和输沙量的情况有了相应的变化。建闸前，落潮的平均含沙量大于涨潮的平均含沙量。建闸后恰好相反，落潮的平均含沙量与输沙量，均小于涨潮的平均含沙量与输沙量。

姚江建闸前后实测含沙量、流速、输沙量比较

单位：平均含沙量（公斤/立方米），平均输沙量（万吨），平均流速（米/秒）

		涨潮平均含沙量	落潮平均含沙量	涨/落	涨潮平均流速	落潮平均流速	涨/落	涨潮平均输沙量	落潮平均输沙量	涨/落	采用资料（年、月、日）
建闸前	白沙	0.53	0.60	0.88	0.5	0.64	0.78	15.10	17.23	0.93	1957.6.1~6.30 1957.5.8~5.23 1957.8.17~9.4
	白沙	0.42	0.43	0.93	0.51	0.63	0.81	11.80	11.70	0.95	1956.6.9~7.7 1956.7.8~8.1
建闸后	白沙	0.28	0.23	1.22	0.34	0.43	0.79	4.07	3.62	1.12	1962.5.29~6.14
	白沙	0.26	0.23	1.13	0.40	0.49	0.82	4.30	3.85	1.12	1963.10.1~10.16
	镇海	1.30	1.02	1.27	0.47	0.61	0.77	34.9	26.6	1.31	1963.10.1~10.16

这就形成由海域随潮进入河道的泥沙,与任由姚、奉两江上游带来的沙土一反往常,不能全部被落潮潮流带出口外,而在河床中沉积起来,一直到潮流与河床达到新的平衡为止。

第三,潮波变化。建闸前甬江潮波接近立波性质,建闸后更接近立波。建闸后平均涨潮加速度比建闸前有所增大。白沙站建闸前只 30.27 米/秒;建闸后增大至 0.36 米/秒。加速度的改变,使得沙峰出现的位置也改变。建闸前,较大的沙峰一般都出现在落潮流或低潮位附近,落潮沙峰大于涨潮沙峰。建闸后相反,由于涨潮加速度增大,使在涨潮期间较多地出现最高峰,从而助长了泥沙在河床中的淤积。

四 甬江航道的严重淤积

姚江闸建成后,余姚江 1200 余万立方米（一说 1400 万立方米）进潮量被截,使进出甬江的潮量大减。由此引起流量、流速、含沙量、输沙量、潮波等一系列变化。其结果是造成甬江河道的严重淤积。航深变浅,航宽缩窄,水位抬高。

自 1959 年 6 月大闸建成至 1981 年 11 月,整条河道（包括甬江内河段、口门段与姚江出口段）,总淤积量达 3168 万立方米（不包括 1974 年建设镇海港区后口门段的淤积量）。平均每公里淤积 110 万立方米。现按段分述如下。

甬江内河段。甬江内河段自三江口至镇海窄湾,长 22 公里。在建闸后的 22 年中,其淤积 2421 万立方米（指中潮位以下,下同）。其中建闸后第一年淤积为最多,计 943 万立方米。

第二年为 192 万立方米。以后每年平均为 100 万立方米。1973 年起逐渐递减至 20 万立方米左右,完成了河床与潮量的重新平衡过程。

甬江口门段。该段起自镇海窄湾,止于大游山外导流堤,全长 4 公里。姚江建闸前,招宝山航段的断面面积为 3320 平方米,航道水深 6.9 米;镇海窄湾断面面积为 3160 平方米,航道水深 17.3 米。建闸后至 1973 年,招宝山航段的断面面积减少到 1311 平方米,航道水深降至 3.3 米。镇海窄湾断面面积也减至 1824 平方米,航道水深下降到 9.81 米。

姚江出口段。该段起自姚江闸下,止于三江口,长约 3 公里。河道断面面积（吴淞高程 4 米以下）建闸后的 1967 年,比建闸前的 1957 年减少了 50%。解放桥上下段长约 2 公里处河底淤高 4～5 米。

22 年来,甬江内河段的淤积总厚度平均为 2.50 米。河道的平均断面面积由 2560 平方米减为 1536 平方米。平均河宽由 408 米缩减为 355 米，平均水深由 5.72 米降低为 4.01 米。

姚江建闸前后甬江断面面积、河宽、水深比较

	建闸前（1956年）	建闸后（1980年）
平均断面面积（平方米）	2560	1536
平均河宽（米）	408	355
平均水深（米）	5.72	4.01
中潮位以下平均航深（米）	8.55	5.15

这就是说，建闸后比建闸前甬江河道在中潮位以下平均断面面积减少40%，平均河宽缩窄13%；平均水深减少30%。而局部淤浅水段在中潮位以下的水深实际还不到 4 米。

五　港航能力下降

姚江建闸及甬江河道的缩窄变浅，必然带来港运能力的下降。

第一，姚江线。姚江在建闸前，据资料统计，每天进出港船只有 200~300 艘次。进出港的最大船型为 200 吨级的中浙 8 号轮。该轮长 24 米、宽 4.3 米、吃水 2.5 米。建闸后由于姚江被截，加上未设置船闸，姚江自此成为封闭式的内河港，不仅使姚江的运输能力下降，而且也断送了宁波港货物集散的一条重要通道。

第二，奉化江线。姚江建闸后造成甬江河道严重淤积，使奉化江入口处（江口桥至湾头）全长 410 米的航段变浅，即使"在一般平潮时 5 吨船只（通过）也很勉强"。而过去进出奉化江的传统船型，大都是 5~10 吨的驳子和百官船。输运能力下降。

第三，甬江线。甬江是姚江闸受害最惨重的河道。据 1960 年 6 月建闸后第一年测量，仅姚江闸至新江闸之间约 3 公里河段，就淤积 330 万立方米。在新江积下淤竟高达 18 米以上。吃水 3.6 米的沪甬线客货班轮遇低潮位进出港时拖底严重。3000 吨级货船要减载 30% 后，再候潮进出港。1960 年 10 月宁波港务监督在年终总结报告中提出：由于虎蹲山到小金鸡（山）、张锚矿到王家洋、王家洋到清水浦几段航道水深普遍变浅，不但吃水深的货轮不须候潮进出，就是吃水稍浅的货轮如浙海甬 501 号、503 号，甚至于民三、民四（轮）也都受低潮水位限制，经常发生调浅情况。浙海甬 501

号轮搁浅过3次。民三、民四（轮）都搁浅过。民三轮在招宝山附近搁浅3个半小时。为安全起见，1960年冬起，凡进出甬江的3000吨客轮、货轮都得候潮进出港。直至1984年甬江航道经综合治理后才得以恢复。

六　航道疏浚的经济损失

姚江闸破坏了甬江进出潮的相对平衡，造成甬江航道的严重淤积，使之缩窄变浅。尤其是几处水流较缓的开阔航段如镇海口门处的小游山至招宝山，张镒矿至镇江亭两段，淤浅最为严重。据1960年初测量，最低潮时，该两段航道水深已不是3.5米。为保障3000吨级船舶的航行安全。1960年由市交管局与天津航道局签订《甬江航道疏浚工程协议书》。次年7月，天津航道局派遣"浚利""快利"两艘挖泥船，自镇海口起至梅墟拗的七段主要浅滩进行往复疏浚。到同年10月结束，上述航段浚深至低潮位平均水深3.3～3.8米。挖泥总量为32万立方米，计疏浚费50.4万元。可是到1962年10月，这七段航道的平均水深又淤浅至2.5～2.8米。为维护通航，保持航道和泊位前沿的必要水深，自1961年起，每年需要疏浚。截至1981年．累计挖泥550万立方米，造成经济损失近1000万元，这还不包括1978年后甬江口门段的整治费用。

七　结束语

自然经济思想必然轻视流通。轻视流通就必然会忽视对交通运输条件的改善和维护。对水力资源的开发来说，往往把它作为生产上的灌溉、养殖、发电等的增长因素来考虑，忽视甚至排斥把水力资源作为流通领域里的一种潜在的发展因素，在较高的层次上进行科学的开发和利用。

马克思曾经明确地指出：运输是有别于采掘业、农业和工业的第四个物质生产部门。港口作为运输业的一个重要组成部分，毫无疑问，航道唯其生命所系。姚江闸拦潮蓄淡的结果，不仅严重地损害了甬江、姚江、奉化江以及杭甬运河的运输潜力，而且还年复一年地承担着为疏浚甬江航道所付出的巨大的人力、物力和财力。这些恐怕是当时姚江闸的设计者和拍板者所始料不及的。在姚江闸建成的今天，我们反思过去，只有一个目的，这就是"前事不忘，后事之师"。但愿我们的子孙后代再不要为我们的过失去背负类似姚江闸这样沉重的包袱。

——辑录自《港口科技动态》1989年第11期

关于姚江大闸的存废

1959年，建成姚江大闸后，闸下至甬江河段河床严重淤积。建闸后第一年淤积943万立方米，第二年淤积192万立方米，以后逐年减少，至1973年趋于稳定，每年约20万立方米。1960~1981年的22年，累计淤积量为2440万立方米。

严重淤积使3000吨客货轮只能候潮进出，许多码头无法停靠。危及航运的后果，引起社会上的极大关注，因此展开了对姚江大闸利弊、存废的大讨论，并着手进行与此有关的基础研究。1962年起，南京水利科学研究所、浙江省交通厅航运局、北京水利水电科学研究院、浙江省河口海岸研究所、浙江水利科学研究所等单位多次测试研究淤积情况和治理措施，先后提出《甬江淤积分析》《姚江闸下淤积分析》《甬江淤积问题分析及航道改善措施初步报告》。1975~1977年，交通部天津水运工程科学研究所设6个测点施测潮位、流速、流向、含沙量，对悬沙和底沙做了颗粒分析，对甬江口回淤河进行了模型试验。1982年4月，浙江省海洋学会和宁波地区科学技术协会组织"甬江淤积问题学术讨论会"提出姚江开闸纳潮试验。经过半年准备，试验于同年12月6~15日进行。参加单位有天津水运工程科学研究所，浙江省水文总站，浙江省水利、航运、环保部门和宁波港监、水上派出所等。试验期间，甬江干流上布设笠山、镇海、梅墟、白沙4个水文断面；奉化江、姚江上在澄浪堰、姚江大闸各设1个水文断面。各水文断面同步观测潮位、流速、含沙量、含氯度等项目。开闸前和开闸后，在甬江干流和奉化江、姚江各施测河道断面1次。开闸纳潮试验资料送浙江省河口海岸研究所，由该所汇总、分析、研究，并做报告。1983年6月，浙江省基本建设委员会在宁波市召开第二次"甬江淤积问题学术讨论会"，邀请省内外大学、科研、水利、交通、城建、环保、规划、建设等24个单位，44位专家、教授、科技人员参加。会议分析了开闸纳潮测验资料，提出了以疏浚与开闸纳潮相结合为宜的治理意见。认为废除（或开放）姚江闸，可恢复部分甬江潮汐吞吐量，对航运有利，还可提高排涝能力；但同时认为闸内河道已建有较多的生产设施和平均每年可供农灌水量5000万的补偿问题，近期难以解决，又加之闸内淡水已是宁波重要的供水水源，废闸工作难度很大。

关于这一专题研究，除科研单位提交的"研究报告"外，尚有浙江省河口海岸研究所李光炳撰写的《关于镇海港整治问题的探讨》（1981年），宁波地区水利学会林显钰撰写的《甬江淤积和姚江闸存废问题的探讨》（1981年11月），宁波地区水利学会林显钰和沈祥令撰写的《甬江流域规划和姚江闸利弊的评估》（1982年3月），浙江省河口海岸研究所李光炳撰写的《甬江淤积及治理的探讨》（1984年5月），杭州大学河口港湾研究室沈承烈撰写的《甬江航道整治初析》（1983年3月）。

——辑录自《姚江志》

管理机构文献辑录

新浙海关（洋关）

  1842年，鸦片战争后，宁波被列为五口通商的对外开放口岸之一。1844年，浙海（常）关恢复管理进出口贸易职能。1855年夏天，英国驻甬副领事文极司脱在领事助理赫德陪同下，会见海关监督、宁绍台兵备道，提出在宁波口岸成立新关税务司以征收洋税，得到道台的口头承诺。咸丰九年三月（1859年4月），总管各口海关总税务司李泰国向上海道提出建立宁波、镇江等11口新关书面建议，并要求概用外国人为税务司。

  咸丰十一年四月十一日（1861年5月20日），总理衙门决定建立宁波新关，总税务司委任署理中国海关总税务司英人费士来兼宁波浙海关税务司，并委任英人W.W.华为士（W.W.Ward）为浙海关税务司。两人同到宁波，负责筹建浙海关新关。

  咸丰十一年四月十五日（1861年5月22日），清政府在宁波府江北岸外马路74号、75号设立宁波浙海关税务司，专征国际贸易进出口税钞，称新关，俗称"洋关"。原江东木行路25号之旧浙海大关，改称为常关，专征收商税和民船船钞。当时浙海关监督由分巡宁绍台海防兵备道兼任，浙海关监督署设立在道台衙门内，在昔浙海关旧址。外籍税务司的职责是"帮办税务"。首先，主要的登录工作由海关监督署执行。海关监督派下属书办往税务司署，作为行政人员，计算关税收入，还记载日常事务登记簿，书办不在税务司管辖之下，由监督任命。

  其次，海关监督与税务司在经济事务方面的分工是，税务司负责估税，海关监督公署负责收款及保管税钞收入（由指定银号代理）。海关经费支出的主要部分，由海关监督批示拨发。从开关到清代末的50年间，浙海关税务司对税款从无直接管理之权。

  最后，在浙海关建立初期，19世纪60年代，浙海关外班洋员如总巡、巡丁、船长等，虽由税务司任命，但形式上必须由海关监督发给委任状（当时称为喻单），在法律上才能得到正式承认。

浙海关税务司会馆（建于1867年）

清同治七年（1868）隶属于总税务司的海务科成立，我国沿海被划分为南、中、北三个区段，中段总部设在上海。其"巡工司"统管上海、宁波、镇江及汉口诸港航运船政。在浙海关设置理船厅，后改为港务长。

清同治十二年（1873），总税务司赫德发出第13号《总税务司通札》称："监督不能命令税务司。"从而削弱了海关监督的权力，并失去对海关外班洋员名义上的任免权。

光绪二十七年（1901），清政府与英、法、德、奥等八国签订的《辛丑条约》规定，由于通商口岸五十里内的"常关进款"也做了庚子赔款的担保，因此，部咨文："通商口岸各常关征收常税事宜，自光绪二十七年十月初一日起（1901年11月11日），改归新关税务司兼办，仍由监督派员随同经理（负责关务），薪水由关支给。"然而，在光绪三十一年（1905年8月）前，宁波的江东、镇海两关及小港、沙头两分口的行政和税务工作，实际上仍由海关监督公署掌握。

光绪三十一年七月十二日（1905年8月12日），税务司行文宁绍台道：由于镇海口收税较江东分关更多，要求海关监督派督署委员居住镇海分关。而体制有所改革：在镇海、江东原常关设立委员，帮助税务司工作，聘期1年。1年期满，如办事认真、一切稳妥，由浙海关税务司函商（监督）相留接办。此事征得宁波关道的同意。

从此，浙海关税务司才正式涉足于原 50 里内常关税务。

宣统三年九月十五日（1911 年 11 月 5 日），满清政府被推翻，宁波光复，革命党人成立宁波军政分府。由宁波军政分府都督兼海关监督，将代收和存蓄浙海关税款的大清银行宁波分行，改为中华银行宁波分行。但浙海关税务司秉承总税务司意旨，夺取浙海关监督的税款保管权，架空关道对新关的监督权。到 1918 年，两常关正式归属于浙海关税务司。

1912 年 6 月，浙海关监督公署成立，地址在中山西路清代海关行署内。设海关监督 1 人，由北京政府民国大总统委派。

民国初年，浙海关监督是专职，不再由道尹兼任。但监督兼任外交部宁波交涉员（至 1929 年 8 月裁撤），以便于与各国驻甬领事协办外商事务等。监督以下设部派会计主任 1 人，课长 1 人，课员 7 人，护员 8 人；另设稽查员 2 人。

浙海关监督署会计主任、课长、课员等人应处理浙海关税务司呈交的下列文件：

甲类：

1. 逐日征收各项税钞清单；

2. 各国军舰出入每月调查报告；

3. 吗啡进口月报告表；

4. 民国×年×月渔、牧、农产品进出口数目表；

5. 关税收支月报表；

6. 中外贸易月刊报告；

7. 票照单详细月报表；

8. 第×结罚款案由清折；

9. 第×结国民物品清折；

10. 第×结缉获充公洋土鸦片及毒品详情表；

11. 浙海关×季度收支总表。

乙类：

1. 号簿，即商船缴纳关税的报告书；

2. 红单，即各商船船钞和关税月报告书。

按照《浙海关监督署办事细则》规定：

督署税务课：掌握稽查、稽征税票及文牍、庶务、收发、会计、金柜、报解、航政、护照各事。

督署稽核课：掌理审核、登记簿记、表册及统计各事务。

1931年，国民政府以欧美模式，划分船政与海关权限。1935年，将浙海关税务司原辖普通民船、木帆船、中小轮船公司的检验、丈量登记、船员管理及海事处理等，移交给新成立的上海航政局宁波办事处。

1861～1935年浙海关税务司名录

国籍	姓名		职务	任职时间
英	G. H. Fitz-Roy	费士来	税务司	1861.5.22～5.31
英	W. W. Ward	华为士	税务司	1861.5.22～5.31
英	G. Hughks	休士	副税务司	1861.5.31～1861.11.9
法	P. Glguel	日意格	税务司	1861.11.9～1863.4.8
英	Robert Hart	赫德	兼宁波税务司	1863.8～1863.11
英	J. Brown	布浪	署理税务司	1863.4.8～1864.11
法	P. Glquel	日意格	税务司	1864.11～1865.4.15
英	J. K. Leonard	林纳	税务司	1865.4.15～1868.2.1
英	E. C. Bowra	包腊	代理税务司	1868.2.1～1870.4.6
英	F. W. White	惠达	税务司	1870.4.6～1872.7.31
英	W-Cable	竭模	署理税务司	1872.7.31～1872.9.21
英	F. W. White	惠达	税务司	1872.9.21～1874.11.13
德	B. Detring	德璀琳	署理税务司	1874.11.13～1875.11.9
英	H-Rubey	卢丕理	署理税务司	1875.11.9～1875.12.2
英	R. F. Bredon	裴式楷	署理税务司	1875.12.2～1876.2.4
英	T. Dick	狄妥玛	税务司	1876.2.4～1877.1.20
不详	J. L. E. Pacm	班漠	署理	1877.1.20～1878.11.21
美	E. B. Drew	杜德维	税务司	1877.11.21～1880.4.11
不详	R. B. Moorhead	穆和德	税务司	1880.4.11～1881.6.24
德	F. Kleinwachter	康发达	税务司	1880.4.11～1884.3.31
英	E. H. Grimanl	纪默理	署理税务司	1884.3.31～1884.7.30
英	H. Kopsch	葛显礼	税务司	1884.7.30～1886.4.16
德	F. Kleinwachter	康发达	税务司	1886.4.16～1889.5.30
法	L. Rocher	雷乐石	税务司	1889.5.30～1891.7.19
英	J. Acheson	阿歧森	署理税务司	1891.7.19～1891.12.12

续表

国籍	姓名		职务	任职时间
美	H. F. Merrill	墨贤理	税务司	1891. 12. 12 ~ 1896. 5. 8
英	E. T. Pym	斌尔钦	署理税务司	1896. 5. 8 ~ 1896. 6. 3
英	F. S. Unwin	安文	税务司	1896. 6. 3 ~ 1897. 10. 11
德	P. G. VonMollendor	穆麟德	税务司	1897. 10. 11 ~ 1901. 4. 20
挪	F. Schjoth	佘德	税务司	1901. 4. 24 ~ 1903. 4. 11
英	R. B. Moorhead	穆和德	税务司	1903. 4. 11 ~ 1903. 5. 21
不详	A. G. H. Carruthers	查禄德	署理税务司	1903. 5. 21 ~ 1903. 11. 2
英	C. H. Oliver	欧礼斐	副税务司	1903. 11. 2 ~ 1904. 5. 17
不详	A. C. H. Carruthers	查禄德	署理税务司	1904. 5. 17 ~ 1905. 5. 8
不详	C. L. Simpson	辛盛	税务司	1905. 5. 8 ~ 1908. 7. 4
英	J. W. Innocent	殷萼森	代理税务司	1908. 7. 4 ~ 1911. 4. 28
法	P. J. Crevedon	柯必达	税务司	1911. 6. 23 ~ 1913. 4. 16
英	J. C. Johnston	湛参	税务司	1913. 4. 16 ~ 1915. 4. 7
德	A. H. Wilzer	威礼士	税务司	1915. 4. 7 ~ 1917. 5. 30
英	F. W. Lyons	来安士	代理税务司	1917. 5. 30 ~ 1917. 7. 16
法	R. C. Gurnier	葛尼尔	税务司	1917. 7. 16 ~ 1917. 8. 24
英	F. W. Lyons	来安士	代理税务司	1917. 8. 24 ~ 1918. 5. 13
美	E. Gilchrist	克立基	税务司	1918. 5. 13 ~ 1918. 6. 6
法	P. P. P. M. Kremer	克雷摩	署理税务司	1918. 6. 6 ~ 1919. 3. 31
法	P. P. P. M. Kremer	克雷摩	代理税务司	1919. 3. 31 ~ 1919. 7. 13
英	W. C. G. Howard	钹蔚良	副税务司	1919. 7. 13 ~ 1919. 11. 1
英	F. W. Carer	葛礼	税务司	1919. 11. 1 ~ 1920. 10. 16
英	F. W. Carey	甘福履	税务司	1919. 10. 16 ~ 1924. 5. 16
英	A. G. Bethell	贝德乐	税务司	1924. 5. 16 ~ 1925. 4. 18
英	C. A. S. Williams	威立师	代理税务司	1925. 4. 18 ~ 1926. 5. 3
英	H. S. T. J. Wulding	威勒鼎	税务司	1926. 5. 3 ~ 1927. 10. 22
英	J. H. Cubbon	郭本	代理税务司	1927. 10. 22 ~ 1929. 4. 12
比	A. Sadoine	萨督安	代理税务司	1929. 4. 20 ~ 1929. 9. 30
比	A. Sadoine	萨督安	税务司	1929. 10. 1 ~ 1929. 10. 11
日	T. Ebara	江原忠	税务司	1929. 10. 11 ~ 1930. 9. 30

续表

国籍	姓名		职务	任职时间
美	H. W. Bradler	柏德立	代理税务司	1930.9.30～1931.2.20
英	E. N. Ensor	安斯迩	税务司	1930.3.30～1932.3.8
英	H. G. Lowder	劳德迩	代理税务司	1932.3.8～1933.10.8
中		卢寿汶	代理税务司	1933.10.18～1934.10.5
英	F. D. Goddard	克达德	税务司	1934.10.5～1934.11.6
中		霍启谦	代理税务司	1934.11.6～1936.3.16

——辑录自《宁波海关志》第一编第一章

宁波解放前航政纪实

许祖衡

旧时的宁波航政机构

我国航政设局，始于1932年。航政局主要业务是船舶的丈量、检查、登记以及其他有关船舶航行业事宜。这些业务，是从海关方面分割出来的。当时的海关控制在外国人手里，经过中国人民历次的反帝斗争和在一再要求收回国家主权的呼声下，才划分了航政与海关的权限，沿海重要港口如天津、上海、广州和长江中游的汉口等地建立航政局。与其相毗连的次等商港，都设办事处。隶属上海航政局的有海州、宁波、温州、南京、镇江等办事处。

交通部上海航政局宁波办事处，开始建立时的办公地点在镇海。主任周鉴殷，技术员刘曼思。技术员在办事处是个重要职务，负责丈量、检查事宜，当时船主（长）、船员都称他为验船员。1935年，办事处搬到宁波，借英国领事馆余屋办公。

1936年，主任周鉴殷去职，毛绍遂为主任，刘运中为技术员。后又调屠宗声接替刘运中为技术员。那时，木帆船多在镇海停泊，为了工作便利，办事处又搬到镇海。1937年又搬回宁波，在桃渡路办公。由于办事处在镇海和宁波两地搬来搬去，当时的人们又把交通部上海航政局宁波办事处称为交通部航政局镇海办事处。1938年，主任毛绍遂免职，李永庆接替为主任。李永庆毕业于美国麻省理工学院，学造船。那时的技术员，名义上是李永庆的哥哥，实则由李永庆自兼验船之事。1941年4月，日寇侵占宁波，李永庆避难到姜山。在这以前，他早已派代理技术员陈惠良去海门，派壮福幸去石浦以安排出路。宁波沦陷后，海门也接着被日寇侵占，陈惠良只得直奔上饶找门路、拉关系，通过国民党第三战区司令部，与逃避到重庆的国民党政府交通部取得联系，把上海航政局宁波办事处改为交通部直辖的宁波航政办事处，同时还另设交通部直辖的海门航政办事处，主任与办事人员不过五六人，都是兼任两处职务，名义上宁波、海门是两个办事处，实则二而一也。办公地点最初是在距离海门六七里的葭沚。那时，日寇虽然侵占海门半个多月后就退出，但风声鹤唳，惊耗频闻，办事处多次受惊而搬迁；由海门到黄岩，再由黄岩到温岭的泽国。1942年主任李永庆调江西造船处，由马子良来接任。1944年马子良去职，李锐继任。那一段时期的技术员都由陈惠良担任。

宁波沦陷期间，日本帝国主义和汪精卫政府，设宁波航政办事处于宁波天妃宫内。

1945年8月15日，日本宣布无条件投降，于9月2日正式签订投降书，抗日战争取得最后胜利。当时我患病在重庆，接到国民党政府的交通部部长俞飞鹏的通知，要我立即和陈戌鼎跟李孤帆到上海，接收上海航政局。李孤帆被任命为局长，陈戌鼎为业务科长，我被任命为"额外秘书"，另派李孤帆多年好友尤某为总务科长。后因添设秘书的报告未获交通部批准，只好派我来宁波接收宁波办事处。

我于1945年10月到宁波，接收宁波航政办事处。可是交通部直辖海门航政办事处主任兼交通部直辖宁波航政办事处主任李锐，早已派技术员陈惠良到宁波筹备恢复航政事宜，他们拒绝移交，致使交通部不得不于1945年11月下令撤销前直辖的宁波和海门航政办事处，将李锐撤职查办。1945年12月1日，我借宁波江北岸平安轮船公司房屋，恢复上海航政局宁波办事处工作。1946年元旦，迁到宁绍公司楼上办公。办事处组织简单，除主任外，有技术员陈惠良、屠宗声，科员朱锦瑞、邬在晋、孙连堂（后去香港经商），会计金南浩，事务员王谟明、施仁尧、翁经铨、魏祯祎，共计11人。

1949年5月24日，中国人民解放军解放宁波。同年5月30日，宁波市军管会财经部交通处接管上海航政局宁波办事处，留在宁波静候接收的我和办事处职员全部留用。

上海航政局宁波办事处建立以来，并无建树。那时国民党政府接收工作完成后，发表格评奖，上海航政局把交通部的表格转到宁波办事处，嘱令尽量填报。宁波办事处在工作上无可填报，后来由技术员陈惠良提出：1945年11月和1946年1月美国军舰两次访问宁波，宁波各机关借通商银行会场大肆欢迎。第一次是陈惠良代表办事处去参加，第二次由我和陈惠良带了翻译到美国军舰去观摩。

历届办事处主任除李永庆外，其余都是门外汉，业务上得过且过，热衷于争权夺利，与招商局等单位互相摩擦生事。技术员出去工作，认真验船的不多，乘机敲诈的不少。解放前，宁波的航政机构其素质如何，由此可见。

失而复得的宁波引水主权

引水权是港口主权的体现。宁波引水界限，是在江北岸到镇海口外七里峙的11海里港道上，但清政府把宁波海关连同引水权一并出让给外国人。咸丰十一年（1861）清政府在宁波开始任命洋人为税务司，立"新关"、"置理船厅"（后改为港务长）。第一任宁波海关税务司是英国人华为士，华为士控制海关后，即制定浙海关关章宁波引水分章，规定"凡商人欲派轮船往来宁沪须先报明税务司"，"引水宜听制于理船厅"。还规定船身长150英尺以上的船只，中国人不能当船长。引水员也都要由外国人担任。中国人只能在船上当泰利（英文译名，即理货之意）、水手、船工等职务。

1868年浙海新关即宁波海关又订立《宁波口引水专章》15款，其中规定："凡考试合格派充引水员的人应赴税务司，由税务司代地方官发给引水字据。"显然，殖民主义者把持了引水员的选任权，等于牢牢地掌握了宁波港的引水权。

第一次世界大战后，宁波港引水员有3人。除华生外，斐尔倍和爱克林都是英国人。这两个英国人常酗酒滋事，在执行业务中常常发生撞船、搁浅等事故。1921年，英国籍引水员酗酒后，把应该引向游山里面的一艘满载中国货物进口船，糊里糊涂地引到游山外面，结果船搁浅，船底漏水，船舱里的白糖全部溶化。在宁波专章上明确规定："凡引水人不安本分，酗酒闹事，以致所引之船损坏，或因此而有履险之事，……将其执据撤销。"而当时的政府竟不敢作声，引起了广大航业职工和社会爱国人士的强烈抗议和反对，迫使当局不得不向税务司提出撤换这两个英国籍的引水员，选拔熟悉航道的中国人当引水员的要求。那时，税务司和港务长与英国籍的引水员之间也有矛盾，见群情如此激昂，就顺水推舟地同意了。为了取回引水权，当时航业界中颇有声望的周裕昌和顾夏生前来参加引水员的选拔考试，但海关关章规定"引水应试人员不得超过45岁"，而周裕昌和顾夏生都是年近60的人，他们为了应试，剃去胡须，显露出体健力壮的身材，的确不减壮年风度。经考核合格，成为宁波港第一代中国引水员。后来，港务长也改为中国人担任。第一个担任宁波港务长的中国人是柯秉璋。

周裕昌和顾夏生为要把引水技术传授下去，精心培养忻春泉、徐志良、王兴发三人作为接班人。6年后，周裕昌与顾夏生相继去世，忻春泉、徐志良、王兴发三人也先后学徒期满成为引水员。王兴发当引水员不到一年就病死。忻春泉和徐志良又把引水技术传授给江良孚和李高□。抗日战争胜利后，忻春泉患神经病，不能执行引水业务，宁波港引水员只有徐志良、江良孚、李高□3人。

1937年，日军发动进攻上海的"八·一三"事变，11月5日，日舰炮击镇海城，宁波防守司令王皋南即奉令封锁镇海口。先后将21艘共2万余吨大小船只沉入甬江航道，筑起了一道所谓"海底篱笆"的防线，把主航道阻塞，中间留一道口子，进港船只只能在镇海口外停泊待驳。这样做，封锁了中国的船只，却封不住外国商轮。当时，英国、美国的美孚、亚细亚油轮通过外交手段，照常可以从留出的口子里运进柴油、汽油、煤油，把囤积在宁波的货物装出口，让外国人发了财，给引水员的工作带来万分困难。

抗日战争胜利后，上海招商局于1945年冬季租用总吨位1050吨的江凤轮，派甬港引水员江良孚试航沪甬线。此后，民营的舟山、大华、穿山、江苏等轮船也参加沪甬线航行。1946年夏季，旅客日增，招商局改派3000吨以上大轮船行驶沪甬线，穿山和舟山两船改航他线，大华轮船改为由上海开温州转宁波，江苏轮船改为由上海开海门转宁波。那时，江良孚为江亚轮船船主，李高□为江亚轮船领港，徐志良为江静轮船领港。因三位甬港引水员，都经常在船上工作，宁波航政办事处只好与江良孚等三人约定，如有大轮船进港，得到办事处通知后立即抽派一人前去引领。这样处理引水问题，很不恰当，但事先没有培养出较多引水员，临渴不及掘井，只能如此。好在那时候进甬港的大船在10英尺以上的，一个月里只不过几艘而已，所以还能得过且过。

霸头横行的宁波码头

解放前，宁波江北岸外马路轮埠鳞次栉比，其规模较大的有官营的招商局，民营的宁绍、三北和外国人经营的太古等轮船码头。这些码头都被封建霸头所霸占，成为地痞流氓作恶之场所，旅客安全没有保障。把持招商局、太古码头、"小工头脑"的是屠阿根；把持三北码头的是贝春伦、林世富与朱久生；把持直放码头的是竺礼达；独霸美孚油栈码头的则为黄岩人蔡四梅。这些家伙各据一方，横行霸道。他们一面充当帝国主义和地方上反动头子的走狗，一面压迫码头工人，还巧立名目，如把码头装卸费分为起舱费与装卸费等，增加额外收费，剥削商旅。

抗日战争初期，宁波码头霸头朱桂棠，投靠鄞县县长兼宁波警察局局长俞济民等，当上了情报队队长、江北壮丁训练队队长、宁波码头工会会长，在码头上煊赫一时，为当时的三十六股党首领。他把原来按照规定由轮船公司代付的装卸费，改为由旅客直接付，以便随意向旅客商家敲诈勒索。尤其是在镇海口封锁后，朱桂棠等人，勾结王皋南、俞济民，组织宁波驳运公司，强行规定凡在镇海口外停泊的商轮和"野鸡船"的货物，必须由宁波驳运公司承办进出口，他人不得染指，以便垄断专利。但停泊在镇海口外待驳的货多，而该公司所备的驳船少，船的吨位又不大，船的速度也很慢，以致停泊待驳的船常有 10 只左右，有时超过 20 只，有时待至半月方得起驳。客商损失不堪言状。不仅如此，他们还借建设抗日工事为名，在进出口货物和往来上海旅客的水脚、驳运等费中加上 10% 的应变费。事后仅仅在宁波江北岸沿江一带建了几个碉堡，其余的钱都被他们侵吞、私分。

1941 年 4 月 19 日宁波沦陷，朱桂棠等人跟俞济民部队在宁海一带"游击"，但暗中与日寇、伪军相勾结，他们的爪牙仍然在宁波码头上为非作歹。

抗日战争胜利后，霸头屠阿根儿子屠文元继承父业，在朱桂棠幕后操纵下，一跃而为宁波码头工会会长，两人一搭一挡，狼狈为奸。那时，虽把起舱费和装卸费两费并而为一，但暗中向客商刁难勒索更甚于前。屠文元副手王瑞卿把持生意最好的招商局码头，借轮船到码头至开船前装卸工作必须完成作业的时间差，以不能当班装出和不能当班起舱为借口，要挟和恫吓客商，进行敲诈勒索，直接向客商委托的货运中间人的报关行，收取了高于应收装卸正费 10 倍至 30 倍的补贴费。如不称他们的心，就把出口货物经旬累月堆积在码头上，进口货留在船舱里不予当班卸货，使其重运二三个班次。招商局因装卸设备不好、技术差，对这种恶劣现象，只好置若罔闻。宁波航政处因这帮霸头有黑后台，也不敢过问。报关行为取得中间利润亦偏向霸头，客商们无处告状，只好任其敲诈。

这批霸头对一般旅客，小商小贩也要乘机勒索。那时，来往沪甬航线，做小本贩卖生意的"单帮"众多，沪甬船票供不应求，而招商局又要保留部分船票，专以应付各机构及其亲友的需要，因此造成一般旅客购买船票困难，与霸头勾搭在一起的"黄牛"，乘机活跃起来，挤在售票处抢购船票，使旅客无法购得船票，只好用高出船票价二三倍的价格向"黄牛"购买。旅客的行李也强行搬运，乘机勒索，小件行李、收费之高，令人吃惊。

这批霸头依仗黑后台的支持，对一般官吏也要敲诈。例如宁波货物税局局长徐行初，在1948年春季初到任时，江东地区霸头之一孔祥辉硬向他介绍职员，未遂其愿，便派人在深夜用人粪狙击他，过几天再提出要他任用所介绍的人，他仍不理睬，孔祥辉即用手枪子弹附在信内向他警告，徐行初恐惧万分，求救于周大烈、金廷荪等人，才得平安无事。

那时，我身为航政局办事处主任，也吃了霸头的亏。1948年冬季，我由奉化家乡买一船柴爿。船到桃渡路埠头，我派人去搬。这个埠头的头脑（屠文元的爪牙）不允许，一定要由他们代为从船上搬到船埠头后，再让我自行搬运，并要索取相等于由奉化运到宁波80里水程运费的所谓卸货费。我当然不愿意，他就不许你搬运。相持半天，没有办法，只好向霸头屠文元说理，结果还是先由他们搬一搬后，再由我们自己去搬，卸货费打个对折，算是给我这个航政办事处主任一个大面子。

宁波航线事故迭出的原因

宁波航线事故较多，其中骇人听闻的是"景升轮惨案"和"江亚轮惨案"，旅客遇难3000余人。事故发生的原因有多种，其中之一是航政机构的腐败无能。

景升轮惨案发生于抗日战争爆发之时，遇难旅客387人。宁波航政办事处既没有防患于事前，又不做相当措施于事后，竟使这一骇人惨案不了了之，足以说明对人民生命财产置之于度外的官僚主义作风。

江亚轮惨案发生于抗日战争胜利后第三年。抗日战争胜利后的上海航政局局长是李孤帆，他世居宁波江北岸扬善弄，北京大学商科肄业，信奉天主教，与法学界关系密切，曾任上海华中建筑公司经理，上海物品交易所总务科长。1927年，在上海担任过清查整顿招商局委员会委员兼秘书长。抗日战争末期，在重庆任中国、中央、交通、农业四大银行总管理处专员。抗日战争胜利时，调为上海航政局局长。他自命不凡，认为招商局部分业务受航政局节制，藐视招商局总经理徐学禹。就当时制度而言，招商局是业务机构，航政局是行政机构，在事务上招商局应受航政局指导，可是在国民党政府统治的年代里，往往以主其事者的势力而转移机构的权力。航政局在交通机关中是后起的，根底浅，设备差，组织也不健全，与招商局有天渊之别。那时，招商局总经理徐学禹（绍兴人）也不是无势之辈，抗日战争前曾任国民党政府的交通部上海电话局局长，抗日战争时期，一度任福建省建设厅厅长，抗日战争后期，任招商局总经理之职，抗日战争胜利后，他到上海，与流氓头子杜月笙沆瀣一气，声势吓人。因此，航政局在事实上反仰鼻息于招商局，遇事掣肘，不能行使职权。两局之间为争权夺利而互相摩擦。那时，招商局在全国各航线中，收入最高的是沪甬航线。航行该航线的江静和江亚两轮，排水量均在3000吨以上。乘客的定额都是2000多名，但沪甬之间旅客多，不能满足当时的需要，出售的船票，供不应求。招商局超额载运旅客，航政局以章程规定不允，双方只为载客数量的多少而争吵摩擦，却从不考虑和采取妥善解决办法。后来，李孤帆去职，徐学禹就推荐他的船务处处长黄慕宗兼任上海航政局局长，从此权力集中，为所欲为。1948年12月，江亚轮超额运载旅客，在中沙岛沉没，造成2000余人死亡。航政、招商两局事先争权夺利，继则官官相护，对此惨案难辞其咎。

——辑录自《宁波文史资料》第九辑

宁波港务体制沿革

胡军民

1949年5月24日，宁波解放。当年，宁波市军事管制委员会接收了国民党交通部上海航政局宁波办事处，更名为宁波市军管会财政部交通处航政办事处。年底，浙江省航务管理局成立，该处划归省航务管理局领导，并更名为浙江省航务管理局宁波办事处。它的主要职责是负责内河与外海的一切航政事务，诸如船舶检验、船员核定、轮船业之登记管理等行政工作。与此同时，宁波军管会向招商局轮船公司宁波分公司派驻军代表，组织接管招商局轮船公司宁波分公司；先后更名为：招商局轮船股份有限公司宁波分公司、中国人民轮船公司宁波分公司、华东海运管理局宁波办事处以及华东海运管理局宁波分局等，其职责范围也由经营外海船舶运输业务，逐渐转到港务管理。这两个机构，分属于华东海运管理局和浙江省航务管理局领导，形成各自的管理体系。

1953年1月1日，华东区海运管理局宁波分局同浙江省航务管理局宁波办事处合并，成立宁波港务分局，属归上海区港务局领导。这是新中国成立以后统一管理宁波港一切港务事宜的正式机构。港务局的成立，结束了港口管理上的多头领导、各自为政的局面。宁波港务分局局址设在宁波市江北岸外马路54号至59号。这标志着自1840年鸦片战争以来的"洋人管海关，海关管港口"的半殖民地化的管理体制结束。

随后，宁波港务分局按照政务院"关于统一航务港务管理的指示"拟定的主要职责范围有：

1. 港口河道之疏浚与障碍物之清除；
2. 计划港口航道之改善与施工，港区内航路标志助航及给水设备之修建保养与管理；
3. 码头仓库及其他设备之修缮、建造、养护及统一管理和调度；
4. 船舶之登记、丈量、检查；
5. 引水工作和引水人员之管理；
6. 船舶进出口之批准；
7. 气象情报及水文变化之汇集与报告；
8. 各种港务码头规费之统一征收；
9. 船员之核定、考核与管理；
10. 轮船业之登记及管理；
11. 海事之处理；
12. 有关航务港务技术上的指导与改进。

这12条职责范围，以文件的形式对宁波港务分局的工作对象、性质以及其所承担的责任，做了系统、完整、具体的规定，使航务、港务的各项工作，都有章可循。

按照这个职责范围，宁波港务分局于1953年二季度着手对港区范围内的所有码头和仓库，做了一次系统的检查和清理，除划归部队使用的港埠设施外，一律收回，实行统一管理和调度。同时，对国营轮船公司宁波分公司的经营管理及运率等规定，实施业务上的监督和指导，强化港务分局的管理职能，消除政出多门的弊端。

宁波港务分局成立以后，使原来长期分家的航务和港务工作，取得了统一和协调。

由于港口货运量的迅速增长，船舶进出港频率的提高，码头、锚地、仓库等港埠设施的周转和利用，对港口的科学管理提出了新的要求。1954年1月，宁波港务分局遵循《中华人民共和国海港管理暂行条例》的规定，按照本港的具体实际，着手制定《宁波港港章》，经交通部海运管理总局核准，于次年1月1日正式颁布。

《宁波港港章》共12章121条。该港章以维护国家主权和荣誉为前提，是本着有利于港口安全、有利于港口生产、有利于港口管理和建设的原则制定的。港章的主要内容包括：港域、船舶进出港、港内航行、港内停泊移泊、信号、港内建筑及航道保护、危险物品装卸及运输、消防救护、安全秩序、清洁卫生以及违章处理等规定。同时，还修订和制定了以下规则和章程，附于港章之后一并颁发。

《宁波港各类木船停泊暂行规定》。该规定共分7章27条，于1955年2月15日，经上海区港务管理局核准施行。

《宁波港区岸线管理暂行规则》。该规则共17条，最早见于1952年7月1日，由浙江省人民政府经济委员会核准施行，并由浙江省航务局宁波办事处监督执行。到1954年，随着港口运输业的发展，暂行规则又做了重大的修改和补充：扩充到19条，并于同年5月6日核准施行。

《宁波港装卸危险品暂行规定》。该暂行规定于1954年9月10日，经交通部上海区港务管理局核准并公告试行。同年12月7日，经重新修订后以通告形式，正式实施。

《宁波港出海木帆船载客暂行办法》。由于浙江沿海岛屿较多。有些小岛设置班轮有一定困难，岛上居民往返宁波等地只能搭乘载货木船，航行安全很难保障。1954年初，宁波港务分岸坍塌，倾倒垃圾等危及港航设施事件常有发生。据统计，1953年宁波港务局所使用的岸线仅占已用的甬江岸线的7.6%，全长1648米。1955年1月1日，《宁波港港章》正式颁发，其中第6章第49条规定："非经本局核准，不得在港区内设置途船、浮坞或修建码头、仓库、船厂、油池及填岸、填滩、驳坎。凡打桩、挖泥或敷设水底电线、油管、水管以及装拆其他一切占水底、水面、岸线、陆域等建筑工程经核准后，应详细说明，绘造精细图样，经本局审定后方可进行，否则本局勒令停工或拆除。"宁波港的岸线使用，开始有了严格的管理。

1958年7月，在人民公社"一大""二公"的影响下，宁波港务分局由上海区海运管理局下放给宁波市，同时并入市交管局，实行政企合一的管理体制，对外统称宁波市交通运输管理局。原港务分局所辖的轮船业务，划归宁波市轮船公司经营；港区装卸、驳运、联营码头所属仓库（包括堆场、煤栈）以及外马路44号至49号所有的仓库业务，交由宁波市运输公司经营；港务局驳运队以及各种船只移交运输公司，电台划归宁波市轮船公司领导。除宁波港港务监督仍由港监办理外，原与交管局运输公司合署的以及与市民船管理所合署的轮船公司，分别划出单独办公，并取消港务局原有的各种规章制度。从此，宁波港务管理局所属的生产部门，被分割成块，造成部门林立、机构重叠、人浮于事、互不协调等弊端，直至党的十一届三中全会召开。为适应改革开放后迅速发展的航运事业和对外贸易，宁波港正式对外开放，实行港航分开。港口部分，组成宁波港务管理局，属交通部和浙江省双重领导，以交通部为主；航运部分，成立浙江省航运公司宁波分公司，隶属浙江省航运公司领导。

1987年10月，宁波港、镇海港、北仑港"三港合一"，统称宁波港，宁波港务管理局更名为宁波港务局。同时，交通部将管辖权移交给宁波市。实行以宁波市管理为主、交通部管理为辅的新的管理体制。这一变革，符合一城一港统一管理的原则。它有利于加强城市对港口工作的直接领导；也使宁波港的自主权得到进一步的扩大，增强了港口的自我改造、自我完善、自我发展的能力，为提高港口生产能力、经济效益创造有利条件。

在宁波港务局的管理下，到1990年，宁波港已由河内小港发展为内河港、河口港、海港。形成了宁波、镇海、北仑三个港区的大中小配套、水陆联运、客货兼营、专用杂货并举的多类型、多吨位、多功能的新型港口。全港拥有500吨级以上的泊位45座，其中万吨级以上泊位13座；港口年吞吐能力达到了4969万吨，并形成了4大装卸系统：矿石运输已形成了2000万吨年吞吐能力；石油及油料形成1288万吨吞吐能力；煤炭形成1170万吨吞吐能力；液体化工产品形成20万吨吞吐能力。其中进口铁矿、石油和液化产品的装卸能力居国内首位。与4大装卸系统相配套，还具有85万吨矿、31万吨煤、34万立方米原油和25700立方米液体化工产品的储存能力。至此，宁波港的吞吐能力虽还没有充分发挥，但与宁波解放时相比，年货物实际吞吐量已从4万吨增加到2500万吨，与1985年相比，增加1.5倍。这样的增长速度，在我国大陆沿海年货运量超过1000万吨的大港中，仅此一家。

镇海港区于1974年初开始劈山围堤，搬掉了甬江口半个招宝山，用62万米的土石方，填造出一条长达3186米自招宝山至口门外大小游山的防浪堤，围成了4.9平方公里的陆域，铺设了有29.5公里长的进港铁路。兴建了3000吨级以上泊位11座。其中万吨级以上泊位6座，5000吨级泊位1座，3000吨级泊位3座，2000吨级泊位1座。另外还有500吨级至3000吨级的货主码头6座。我国自行设计、自行装备的机械化程度较高的两个连续式煤炭码头，于1976年6月首先在这里动工，历时2年零5个月建成试产，至1983年经过航道的疏浚和整治，使甬江口形成了一个大型的深水港池，万吨级大轮可以直接靠泊煤炭码头作业。1985～1988年又相继建起5座万吨级杂货、煤炭码头。1986年6月，我国当时最大的5000吨级化工液化体泊位在这里的甬江入海口北侧建成，为马来西亚、新加坡、日本等国家装卸储运液化产品22万余吨。港区还开通了至香港的集装箱客货班轮和至日本神户、横滨的国际集装箱航班。镇海港区从原来单一的煤炭装卸中转港，发展为装卸中转煤炭、散杂货、件杂货、液体化工产品、国际集装箱和国际旅客运输等多功能、综合性港区。年综合通过能力为627万吨。镇海港区的建设，实现了宁波港由内河港向河口港的历史性转变。

北仑港区于1978年开始筹建，1979年1月正式开工，用不到四年时间，在北仑林大山北面的毛礁岛海岸建造了我国最大的矿石中转码头。码头的主体水工工程和房建、供水、供电、通信导航等配套工程，系我国自行设计建造，主要装卸机械设备从国外引进。这是一座由一个10万吨级卸船泊位，两个2.5万吨级装船泊位，及一个能堆存矿砂85万吨堆场组成的现代化码头。雄伟的码头与横卧于海上的1000米长的引桥相连接，构成了"F"型平面，鼎水而立。一艘10万吨级大船的矿砂，只需二三十个小时就能通过传送带输入堆场或从水路装运。港区码头有3公里长的铁路专用线与萧甬支线衔接，经萧甬线与浙赣线、沪杭线相贯通，可将中转物资快速输向内陆各地。矿石码头年吞吐能力为2000万吨。原是为宝山钢铁厂建造的配套工程，自1985年以来的5年半时间中，共卸载、运输矿砂的10万吨级以上的远洋船舶179艘次，总运量为2551.5万吨，其中在该码头全卸或减载的达1454.4万吨，为宝山钢铁厂中转1000余万吨。在此前，矿石码头还进行散化肥的灌包中转作业，以后又兼营煤炭接卸。1990年6月，我国6.5万吨级"华凯"号煤轮从秦皇岛直达北仑港区，仅用45个小时就接卸完毕。秦甬煤炭运输线的开辟，使煤炭到港量年增200万吨。至此，矿石码头已成为"一专多用"的大容量、高效率的深水泊位。北仑港区的建设，开启了宁波港走进国际深水港的新时代。

1990年12月，在北仑10万吨级矿石中转码头西侧不远处的算山码头，又建成了我国当时已经投运的最大的石油码头——镇海石化总厂15万吨级油船泊位。算山码头原来已有4个泊位，其中最大的为5万吨，最小的为1000吨，总吨位为10.4万吨。与之配套的还有34万立方米原油和成品油储罐，8条每条长18公里的原油和成品油输送管线。15万吨泊位的投运，使算山码头的年油吞吐能力由500万吨提高到1500万吨，使北仑港区成为我国的一个重要的原油中转集散和成品油出口基地。与此同时，北仑港电厂的两个3.5吨至5万吨级煤炭泊位也在这里建成。在北仑13公里黄金海岸线上，累计建成长达4公里的大型深水泊位群，综合通过能力4122万吨，这在当时中国大陆沿海是罕见的。

而位于江北岸的宁波港区，历经130年的曲折发展，也已旧貌换新颜，拥有500吨以上码头泊位18个。其中可靠泊3000吨级船舶的散杂货泊位4个，客运泊位2个。港内白沙等三个实现机械化和半机械化操作的装卸作业区，紧靠杭甬铁路，可以水铁联运。宁波港区主要承担宁波市工农业生产及生活需要的物资运输任务，同时担负着宁波至上海、舟山、温州等航线的客运，以及部分省市和浙江沿海外贸物资的进出口中转，设有宁波至香港航线的货物班轮。年货物综合通过能力为220万吨，年客运量由解放时27万人次增加到近300万人次，仅次于上海、大连，占全国第三位。宽敞明亮的客运大楼，建筑面积为9575平方米，有4个候船室及各种服务设施，一次能接纳旅客3000人。

（江北岸的客运业务，随着公路、铁路客运的迅速发展而急剧萎缩，并将部分客运航线转移至宁波港大榭客运站。2001年6月24日，"天封轮"号搭载着300多名旅客，从宁波开往上海，完成了甬申航线的最后一个航班。具有140年历史的甬申海上客运航线至此完成了历史使命。2002年8月12日，宁波港务局与宁波市文联签订备忘录，将客运大楼、广场、码头移交给市政府，客运大楼现已改建为宁波市美术馆。这也是宁波港老外滩时期结束的标志。——编者按）

中国大运河·宁波三江口

中国大运河由隋唐大运河、京杭大运河、浙东运河三部分组成,是世界建造时间最早、使用最久、空间跨度最大的人工运河,也是中国古代重要的漕运通道和经济命脉。

2014年中国大运河申遗成功,大运河(宁波段)"浙东运河上虞—余姚段""浙东运河宁波段""宁波三江口"两段一点列入世界文化遗产名录,遗产河道34.4公里。宁波从此跻身世界文化遗产城市行列。

"两段一点"中的宁波三江口,既是中国大运河的出海口,又是海上丝绸之路的起点,是联通内河航运和海洋贸易的重要交汇点。甬江、姚江、奉化江三条江水汇聚于此,其交汇处就形成了三江口。这里自唐代以来,"海外杂国、贾船交至",使宁波(明州)成为全国著名的对外贸易港,与扬州、广州一起并称中国古代对外开埠的三大港口;宋代则与广州、泉州并列为我国三大主要贸易港;鸦片战争后,宁波被定为"五口通商"口岸之一。

位于三江口东岸的庆安会馆,系浙东运河沿岸重要遗产点,也被列入世界文化遗产名录。它是我国八大天后宫和七大会馆之一,更是宁波作为港口城市的历史见证和标志性建筑。

清代海禁废弛后,宁波港海运发达,贸易兴盛。"舟楫所至,北达燕、鲁,南抵闽、粤,而迤西川、鄂、皖、赣诸省之产物,亦由甬埠集散,且仿元人成法,重兴海运,故南北商号盛极一时。"1826年,宁波南号船商在江东建南号会馆,名为安澜会馆。北号舶商不甘示弱,于1850年在其旁兴建北号会馆,亦即庆安会馆。他们财大气粗,耗资十余万银两,会馆声势盖过福建会馆和安澜会馆。

1997年以来,在宁波市政府和社会各界的重视与关心下,由宁波市文化局接管庆安会馆,先后组织修复了宫门、大殿、后殿等建筑,对已毁的仪门、前后戏台等进行重建。

2001年6月25日,庆安会馆被中华人民共和国国务院公布为第五批全国重点文物保护单位。

2014年6月,中国大运河成功申遗,庆安会馆作为浙东运河沿岸重要遗产点,被列入世界文化遗产名录。

参考文献

（汉）司马迁：《史记》，北方文艺出版社，2007。

（晋）陈寿：《三国志》，崇文书局，2009。

（南朝梁）沈约：《宋书》，商务印书馆，1958。

〔日〕木宫泰彦：《日中文化交流史》，商务印书馆，1980。

郑绍昌主编《宁波港史》，人民交通出版社，1989。

〔日〕大庭修：《江户时代中国典籍流播日本之研究》，戚印平等译，杭州大学出版社，1998。

《宁波海关志》编纂委员会编《宁波海关志》，浙江科学技术出版社，2000。

杭州海关译编《近代浙江通商口岸经济社会概况——浙海关 瓯海关 杭州关贸易报告集成》，浙江人民出版社，2002。

干凤苗主编《姚江志》，中国水利水电出版社，2003。

林士民：《再现昔日的文明——东方大港宁波考古研究》，上海三联书店，2005。

王慕民、张伟、何灿浩：《宁波与日本经济文化交流史》，海洋出版社，2006。

《宁波历代文选》编委会编《宁波历代文选·散文卷》，宁波出版社，2010。

宁波市文物考古研究所编《句章故城：考古调查与勘探报告》，科学出版社，2014。

《宁波市江北区志》地方编纂委员会编《宁波市江北区志》，浙江人民出版社，2015。

图书在版编目(CIP)数据

从句章港到老外滩：宁波城区港口演进文献辑录／宁波市江北区史志中心(档案馆)编．－－北京：社会科学文献出版社，2023.11
ISBN 978－7－5228－2550－2

Ⅰ.①从… Ⅱ.①宁… Ⅲ.①港口经济－经济发展－研究－宁波 Ⅳ.①F552.755.3

中国国家版本馆 CIP 数据核字(2023)第 184262 号

从句章港到老外滩
——宁波城区港口演进文献辑录

编　　者／宁波市江北区史志中心（档案馆）

出 版 人／冀祥德
组稿编辑／任文武
责任编辑／王玉霞
文稿编辑／顾　萌
责任印制／王京美

出　　版／社会科学文献出版社（010）59367143
　　　　　　地址：北京市北三环中路甲 29 号院华龙大厦　邮编：100029
　　　　　　网址：www.ssap.com.cn
发　　行／社会科学文献出版社（010）59367028
印　　装／三河市龙林印务有限公司

规　　格／开　本：787mm×1092mm　1/16
　　　　　　印　张：25.5　字　数：439 千字
版　　次／2023 年 11 月第 1 版　2023 年 11 月第 1 次印刷
书　　号／ISBN 978－7－5228－2550－2
定　　价／128.00 元

读者服务电话：4008918866

版权所有 翻印必究